编委会

全国普通高等院校旅游管理专业类"十三五"规划教材
教育部旅游管理专业本科综合改革试点项目配套规划教材

总主编

马 勇　教育部高等学校旅游管理类专业教学指导委员会副主任
　　　　中国旅游协会教育分会副会长
　　　　中组部国家"万人计划"教学名师
　　　　湖北大学旅游发展研究院院长，教授、博士生导师

编 委（排名不分先后）

田 里　教育部高等学校旅游管理类专业教学指导委员会主任
　　　　云南大学工商管理与旅游管理学院原院长，教授、博士生导师
高 峻　教育部高等学校旅游管理类专业教学指导委员会副主任
　　　　上海师范大学旅游学院副院长，教授、博士生导师
韩玉灵　全国旅游职业教育教学指导委员会秘书长
　　　　北京第二外国语学院旅游管理学院教授
罗兹柏　中国旅游未来研究会副会长，重庆旅游发展研究中心主任，教授
郑耀星　中国旅游协会理事，福建师范大学旅游学院教授、博士生导师
董观志　暨南大学旅游规划设计研究院副院长，教授、博士生导师
王 琳　海南大学旅游学院院长，教授
梁文慧　澳门城市大学副校长，澳门城市大学国际旅游与管理学院院长，教授、博士生导师
薛兵旺　武汉商学院旅游与酒店管理学院院长，教授
舒伯阳　中南财经政法大学工商管理学院教授、博士生导师
朱运海　湖北文理学院管理学院副教授
罗伊玲　昆明学院旅游管理专业副教授
杨振之　四川大学中国休闲与旅游研究中心主任，四川大学旅游学院教授、博士生导师
黄安民　华侨大学城市建设与经济发展研究院常务副院长，教授
张胜男　首都师范大学资源环境与旅游学院副教授
毕斗斗　华南理工大学经济与贸易学院副教授
史万震　常熟理工学院经济与管理学院酒店管理系副教授
黄光文　南昌大学经济与管理学院旅游管理系教研室主任，副教授
窦志萍　昆明学院旅游学院院长，教授
李 玺　澳门城市大学国际旅游与管理学院副院长，教授、博士生导师
王春雷　上海对外经贸大学中德合作会展专业副教授
朱 伟　河南师范大学旅游学院教授
邓爱民　中南财经政法大学旅游管理系主任，教授、博士生导师
程丛喜　武汉轻工大学旅游管理系主任，教授
周 霄　武汉轻工大学旅游研究中心主任，副教授
黄其新　江汉大学商学院副院长，副教授
何 彪　海南大学旅游学院会展系系主任，副教授

全国普通高等院校旅游管理专业类"十三五"规划教材
教育部旅游管理专业本科综合改革试点项目配套规划教材

总主编 ◎ 马 勇

景区运营管理

Operation and Management of Visitor Attractions

主　编 ◎ 董观志
副主编 ◎ 杨成利　傅　轶

华中科技大学出版社

中国·武汉

内 容 提 要

本书是全国高等院校旅游管理专业类"十三五"规划教材和教育部旅游管理专业综合改革试点项目配套规划教材。

本书注重理论与实践相结合,通过对实践案例的分析,结合国内外景区运营管理最新理论和研究成果,融理论与实践为一体;把定性研究方法与定量研究方法相结合,注重学科的理论性、系统性,力求反映景区运营管理规律和特点。同时书中还提供了大量景区运营管理发展的最新数据和资料,力求丰富、新颖、典型、全面,具有较强的理论性、系统性、科学性和实用性。

结合国内外景区发展的实际,阐述分析相关景区运营管理的基本理论,以大量具体翔实的实证案例对理论进行阐述,并且针对当前景区运营管理的重大问题,提出分析和解决问题的思路,有利于加快我国景区发展,建立和完善经营管理体制,实现旅游业可持续发展。

图书在版编目(CIP)数据

景区运营管理/董观志主编. —武汉:华中科技大学出版社,2016.8(2021.9重印)
全国高等院校旅游管理专业类"十三五"规划教材
ISBN 978-7-5680-1789-3

Ⅰ.①景… Ⅱ.①董… Ⅲ.①旅游点-运营管理-高等学校-教材 Ⅳ.①F590

中国版本图书馆 CIP 数据核字(2016)第 092270 号

景区运营管理 董观志 主编
Jingqu Yunying Guanli

策划编辑:李 欢 周清涛
责任编辑:封力煊
封面设计:原色设计
责任校对:张汇娟
责任监印:周治超

出版发行:华中科技大学出版社(中国·武汉)
　　　　　武昌喻家山　邮编:430074　电话:(027)81321913
录　　排:华中科技大学惠友文印中心
印　　刷:湖北恒泰印务有限公司
开　　本:787mm×1092mm　1/16
印　　张:23.25　插页:2
字　　数:568千字
版　　次:2021年9月第1版第4次印刷
定　　价:58.00元

本书若有印装质量问题,请向出版社营销中心调换
全国免费服务热线:400-6679-118　竭诚为您服务
版权所有　侵权必究

总 序
Introduction

　　旅游业在现代服务业大发展的机遇背景下，对全球经济贡献巨大，成为世界经济发展的亮点。国务院已明确提出，将旅游产业确立为国民经济战略性的支柱产业和人民群众满意的现代服务业。由此可见，旅游产业已发展成为拉动经济发展的重要引擎。中国的旅游产业未来的发展受到国家高度重视，旅游产业强劲的发展势头、巨大的产业带动性必将会对中国经济的转型升级和可持续发展产生良好的推动作用。伴随着中国旅游产业发展规模的不断扩大，未来旅游产业发展对各类中高级旅游人才的需求将十分旺盛，这也将有力地推动中国高等旅游教育的发展步入快车道，以更好地适应旅游产业快速发展对人才需求的大趋势。

　　教育部2012年颁布的《普通高等学校本科专业目录（2012年）》中，将旅游管理专业上升为与工商管理学科平行的一级大类专业，同时下辖旅游管理、酒店管理、会展经济与管理三个二级专业。这意味着，新的专业目录调整为全国高校旅游管理学科与专业的发展提供了良好的发展平台与契机，更为培养21世纪旅游行业优秀旅游人才奠定了良好的发展基础。正是在这种旅游经济繁荣发展和对旅游人才需求急剧增长的背景下，积极把握改革转型发展机遇，整合旅游教育资源，为我国旅业业的发展提供强有力的人才保证和智力支持，让旅游教育发展进入更加系统、全方位发展阶段，出版高品质和高水准的"全国高等院校旅游管理类专业'十三五'规划精品教材"则成为旅游教育发展的迫切需要。

　　基于此，在教育部高等学校旅游管理类专业教学指导委员会的大力支持和指导下，华中科技大学出版社汇聚了国内一大批高水平的旅游院校国家教学名师、资深教授及中青年旅游学科带头人，面向"十二五"规划教材做出积极探索，率先组织编撰出版"全国高等院校旅游管理专业类'十三五'规划精品教材"。该套教材着重于优化专业设置和课程体系，致力于提升旅游人才的培养规格和育人质量，并纳入教育部旅游管理本科综合改革项目配套规划教材的编写和出版，以更好地适应教育部新一轮学科专业目录调整后旅游管理大类高等教育发展和学科专业建设的需要。该套教材特邀教育部高等学校旅游管理类专业教学指导委员会副主任、中国旅游协会教育分会副会长、中组部国家"万人计划"教学名师、湖北大学旅游发展研究院院长马勇教授担任总主编，同时邀请了全国近百所开设旅游管理本科专业的高等学校知名教授、学科带头人和一线骨干专业教师，以及旅游行业专家、海外专业师资等加盟编撰。

　　该套教材从选题策划到成稿出版，从编写团队到出版团队，从内容组建到内容创新，均

展现出极大的创新和突破。选题方面,首批主要编写旅游管理专业类核心课程教材、旅游管理专业类特色课程教材,产品设计形式灵活,融合互联网高新技术,以多元化、更具趣味性的形式引导学生学习,同时辅以形式多样、内容丰富且极具特色的图片案例、视频案例,为配套数字出版提供技术支持。编写团队均是旅游学界具有代表性的权威学者,出版团队为华中科技大学出版社专门建立的旅游项目精英团队。在编写内容上,结合大数据时代背景,不断更新旅游理论知识,以知识导读、知识链接和知识活页等板块为读者提供全新的阅读体验。

在旅游教育发展改革发展的新形势、新背景下,旅游本科教材需要匹配旅游本科教育需求。因此,编写一套高质量的旅游教材是一项重要的工程,更是承担着一项重要的责任。我们需要旅游专家学者、旅游企业领袖和出版社的共同支持与合作。在本套教材的组织策划及编写出版过程中,得到了旅游业内专家学者和业界精英的大力支持,在此一并致谢!希望这套教材能够为旅游学界、业界和各位对旅游知识充满渴望的学子们带来真正的养分,为中国旅游教育教材建设贡献力量。

丛书编委会
2015 年 7 月

前 言

本书是全国高等院校旅游管理专业类"十三五"规划教材和教育部旅游管理专业综合改革试点项目配套规划教材。

根据管理学的基本原理,景区运营管理是一个包括意识流、信息流、游客流、物质流和资本流等五大模块的系统化管理。第一章阐述景区经营管理的概念体系;第二章阐述景区规划管理过程;第三章阐述景区开发筹建管理构成了意识流模块的基本内容;第四章阐述景区产品创新管理;第五章阐述景区组织架构管理;第六章阐述智慧景区管理;第七章阐述市场需求管理构成了信息流模块的基本内容;第八章阐述景区游客引导管理构成了游客流模块的基本内容;第九章阐述景区质量管理;第十章阐述景区游乐设备管理构成了物质流模块的基本内容;第十一章阐述景区资本运作管理;第十二章阐述景区经营战略管理构成了资本流模块的基本内容。

景区运营管理是旅游管理专业的核心专业课程,属于理论与实践结合非常紧密的应用型课程。本书在归纳总结国内外景区运营管理最新理论和研究成果的基础上,注重理论与实践相结合,力求揭示景区运营管理的基本规律,力求反映景区运营管理的基本态势,力求阐述景区运营管理的基本特征,力求提出景区运营管理的发展思路,力求构建景区运营管理的理论体系,不仅适宜作为高等院校旅游管理专业的课堂教材,而且适宜作为景区管理人员的操作指南。

本书由暨南大学的董观志教授担任主编,深圳市力扬美景策划有限公司的杨成利高级经理和重庆师范大学的傅轶博士担任副主编。西安外国语大学旅游学院的梁璐博士、西安科技大学高新学院的云艳红、九江学院旅游与国土资源学院的李松志教授、长江大学工程技术学院的金慧芳、贵州商学院旅游系的徐芳芳、重庆市黔江区旅游局的陈治中、河南牧业经济学院的秦礼敬、武汉海事职业学院的彭莹参与了本书的编写工作,暨南大学深圳旅游学院的学生曹志明、马坤彬、张燕华、谢宜莉等参与了本书的文字校对工作。

编 者
2015 年 12 月

目 录

Contents

01 第一章 　景区管理导论
Chapter 1　Introduction of visitor attractions management

第一节　景区概念解析　　　　　　　　　　　　　　　　　　　　/2
　　❶　Conception and analysis of visitor attractions

第二节　景区发展历程　　　　　　　　　　　　　　　　　　　　/10
　　❷　Development history of visitor attractions

第三节　景区管理理论　　　　　　　　　　　　　　　　　　　　/15
　　❸　Management theory of visitor attractions

第四节　景区管理定位　　　　　　　　　　　　　　　　　　　　/25
　　❹　Orientation of visitor attractions management

37 第二章 　景区规划管理
Chapter 2　Visitor attractions planning and management

第一节　景区规划可行性研究　　　　　　　　　　　　　　　　　/38
　　❶　The feasibility study of visitor attractions planning

第二节　景区规划的编制规范　　　　　　　　　　　　　　　　　/41
　　❷　The compilation specification of visitor attractions planning

第三节　景区规划的系统结构　　　　　　　　　　　　　　　　　/47
　　❸　The systematic structure of visitor attractions planning

第四节　景区规划的运作管理　　　　　　　　　　　　　　　　　/54
　　❹　The operation management of visitor attractions planning

第五节　景区规划开发模式探索　　　　　　　　　　　　　　　　/58
　　❺　The exploration about development model of visitor attractions planning

71 第三章 景区开发筹建管理
Chapter 3 Visitor attractions development and construction management

第一节 景区工程建设合同管理 /72
❶ Construction contract management of visitor attractions project

第二节 景区工程建设质量管理 /75
❷ Quality management of construction project in visitor attractions

第三节 景区工程建设投资管理 /79
❸ Investment management of construction project in visitor attractions

第四节 景区开业策划运作管理 /83
❹ Operation management of visitor attractions opening plan

93 第四章 景区产品创新管理
Chapter 4 Innovation management of visitor attractions product

第一节 景区产品的特性与创新意义 /94
❶ Characteristic and innovative significance of visitor attractions product

第二节 景区产品创新的理论与原则 /97
❷ Theory and principle of visitor attractions product innovation

第三节 景区产品创新的方法与途径 /98
❸ Methods and approaches visitor attractions product innovation

第四节 景区产品创新的运作与管理 /102
❹ Operation and management of visitor attractions product innovation

第五节 景区节庆演艺产品策划管理 /105
❺ Planning management of festival and performance in visitor attractions

117 第五章 景区组织结构管理
Chapter 5 Management of visitor attractions organizational structure

第一节 景区组织的建立原则与基本形式 /118
❶ The establishment principle and basic form of visitor attractions organization

第二节 景区组织的机构设置与职权分配 /122
❷ Structural establishment and assignment of authority of visitor attractions organization

第三节 景区组织的运行机制与管理制度 /127
❸ The operating mechanism and management system of visitor attractions organization

第四节　人力资源的岗位培训与绩效考核　　/129
Post training and performance appraisal of human resources

137　第六章　智慧景区管理
Chapter 6　Management of wisdom visitor attractions

第一节　智慧景区基本概念与内涵　　/138
The basic summary and connotation of wisdom visitor attractions

第二节　智慧景区的总体框架构建　　/146
Framework construction of wisdom visitor attractions

第三节　智慧景区的系统建设内容　　/156
System construction of wisdom visitor attractions

169　第七章　景区市场营销管理
Chapter 7　Marketing management of visitor attractions

第一节　景区市场需求分析　　/170
The analysis of visitor attractions marketing

第二节　游客消费行为分析　　/174
The analysis of consuming behavior

第三节　景区市场营销管理　　/179
Marketing management of visitor attractions

203　第八章　景区游客引导管理
Chapter 8　Guide management for visitor in visitor attractions

第一节　景区标识系统管理　　/204
Identity management system of visitor attractions

第二节　景区安全管理　　/206
Safety management of visitor attractions

第三节　景区游客综合管理　　/217
Integrated management of visitors in visitor attractions

227　第九章　景区质量管理
Chapter 9　Quality control of visitor attractions

第一节 景区产品质量管理 /228
❶ The quality management of visitor attractions product

第二节 景区服务质量管理 /232
❷ Quality control of visitor attractions service

第三节 旅游景区综合质量管理 /247
❸ The integrated quality management of visitor attractions

265 第十章 景区游乐设备管理
Chapter 10 Recreation facilities management of visitor attractions

第一节 景区游乐设备的分类与特征 /266
❶ The classification and characteristic of recreation facility in visitor attractions

第二节 景区游乐设备的操作与运营 /272
❷ The operation and service of recreation facility in visitor attractions

第三节 景区设施设备的维护与保养 /279
❸ Maintenance and maintain of recreation facility in visitor attractions

第四节 景区设施设备的维修与更新 /282
❹ The maintenance and update of facility in visitor attractions

291 第十一章 景区资本运作管理
Chapter 11 Capital operation management of visitor attractions

第一节 景区资本管理任务 /292
❶ The mission about capital operation management of visitor attractions

第二节 景区成本管理 /304
❷ Cost control of visitor attractions

第三节 景区利润分配 /309
❸ Profit disposition of visitor attractions

第四节 景区融资管理 /313
❹ Financing management of visitor attractions

323 第十二章 景区经营战略管理
Chapter 12 Business strategy management of visitor attractions

第一节 景区经营战略管理过程 /324
❶ The process about business strategy management of visitor attractions

第二节　景区专业化战略的管理　　/333
❷　Specialization strategy management of visitor attractions

第三节　景区集团化战略的管理　　/338
❸　Group Strategy of visitor attractions

第四节　景区品牌化战略的管理　　/341
❹　Brand management strategy of visitor attractions

第五节　景区国际化战略的管理　　/344
❺　International strategy management of visitor attractions

353　本课程阅读推荐
Reading Recommendation

357　参考文献
References

第一章

景区管理导论

学习引导

目前，旅游景区在我国旅游业的发展中起着不可忽视的推动作用。对旅游景区进行正确的认识是开展旅游景区服务和管理工作的前提；对国内外旅游景区发展现状及趋势的探讨，可以全面提升和完善旅游景区服务和管理的水平。

学习重点

通过本章学习，重点掌握以下知识要点：
1. 景区概念解析；
2. 景区发展历程；
3. 景区管理理论；
4. 景区管理定位。

景区是旅游活动的核心和空间载体,是旅游系统中最重要的部分。旅游服务和旅游业发展都是依附于旅游景区而存在的。因此,旅游景区管理的科学性、系统性、规范性都源于对旅游景区概念内涵、类型体系、构成要素、景区系统等的全方位、深层次的理性认识。

第一节 景区概念解析

一、景区基本概念

景区(tourist attractions)在我国国家标准中也称为"景点"。由于历史的原因,景区也常常被称为风景名胜区、风景旅游区、旅游区、旅游景区等等,还有主题公园、国家公园、森林公园、地质公园、遗产公园、自然保护区、旅游度假区等称呼。

二、景区相关概念

(一)旅游区

旅游区是以旅游及其相关活动为主要功能或功能之一的空间或地域。

根据《旅游规划通则(GB/T 18971-2003)》,旅游区的特点有:①具有较集中的旅游吸引物;②具有较完善的旅游服务设施设备;③具有完善的公共设施;④具有一定的空间尺度;⑤具有一定的经营功能。

(二)旅游(目的)地

旅游(目的)地经常被使用,但截至目前还没有完整的定义。英国学者哈布里斯认为,旅游目的地是一个特定的地理区域,被旅游者公认为是一个完整的整体,有统一的旅游业管理与规划政策、司法框架,也就是说由统一的目的地管理机构进行管理的区域。霍洛韦认为,旅游地是一个目的地,具体的风景名胜区,或者是一个城镇,一个国家内某个地区,整个国家,甚至是地球上一片更大的地方。旅游(目的)地具有如下特点:①旅游目的地是一个大尺度的地理区域概念;②旅游目的地包括旅游业发展需要的各种要素;③旅游目的地多依附于一定的城镇(城镇也往往成为旅游吸引物);④旅游目的地不具有完全的旅游规定性,即旅游设施不一定专为游客服务,居民可以共享。

(三)旅游景区

旅游景区(tourist attraction)是以旅游及其相关活动为主要功能或功能之一的空间或地域。旅游景区是指具有参观游览、休闲度假、康乐健身等功能,具备相应旅游服务设施并提供相应旅游服务的独立管理区。该管理区应有统一的经营管理机构和明确的地域范围,包括风景区、文博院馆、寺庙观堂、旅游度假区、自然保护区、主题公园、森林公园、地质公园、游乐园、动物园、植物园及工业、农业、经贸、科教、军事、体育、文化艺术等各类旅游景区(17775-2003,2004 年发布,2005 年 1 月 1 日执行)。旅游景区由一系列相对独立的旅游景点组成,从事商业性经营,满足旅游者观光、休闲、娱乐、科考、探险等多层次精神需求,具有明确的地域边界,是相对独立的小尺度空间旅游地。

1. 语境差异使表述差异

在空间维度的语境下,景区经常被称为景点、旅游景区、旅游区。客观上来讲,这是一种空间思维习惯上的差异。一般而言,景点属于小尺度的空间范围,并且在这个空间范围内具有明显的标志物,空间范围容易被识别。旅游景区属于中尺度的空间范围,这个空间范围是由若干景点所组成的,并且空间范围是可以感知的。旅游区属于大尺度的空间范围,这个空间范围具有相当大的规模,在大多数情况下不具备显著的边界。例如,人们习惯把云阳的张飞庙称为景点,把大宁河(小三峡)称为旅游景区,把重庆至宜昌之间的三峡地区称为旅游区。

在要素维度的语境下,景区经常被称为风景名胜区、森林公园、地质公园、遗产公园。客观上来讲,这是一种对象思维习惯上的差异。一般而言,风景名胜区是以具有审美价值的风景名胜为特定要素的景区,森林公园是以特殊的森林环境和森林种群为特定要素的景区,地质公园是以特殊的地质现象和地质事物为特定要素的景区,遗产公园是以特殊的自然遗产和文化遗产为特定对象的景区。实际上,某一个景区因为是多种特定要素的综合体,所以同时可能既是森林公园又是地质公园,或者还是遗产公园,从而成为风景名胜区。

在功能维度的语境下,景区经常被称为风景旅游区、旅游度假区、主题公园、自然保护区。客观上来讲,这是一种功能思维习惯上的差异。一般而言,风景旅游区是以观光为主要功能的景区,旅游度假区是以度假为主要功能的景区,主题公园是以娱乐为主要功能的景区,自然保护区是以保护特定的自然环境为主要功能的景区。现实生活中客观上存在某一个景区可能具有多种功能,而被授予多种称号,所以出现了不同的称呼。

2. 功利原因使景区混淆

为了管理的目的,行政部门和社会组织习惯上把管理对象的多少作为衡量权威性的一种标志,长期以来形成了"管理对象多多益善"的强势文化,所以对于某一个景区产生了多头管理的现象,多头管理导致了各种各样的景区称呼相互混淆甚至混乱的现象。

为了营销的目的,人们习惯上把一定级别的行政部门所授予的称号与市场学上的品牌联系起来,地方政府部门所授予的称号被下意识地认定为地方性品牌,国家有关部门所授予的称号被下意识地认定为国家级品牌,国际有关组织所授予的称号被下意识地认定为国际性品牌,世界组织所授予的称号被下意识地认定为世界性品牌。实际上,这是一种盲目的品牌崇拜现象。正是在这种品牌崇拜的误导下,出现了某一个景区被不同的部门或组织授予了相应的称号,从而导致各种各样的景区称呼相互混淆甚至混乱的现象。

为了经营的目的,景区所有者或者经营者在从事具体的经营活动中,基于吸引不同旅游动机旅游者的考虑,习惯采用不同的景区称呼针对不同的客源市场开展宣传推广工作,甚至同时采用多个景区称呼针对同一客源市场开展宣传推广工作,客观上导致各种各样的景区称呼相互混淆甚至混乱的现象。基于降低景区经营成本的考虑,一般而言,拥有多个称号的景区往往采用"多块牌子,一套班子"的经营模式,"上面千条线,下面一根针"的客观现实导致了各种各样的景区称呼相互混淆甚至混乱的现象。

3. 学术自由化使界定困难

景区作为旅游活动的关键要素和旅游产业的核心内容,国内外旅游学术界一直在努力解释它的内涵和界定它的概念,形成了一些有代表性的观点和意见。表1-1反映了欧美和国内学者的基本观点和意见。

表1-1 欧美和国内学者对景区的概念界定

国家	学者	基本观点
英国	约翰·斯沃布鲁克	景区应该是一个独立的单位、一个专门的场所,或者是一个有明确界线、范围不可太大的区域,交通便利,可以吸引大批的游人闲暇时来到这里,做短时访问
英国	克利斯·库珀	景区可以由自然馈赠和人工建造两部分组成。前者包括地貌、气候、植被、森林和野生动物,后者包括历史和文化,以及主题公园之类的人造游乐设施
英国	史蒂芬·佩吉	景区通常是个体单位,由单个的景点组成或者范围非常小,易于依据某一特征划分地理区域范围
英国	密德尔敦	景区是一个指定的、长久性的、由专人经营管理的,为旅游者提供享受、消遣、娱乐、受教育机会的地方
英国	史蒂芬·威廉姆斯	景区可以包括旅游商店、娱乐场所、游乐园、主题公园、游泳池和休闲地等
美国	冈恩	景区可以是地球上任何一个独具特色的地方,这些地方的形成既可能是自然力量的结果,也可能是人类活动的结果
美国	戈尔德耐	对于一个综合性的景区,重要的是向旅游者提供观光、购物、娱乐、博彩和文化的机会
美国	沃尔什·赫伦	景区应该是具有特色活动的地点、场所或集中地
美国	朱卓仁	景区是因为天气、风景、文化或活动而满足特定旅游者群体的欲望和喜爱的区域
中国	马勇	景区是由一系列相对独立景点组成,从事商业性经营,满足旅游者观光、休闲、娱乐、探险、科学考察等需求,具有明确的地域边界,是相对独立的小尺度空间旅游地
中国	张凌云	景区是可以进行管理的吸引旅游者出游的吸引物,包括各类有界定地域的、永久存在的各类景区以及暂时性的各类节事庆典,但不包括大多数体育运动项目和购物场所
中国	彭德成	景区是具有较为明确范围边界和一定空间尺度、设施或活动项目的场所
中国	张帆	景区是旅游者到达旅游目的地之后的重要活动场所,它通过向人们提供形式多样、内容丰富的活动项目和基本服务,来满足游客参观、消闲、康体、娱乐、科学考察等各种需求
中国	董观志	景区是指具有满足旅游者需求的特定功能、空间边界明确的游乐活动场所

从表1-1中景区概念的表述中,可以看出学术界对景区的概念界定存在着相当大的差异,这主要是由以下三个方面的原因造成的:一是由于这些学者的学科背景不同,导致他们界定景区概念的学术角度不同;二是由于这些学者的语言环境不同,导致他们界定景区概念的语言表述习惯不同;三是这些学者的专业水准不同,导致他们界定景区概念的专业层次不

同。这种客观存在的差异,给界定景区概念的工作直接造成了难度。实际上,自由思想是学术的生命,要在这种自由思想的生命系统中形成一个不可颠覆的权威性概念,那种难度是可想而知的。所以,在实际工作中,我们姑且把代表性的观点作为界定景区概念的逻辑框架。

4. 风景名胜区和旅游区并行

风景名胜区(人们习惯简称为"风景区")是1985年国务院颁布的《风景名胜区管理暂行条例》(2006年被《风景名胜区条例》取代)中规定的名称。在这个条例中,明确规定风景名胜区必须是由国家或地方政府批准、区域范围明确、级别分明的法定区域概念,主要是指具有欣赏、文化或科学价值,自然景物、人文景观比较集中,环境优美,具有一定规模和范围,可供人们游览、休息或进行科学、文化活动的地域。

1985年《风景名胜区管理暂行条例实施办法》(2006年被《风景名胜区条例》取代)对风景名胜区的分级条件做了具体说明:具有一定观赏、文化或科学价值,环境优美,规模较小,设施简单,以接待本地区游人为主的定为市(县)级风景名胜区;具有较重要观赏、文化或科学价值,景观有地方代表性,有一定规模和设施条件,在省内外有影响的定为省级风景名胜区;具有重要观赏、文化或科学价值,景观独特,国内外著名,规模较大的定为国家重点风景名胜区。

旅游区是国家技术监督检验检疫总局2003年发布的《旅游区(点)质量等级的划分与评定》(GB/T 17775-2003)中规定的名称。在这个标准中,明确规定旅游区是指具有参观游览、休闲度假、康乐健身等功能,具备相应旅游服务设施并提供旅游服务的独立管理区。旅游区应有统一的经营管理机构和明确的地域范围,包括风景区、文博院馆、寺庙观堂、旅游度假区、自然保护区、主题公园、森林公园、地质公园、游乐园、动物园、植物园及工业、农业、经贸、科教、军事、体育、文化艺术等多种类型。

显然,风景名胜区与旅游区两个概念之间不仅存在着客观上的差异,而且也存在着主观上的差异。这种差异体现在以下四个方面:①从客观上讲,风景名胜区是以国务院颁布的管理条例的形式界定的,旅游区是以国家法定标准发布单位的国家标准形式界定的,两者的法定权威性是不同的。②从主观上讲,风景名胜区是由国家建设部代表国务院来行使管辖权的,旅游区是由国家旅游局代表国家来行使管辖权的,两者所代表的主体利益是不同的。③从直观上讲,旅游区所界定的概念具有广义的内涵,风景名胜区所界定的概念具有狭义的内涵,前者不仅远远大于后者,还包容了后者,形成在主观上并行而在客观上包容的关系,导致两个行使管辖权的部门之间不对等的关系。④从逻辑上讲,风景名胜区更多的是从保护资源的角度来界定概念内涵的,旅游区更多的是从开发资源的角度来界定概念内涵的,两者的出发点以及终极目标是不一样的。风景名胜区的概念界定注重资源价值的客观存在性,而旅游区的概念界定注重资源价值的主观利用性,前者表达了对资源价值的尊重意愿,后者表达了对资源价值的经营思想,因而两者在现实生活中必然导致结果的差异。

三、景区基本分类

(一)按照景区质量等级划分

1. 五级分类

国家质量监督检验检疫总局于2004年10月28日发布《旅游景区质量等级的划分与评

定》国家标准(修订)(GB/T 17775—2003),将景区划分为 A 级、AA 级、AAA 级、AAAA 级、AAAAA 级五种类型。这个标准规定,从旅游交通(130 分)、游览(235 分)、旅游安全(80 分)、卫生(140 分)、邮电服务(20 分)、旅游购物(50 分)、综合管理(200 分)、资源与环境保护(145 分)等八个方面,对景区进行评分,全部项目满分为 1000 分。A 级、AA 级、AAA 级、AAAA 级、AAAAA 级景区分别需要达到 500 分、600 分、750 分、850 分和 950 分。如表 1-2 所示。

表 1-2 各等级景区标准

分 级	服务质量与环境质量	景观质量	游客意见
AAAAA	950 分	90 分	90 分
AAAA	850 分	85 分	80 分
AAA	750 分	75 分	70 分
AA	600 分	60 分	60 分
A	500 分	50 分	50 分

资料来源:中华人民共和国国家旅游局 http://www.cnta.gov.cn/。

知识活页 AAAAA 级景区的开启与退出

2007 年 5 月 22 日,国家旅游局在其官方网站发布通知公告,经全国旅游景区质量等级评定委员会委派地评定小组现场验收,全国旅游景区质量等级评定委员会审核批准,决定批准北京市故宫博物院等 66 家景区为国家 AAAAA 级旅游景区。2015 年 10 月,由于存在价格欺诈等问题,山海关景区 AAAAA 级资质被取消;丽江古城、西溪湿地、东方明珠广播电视塔、明十三陵景区等 6 家 AAAAA 级景区被严重警告,全国通报并限期整改。国家 AAAAA 级旅游景区共计 212 家,AAAAA 级景区开启了退出机制。

2. 两级分类

2006 年《风景名胜区条例》将我国风景名胜区分为国家级和省级两级。自然景观和人文景观能够反映重要自然变化过程和重大文化历史发展过程,基本处于自然状态或者保持历史原貌,具有国家代表性的,可以申请设立国家级风景名胜区。1982 年,中国首次设立风景名胜区,30 年间先后审定公布了八批国家级风景名胜区。截至 2012 年 10 月,全国已设立风景名胜区 962 处,总面积约 19.75 万平方公里,占国土面积的 2.06%。① 风景名胜区已经成为我国自然与文化遗产资源保护体系和全国主体功能区架构的重要组成部分,这些风景

---

① 谷玥,王翠莲.中国的风景名胜区[EB/OL]. http://news.xinhuanet.com/ziliao/2004-02/13/content_1313462.htm.

名胜区中已有42个风景名胜区被联合国教科文组织列入世界遗产名录。其中包括泰山、黄山、峨眉山—乐山、武夷山、庐山、武陵源、九寨沟、黄龙、青城山—都江堰、三江并流等闻名世界的风景名胜。

3. 度假区两级分类

根据《旅游度假区等级管理办法》和《旅游度假区等级划分标准》(GB/T 26358-2010),将旅游度假区划分为两个等级,从高到低依次为国家级旅游度假区、省级旅游度假区。各等级度假区标准,如表1-3所示。

表1-3 各等级度假区标准

	细则一		细则二	
	强制性指标	综合评价表(100分)	总分(1000分)	游客分(100分)
国家级旅游度假区	达标	85	900	85
省级旅游度假区	达标	70	750	70

1992年,为进一步扩大对外开放,开发利用我国丰富的旅游资源,促进我国旅游观光型向观光度假型转变,加快旅游事业发展,国务院决定在条件成熟的地方试办国家旅游度假区,鼓励国外和我国台湾、香港、澳门地区的企业、个人投资开发旅游设施和经营旅游项目,并对其实行优惠政策。

2015年10月,国家旅游局公布首批17家国家级旅游度假区,包括吉林省长白山旅游度假区、江苏省汤山温泉旅游度假区、江苏省天目湖旅游度假区、江苏省阳澄湖半岛旅游度假区、浙江省东钱湖旅游度假区、浙江省太湖旅游度假区、浙江省湘湖旅游度假区、山东省凤凰岛旅游度假区、山东省海阳旅游度假区、河南省尧山温泉旅游度假区、湖北省武当太极湖旅游度假区、湖南省灰汤温泉旅游度假区、广东省东部华侨城旅游度假区、重庆市仙女山旅游度假区、四川省邛海旅游度假区、云南省阳宗海旅游度假区、云南省西双版纳旅游度假区。

(二)按照景区的功能划分

中国的景观旅游资源相当丰富。这些风景名胜区从不同的角度可以有不同的划分,以其主要景观的不同,大体上可分为如下8种类型,如表1-4所示。

表1-4 8种类型的景区

景区类型	代表景区
湖泊风景区	白洋淀、杭州西湖、武汉东湖、新疆天山天池、青海湖
山岳风景区	燕山、泰山、衡山、华山、台湾阿里山
森林风景区	西双版纳、湖南张家界、四川卧龙、湖北神农架
山水风景区	桂林漓江、长江三峡、武夷九曲溪
海滨风景区	海南天涯海角、厦门、大连

续表

景区类型	代表景区
休闲疗养避暑胜地	河北北戴河、江西庐山
宗教寺庙名胜区	九华山、敦煌莫高窟、洛阳龙门、嵩山、武当山
革命纪念地	延安、涉县、西柏坡、遵义

(三) 按照景区的经营方式划分

从权限的角度来讲，现代景区的所有权与经营权之间客观上存在着不同的关系，两者既可以统一，也可以分离，或者局部分离。图1-1反映了景区经营方式的分类结构。

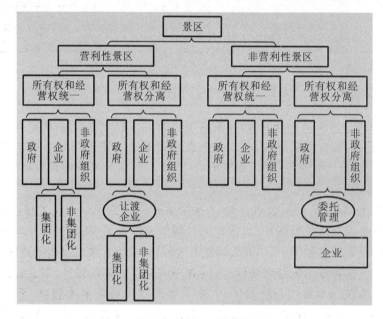

图1-1 景区经营方式的分类结构

对于所有权和经营权统一的景区，政府、非政府组织和企业都可以作为法定主体来行使权限，或者以营利为目的采取收费的方式从事经营活动，或者以公益为目的采取免费的方式从事管理活动。

对于所有权和经营权分离的景区，在市场经济条件下，可以通过租赁经营、委托经营、承包经营与合作经营等方式，实行经营权的流转。当然，这种流转可以在政府、非政府组织和企业之间进行。

(四) 按照景区资源类型划分

按旅游资源类型划分，可以把景区划分为自然类景区、人文类景区和复合类景区三种类型。自然类景区又可以划分为山地型景区、森林型景区、水景型景区、洞穴型景区和综合型景区等五个亚类。人文类景区也可以划分为由历史文化名城、古代工程建筑、古代宗教、古代园林等组成的遗产类景区和由主题公园、主题街区、特色社区以及工农业特色园区等组成的现代吸引物类景区等两个亚类。

（五）按照景区形成的原因划分

美国学者戈尔德耐、布仑特·里奇、罗伯特·麦金托什在《旅游业教程：旅游业原理、方法和实践》一书中，根据形成的原因将景区划分为文化、自然、节庆、游憩和娱乐等五种类型。这种分类方法被人们称为景区类型的"五分法"。图1-2反映了"五分法"的基本思想。

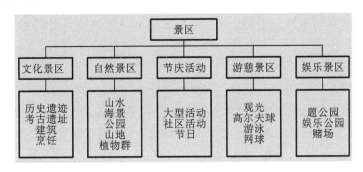

图1-2　景区类型的"五分法"

四、景区基本功能

在市场经济条件下，景区在产品、企业和产业三个层次上形成了一个基本功能系统。图1-3反映了景区的功能层次性特征。

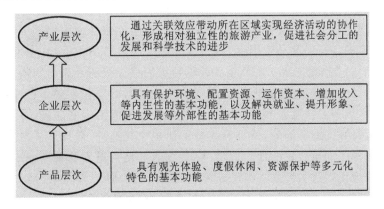

图1-3　景区功能的层次性特征

在产品层次上，景区不仅具有满足旅游者食、住、行、游、购、娱等多样化需求的基本功能，而且具有观光体验、度假休闲、资源保护等多元化特色的基本功能，从而使景区成为刺激旅游者前往的关键动力要素。

在企业层次上，景区不仅具有保护资源多样性、实现经营专业化、激活资本运作、增加旅游收入等内生性的基本功能，而且具有解决就业、提升区域形象、促进经济发展等外部性的基本功能，从而使景区成为旅游活动的重要空间载体。

在产业层次上，景区不仅是旅游业发展不可或缺的物质基础，还可以通过关联效应带动所在区域实现经济活动的协作化，形成具有相对独立性的旅游产业，从而促进社会分工的发展和科学技术的进步。

第二节 景区发展历程

根据纪年方式和文献研究的成果,我们把景区的发展历程划分为古代、近代、现代和当代等时间尺度的四个历史阶段,分别对世界和中国等两个空间尺度的发展历程进行简要阐述。

一、世界景区发展历程

世界景区的发展从公元前26—27世纪就开始了,大致经历了四个发展阶段:古代的萌芽阶段、近代的概念发展阶段、现代的综合发展阶段和当代的系统发展阶段。

(一)古代的萌芽阶段(1841年以前)

古代的世界景区发展可以追溯到4000年前的埃及和巴比伦。公元前26—27世纪,埃及人就建立了世界上最早的一批景区:埃及金字塔和狮身人面像(斯芬克司)。公元前6世纪,巴比伦人就建立了一批向贵族开放的花园、庭院和文物博物馆。公元前5世纪,古希腊的提洛岛、特尔斐和奥林匹斯山成为世界著名的宗教圣地,宙斯神大祭期间举办的"奥林匹亚庆典"成为最负盛名的庆典,逐渐发展成为现代的奥林匹克运动会。公元前4世纪,罗马人就有了导游手册,主要介绍雅典、斯巴达和特洛伊等地的温泉和海滨度假胜地。罗马帝国时期,温泉疗养成为社会各阶层都喜爱的一种娱乐,温泉度假胜地由保健中心变成了休憩、保健、娱乐和社交的场所。罗马帝国衰亡后,世界进入了黑暗的中世纪,中世纪是欧洲宗教旅游的兴起时期。14世纪出现了为朝圣者提供帮助的信徒证明和旅游指南,促进了早期以朝觐圣地为目的的大众旅游。14世纪,在欧洲大陆比利时的斯帕建成了一座富含铁质矿泉的度假地,带动欧洲的温泉度假热持续了几个世纪。地中海沿岸的法国、意大利和西班牙,既拥有自然条件良好的海滨沙滩,又拥有丰富的历史文化遗址,涌现了许多旅游景区,成为人们旅行、游览、休闲的重要目的地。1414年,英国的苏格兰圣安德鲁斯建成了世界上第一座标准的高尔夫球场,从此,高尔夫运动成为人们喜爱的一种户外娱乐活动。17—18世纪,人们对健康的关注促进了两种特殊类型景区的发展:温泉疗养胜地和海滨度假胜地。文艺复兴时期,在追求自由和崇尚知识的感召下,以巴黎、威尼斯和佛罗伦萨等欧洲各大文化中心为景区的大旅游演变成为上层社会年轻人的时尚。

(二)近代的概念创新阶段(1841—1945年)

近代的世界景区是伴随着产业革命的步伐而逐步发展起来的。19世纪工业化进程和铁路系统的发展,刺激了中产阶级的旅游需求,为娱乐而旅游的观念成为人们的主要动机,大众旅游成为社会各阶层的普遍选择。1841年7月5日,英国人托马斯·库克利用包租火车的方式组织了一次从莱斯特到洛赫伯勒的团体旅游,这次活动被公认为是近代旅游和旅游业开端的标志。从此,温泉疗养胜地、海滨度假胜地、博物馆、美术馆、公园等被认为是人们休闲娱乐的场所。1851年,英国在伦敦的海德公园举办了一次大型博览会,从5月10日到10月15日的博览会期间,接待了来自世界各地的630万人次的参观者,这次划时代的

"伟大的博览会"被世人确认为首届世界博览会。1853年,英国在伦敦动物园内建造了世界上第一座近代水族馆,成为水族馆从列车厢式向环道式、隧道式和遨游式演变的开端。1868年,挪威人从泰勒马克郡滑雪旅行到克莉斯汀那参加社交活动,带动了娱乐性滑雪运动,1905年滑雪运动被列入奥运会,1924年正式成为奥运会的比赛项目。1872年3月1日,美国国会批准了在怀俄明州建立面积达898平方千米的黄石公园,并颁布了《黄石公园法案》,黄石公园被公认为世界上第一个国家公园,随后国家公园的概念在美国、加拿大、澳大利亚、新西兰等国家被广泛推广。1889年,法国建成了高达300多米的、当时世界上最高的埃菲尔铁塔,成为巴黎引以为豪的著名标志性景区。1893年,美国的芝加哥举办了纪念哥伦布的世界博览会,从事游乐园设备生产和游乐园设计的商家首次亮相,标志着游乐园进入了辉煌时代。1894年,在芝加哥建立了世界上第一座现代游乐园——保罗·波恩顿水滑道公园。到1919年,世界上建造了1500多个游乐园。1919年,英国林业委员会开始实施鼓励在指定地区种植指定树种的计划,从此诞生了森林公园的概念。1925年,扎伊尔在维龙加火山建立了世界上第一座真正意义上的野生动物园。1910—1930年是机械游乐园的黄金时期,美国成为世界游乐园的发展先锋,旋转木马、摩天轮、过山车等刺激性游乐设施蔚然成风。

(三)现代的综合发展阶段(1946—1999年)

现代的世界景区开始走向综合化发展阶段。第二次世界大战结束以后,世界进入和平与稳定的发展时期。随着各国经济的复苏与飞跃,现代化的高新科技带来了交通工具(大型喷气式客机)、通信工具(长途电话、传真、手机、互联网)、娱乐设备(电影、电视、乘骑项目)和住宿设施(现代饭店)的日新月异,促进国际性的大众旅游不断进步和快速发展。在这种背景下,景区走进了综合发展的黄金时代,景区的产品日益丰富、功能逐渐完善、服务持续改进、经营注重创意和管理更加科学。

世界上许多的文化遗址受到了妥善保护,并被开发为接待旅游者参观游览的景点,如英国伦敦的大英博物馆、德国的罗滕堡古城、意大利的比萨斜塔、埃及的金字塔、美国的纽约自由女神像、中国的长城等成为世界著名的景点。随着移民的发展,城市中的民族聚居社区和农村地区的民族村寨由于独特的民族文化而成为人们钟情的景区。1972年11月16日,联合国教科文组织第十七届会议在巴黎通过《保护世界文化和自然遗产公约》,开始为全球范围内具有突出普遍价值的文物、建筑物、遗址、自然面貌和动植物的生存环境提供紧急和长期的保护。

随着体验时代的到来,许多独具特色的农场、矿山、工厂等经济活动场所抓住以旅游者为中心的消遣休闲胜地的发展机会,加快了商业化进程,逐渐转变成为旅游者喜爱的景区。根据1995年的统计,英国的农场中已经有84%向旅游者开放,澳大利亚的葡萄园和葡萄酒厂中已经有83%全部或部分向旅游者开放。意大利、南非、匈牙利、法国等国家也开放了许多"农业旅游"和"工业旅游"的景区。

主题公园因为采用现代科学技术和提供丰富多彩的娱乐体验而出现快速发展的趋势。1946年,荷兰的马都洛夫妇为了纪念死于二战时期纳粹集中营的爱子,在海牙市郊投资兴建了世界上第一座"小人国"式的微缩景区"马都洛丹",1952年建成开放以来一直深受世界人民的喜爱。20世纪50年代,儿童乐园和购物中心成为广受欢迎的娱乐景区。1955年7月17日,美国的迪士尼乐园建成开放,成为世界公认的主题公园的先驱。1961年,六旗公园

华侨城,30年见证改革风云,在本书书末推荐书目中有三本关于华侨城的著作。

的第一个主题公园在美国的德克萨斯州建成。随后,许多大公司纷纷投资兴建主题公园,使主题公园成为20世纪70年代以来发展最快的景区类型。1963年,美国夏威夷在瓦胡岛的拉伊埃建立了波利尼西亚文化中心,自开业以来一直是夏威夷收益最大的景区。1971年,美国佛罗里达的迪士尼世界建成开放。1977年1月10日,中国香港的海洋公园正式开放。1981年加拿大多伦多的加拿大仙境乐园对外开放。1983年4月15日,日本的东京迪士尼乐园正式开业。1992年4月12日,法国的巴黎迪士尼乐园建成营业。1998年4月22日,美国佛罗里达的迪士尼动物王国建成开放。表1-5反映了2013年和2014年世界主题公园集团接待游客量的排名情况。

表1-5 2013年和2014年世界主题公园集团接待游客量

序号	名称	比率/(%)	2014年/百万人次	2013年/百万人次
1	美国迪士尼 WALT DISNEY ATTRACTIONS	1.3%	2014134 330 000	132 549 000
2	美国美林 MERLIN ENTERRAINMENTS GROUP	5.0%	62 800 000	59 800 000
3	美国环球 UNIVERSAL PARKS AND RESORTS	10.4%	40 152 000	36 360 000
4	中国华侨城 OCT PARKS CHINA	6.3%	27 990 000	26 1810.000
5	美国六旗 SIX FLAGS INC.	-1.8%	25 638 000	26 100 000
6	西班牙团圆 PARQUES REUNIDOS	-0.9%	23 305 000	26 017 000
7	美国雪杉会 CEDAR FAIR ENTERTAINNENT COMPANY	-4.3%	22 399 000	23 519 000
8	美国海洋世界 SEAWORLD PARKS & ENTERTAINMENT	-14.6%	22 206 000	23 400 000
9	中国华强方特 FANTAWILD GROUP(NEW)	59.9%	18 659 000	13 118 000
10	中国海昌 HAICHANG GROUP	103.6%	14 560 000	10 096 000
	合计	5.4%	392 039 000	377 139 000

资料来源:美国主题娱乐协会(TEA)、美国AECOM集团发布的《2014年全球主题公园游客量数据报告》。

博彩娱乐也是一种重要的消遣休闲活动。美国内华达的拉斯维加斯和新泽西的大西洋城、摩纳哥的蒙特卡洛、中国的澳门等地是世界著名的博彩娱乐目的地。但是,博彩业在带来巨大经济收益的同时也对社会造成了巨大的负面影响,这种悖论现象已经引起越来越多的国家高度关注。

（四）当代的系统发展阶段（2000年至今）

进入21世纪以来,随着经济的全球化和技术的高新化,旅游者的休闲娱乐方式更加个性化和多元化,景区进入了整合资源、改进产品、完善功能、提升服务和创新管理的系统发展阶段。世界遗产、国家公园、森林公园、地质公园、野生动物园、游乐园、主题公园、乡村度假、海滨度假、温泉、滑雪、滑水、高尔夫、节事庆典等景区的世界性或国际性组织越来越活跃,国家层面的政策法规越来越完善和规范,景区的客源市场越来越国际化,景区的经营环境越来越市场化,专业性的景区管理公司开始实现集团化。总之,在产品层面上,景区的类型和功能越来越丰富；在企业层面上,景区的经营和管理越来越规范；在产业层面上,景区的体系和战略越来越明晰,从而使景区实现可持续发展。

二、中国景区发展历程

中国景区起源于历史悠久的古代园林,大致经历了四个发展阶段:古代的萌芽阶段、近代的低迷阶段、现代的兴旺阶段和当代的提升阶段。

（一）古代的萌芽阶段（1841年以前）

古代的中国景区发展主要表现为园林的建造活动,人们通常把1841年以前的中国园林称为古典园林。中国古典园林起源于商周时代的"囿",即从天然地域中,圈出一定的范围,挖池筑台,放养禽兽,作为帝王贵族狩猎取乐的地方。秦汉之际,原始的"囿"已经发展成为游居结合的帝王宫苑。汉武帝扩建秦时的"上林苑",方圆达300里。魏晋南北朝时,文人士大夫崇尚自然,寄情山水,营造了以自然山水为主体的私家园林。这类园林摈弃了以宫殿为主、禽兽充斥其中的宫苑形式,追求天然的情趣和超脱的境界,为后世的园林文化奠定了基础。随着佛教的东进与道教的传播,寺庙与风景融合的宗教园林随之而生。唐代国力强盛,城市发达,帝王与文人士大夫都在城内外建造园林,享受山林之乐。宋代时大批画家和诗人参与园林创作,将诗情画意大量引入园林之中。明清时期是我国园林文化发展的鼎盛时期,所建造的园林数量和质量都大大超过了历史上的任何时期。至此,中国古典园林的三大基本类型——皇家园林、私家园林和宗教园林发展到了十分完美的境界,形成了鲜明的审美特征。

中国的古典园林注重选择天然山水胜景作为园址,然后采用模山范水的造园技法进行人为的改造建设,使人工建筑与自然风景协调起来,形成一种立体的空间艺术作品,体现了人对自然的顺应和人与自然的协调。所以,古典园林是由建筑、山水、植物等组合而成的富有诗情画意的景区类型。

（二）近代的低迷阶段（1841—1949年）

1840—1842年的第一次鸦片战争,帝国主义列强打开了中国的国门,结束中国孤立于世界历史潮流之外的格局,古老的中国遭遇到了强大的西方殖民主义。100多年来,冲突和战争使古老的中国饱受欺侮和蹂躏,国力衰弱,民不聊生,直到1945年第二次世界大战结束,中国才摆脱了帝国主义列强的侵略和国内军阀的混战。这期间,不仅出现了火烧圆明园这样的历史悲剧,而且大量的古典园林被西方人据为己有,中国的景区发展处于历史的最低谷。1949年10月1日,中华人民共和国宣告成立,中国的景区发展才迎来了新的春天。

(三)现代的兴旺阶段(1950—1999年)

新中国成立后,中国旅游业如同国民经济的其他部门一样,经历了计划经济和市场经济两个时代的洗礼,走过了一段艰难曲折的路程。相对而言,可以把这一阶段划分为三个时期:新中国成立初期的复苏阶段、"文革"十年的停滞阶段和改革开放的大发展阶段。

新中国成立初期,中国政府为了继承传统、弘扬文化、建设城市、改善环境和丰富生活,在城市发展过程中配套建设了大量的休闲公园。这些城市休闲公园不仅继承了中国古典园林的优秀传统,而且吸收了西方城市公园的许多优点,增加了大面积的空地,设计了丰富多彩的体育运动项目,全面拓展了休闲娱乐功能,使休闲公园成为城市的有机组成部分。传统的风景名胜区得到了有效的保护和利用,成为人民精神生活的重要内容。中国的景区处于一个全面复苏的发展状态。

"文革"时期,中国的旅游业如同国民经济和社会文化一样,受到了严重的干扰和冲击,景区因此处于停滞甚至崩溃的状态。

1978年年底,我国开始实行改革开放政策,社会主义建设从此步入健康发展的轨道,我国旅游业呈现出欣欣向荣的蓬勃发展景象。20世纪80年代初,国家公布了首批24个历史文化名城和44个国家级风景名胜区,推动了我国景区的开发和建设。改革开放以来,通过实施"适度超前战略"和"政府主导战略",我国旅游业从接待入境旅游起步,跨越式地发展成为入境旅游、国内旅游和出境旅游三驾马车齐头并进的局面,接待入境过夜旅游者数量和旅游外汇收入跃居世界前列,成为名副其实的世界旅游大国。在这种背景下,我国的景区取得了突飞猛进的发展。国家公园、森林公园、地质公园、野生动物园、世界遗产、游乐园、主题公园、乡村度假、海滨度假、温泉、滑雪、滑水、高尔夫、节事庆典等景区类型不断完善和提高,形成了比较完整的景区系统。表1-6反映了我国景区与世界景区的发展路径。

表1-6 我国景区与世界景区的发展路径

序号	景区类型	我国景区的起源	世界景区的起源
1	国家公园	1956年,第一个自然保护区	1872年3月1日,美国的黄石公园
		1982年11月,第一批风景名胜区	
2	森林公园	1982年9月,张家界国家森林公园	1919年,英国实施森林计划
3	地质公园	1987年,第一批地质自然保护区	1999年4月,联合国实施世界地质公园计划
4	湿地公园	1992年,中国加入《国际湿地公约》	1971年,在伊朗的拉姆萨尔签订《国际湿地公约》
5	野生动物园	1987年,北京濒危动物中心	1925年,扎伊尔的维龙加
6	自然保护区	1956年,广东鼎湖山自然保护区	1971年,人与生物圈计划

续表

序 号	景区类型	我国景区的起源	世界景区的起源
7	历史城镇	1982年2月,第一批历史文化名城	1914年,英国的沃里克城
8	主题公园	1989年9月,深圳锦绣中华	1955年7月,迪士尼乐园
9	水族馆	1931年,青岛水族馆	1789年,法国
10	温泉	3000年前,临潼骊山温泉	公元前3世纪
11	旅游节庆	1984年,潍坊国际风筝节	1641年,巴西狂欢节
12	世博会	2010年,上海	1851年,英国伦敦
13	奥运会	2008年,北京	1896年,希腊雅典
14	滑雪运动	清代,亚布力滑雪场	1868年,挪威
15	高尔夫运动	20世纪80年代	1414年,英国圣安德鲁斯
16	世界遗产	1985年,世界遗产公约缔约国	1972年11月,联合国

资料来源:根据相关资料整理。

(四)当代的提升阶段(2000—2009年)

进入21世纪以来,随着旅游大国地位的确立,中国旅游业实现了第二次战略转型:适度超前战略—政府主导战略—旅游强国战略,旅游业的产业化和国际化水平不断提高。在这种背景下,中国景区的类型逐渐多样化,世界遗产、国家公园、森林公园、地质公园、野生动物园、游乐园、主题公园、乡村假度、海滨度假、温泉、滑雪、滑水、高尔夫、节事庆典等类型逐步规模化和系统化,景区经营日益市场化和国际化,景区管理更加专业化和规范化,景区的数量和质量全面进入提升发展阶段。

(五)全球化智慧发展阶段(2010年至今)

2013年至今,互联网与旅游业实现了良好的有机融合,在线旅游的迅速发展将我国旅游业发展推向高潮。国家旅游局将2014年旅游宣传主题定位"美丽中国之旅——2014智慧旅游年",表明智慧旅游已经成为我国旅游业发展的一个新趋势。例如,烟台提出2014年建设"一部手机玩转烟台",2014年游客可通过手机在试点四面山景区实现"智能化"出游;阆中古城打造智慧旅游景区;九华山加强智慧营销建设;乐山推出"二维码电子护照"活动。继黄山、九寨沟之后,中国智慧旅游正在大踏步前进,"2014智慧旅游年"也进一步推进和领跑了中国旅游智慧化建设。

第三节 景区管理理论

一、景区管理的基础理论

生命周期理论和利益相关者理论是指导景区经营管理的两个基础理论。景区生命周期理论是描述景区演化过程的理论;景区利益相关者理论以旅游的可持续发展为归宿,界定了景区的利益相关者及他们之间的利益关系。

（一）景区生命周期理论

"生命周期"是生物学领域中的专业术语，用来描述某种生物从出现到消亡的演化过程。后来该术语被市场营销、国际贸易、产业经济、旅游开发等学科借鉴，用来描述与生物相类似的演化过程。1963年，W. Chistaller在研究欧洲旅游发展时首次提出了旅游区生命周期理论的概念。1980年，加拿大地理学家R. W. Butler系统阐述了景区生命周期理论（Tourist Area Life Cycle，TALC）。此后，该理论被旅游学者广泛引用，成为旅游学的一个经典理论。

1. 景区生命周期理论的基本内容

Butler认为，景区像产品一样，也经历一种"从生到死"的过程，只不过衡量的标准是游客量（见图1-4）。他指出景区的演化要经过六个阶段，各阶段均有其标志性特征。

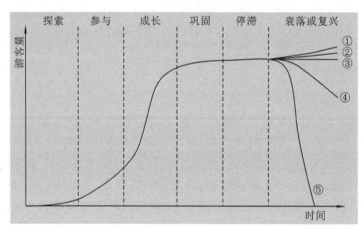

图1-4　景区生命周期曲线

1）探索阶段

只有少量探险型旅游者进入，他们与当地居民接触频繁，对当地特定的吸引物很感兴趣；目的地没有公共服务设施；当地的自然和人文环境未因旅游者的到来而发生改变。目前，南极洲部分地区、加拿大北冰洋沿岸地区处于这一阶段。

2）参与阶段

来访旅游者逐渐增多，他们依旧与当地居民交往；当地居民开始为旅游者提供一些基本的设施和服务；广告开始出现，地区性市场开始形成，旅游的季节性也随之显现出来；当地的自然和人文环境为适应旅游者的需要也开始发生改变。目前，太平洋和加勒比海的一些较小的、欠发达的岛屿正处于这一阶段。

3）成长阶段

游客量增长迅猛，旺季时超过常住居民人数；旅游者主要与景区的商业机构打交道，和当地居民的交往已经很少；景区内外交通、服务设施、服务质量得到很大的改善；广告促销力度大大增强；外来公司在景区的发展中扮演了重要角色；景区的自然和人文环境变化迅速，已与其原始面貌有很大不同。目前，墨西哥部分地区、北非和西非海岸的发展属于这一阶段。

4) 巩固阶段

旅游者增长率开始下降,但总量继续增加并持续超过常住居民人数,当地居民对旅游者的到来产生反感;景区发展与旅游业息息相关,为了延长旅游季节,吸引更多的远程旅游者,广告促销的范围进一步扩大;以往的设施沦为二流水准,已不再是人们向往的地方。目前,加勒比海大部分地区和北地中海地区处于这一阶段。

5) 停滞阶段

游客量达到高峰,景区客源市场的维持很大程度上依赖会议旅游者和重游旅游者;原有的自然或人文吸引物被人造景观所取代,接待设施出现过剩,景区的旅游形象不再时兴;景区容量达到或超过最大限度,导致许多经济、社会和环境问题的产生和当地居民的不满。

6) 衰落或复苏阶段

在衰落阶段,旅游者被新的景区所吸引,只留下一些周末度假旅游者或不露宿的旅游者;大批旅游设施被其他设施所取代,房地产转卖程度相当高;此时的旅游景区或者成为所谓的"旅游贫民窟",或者完全与旅游脱节。另一种可能是景区在停滞阶段后,通过创造新的人造景观或开发后备的自然旅游资源进入复苏期。英国和北欧的许多景区属于这一类型。

在衰落或复苏阶段有五种可能的情形:①再度开发景区获得成功,使游客量继续上升,景区进入复苏阶段;②小规模的改造和调整,使游客量小幅增长,景区渐渐复苏;③维持现有的游客量,避免其下滑;④过度使用资源,忽视环境保护,导致景区产品质量严重下降,游客量锐减;⑤战争、瘟疫等灾难性事件的突发会导致游客量急剧下降。

2. 景区生命周期理论的补充说明

景区生命周期只是一种理论上的归纳。在现实中,景区发展的实际情形未必如图 1-5 所描述的那样,因此需要做出以下补充说明。

(1) 不同景区的生命周期存在明显的区别。例如,20 世纪 90 年代以来国内建设的许多主题公园开业后 2~3 年就进入成熟期,之后迅速走向衰落;博物馆、遗产型景区,我们只能观察到游客量的起伏波动,却看不到它的激增或衰败;以周期性节事活动为吸引物的景区,其游客量呈现出规则波动的特征;度假区有很长的成长期,会慢慢地走向成熟。图 1-5 描绘

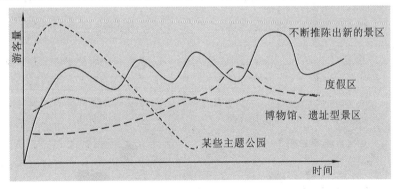

图 1-5　多种 TALC 曲线

了各类型景区大致的 TALC 曲线。

（2）同一景区的生命周期会受到诸多外部因素的影响。Haywood 指出这些因素包括景区上游企业和中间商的议价能力，替代性的旅游产品，潜在景区的开发，现有景区间的竞争，政府或其他约束性团体的力量，旅游者的需要、感知、期望及其变迁，反对旅游业开发的环保主义者和其他相关公众的干预。

（3）该理论不能作为一个完善的预测工具单独使用。这是因为：在现实中无法确认各个阶段的转换点；景区的演化也未必经历每个阶段，它可能跨越某个或某几个阶段；忽视了创新与变革的力量和突发事件对景区发展的影响；将市场视为同质型市场，没有考虑到市场细分的因素。

（4）景区生命周期理论的指导意义。作为一个解释模型，该理论可以帮助景区管理者判断景区所处的发展阶段，为其制定规划方案、进行市场开发提供依据。表 1-7 描述了景区在不同生命阶段的特征及相应的经营对策。

表 1-7　景区不同生命阶段特征及相应对策

		参与阶段	成长阶段	巩固阶段	衰落阶段
特征	游客人数	少	高速增长	低速增长	负增长
	促销费用	高	维持高促销	相对降低	低
	资金运营	需要资金多	资金周转快	维持一定资金	少
	利润	低	升高	降低	继续降低
	竞争对手	少	增多	众多	减少
	游客类型	探险开拓型	跟随型	从众型	保守型
	知晓度	低	增强	高	逐渐降低
营销策略	营销重点	树立形象	建立偏好	形成品牌忠诚	保护品牌忠诚，寻找新市场
	产品	确定产品主题，建立鲜明形象	提供扩展产品，保证服务质量	品牌和品种多元化，因需改进产品	结束效益不好的产品，开发新产品
	价格	成本加利润的价格策略	优于竞争对手的价格策略	维持成本的前提下，推出优惠价格	尽量降价，可以实行产品搭售策略
	渠道	建立有选择的销售渠道	大规模销售	有特色的销售渠道	更有选择性，结束不盈利的网点
	促销	集中促销，诱发尝试	增加促销以鼓励品牌的转换	充分利用旅游者的大需求量	促销活动降到最低水平

续表

		参与阶段	成长阶段	巩固阶段	衰落阶段
战略模式分布	创新战略分布	成功率战略 品牌战略 速度战略	攻势战略 速度战略	成长率战略 精益战略 产品改进战略	产品开发战略 市场维持战略
	创新模式分布	功能创新 营销创新 形式创新 突破式创新	价格创新 营销创新 服务创新	服务创新 管理创新 营销创新 产品开发创新 品牌多样化	营销创新 服务创新 形式创新 功能创新

作为一种预测工具,该理论可以用来预测景区将来的发展趋势,有利于景区持续盈利和成长,并对未来可能出现的不利情况早作打算,未雨绸缪。

(二)景区利益相关者理论

利益相关者(stakeholder)是一个管理学概念。利益相关者理论的研究始于20世纪60年代,其后在管理学、伦理学、法学和社会学等学科领域受到广泛关注,其研究主体也从企业扩展到政府、社区、城市、社会团体等领域。这一理论从20世纪80年代开始被引入旅游研究领域。[①] 它与可持续旅游发展的天然联系使得其在景区管理中发挥着直接而重要的指导作用。

1. 景区利益相关者理论的基本内容

在公司治理理论中,利益相关者理论中的利益相关者是指"任何能影响组织目标实现或被该目标影响的群体或个人",包括股东、债权人、雇员、供应商、消费者、政府部门、相关社会组织、社会团体、周边社区等。利益相关者理论认为,任何一个企业的发展都离不开各种利益相关者的投入或参与,企业不是只为股东而存在,而是为受企业决策影响的诸多利益相关者服务的组织。[②]

景区的利益相关者是指在景区经营管理中任何能影响景区目标实现或被该目标影响的群体或个人。一般来说,景区的核心利益相关者包括景区经营者、当地社区、旅游机构、旅游者和政府机构等。各方的利益诉求及相互间的关系如图1-6所示。

1)景区经营者

景区经营者推动着景区的日常运营和长期发展,其经营管理的好坏直接关系到其他各方利益的实现程度。景区的角色行为具有"双刃剑"的功能:一方面为所在地区的社会经济环境系统注入新的人流、物流、资金流和信息流;另一方面,出于追求经济利益的目的,也可能造成当地环境资源的破坏及社区文化传统的丧失。

2)当地社区

当地社区在景区开发后会发生显著的变化并长期受到景区运营的影响。社区希望通过

[①] 李正欢,郑向敏.国外旅游研究领域利益相关者的研究综述[J].旅游学刊,2006(10):85-87.
[②] 周玲.旅游规划与管理中利益相关者研究进展[J].旅游学刊,2004(6):53-59.

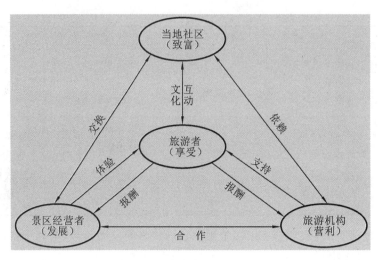

图 1-6　景区利益相关者的诉求与相互关系

让渡生活空间来换取持续的经济利益和就业机会,因此与景区和当地旅游机构之间存在着经济上的交换和依赖关系;同时,社区的社会、文化、生态也会因旅游者的大规模进入而受到冲击。

3) 旅游机构

旅游机构是指以营利为目的为旅游者提供各种产品和服务的企业,包括旅行社、旅游饭店、旅游交通运输部门、旅游商店等。它们从当地社区获得人力资源和物力资源的支持,通过和景区合作形成配套、完整的供应体系,同时接受相关政府机构的行政管理。

4) 旅游者

旅游者是旅游活动的主体,通过在景区的体验寻求精神上的审美和愉悦。旅游者的需求是景区其他利益相关者经济效益、社会效益和环境效益得以实现的基础,也是景区其他利益相关者关系产生和维系的前提。因此,围绕旅游者的需求,产生了其他利益相关者的经营行为和管理行为:景区为满足旅游者的核心需求为其提供赏心悦目的体验环境和体验流程;依托景区存在的营利性机构为旅游者的参观、体验提供食、住、行、游、购、娱等多方面的支持;当地社区为旅游者的活动营造真实、新奇的旅游氛围;政府机构通过对旅游者消费权益、安全权益的保障实现地方的整体利益和持续发展。

5) 政府机构

旅游业涉及行业领域的广泛性及旅游产品的综合性和复杂性使得景区各利益相关者很难存在自动的调节,因此景区所在地旅游业的健康发展需要一个总体利益和目标的代言人来控制、引导、协调、规范利益相关者的行为和目标。政府机构作为公共利益的代表,在景区的发展中起着总体协调和控制的作用。它的职责在于确保景区的开发、规划和运营与相关的政策法规不相抵触和违背,而且不会对资源和环境造成破坏;维护旅游市场的正常秩序和监督旅游机构的经营行为;保障当地社区和旅游者的合法权益。

2. 利益相关者理论的指导意义

(1) 摒弃了以往单方利益至上的畸形发展思路,突出了群体利益最大化的目标和社会、经济、文化、环境、生态和谐发展的理念,从而为建立新型的利益平衡机制提供了理论依据,使得所有利益相关者个体理性的主观动机能够最大化地转化为集体理性的客观结果。

(2) 更加强调了景区的社会责任,着眼于追求景区的长远发展和旅游的可持续发展。因此,在承认资源的利用性和共有性的基础上,实现对资源的永续利用和代际公平是景区运营的首要使命。

(3) 提供了一个人本主义的思考起点,体现了景区经营过程中"以人为本"的价值导向。所以,在景区的经营过程中,要从关心景区各利益相关者入手,对各方的特性、活动及社会环境加以关注。在此基础上,协调、处理好各方的利益及他们之间的关系,共同营造出和谐的景区氛围。

二、景区管理的法律法规

景区是旅游系统中最重要的部门,是激发旅游动机的主要因素,是旅游产品的核心。旅游业的兴起是伴随着景区的发展而发展的,加强景区的法制建设对旅游业的发展有着极其重要的意义,也是旅游业法律手段调控的重要内容。

(一) 景区法制化管理的意义

1. 规范旅游法律关系主体

旅游法律关系主体,是指旅游法律关系的参加者或当事人。这些主体主要有:国内外旅游者;旅行社、饭店、景区等企事业单位;各级旅游局及旅游相关部门等行政主管机构;旅游协会等各类非营利性社团组织。通过加强旅游景区的法制建设,从而以法律的形式确认其旅游法律关系的主体资格,规范其权利和义务,这是发展市场经济最基本的前提,也是任何一部法律对发展市场经济最根本的作用。

2. 促进景区利益相关者的和谐共处

景区在规划、开发和运营过程中会牵涉到开发商、经营者、当地社区、旅游机构、旅游者等多方的利益。景区相关法律、法规的建设和完善有助于规范各利益主体的行为,保障其合法权益;有助于解决利益相关者之间的矛盾,协调他们之间的关系,从而促进景区的和谐永续发展。

3. 促进景区行业的良性发展

景区法制建设对景区行业管理的促进作用体现在三个方面:一是在对景区的监管中做到了有法可依和程序公开化;二是更加重视市场准入、市场秩序、经营规则等方面的内容,从而推动景区管理的规范化和经营的市场化;三是有利于保护和合理利用我国景区内自然资源和人文资源,促进景区资源的永续利用。

(二) 景区法律法规的调整对象

景区法制化管理,即通过制定与景区相关的各种法律法规来调整景区活动领域中的各种社会关系,以实现景区发展的公平与公正。景区法律法规调整的社会关系十分广泛,但主要包括以下几种类型。

1. 纵向关系

纵向关系指的是行政管理和业务管理中存在的领导与被领导的关系。在景区活动领域

中主要包括旅游行政主管机构之间、旅游行政主管机构与旅游企业之间、旅游企业内部之间的关系。这种纵向法律关系的双方在权利和义务上是不对等的。

2. 横向关系

横向关系指的是在旅游活动领域中所结成的法律关系在权利和义务方面双方对等的一种关系。主要包括旅游企业与旅游者之间、旅游企业与旅游企业之间、旅游企业与其他相关企业之间的关系。

3. 多向关系

多向关系指的是旅游企业内部层次主体之间的纵向和横向交叉关系,如旅游饭店中的决策部门和执行部门之间的关系为纵向关系,而各执行部门之间则是一种横向关系。

4. 涉外关系

旅游业的发展势必涉及旅游接待国和客源国直接的关系,涉及旅游目的地和外国旅游者之间的关系,涉及外资引进、外商独资、中外合作经营等关系。

(三)景区法律法规体系

景区法律法规体系是指因调整各种在景区活动领域中发生的社会关系而产生的由法律、法规所形成的有机联系的统一整体。一个完整的景区法律法规体系一般包括以下内容。

1. 旅游法

据不完全统计,有60多个国家和地区制定了旅游法律。旅游法是我国改革开放初期就启动的一个立法项目,曾被列入第七届全国人大常委会立法规划和国务院立法计划,但由于当时我国旅游业还处于起步阶段,有关方面对立法涉及的一些重要问题认识不尽一致,这部法律草案未能提请审议。自八届全国人大召开以来,社会上要求制定旅游法的呼声进一步提高。第十一届全国人大财政经济委员会成立后,于2009年12月牵头组织国家发展改革委、国家旅游局等23个部门和有关专家成立旅游法起草组,2013年4月25日,第十二届全国人大常委会第二次会议表决通过了《旅游法》。

旅游法是调整旅游活动领域中各种社会关系的法律规范的总称,即以旅游法律关系为调整对象的各种法律规范的总和。这里强调"各种法律规范的总称",表明旅游法的概念是广义的。它包括狭义的《旅游法》和其他调整旅游活动中各种法律关系的有关法律、法规,也包括国务院及旅游主管部门制定颁布的单行旅游行政法规和部门规章。它表明,我们所指的旅游法概念,既包括国家的法律、法规,也包括地方的法规;既包括本国制定的法律、法规,也包括经我国政府签署、全国人民代表大会批准的国际条约、国际协定等。

2. 单项法规

单项法规是指旅游业内部各领域的法规、规章、条例,它从该领域的特点、规律出发,对旅游活动中的法律关系做出明确规定。如《风景名胜区条例》、《导游人员管理条例》等。

3. 地方性法规

地方性法规是指由地方立法机关或政府,根据所在地旅游业发展实际情况制定的调整、规范本地区旅游活动法律关系的法律法规。如《海南省旅游管理条例》、《北京市旅游管理条例》等。

4. 与景区活动有关的其他法律法规

该类立法并不以直接规定景区的活动为目的,而是通过该具体的法律制度针对旅游活动的特点而对其进行使用。如旅游合同适用我国《合同法》,旅游纠纷适用《消费者权益保护法》等,它们在调整景区活动的各种法律关系中也起到一定的作用。

(四) 景区管理相关法规

在社会主义法律体系中,旅游法属于第三层次的部门法。景区管理法规是旅游法的主要组成部分,是以管理和保护旅游景区为主要内容的法律规范的总和。目前,我国已经颁布的与旅游景区管理、保护相关的法律、法规和文件如表1-8所示。

表1-8 我国颁布的与景区保护、管理相关的法律、法规和文件

类 别	法律、法规、文件等	颁 布 机 构	颁布时间
景区资源、环境保护类	《关于保护我国历史文化名城的请示》	国务院(转批国家建委等部门)	1982年
	《文物保护法》	第五届全国人大常委会	1982年
	《水污染防治法》	第十届全国人民代表大会常务委员会	2008年
	《野生动物保护法》(修订)	第十一届全国人民代表大会常务委员会	2009年
	《环境保护法》(修订)	第十二届全国人民代表大会常务委员会	2014年
	《自然保护区条例》(修订)	国务院	2011年
	《水污染防治法》	第十届全国人民代表大会常务委员会	2008年
	《野生植物保护条例》	国务院	1996年
	《风景名胜区条例》	国务院	2006年
景区规划、建设类	《关于加强历史文化名城规划工作的几点意见》	国家建设环境保护部	1983年
	《旅游发展规划管理暂行办法》	国家旅游局	1999年
	《旅游规划设计单位资质认定暂行办法》	国家旅游局	2000年
景区管理类	《旅游发展规划管理办法》	国家旅游局	2000年
	《旅游资源分类、调查与评价》(GB/T 18972-2003)	国家质量监督检验检疫总局	2003年
	《旅游规划通则》(GB/T 18971-2003)	国家质量监督检验检疫总局	2003年
	《旅游规划通则》(GB/T18971-2003)	国家旅游局	2003年
	《休闲露营地建设与服务规范》	国家质检总局、国家标准委	2015年

续表

类 别	法律、法规、文件等	颁 布 机 构	颁布时间
景区管理类	《旅游景区质量等级管理办法》	国家旅游局	2012年
	《使用文物古迹拍摄电影、电视的有关规定》	国家文化部	1985年
	《公共场所卫生管理条例》	国务院	1987年
	《风景名胜区管理处罚规定》	国家建设部	1994年
	《关于解决我国旅游点厕所问题实施意见的通知》	国家旅游局、建设部	1994年
	《食品卫生法》	第八届全国人民代表大会常委会	1995年
	《导游服务质量》	国家旅游局	1995年
	《旅游标准化工作管理暂行办法》	国家旅游局	2000年
	《旅游厕所质量等级的划分与评定》（GB/T 18973-2003）	国家质量监督检验检疫总局	2003年
	《旅游区（点）质量等级的划分与评定》（GB/T 17775-2003）	国家质量监督检验检疫局	2004年
	《旅游度假区等级划分标准》（GB/T 26358-2010）	国家质量监督检验检疫总局	2010年
	《旅游景区质量等级评定管理办法》	国家旅游局	2005年
	《旅游区（点）服务指南》	国家旅游局	2006年
	《旅游娱乐场所设施与服务规范》	国家旅游局	2006年
景区安全类	《特别重大事故调查程序暂行规定》	国务院	1989年
	《旅游安全管理暂行办法》	国家旅游局	1990年
	《旅游投诉暂行规定》	国家旅游局	1991年
	《重大旅游安全事故报告制度试行办法》	国家旅游局	1993年
	《重大旅游安全事故处理程序试行办法》	国家旅游局	1993年
	《旅游安全管理暂行办法实施细则》	国家旅游局	1994年
	《公共娱乐场所消防安全管理规定》	公安部	1995年
	《游乐园（场）安全和服务质量》（GB/T 16767-1997）	国家技术监督局	1997年
	《漂流旅游安全管理暂行办法》	国家旅游局	1998年
	《大型群众性活动安全管理条例》	国务院	2007年

第四节　景区管理定位

一、景区管理的基本特征

根据系统论的原理,现代景区的管理可以划分为三个层次:景区产品层次、景区企业层次和景区产业层次。因此,景区管理具有三个不同层次的基本特征。

（一）景区产品管理的基本特征

景区产品管理是指对景区有形(可计量的)商品与无形(不可计量的)商品的基本功能进行配置的行为和过程。因为景区产品既有私有产品特征又有公共产品特征,所以景区产品管理具有特殊化和复杂化的基本特征。具体而言,景区产品管理具有五个方面的基本特征：一是空间性特征。景区产品受地理位置、环境容量、载客量等空间因素的限制,不能转移,旅游者的消费活动必须在确定的空间范围内进行。二是时间性特征。景区产品容易受到季节、政策等时间因素的影响和制约,所以景区产品价值以时间为计算单位,不能储存。三是服务性特征。景区是一个综合性的游乐场所,景区产品不仅需要满足旅游者吃、住、行、游、购、娱等有形需求,更需要满足"商、养、学、闲、情、奇"的无形需求,服务越好,景区就越受欢迎。四是高波动性特征。景区产品的质量不仅取决于景区基础设施、游乐设备的质量,而且取决于景区员工为旅游者提供的服务质量,多因素和多环节的质量系统决定了景区产品管理的高波动性。五是高职业化特征。景区产品生产、交换、消费三个环节的同步性,决定了景区产品管理的高职业化。景区员工只有接受专业化的职业训练,才能从事景区管理工作。

（二）景区企业管理的基本特征

景区企业是具有独立经营能力的经济法人实体。景区企业管理具有四个方面的基本特征：一是经营上具有独立性。景区企业能够独立行使经营权,在满足和引导市场需求的过程中,获得理性的经济效益。二是组织上具有完整性。景区企业要有与经营活动和服务规模相适应的组织结构与行动章程。三是决策上具有自主性。决策上的自主权既是景区企业进行经营活动的条件,又是景区企业独立经营的前提和保证。四是运作上具有综合性。景区是一种具有综合功能的企业,景区功能的完备程度是决定景区企业市场竞争力的关键条件。

（三）景区产业管理的基本特征

景区产业是指在社会供求关系和景区经营活动中所形成的企业结构关系。一般来说,景区产业的主要任务包括三个方面:数量扩张、结构转换和质量提升。因而,景区产业管理具有三个基本特征:一是系统性。景区产业是一个大系统,主要是由地域结构、要素结构、功能结构、组织结构等子系统所组成。二是战略性。景区产业是一个高效率的投入-产出转换系统。对这个系统进行管理,就必须进行全局性和全过程的长远谋划,从战略上保证系统运行的健康稳定。三是创新性。随着中国旅游大国地位的不断提升,中国景区的客源市场已经形成了国内市场与国际市场同步发展的二元结构,市场竞争呈现出国内竞争国际化和国际竞争国内化的基本态势,只有在产业发展战略的层面上进行系统化的集成创新,才能实现景区产业的可持续发展。

二、景区管理的基本任务

景区管理是一项复杂的系统性工作。对于景区管理的基本任务而言,一直随时间发生着变化,最普遍的认识大多集中在景区产品的层面,把景区看成旅游吸引物的重要组成部分。随着旅游业的发展,人们对景区所涉及的众多方面越来越了解,近年来开始从更宽泛的尺度来看待景区管理这个复杂现象。实际上,现在的景区已经发展到了一个新的历史阶段,我们必须应用系统论的思想,从景区产品、景区企业、景区产业三个层次来研究景区管理问题。

由于景区管理问题的多样性和复杂性,作为教材的《景区经营管理》不可能在有限的篇幅里阐述三个层次的问题,所以,我们这里只从经营的角度探讨景区企业层次的管理问题。图1-7把景区企业的管理系统构建为"五力圈管理模型"。旅游企业共建五力:战略决策力、管理执行力、资源整合力、市场竞争力、经济收益力,实现意识流、信息流、游客流、物质流、资本流的集成创新。

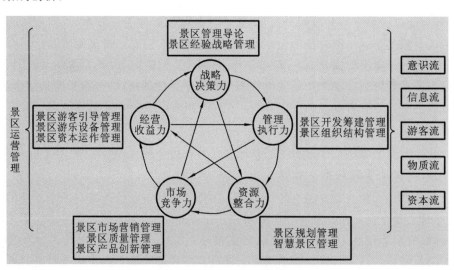

图1-7 景区企业管理系统的逻辑结构

三、景区管理的基本方法

景区管理方法是管理者在经营活动过程中为了实现景区提升品牌价值、提利能力,增强竞争优势和保障持续成长,而对景区人、财、物以及经营活动采取的综合方式和具体措施。景区管理方法不仅是管理者执行管理职能的重要手段,而且是协调各种经营活动的重要保证。从景区管理的一般方法来看,主要包括以下六个方面:

1. 景区管理的行政方法

景区管理的行政方法是指依靠景区企业组织机构和管理人员权威,借助行政命令、计划和规章制度等手段,对景区经营活动进行管理的方法。行政管理的优点在于建立起以景区总经理为核心的、集体统一的行政管理系统,以鲜明的行政权威为前提,保证景区正常开展经营活动和管理工作,是景区必不可少的基本管理方法。

2. 景区管理的经济方法

景区管理的经济方法是指景区遵循客观经济规律,运用各种经济手段,对景区经营活动进行有效管理的方法。经济方法的核心是正确处理景区所有权、经营权与监管权的关系,把经济利益与经济责任、员工绩效结合起来,形成有功必奖、有过必罚、奖惩结合的运行机制,促使景区员工从物质利益上关心和支持景区的经营与管理,是景区最基本的管理方法。

3. 景区管理的教育方法

景区管理的教育方法是指通过思想政治教育和业务技能培训,提高员工素质和业务能力,促使景区改进经营质量和提高的方法。由于景区经营活动的高竞争性、高服务性和高职业化,客观上要求加强员工的思想政治教育和业务技能培训,开阔员工视野,培养职业责任感,提高业务素质和工作能力,所以教育方法是保障景区正常经营活动的基本管理方法。

4. 景区管理的社会心理方法

景区的经营活动和管理工作主要是以人为中心的活动,不管是个体的人,还是群体的人,都具有特定的心理现象、心理活动规律和特点,只有采取有针对性的策略和方法,才能更好地调动员工的积极性和主动性,有效地激励员工不断改进工作,从而促进景区提升核心竞争力。所以,社会心理方法正在成为景区管理活动中普遍采用的基本方法。

5. 景区管理的定量技术方法

景区管理的定量技术方法是指借助计算机工具,运用数据和数学分析的方法,对景区经营活动和管理工作进行科学分析和研究,从而实现量化管理的方法。运用定量技术方法,必须强化景区会计、统计、信息、网络等基础性工作,建立数据库和档案制度,提高数据采集、数据处理、数据分析、数据传输、数据应用等环节的技术水平。只有把定量方法和定性方法结合起来,才能提高景区经营决策的科学性和管理策略的准确性,保证景区定量技术管理方法的有效性。

6. 景区管理的咨询顾问方法

咨询顾问方法是由专业的咨询顾问机构对企业经营管理过程进行调查和分析,从而针对性地提出解决问题的建议和可行性方案,供企业管理者决策参考的一种管理方法。运用这种方法,有利于集思广益,听取各方面的意见,尤其是充分利用富有思想理论和实践经验的专家意见,不仅能够把握景区经营环境的变化趋势,而且能够及时发现景区经营管理中的问题,采取积极有效的应对措施,从而减少景区经营风险,提高景区管理水平。由于操作简便,成本较少,效果明显,所以咨询顾问方法是景区经营管理中蓬勃发展的一种管理方法。随着咨询顾问方法的普遍采用,许多专业化的景区管理公司也迅速发展起来了,成为现代景区产业的重要组成部分。

四、景区管理的基本内容

(一)景区战略管理

发展战略是旅游景区长期发展目标能否顺利实现的关键,科学英明的发展战略是景区

发展目标顺利实现的保证。旅游景区的战略管理就是根据景区自身的条件,以及对竞争关系的分析,确定发展目标和形象定位,包括景区管理主体如何适应外部环境的变化,通过管理职能的发挥,对景区系统实施高效管理,实现景区目标最优解。管理的核心问题是解决景区经营管理绩效测度,并以绩效指标为导向构建景区战略管理的框架。

（二）景区应变管理

包括分析景区所在地的自然条件、区域经济条件、社会条件、文化条件等对景区开发与经营管理决策的影响机理;分析与景区相关的政策法规、国际公约、行规行约对景区管理行为的约束与规制机理,并采取相应的对策。

景区相关政策法规、国家标准、国际公约等规定的景区等级制度是景区分级管理的依据,不同级别的景区,其管理主体、资源保护要求、开发强度等不同,管理方式也会有差异。

（三）景区冲突与协调管理

包括个管理主体间的协调机制、景区管理职能发挥、不同管理主体管理方式差异、多维目标博弈与共生机制、不同类型景区管理目标重要性差异等。

（四）景区开发与经营管理

开发与经营管理在景区管理系统中居于核心地位,具体包括以下内容:

1. 景区资源的开发和建设

游客是旅游景区存在的前提,如果没有游客到访,景区就是一般的自然环境和文化遗迹,不能成为旅游景区。不断开发和建设是增加和保持景区对游客吸引力的重要手段。即使是一个运营多年的景区,在其日后的经营过程中还要根据市场需求的变化,不断进行再开发,发掘资源潜力,增加新的景观和活动内容,保持一定的游客量。

2. 景区日常经营管理

除了城市公园、绿地和广场具有公益性质外,我国多数的旅游景区采用企业形式进行营利经营,经营管理的目的是获得一定的经济效益。对于这类景区来说,管理的主要内容就是日常经营活动,就是利用景区的资源向游客提供满意的服务,并取得满意的投资回报率。从这一点来看,景区的管理与一般企业经营管理具有共性。旅游景区管理要从景区的特殊性出发,运用现代企业的经营管理手段,推动旅游景区不断稳步前进。

3. 游客活动管理

对游客活动进行管理是景区管理的重要内容。景区管理中,既要维护景区的良好秩序,保护游客的生命和财产安全,也要通过宣传教育、适当引导和必要的制约,指导游客进行文明健康的旅游活动,制止游客在游览中出现的不良行为。

4. 景区的管理体制与治理模式

景区管理体制是景区治理模式的核心内容。不同类型的旅游景区在性质与功能、管理体制和治理结构方面都存在很大差异,有什么样的景区管理体制就会产生什么样的经营机制,就会形成什么样的景区发展模式。对景区而言,选择合乎自己特点的治理模式,形成一个既有利于景区发展又有利于景区保护的管理体制,是关系到景区持续和长期发展的重要问题。

本章小结

综合不同的视角,阐述了景区的基本概念及相关概念之间的逻辑关系,同时阐述了景区的分类方法和基本功能。

根据纪年方式和文献研究的成果,把景区的发展历程划分为古代、近代、现代和当代等时间尺度的四个历史阶段,分别对世界和中国等两个空间尺度的发展历程进行了简要阐述。

景区管理理论包括两个方面的内容:景区生命周期理论和景区利益相关者理论。

景区管理的定位主要从以下几个方面入手:景区管理的基本特征、景区管理的基本任务、景区管理的基本方法及景区管理的基本内容。

核心关键词

景区	tourist attractions
景区生命周期理论	tourist area life cycle
利益相关者	stakeholder
景区管理	management of visitor attractions

思考与练习

1. 试述景区的概念及相关概念之间的逻辑关系。
2. 试述景区的基本分类和功能。
3. 结合实例,试分析某一景区的生命周期及相关利益者之间的关系。
4. 查阅资料,试以世界某一知名景区为例,谈谈其管理的基本定位。

案例分析

城市"大旅游"格局下 旅发委的前世今生[①]

旅游与相关产业的深度融合是当前各国、各地区旅游业发展的显著特点。由于旅游现有资源归属多个行业主管部门,在产业深度融合、统筹对接工作方面存在诸多

---

① 城市"大旅游"格局下 旅发委的前世今生[EB/OL]. http://www.haokoo.com/outbound/9303838.html.

困难。旅游项目从规划、实施建设、营运管理到后期监管等,分别涉及交通、公安、工商、质监、住建、规划、文化等多个部门,协调难度很大。旅游部门如无法高效协同部门工作和掌握一定发言权,非常容易使得旅游项目处于低端开发、无序经营状态,无法发挥相关旅游资源优势,旅游与相关产业特别是文化产业无法实现深度融合。

在城市"大旅游"格局下,由于旅游部门的职能仍局限于"行业管理",已经难以适应旅游业发展的新形势,迫切需要建立一个综合机构,统一协调相关部门和区市政府,整合现有资源,形成工作合力,来推动旅游业实现跨越式发展。

一、旅发委 VS 旅游局

长期以来大多数地区采取传统的旅游局模式,将旅游部门的职能局限于"行业管理",停留在"小旅游"、"小产业"状态,与当前旅游产业深度融合、新兴业态不断发展的趋势不相称,"小马拉大车"的现象非常严重。一些旅游部门尝试统筹协调、规划调控、行业管理和市场监管四个方面的工作。旅发委(全称"旅游发展委员会")的成立是旅游体制机制创新的重要举措,是积极适应新时期的旅游发展和解决现有问题的理性选择。

(一)行政主体差异

由旅游局变更为旅发委,从行政主体上说,是由政府的直属部门升级为组成部门。旅游发展委员会属于组成部门,为非独立的行政主体单位,委员任职在法律上由上级人大常委会通过,主任为正厅级干部,与政府其他部门联系更为紧密,涉及发改委、交通、公安、工商、住建、规划、文化、园林、文物等多个部门协调管理,兼任的委员具有更多的职权,能够进行统筹工作;旅游局属于直属机构,有独立的行政主体资格,与上级政府主要为业务指导关系,统筹协调能力较弱。旅委会成立以后,以全委会和办公室的形式,很容易将各个部门的意见统一起来,对整个旅游产业的宏观指导和统筹作用进一步加强。旅发委政府组成部门的身份将更适应于这一要求,为旅游产业由单一部门推动向部门综合联动的转变奠定了坚实的体制基础。

(二)机构人员调整

"局"改"委"之后,最直接、最明显的变化是机构的细化调整和人员的增加,使得旅游部门业务更加专业化。以广西为例,自治区旅游局升级为旅发委后,机关内设机构由7个增加到9个,增设了产业促进处(自治区红色旅游发展协调小组办公室)、信息和公共服务处,机关行政编制也增加到59名,兼任的委员涉及各个其他的政府部门。旅游委升级后,将科室进一步专业化,同样增设了产业促进科和宣传信息科。进一步强化了工作职能,适应了旅游产业日益发展壮大的趋势。北京市旅游局升级为旅发委的机构改革变化如表1-9所示。

表1-9　2011年北京市旅游局升级为旅发委的机构改革变化

	旅游局	旅发委	备注
成立时间	2000年	2011年	
部门地位	政府直属部门	政府组成部门	部门级别升级

续表

	旅游局	旅发委	备注
职能相近部门	办公室	办公室	基本职能不变
	政策法规处	政策法规处 监察处	
职能相近部门	国内市场开发处 国际市场开发处 财务处	产业发展促进处 旅游消费促进处	
	规划统计处	首都旅游协调与区域合作处	
	综合管理处	行政许可处	
	安全保卫处	安全与应急处(假日办)	
	人事教育处	人力资源处	
删减或增加的职能部门	饭店餐饮管理处	高端旅游发展处 大型活动处 旅游环境与公共服务处 城市形象与市场推介处 行业监督管理处	负责旅游行业标准化工作;更具有特色的针对性,针对高端旅游、大型会展的主题进行发展规划;加强了旅游环境和公共服务的基础设施建设

(三)职责权限范围变化

在机构调整、人员增加、管理机制不断创新的背后是旅游部门的职责管辖范围的扩大以及管理视角的提升,职能权力的进一步升级。以海南省为例,2009年由旅游局升级为旅发委,其相应职责进行了一定调整:将部门旅游机构、人员的评定考核职责下放给市县级旅游行政管理部门,并增添了以下五项重要职责:

(1) 统筹协调全省旅游业发展。

(2) 规划全省旅游资源及其保护。

(3) 牵头组织推进国际旅游岛建设,统筹全省旅游要素国际化改造。

(4) 统一管理全省旅游行业标准化工作,制定旅游行业的地方标准并组织实施。

(5) 负责旅游安全的综合协调和监督管理。强调从全省的视角统筹协调全省旅游业的发展,具有明确的旅游产业发展目标,注重标准化工作的推进,提升海南省旅游产业的质量。

为了具体落实以上职责,旅发委整合了交通、公安、公商、质监、住建、规划、文化等多部门及省政府力量。虽然旅发委不能代替各行业部门的工作,但协调工作过程中少了部分审批程序,有了更多的决策话语权,能够效率更高地解决在旅游产业发展中遇到的各种问题。

总体而言,旅发委是对旅游综合改革试点工作的重要内容,是创新旅游管理体制的重要举措,是旅游局的升级版本,拥有行政主体体制的优越性和机构改革的专业性,并利用政府在行政决策上给予旅游部门的支持和资金的保障,使得其跨部门协调工作能力进一步增强,旅游发展环境的进一步优化。

旅发委的成立标志着省市区的旅游体制机制改革的引擎已经发动,代表了政府旅游产业发展理念的升华,管理体制的创新,工作职能的优化,工作思路的拓展。

二、盘点六大省级旅发委

(一)六大省市区旅发委成立背景

海南省旅发委成立背景:旅游作为海南经济的重要支柱产业,在社会经济、文化生活方面都具有极大的影响力,2009年金融危机,对旅游业影响巨大,2008年底统计入境游客8.1万人次,同比下降32.4%,内外高端会议和会展下降。面对海南旅游经济的巨大冲击,海南率先成立旅游发展委员会,是想统筹全省力量积极应对海南旅游经济的严峻形势。

北京市旅发委成立背景:2011年,北京市要进一步挖掘旅游资源的生态附加值、文化附加值、科技附加值、服务附加值、教育附加值,实现旅游"资源多样化、服务便利化、管理精细化、市场国际化"。为了努力把旅游业打造成北京市重要的支柱产业,北京设立北京市旅游发展委员会,为全国旅游业的发展做出示范作用。

云南省旅发委成立背景:云南于2013年将旅游局正式更名为旅游发展委员会,以云南旅发委的成立为契机,尽快研究和完善组织形式和运行机制,重点强化旅发委的组织和统筹协调职能。

江西省旅发委成立背景:随着旅游业在江西省经济中占据越来越重要的地位,江西省设立了力争主要旅游产业指标全国前十的目标,于2014年召开全省历史上规格最高、规模最大、具有里程碑意义的旅游产业发展大会,设立江西省旅游发展委员会,进一步促进江西旅游产业的发展。

广西壮族自治区旅发委成立背景:2014年3月,广西抓住地方政府机构改革的契机,从完善顶层设计着手,在原自治区旅游局的基础上,积极调整旅游部门的设置和职能,组建了自治区旅游发展委员会,把旅游部门由政府主管部门升格为政府组成部门。

西藏自治区旅发委成立背景:2015年西藏自治区成立50周年,上半年旅游收入同比增长30%,西藏将以拉萨国际旅游城市、林芝旅游区的规划建设为基点,打造一流的世界精品旅游目的地,"走旅游路、吃旅游饭、发旅游财"的富民模式要求旅游部门更高效地协作统筹管理职能。2015年2月13日,西藏自治区旅游发展委员会揭牌成立。至此全国已有六大省(直辖市、自治区)设立了旅游发展委员会。

(二)六大省市区旅发委基本机构设置

早期设立旅发委的海南和北京相对其他地区的旅发委的机构设置更为完善健全,专业化分工更为精细,西藏、江西地区则机构设置相对简单。机构设置涵盖统筹协调、规划调控、行业管理和市场监管多个方面。

除了基本的办公室、政策法制处等基本部门设置,各省针对本省的基本旅游情况设置了专项办事处,以进一步提升旅游发展特色和省旅游的影响力。北京针对其祖国首都、文化中心的旅游资源特征设置了大型活动处、高端旅游发展处,广西设置了红色旅游办事处,海南设置了文化会展处,云南设置了节庆会展处,大力发扬省市区旅游资源优势和特色;同时各旅发委加强了旅游宣传、产业促进的机构职能设置,北京、云南还设置了专门的区域协作、综合协调的机构,强化了与其他机构协作管理的功能。六大省市区旅发委基本机构设置情况如表1-10所示。

表1-10 六大省市区旅发委基本机构设置

省份	成立时间	机构设置
海南	2009年5月	办公室、政策法规处、旅游规划处、旅游开发处、国际市场推广处、国内市场推广处、综合协调处、文化会展处、行政审批办公室、监督管理处、组织人事处、教育培训处
北京	2011年5月	办公室、政策政法处、产业发展促进处、首都旅游协调与区域合市形象与市场推介高端旅游发展处、高端消费促销大型活动处、旅游环境与公共服务处、行政许可处、行业监督管理处、安全与应急处(假日办)、人力资源处、监察处、机关党委
云南	2013年3月	委办公室、政策法规处、规划发展处、产业促进处、市场开发处、行业管理处、区域合作与节庆展处、财务统计处、人事处、机关党委
江西	2014年2月	办公室、政策法规处、规划财务处、产业发展处、监督管理处、市场促销处、认识教育处
广西	2014年4月	办公室、政策法规处、市场推广处、规划财务处、产业促进处(红办)、监督管理处(行政审批处)、综合协调处、信息与公共服务处、人事处、机关党委
西藏	2015年2月	办公室、政策法规处、旅游促进与合作处、监督管理处、旅游产业发展处、财务统计处、规划处、机关党委

(三)成立后的行动及绩效

1. 产业升级,规划先行

"科学发展,规划先行"是旅游业发展的一个重要规律。在旅发委的机构改革之后,相关的规划、财务部门的职责包括制定旅游发展中长期规划和年度计划并组织实施;组织各地旅游资源普查、开发利用和保护;指导重大旅游项目建设,提出论证审查意见;会同财政部门编制旅游发展专项资金使用计划,承担资金使用评审和绩效考评工作,并开展指导行业招商引资工作;指导旅游度假区、生态旅游示范区建设。

在制定中长期规划上,前期研究更加扎实,更具科学性和操作性;年度计划组织实施上,可以做到更精准,重点更突出;在重大项目实施中,统筹协调推进作用更明显;

专项资金使用过程中，更能抓住资金扶持的重点，突出政府性资金的引导和撬动作用。规划、财务处、产业规划等工作的统一组织和实施，专项资金的管理和使用以及推动重大项目形成"建设一批、竣工一批、储备一批"的良性循环发展，贯彻实施"重大项目带动战略"。

如广西旅发委成立后增加了"负责重大旅游项目建设的论证、审核和指导工作"的职能。将红色旅游、旅游商品开发、旅游与相关领域的整合发展等职责调整到了产业促进处。广西旅发委经常深入各地，对自治区重大项目建设、特色旅游目的地建设、旅游基础设施建设等进行调研指导。

2. 政策扶持，项目引进

充分发挥旅发委统筹协调、促进产业发展职能，协调财政、规划、交通、文化、文物、国土、环保、金融、口岸、工信、农业、税务、工商、林业、园林等有关部门，认真落实国家、省出台的各项扶持旅游产业发展的政策，结合各自职能，制定、落实含金量高、切实可行的支持文化旅游产业发展的具体政策和配套措施。制定加快旅游商品业发展政策、促进旅游消费扶持政策、鼓励壮大旅游产业规模的激励政策等一系列促进产业发展政策。

如2009年海南省旅游发展委员会成立之后，推进"大旅游"管理体制改革。海南被特别赋予海南购物退免税、26国免签入境，省旅发委积极推动这些政策落地实施，强化旅游协会功能，倡导行业自律；实现旅游管理信息电子化，提升市场监管水平；推进《海南经济特区口岸管理条例》等。一项项落实国家战略的改革创新举措，彰显出巨大发展潜力和空间。

表1-11 海南省2008—2014年旅游收入情况 单位：万元

时间	2008年	2009年	2010年	2011年	2012年	2013年	2014年
旅游收入	192.33	211.72	235.61	324.04	379.12	428.56	506.5
入境旅游收入	27.32	18.9	22.02	24.57	3.48	3.31	21.5
境内旅游收入	165.01	192.82	213.59	299.47	375.64	425.25	485

3. 积极促宣传，多元化投融资

旅发委以旅游发展集团为载体，充分发挥政府性资金"杠杆"作用，参与对省区的核心景区打造和重点旅游项目建设，进一步整合旅游资源，统筹推进旅游产业"六要素"协调发展，提升资源开发水平，促进旅游产业跨越发展。积极引导各类社会资本加大对旅游业的投入，激发市场主体创业活力。充分利用资本市场，通过项目融资、联合融资、投资合作等方式，扩大旅游业发展资本。

如2015年5月17日—23日，云南省省委副书记、省长陈豪率省发委主任等有关部门的代表团员参加了"合力打造面向南亚东南亚辐射中心暨深化滇港（澳、粤）产业合作交流活动"，以滇港旅游文化合作，吸引了港澳大企业对云南旅游产业进行投资。云南省旅发委、云南省文产办精心策划推出了20个云南旅游文化重点招商项目对外推介和洽谈，涉及总投资400亿元左右。云南省旅发委还通过网络招商平台推出 2015 年云南省旅游产业招商引资项目 237 个。

4. 强化公共服务,促进特色发展

旅游公共服务落后是很多地区发展旅游的瓶颈,旅发委能够联动多部门实现对公共服务的有效提升。从景区公共服务中心、游客服务中心、自驾车营地、旅游厕所等方面加大投入,促进旅游业的快速发展。

旅发委还可以在推行国家休闲城市标准方面有所作为,通过增加休闲元素,强化旅游配套体系建设,打造国际化、标准化的目的地公共服务网络。

如 2015 年以来广西旅发委从软件、硬件两方面着手,着力提升旅游公共服务水平,取得了扎实的成果。智慧旅游方面,广西旅发委开展了广西旅游行业基础数据库及相关平台的顶层设计工作,启动了《广西智慧旅游行业基础数据库总体规划》,并初步建立了广西旅游应急指挥监控系统,设置和完善网络舆情监控系统。

5. 多部门联动,保障创新齐前进

旅发委能够统筹、整合、协调文物、园林、林业、文化、农业、体育、宗教、交通、规划等兼职委员单位作用,打破现有的旅游管理条块分割局面,形成部门联动的工作机制,建立议事制度和重大工作联合推进机制,制定年度目标任务,对各地实现战略做好保障。

如北京市旅发委成立后,环境综合整治持续加强。采取联合治理、专项整治、例会工作制和建立工作台账等有效措施,推动重点景区周边一公里范围内的环境、交通、设施、购物、秩序等综合整治,游客反映的突出问题得到阶段性解决。

思考题:

1. 旅发委与旅游局的对比分析?
2. 旅发委的成立对景区的运营和管理有哪些促进作用?

第二章

景区规划管理

学习引导

景区规划是景区开发建设、经营管理的一个指导性文件,规划是否科学合理与景区开发的成败有直接的关系。景区规划管理已成为景区进行开发建设、经营管理、科学发展必不可少的科学依据,是帮助景区实现社会、环境、经济三大效益以及可持续发展的行动指南。因此,如何提高学生景区规划管理的能力,通过本章的学习,让我们去寻找答案。

学习重点

通过本章学习,重点掌握以下知识要点:
1. 景区规划可行性研究;
2. 景区规划的编制规范;
3. 景区规划的系统结构;
4. 景区规划的运作管理;
5. 景区规划的开发模式。

第一节 景区规划可行性研究

景区规划可行性研究是景区开发规划的前提,景区进行可行性研究有助于景区开发者了解景区的资源赋存情况、市场占有情况,进而有助于景区开发者把握景区开发的方向。

一、景区规划可行性分析内容

景区开发可行性分析的内容主要包括以下五个方面:

（一）旅游资源评价

旅游资源是景区开发的基础,旅游资源的赋存情况和稀缺程度将决定景区开发的潜力,因此,旅游资源评价是景区开发的前提。一般来说,旅游资源评价包括旅游资源自身评价和旅游资源开发利用的环境条件评价两种。其中,旅游资源自身评价包括五个方面的内容:旅游资源特色、旅游资源价值、旅游资源密度、旅游资源容量、旅游资源性质;旅游资源开发利用的环境条件评价包括七个方面的内容:区位环境、自然环境、人文环境、客源环境、政治环境、投资环境、施工环境。

旅游资源评价的方法主要有以下六种:

（1）一般体验性评价;
（2）美感质量评价;
（3）"三三六"评价法;
（4）价值工程法;
（5）层次分析法;
（6）指数评价法。

（二）市场需求分析

景区开发规划的最终目的都是取经济上的利益,而经济利益的实现必须发生在市场中。因此,分析景区开发是否可行,需要对其市场需求进行分析。市场需求分析必须解决四个方面的问题:确定市场规模、了解市场结构、分析竞争格局、明确市场定位。

1. 确定市场规模

市场规模的大小直接影响着景区的盈利能力。在实践中,确定景区市场规模往往有三种思路:①根据市场来预测,与其他相似景区类比或者采用历史趋势外推法等预测游客量;②根据接待能力来预测市场规模,即根据现有设施和可能新开发的设施的接待能力来预测游客量;③根据经济目标来反推市场规模。

2. 了解市场结构

市场规模属于量的分析,而市场结构则是质的分析,市场结构主要回答景区提供何种产品和服务以满足消费者的需求问题。市场结构分析包括旅游者社会人口特征和旅游者消费行为特征两个方面。其中,旅游者社会人口特征包括旅游者年龄、性别、收入、职业、教育、民族、宗教、习俗等;旅游者消费行为特征包括旅游者空间移动轨迹、消费选择倾向、消费动机、平均消费额、平均逗留时间、回头率、满意程度等。

3. 分析竞争格局

分析现有市场上竞争者的情况,包括竞争者的数量、市场份额、现有产品等。

4. 明确市场定位

根据前面对客源地理分布、市场规模、市场竞争格局的分析,选择景区的市场定位。

（三）社会经济基础分析

景区开发不仅与景区开发者的经济实力有关,还受到景区所在地的社会经济基础的影响,主要包含景区开发的投资环境和建设环境两个方面。其中,投资环境是指当地的宏观经济状况、金融市场的开放性和融资成本、利率水平、政府对旅游开发的相关政策是否优惠等;建设环境是指景区所在地的交通、通信、水电、地质、供水、供电、供热、供气等基础设施配套条件。投资环境和建设环境越优越,景区规划的成本也就越低。

（四）承载力分析

承载力是指某一特定空间或区域的接纳、包容能力,主要是对与主观心理感受相关的指标的衡量。承载力主要包括三种:经济承载力、社会承载力和文化承载力。①经济承载力是指由于受区域经济发展水平基础的限制,区域所承受的最大旅游活动量;②社会承载力是从当地居民的利益角度来讲的,景区旅游的发展带来交通拥挤、环境污染以及公共资源占用等负面效应,会引起居民的不满,社会承载力是以社区居民对旅游活动的最大容忍度为上限;③文化承载力是从本地文化的传承和发展角度来讲的,旅游的发展带来外来文化与本土文化的交融或者冲突,文化承载力就是指本土文化对外来文化的包容能力。

（五）投入与产出分析

一方面,研究景区开发过程中所需要的资金数额和流动资金数量、来源及其筹措方式;另一方面,研究景区营业后产生的经济效益,对其经济产出进行预测。将投入与产出进行对比分析,有利于把握景区开发的具体方向。

二、景区规划可行性研究流程[①]

可行性分析实质上是提前考察一个旅游投资项目能否达到预期的目的,因此,景区开发可行性研究需要先确定景区开发的目的。一般经营性景区开发的目的是获取经济效益,但也有一些非营利景区,如博物馆等,它们的开发是为了获得社会、文化等方面的效益。因此,景区开发的目的是为了获得经济建设、政治建设、文化建设、社会建设、生态文明建设等方面的综合效益或某一特殊效益。

景区的投资开发必须遵循项目创意、项目策划、项目初选、项目评估、项目实施、项目经营和项目总结等逻辑顺序,按照投资前期、投资时期和经营时期等三个时期进行。如图2-1所示。

项目开发周期各个阶段的主要任务有以下几项:

---

① 余群舟.工程建设合同管理[M].北京:中国计划出版社,2008:96.

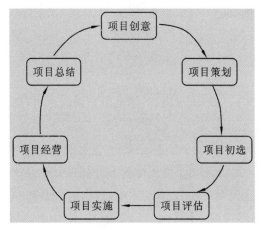

图 2-1 景区项目开发周期示意图

（一）项目创意

这是景区投资开发的第一阶段，主要任务是分析市场需求结构特征、市场竞争格局和资源约束对景区开发的影响，鉴别高度有效的市场机会，提出项目意向。

（二）项目策划

该阶段的主要任务是将项目创意转化为具体的投资规划和行动规划，制定项目应该达到的目标，分析项目的收益能力，确定项目的市场空间，拟定投资计划，编写项目建议书。

（三）项目初选

在项目建议书获得批准后，还要对拟开发项目的各种预选的技术方案和投资方案进行筛选，以便剔除不利因素和不定因素，进行开发项目的初步决策分析，最后选定投资合理、收益率高、风险性小的项目，写出初步可行性研究报告。

（四）项目评估

在这个阶段中，专家组织按照正常的评估程序，从技术、经济、财务和社会等各个方面对开发项目的可行性与合理性进行全面的审核和评估，写出评估报告。

（五）项目实施

这是项目投资（建设）阶段。主要任务是建立项目执行管理机构，进行项目招投标，签订各项协议和合同，组织设计施工以及试营业工作。同时，这个阶段必须对开发项目的成本、质量和工期等方面进行严密的监督和有效的控制，以保证严格执行项目的规划要求，实现开发项目的既定目标。

（六）项目经营

景区生命周期内的经济、财务和社会效益，不仅反映投资（建设）前期可行性研究的工作质量和投资（建设）时期的工作质量，而且还受到经营运作时期管理水平的影响。景区投资决策的成败，最终是由经营运作时期的经济效益大小体现出来的。

（七）项目总结

这是在开发项目经营运作一定时间以后，一般是在投资回收预期内，对开发项目的成败因素进行全面而具体的审核、总结和评估。主要评价项目的实际运作业绩、是否达到了预先设计和期望的目标，从而总结正反两方面的经验教训，写出项目后评价报告。

三、景区规划可行性研究报告

景区开发可行性研究报告是可行性研究的成果表现。它是指在景区建设之前，对景区的资源赋存、市场规模、社会经济基础、承载力及其投入与产出等，进行全面的技术论证和经济分析，从而确定该景区建设的可行性和有效性的书面报告。

（一）可行性研究报告的作用[①]

景区开发可行性研究报告主要有以下两个作用：

（1）领导者进行决策的依据。可行性研究报告以确切的资料和科学的数据为依据，从多个角度和多个层面来考察、分析景区开发项目，描绘拟建景区的全貌，并为决策者提供建议。所以说景区开发可行性研究报告是领导者进行决策时的重要依据。

（2）景区资金筹措的依据。可行性研究报告为保证景区开发资金来源提供了条件。景区的投资方、贷款方通过对可行性研究报告进行审核，评估其经济效益和社会效益，从而决定该项目是否可以实施。

（二）可行性研究报告的内容

景区开发可行性研究报告的编写一般包含这样几个部分：总论、旅游资源评价、市场分析、开发利用条件、建设内容与规模、工程设计方案、环境保护及其他、项目实施进度、景区投资估算、效益评价。

第二节　景区规划的编制规范

景区编制规划主要是借助"智力"，整合、提升资源优势，或重新包装调整以更加适应市场，实现景区的可持续发展。

在旅游规划的规范方面，主要有住房和城乡建设部、国家旅游局制定的相关标准。2001年4月20日原建设部发布了《国家重点风景名胜区规划编制审批管理办法》，主要针对国家级风景名胜区的规划编制。国家旅游局1999年3月29日颁布了《旅游发展规划管理暂行办法》，并于2000年10月26日颁布了《旅游发展规划管理办法》，现在旅游规划通用的标准是2003年2月24日发布的《旅游规划通则》。它适用于编制各级旅游发展规划及各类旅游区规划，本节内容主要参照《旅游规划通则》的相关规定。

一、景区规划编制的特点

近年来，旅游业发展迅猛，旅游规划进入新一轮高潮。景区规划的编制呈现出以下几个特点：

---

① 唐雪双,赵飞.可行性研究报告的编写要领[J].黑龙江水利科技,2006(3):67-68.

（一）形式由单一走向多元

由于编制旅游规划的目的不尽相同，以及景区规划的自身特点无一定之规，所以景区规划编制虽然初步形成一套体例，其编制的形式却是由单一走向多元。如景观设计规划、景区营销规划、招商引资规划、景区项目建设规划等。

（二）内容趋向"小"和"实"

一方面，对于旅游业发展比较快的地区，景区规划的编制开始变"小"。规划涉及的内容不再是包罗广泛的总体规划，单方面的规划如景区营销规划、景区项目设计规划、资源开发保护规划、景区项目策划创意、环境与生态保护规划等将成为热点。

另一方面，景区规划制定得更加实用，更多地考虑产品的市场定位、具体的营销推广策略、资源的合理配置、经济增长点的挖掘等，以投入产出率、项目的可操作性和创新性为第一需求。

（三）目的趋于多样性

随着旅游业的发展和景区利益相关者的增多，编制景区规划的目的趋于多样性。对于景区投资商来说，编制景区规划目的是为选准、选好的旅游建设项目，统筹规划，获取良好投资回报；对于景区开发商来说，编制旅游规划是为争取有限的资源，实现招商引资的目的；对于景区经营者来说，编制旅游规划是为了整合、提升资源优势，或重新包装调整更加适应市场，实现景区的可持续发展。

二、景区规划编制的分类

按照《旅游规划通则》的相关规定，按规划层次，景区规划可以分为总体规划、控制性详细规划、修建性详细规划等。不同类别的规划在规划原因、期限、任务、内容、成果表现等方面都有所不同。

（一）景区总体规划

景区在开发、建设之前，原则上应当编制总体规划。景区总体规划的期限一般为10～20年，同时可根据需要对景区的远景发展做出轮廓性的规划安排。对于景区近期的发展布局和主要建设项目，亦应做出近期规划，期限一般为3～5年。

景区总体规划的任务，是分析景区客源市场，确定景区的主题形象，划定景区的用地范围及空间布局，安排景区基础设施建设内容，提出开发措施。

1. 景区总体规划的内容

(1) 对景区客源市场的需求总量、地域结构、消费结构等进行全面分析与预测；

(2) 界定景区范围，进行现状调查和分析，对旅游资源进行科学评价；

(3) 确定景区的性质和主题形象；

(4) 确定规划景区的功能分区和土地利用，提出规划期内的旅游容量；

(5) 规划景区的对外交通系统的布局和主要交通设施的规模、位置；规划景区内部的其他道路系统的走向、断面和交叉形式；

(6) 规划景区的景观系统和绿地系统的总体布局；

(7) 规划景区其他基础设施、服务设施和附属设施的总体布局；

(8) 规划景区的防灾系统和安全系统的总体布局；

(9) 研究并确定景区资源的保护范围和保护措施;
(10) 规划景区的环境卫生系统布局,提出防止和治理污染的措施;
(11) 提出景区近期建设规划,进行重点项目策划;
(12) 提出总体规划的实施步骤、措施和方法,以及规划、建设、运营中的管理意见;
(13) 对景区开发建设进行总体投资分析。

2. 景区总体规划的成果要求

(1) 规划文本;
(2) 图件,包括景区区位图、综合现状图、旅游市场分析图、旅游资源评价图、总体规划图、道路交通规划图、功能分区图等其他专业规划图、近期建设规划图等;
(3) 附件,包括规划说明和其他基础资料等;
(4) 图纸比例,可根据功能需要与可能确定。

(二) 景区控制性详细规划

在景区总体规划的指导下,为了近期建设的需要,可编制景区控制性详细规划。景区控制性详细规划的任务是,以总体规划为依据,详细规定区内建设用地的各项控制指标和其他规划管理要求,为区内一切开发建设活动提供指导。

1. 景区控制性详细规划的主要内容

(1) 详细划定所规划范围内各类不同性质用地的界线,规定各类用地内适建、不适建或者有条件地允许建设的建筑类型;
(2) 规划分地块,规定建筑高度、建筑密度、容积率、绿地率等控制指标,并根据各类用地的性质增加其他必要的控制指标;
(3) 规定交通出入口方位、停车泊位、建筑后退红线、建筑间距等要求;
(4) 提出对各地块的建筑体量、尺度、色彩、风格等要求;
(5) 确定各级道路的红线位置、控制点坐标和标高。

2. 景区控制性详细规划的成果要求

(1) 规划文本;
(2) 图件,包括景区综合现状图、各地块的控制性详细规划图、各项工程管线规划图等;
(3) 附件,包括规划说明及基础资料;
(4) 图纸比例一般为 1∶1000/～1∶2000。

(三) 景区修建性详细规划

对于景区当前要建设的地段,应编制修建性详细规划。景区修建性详细规划的任务是,在总体规划或控制性详细规划的基础上,进一步深化和细化,用以指导各项建筑和工程设施的设计和施工。

1. 景区修建性详细规划的主要内容

(1) 综合现状与建设条件分析;
(2) 用地布局;
(3) 景观系统规划设计;
(4) 道路交通系统规划设计;
(5) 绿地系统规划设计;

(6）旅游服务设施及附属设施系统规划设计；
(7）工程管线系统规划设计；
(8）竖向规划设计；
(9）环境保护和环境卫生系统规划设计。

2．景区修建性详细规划的成果要求

(1）规划设计说明书；

(2）图件，包括综合现状图、修建性详细规划总图、道路及绿地系统规划设计图、工程管网综合规划设计图、竖向规划设计图、鸟瞰或透视等效果图等。图纸比例一般为1：500～1：2000。

三、景区规划的编制程序

参照《旅游规划通则》的相关规定，景区规划的编制主要包括四个阶段：任务确定阶段、前期准备阶段、规划编制阶段、规划评审阶段。如图2-2所示。

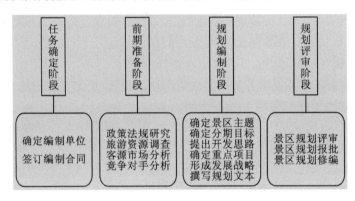

图2-2　景区规划编制的程序

（一）任务确定阶段

(1）委托方确定编制单位。委托方应根据国家旅游行政主管部门对旅游规划设计单位资质认定的有关规定确定旅游规划编制单位。通常有公开招标、邀请招标、直接委托等形式。公开招标是指委托方以招标公告的方式邀请不特定的旅游规划设计单位投标。邀请招标是指委托方以投标邀请书的方式邀请特定的旅游规划设计单位投标。直接委托是指委托方直接委托某一特定规划设计单位进行旅游规划的编制工作。

(2）制定项目计划书并签订旅游规划编制合同。委托方应制定项目计划书并与规划编制单位签订旅游规划编制合同。

（二）前期准备阶段

(1）政策法规研究。对国家和本地区旅游及相关政策、法规进行系统研究，全面评估规划所需要的社会、经济、文化、环境及政府行为等方面的影响。

(2）旅游资源调查。对规划区内旅游资源的类别、品位进行全面调查，编制规划区内旅游资源分类明细表，绘制旅游资源分析图，具备条件时可根据需要建立旅游资源数据库，确定其旅游容量，调查方法可参照《旅游资源分类、调查与评价》(GB/T 18972-2003)。

（3）客源市场分析。在对规划区的旅游者数量和结构、地理和季节性分布、旅游方式、旅游目的、旅游偏好、停留时间、消费水平进行全面调查分析的基础上，研究并提出规划区旅游客源市场未来的总量、结构和水平。

（4）竞争对手分析。对规划区旅游业发展进行竞争性分析，确立规划区在可进入性、基础设施、景点现状、服务设施、广告宣传等各方面的区域比较优势，综合分析和评价各种制约因素及机遇。

（三）规划编制阶段

（1）确定规划区主题。在前期准备工作的基础上，进一步确立规划区旅游主题，包括主要功能、主打产品和主题形象；

（2）确立规划分期及各分期目标；

（3）提出旅游产品及设施的开发思路和空间布局；

（4）确立重点旅游开发项目，确定投资规模，进行经济、社会和环境评价；

（5）形成规划区的旅游发展战略，提出规划实施的措施、方案和步骤，包括政策支持、经营管理体制、宣传促销、融资方式、教育培训等；

（6）撰写规划文本、说明和附件的草案。

（四）旅游规划的评审、报批和修编

1. 旅游规划的评审

旅游规划评审人员应由经济分析专家、市场开发专家、旅游资源专家、环境保护专家、城市规划专家、工程建筑专家、旅游规划管理官员、相关部门管理官员等组成。

旅游规划评审应围绕规划的目标、定位、内容、结构和深度等方面进行重点审议，包括：①旅游产业定位和形象定位的科学性、准确性和客观性；②规划目标体系的科学性、前瞻性和可行性；③旅游产业开发、项目策划的可行性和创新性；④旅游产业要素结构与空间布局的科学性、可行性；⑤旅游设施、交通线路空间布局的科学合理性；⑥旅游开发项目投资的经济合理性；⑦规划项目对环境影响评价的客观可靠性；⑧各项技术指标的合理性；⑨规划文本、附件和图件的规范性；⑩规划实施的操作性和充分性。

2. 旅游规划的报批

旅游规划文本、图件及附件，经规划评审会议讨论通过并根据评审意见修改后，由委托方按有关规定程序报批实施。

3. 旅游规划的修编

在规划执行过程中，要根据市场环境等各个方面的变化对规划进行进一步修订和完善。

四、规划编制的技术路线

根据分析，编制旅游规划的技术路线一般可以表述为：从旅游发展基础条件调查分析入手，从国际旅游发展的最新趋势的研究出发，对旅游景区资源进行可持续评价，然后对发展的主要问题进行系统、量化分析并建立相关分析模型，从而制定旅游发展战略，并对旅游景区构成系统进行规划，包括资源保护、服务设施建设、旅游产品开发、健全管理体制和保障措施等。本书以暨南大学旅游规划设计研究院编制的《乌鲁木齐南山旅游产业基地总体规划（2014—2030）》为例，如图2-3所示。

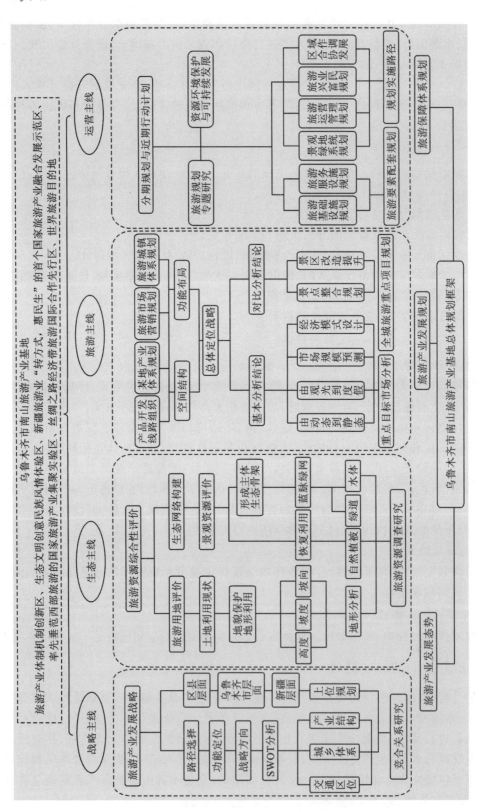

图 2-3　乌鲁木齐南山旅游产业基地规划技术路线

第三节 景区规划的系统结构[①]

景区规划是一项系统工程,它涉及多个维度的规划。本节主要从景区规划的空间、时间、要素、功能四个维度来进行说明。

一、景区规划的空间结构

空间布局的规划是景区规划的一个重要任务。不同类型的景区,如文化景区、自然景区、娱乐景区等,因为旅游资源分布的不同,旅游者市场需求的多样,所以空间布局的规划也各具特色。一般来讲,景区在功能分区和布局上存在着以下几种布局模式:

(一)社区-旅游吸引物综合体

这种布局方式是1965年由甘恩(Gunn)首先提出的,1970年Wolbrind提出一个类似的概念,叫作"娱乐同心圆"(recreation centric)。这种布局方式是在景区中心布局一个服务中心,外围分散形成一批旅游吸引物综合体,在服务中心与吸引物综合体之间有交通连接,形成一个娱乐同心圆,如图2-4所示。

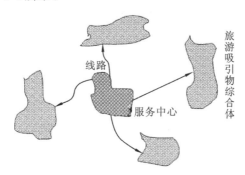

图 2-4　社区-旅游吸引物综合体布局模式

(二)三区结构布局模式

1973年,弗斯特(Forster)提出一个景区空间开发的"三区结构模式",它是一种典型的生态旅游区布局模式,共分为三层:核心层是受到严密保护的自然区,限制甚至禁止游客进入;中间层是娱乐区,在娱乐区里配置了野营、划船、越野、观景点等服务设施;最外层是服务区,为游客提供各种服务,配备饭店、餐厅、商店或高密度的娱乐设施,如图2-5所示。

本书以深圳市力扬美景策划有限公司编制的《重庆武隆白马山旅游发展总体规划(2014—2025)》为例。[②]

重庆武隆白马山旅游开发的运作框架:

[①] 董观志.景区经营管理[M].广州:中山大学出版社,2007.
[②] 深圳市力扬美景策划有限公司.重庆武隆白马山旅游发展总体规划(2014—2025)[R].武隆:武隆县人民政府,2014:53.

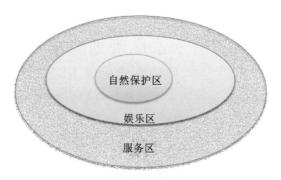

图 2-5　三区式空间布局示意图

1. 自然保护区的地理范围

确定了重庆白马山市级自然保护区的保护范围:赵家乡、白马镇、黄莺乡和白马山林场,总面积 72.26 平方千米,如表 2-1 所示。

表 2-1　白马山自然保护区的功能区划

区划	范围		面积	
	构成	边界	总面积	占总面积比例
核心区	九重坪	东至黄泊淌,南至韦家坪,西至尖峰岭,北至广子坪	16.40 平方千米	33.8%
	大尖山	东至后山,南至大岩,西至黄家湾,北至大面山	8.02 平方千米	
缓冲区	九重坪和大尖山核心区的外围地区		14.96 平方千米	20.7%
实验区	地理坐标在107°32′19″标在k°37′42″,北纬 29°09′58″,北纬°18′35″之间,东西长约 8.7 千米,南北宽约 15.9 千米内,除核心区和缓冲区以外的区域		32.87 平方千米	45.5%

2. 自然保护区的功能区划

根据白马山自然保护区的地形地貌、自然资源与环境状况、保护对象的空间分布、人为活动的影响程度,在不影响保护的前提下,兼顾当地群众生产活动的需要,将保护区划分成核心区、缓冲区和实验区,如图 2-6 所示。

(三)双核布局模式

该布局模式由特拉维斯(Travis)1974 年提出,将服务区和自然保护区视为景区的两个核心,通过中间的娱乐区即商业纽带联系起来,如图 2-7 所示。①

(四)核式环模式②

一种常用的布局模式,往往以某一自然景观(如温泉、滑雪场、古建筑等)为布局的核心,

---

① 马勇,李玺.旅游规划与开发[M].北京:高等教育出版社,2002:142-143.
② 邹统钎.旅游景区开发与管理[M].北京:清华大学出版社,2004:180.

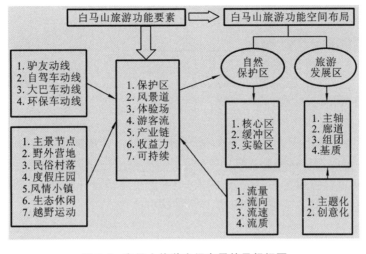

图 2-6　白马山旅游空间布局的思想纲要

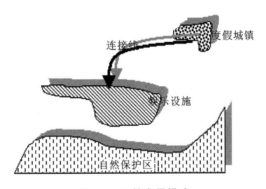

图 2-7　双核布局模式

周围环绕饭店、餐厅、商店等服务设施,各种设施之间的交通联络道路构成圆环,设施与中心景观之间也有便道或车道连接,交通网络呈车轮或伞骨型。

二、景区规划的时间结构

景区规划还要考虑到时间层次,不同时间层次的规划形成景区规划的时间结构。景区规划的时间结构主要包括旅游容量的估算、游览时间的规划和可持续发展规划。

（一）旅游容量的估算

在开发伊始,景区就有必要对景区旅游容量有个清醒的认识。景区规划需要对景区容量,即景区一天可以接待的游客量做一个估计。景区的接待能力,一般与该景区的旅游资源、生态环境、旅游设施和基础设施以及当地居民心理承受能力相关。景区旅游容量,可由该地的旅游资源容量、生态容量、设施容量和社会地域容量中的某一两个因素所决定。对于一般的景区,可用下面的模型来简单估算旅游容量[①]:

---

① 李天顺,张红.旅游业管理[M].西安:陕西师范大学出版社,1998:245-246.

$$S = \left(\frac{A_1}{B_1} + \frac{A_2}{B_2} + \frac{A_3}{B_3}\right) \cdot \frac{T}{t}$$

式中：S——景区容量（人/天）；

A_1、A_2、A_3——景区的绿地、森林、水的面积；

B_1、B_2、B_3——游客在景区内的绿地、森林、水可具有适合感的最小面积；

T——景区内每天开放时间（小时）；

t——游客在景区平均停留时间（小时）。

根据景区内旅游项目的设置，还可酌情增加一些因素。景区旅游容量反映了景区环境和设备设施对旅游活动量的限制程度，也反映了所要保证的旅游者体验的性质和质量。在景区规划中，具体的景点修建、景区内道路安排、旅游设施的设计和建设，都必须遵循景区旅游容量指标，以使景区的各个组成部分在日常运转中能够协调。

（二）游览时间的规划

景区游览时间是指每人每次在景区的停留时间，也就是游客从进入景区开始，在景区中游玩直至离开景区的时间。景区游览时间的规划需要注意两方面的内容：一是从进入景区门口开始，要规划设计客人的活动，争取达到每 5 分钟有一个兴奋点，每 15 分钟有一个高潮；二是要尽量延长游客在景区内一次逗留的时间，游客逗留时间越长，在购物、娱乐、用餐等方面的支出会越大，有助于景区经济效益的提高。

（三）可持续发展规划

1990 年在加拿大召开的"'90 全球可持续发展大会"上，旅游组行动策划委员会发表了《旅游持续发展行动战略》，阐述了旅游可持续发展的定义，即"旅游可持续发展被认为是在保持和增强未来发展机会的同时，满足外来游客和旅游接待地区当地居民的需要，在旅游发展中维护公平，它是对各种资源的指导，以使人们在保护文化的完整性、基本生态过程、生物多样性和生命维持系统的同时，完成经济、社会和美学需要"。

景区规划贯彻可持续发展理论须注意以下几点：

（1）尽量保持资源原貌，对资源的消耗达到最小化，以保证后代人的使用。

（2）注重开发的可持续性，将保护与开发融合成一种持续的永久的合作关系，避免出现急功近利、重开发轻保护甚至只开发不保护的现象。

（3）开发过程兼顾游客、当地居民与开发商的利益。

（4）注重环境的保护，形成"环境促旅游、旅游促环境"的良好循环。培育良好的自然、社会、文化等环境以促进旅游业的发展；同时，不以保持创造良好的环境为负担，景区健康持续的发展反过来会促进环境的发展。

三、景区规划的要素结构

景区规划是围绕景区发展目标进行要素布局与配套安排，景区规划的要素主要包括景区项目的设计、服务设施的配置、基础设施的配置等。

（一）景区核心项目设计

1. 景区项目的概念

旅游资源提供的只是一种旅游的可能，只有将旅游资源转化成旅游吸引物才能引起旅游活动的产生,而把现实的、潜在的景区资源转换成能创造价值和财富的旅游吸引物的过程也就是景区项目设计的过程。景区项目是指借助于景区的旅游资源开发出的以旅游者和当地居民为吸引对象,为其提供休闲消遣服务,具有持续旅游吸引力,以实现经济、社会、生态环境效益为目标的景区吸引物。[①] 这里所指的景区吸引物是一个广义的概念,它既包括传统意义上的旅游景点,也包括景区的节庆活动、文化背景以及旅游商品,景区项目如图 2-8 所示。

图 2-8　景区项目

2. 景区项目设计的原则

景区项目要实现景区的发展目标,并获得经济、社会、环境效益,必须遵守一定的原则。景区项目设计主要遵循"人无我有,人有我新,人新我转"的原则、因地制宜原则、整体优势原则、现实性原则、可持续发展原则、三大效益原则等。

3. 景区项目设计的内容

景区项目设计是一项系统工程,项目设计所涉及的内容十分复杂。总的来说包括以下几个方面:项目名称的制定、项目风格的选择、项目所占土地面积及其地理位置的确定、项目的产品体系等。一般来说,项目设计过程需要形成景区项目的主导品牌和支撑产品。例如,暨南大学旅游规划设计研究院编制的《乌鲁木齐市南山旅游产业基地总体规划(2014—2030)》中对景区项目设计[②]:

为了稳健高效地推进乌鲁木齐市南山旅游产业基地的可持续发展,规划以"要素集聚、功能集聚、产业集聚、品牌集聚"为战略理念,以"花海南山"旅游小城综合体、"西部歌城"文化旅游综合体、"甘沟天麓"生态旅游综合体、"亚心小镇"旅游商贸综合体等四个旅游综合体为战略引领,以萨尔乔克世界地质公园、白杨沟—菊花台景区、亚心国际旅游产业园、天山大峡谷景区、水西沟国际冰雪运动公园、达坂城风能体验公园、天山野生动物园、白水涧丝路驿站景区、南天池世界地质公园等 9 个重点景区为战略抓手,以三角地绿洲郊野公园、盐湖康体主题景区等 14 个精品景区和野鹿滩度假村、大河沿车师古道等 50 个特色景区景点为战略基础,着力打造全域智慧旅游产业的战略功能区。

(二)景区服务设施配置

1. 服务设施的内容

景区服务设施是景区中直接为旅游者提供食、宿、行、游、娱、购等服务设施的总称,主要包括住宿设施、餐饮设施、辅助设施等。

---

① 马勇,李玺.旅游规划与开发[M].北京:高等教育出版社,2002:148.
② 暨南大学旅游规划设计研究院.乌鲁木齐市南山旅游产业基地总规(2014—2030)[R].乌鲁木齐:乌鲁木齐市旅游局,2014:129-130.

1) 住宿设施

景区提供住宿设施的主要有旅馆、临时性住宿设施(如野营帐篷、竹楼、木楼等)和辅助性住宿设施(农舍、别墅等)。①景区住宿的收入是景区收入的主要来源;②住宿设施建设费用也是景区设施建设费用中最昂贵的一部分,因此必须对住宿设施进行精心规划。

住宿设施规划时须考虑四个方面的内容:①根据旅游需求预测来确定床位数;②住宿设施的选址、设计、类型要与景区的规模、等级、风格相匹配;③眼光要长远,考虑到将来扩建的可能;④考虑到旅游的季节性,分别建设长期的和临时的住宿设施。

2) 餐饮设施

饮食居于旅游六要素的首位,因此餐饮设施是景区设施的重要组成部分。餐饮设施的规划需要考虑景区规模和客源结构。①餐饮设施与景区规模、等级相匹配,建设豪华餐厅、大众快餐、经济食堂等系列餐厅;②根据景区国内外客源的构成,分别设国际餐厅(美式西餐厅、欧式西餐厅、日本料理等)和中餐厅(鲁菜馆、川菜馆、苏菜馆、粤菜馆等)。

3) 辅助设施

随着旅游活动的文化性和参与性的增强,除了住宿和餐饮设施外,景区还需要进行其他设施的规划,包括购物商店、洗染店、会议设施、艺术走廊、博物馆、娱乐设施等,这些设施的作用是吸引游客,增加游客在景区的滞留时间与旅游花费。

2. 设计原则

总体来说,景区服务设施的规划设计需要遵循下面几个原则:①与景区相匹配的原则,包括规模、等级、风格的匹配;②生态原则,设施的建设要符合生态保护的原则,尽量将破坏降到最小;③可持续发展原则;④是美观的原则。

(三)景区基础设施配置

景区基础设施规划设计的内容,主要包括以下几方面:

1. 供水设施

景区的供水规划应根据总体规划中游览区、接待区、生活区、生产区等各部分统一安排的原则,制定供水方案。景区往往耗水巨大,因此供水应该不间断而且要方便、充足、水质良好。供水规划的主要任务包括估计用水量,选择水源,确定供水源,布置供水管网等。

2. 供电设施

供电规划应该以大区域的供电系统为基础,根据景区经济社会发展和旅游活动对用电量的需求,制定出电力系统规划。制定电力系统规划时,需要考虑以下几个方面:适当的电力供给、电力供给的持续性、准确的高峰负荷预测、与客源地电力供应类型尽量匹配等。

3. 排水排污设施规划

排水、排污设施是排放自然降水、污水和固体垃圾的设施,规划内容主要包括估算排放量、研究排放和处理方法、布置排水管网等。完善的排水排污设施规划才能保证景区环境卫生、保护旅游资源和生态平衡、保障游客和居民的健康。

4. 通信设施规划

提供方便、快捷的通信设施对游客尤为重要。通信设施是游客同外界联系的桥梁,同时,随着信息技术的发展,人们对于信息的需求越来越多,要求也越来越高,因此,景区在对通信设施进行规划时,必须从适合未来发展的长远角度考虑,做到技术先进、质量优良、灵活性强、业务齐全、体系完整。景区的通信设施一般要求具有信件、长途电话、市话、电报、传真等服务,尤其要注重无线通信、可视电话、电脑网络等先进技术的应用。

5. 保健设施

保健设施如景区的医院、医疗室等,负责游客的急救、常见病的医疗与护理,以保障游客的生命安全。

四、景区规划的功能结构

在景区规划中,科学合理地进行功能分区是规划的主要内容。景区功能分区是指根据景区内旅游资源保护的要求以及提供旅游机会的能力和适宜性,对景区土地进行分类管理的方法。通过功能分区,一方面使得景区中各个区域都具有明确的、可以操作的管理目标,反映出相应的保护与利用程度的关系;另一方面既有利于展现和突出景区分区特点,也有利于加强景区的整体特征。

一般来说,景区可以划分为核心景区、一般景区、旅游服务区、缓冲区四个功能区。详细介绍如下:

(一)核心景区

核心景区是指景区范围内自然景物和人文景物最集中的、最具观赏价值的区域。核心景区是景区的精华所在,核心景区的管理目标就是要保护旅游资源的真实性和完整性,保证其不被破坏,实现景区的可持续发展。

核心景区内景点集中,是游客参观游览活动的主要区域。该区内的一切活动必须在环境承载力之内,并以不损害旅游资源价值为前提。除必要的安全防护和简易游览服务设施外,一般不会建设宾馆、招待所、培训中心、疗养院以及其他的建筑物。

(二)一般景区

一般景区通常指位于核心景区外围,自然环境和旅游价值比核心景区相对较差,供旅游者用来开展休闲游憩等多种旅游活动的区域。一般景区内可以适当安排与旅游有关的服务设施建设活动,但要符合国家有关政策法规要求。

(三)旅游服务区

旅游服务区是指景区内大型的旅游服务设施和管理设施区集中建设的区域。随着旅游的休闲度假性、娱乐参与性的增强,对旅游设施的要求也越来越高,如度假村、游乐设施、健身设施等。集中布置各种旅游服务设施就是一种空间协调方法。旅游服务区一般选址在景区主要入口附近,服务区设施、建筑的建设应该与景区保持格调的一致。

(四)缓冲区

缓冲区是指景区外围的缓冲地带。原则上来讲,缓存区不需要近期规划,它一般是用来为景区未来的发展和扩建做准备的。缓存区对景区也非常重要,它有利于将景区与外界进行区分和协调,从而保持景区的特色。

第四节 景区规划的运作管理

景区规划制定完成后,重要的是进行规划的实施运作,景区规划的运作管理直接关系到规划的落地效果。要想凸显景区规划的功效,必须营造规划的社会支撑环境,健全规划的运作与评判机制,垒实规划长远和深度发展的基础平台。

一、景区规划运作管理机制

景区规划运作的管理机制主要体现在以下几个方面:

(一)管理协同

旅游规划涉及的产业和服务管理部门很多,景区规划的实施管理也必然会涉及多个管理部门,如林业部门、工商部门、文物部门、旅游管理部门等等,景区规划的顺利实施需要各个部门的有效配合和极力支持。

(二)政策引导

旅游政策是政府以支持、放任或者限制等意志,对景区的发展所实施的宏观调控手段。旅游部门对景区发展的政策引导,一般是由一系列基本的条款所构成的,涉及当地旅游发展的方向和重点,表明地方发展旅游的态度。

景区规划的运行管理需要政府通过有效的调控,在旅游资源开发与保护、旅游市场管理、资金投入、税收政策倾斜等方面给予大力支持、配合与协调。一方面,可以制定优惠投资政策,吸引社会各方面的资金投入,实行国家、集体、个人、外资等多渠道筹措资金,建立起政府引导,政策保证,市场化运作的投资体制;另一方面,政府主要完成基础设施建设,要坚持"谁投资,谁经营,谁受益"的原则,同时简化投资审批手续,提高办事效率,降低收费标准,创造良好的投资环境。

(三)人才培养

走景区旅游规划人才专业化产出之路,创新景区规划人才整合利用机制,打造地方旅游规划精英集团。旅游规划人才的产出主要有两种途径:

(1)多维培养,建立景区规划人才多维培养模式。①在高校设立旅游规划专业硕士与博士点,以多学科的知识架构,培养出具有宏观性战略眼界的高层规划精英人才;②吸引相关学科专业人才向旅游方面拓展,设立旅游规划方向的博士与硕士培养点,为相关专业人才进入旅游规划提供科学途径与研究平台。旅游规划需要多方面的知识,如规划学、建筑学、地理学、数学、运筹学、管理学等。因此,旅游规划需要形成跨学科研究的学科机制,便于各种专业背景人员能以旅游为核心点形成协调与匹配。

(2)整合利用。结合当前的旅游规划单位资质申报与认定,由旅游规划资质单位牵头,旅游主管部门监督,以旅游规划为核心,包含市场、建筑、城市规划、园林等相关专业人才,整合地方旅游规划力量,形成知识合力集团,打造成地方旅游规划精英队伍,承担起目前的地方景区规划工作。

(四) 经济调控

为了使景区的微观经济活动与旅游活动的整体发展方向协调一致，可以充分利用经济杠杆，来调节各部门、各方面的经济利益关系。它包括价格、税收、财政收入、信贷、资源分配等，如征收旅游资源利用税、环境保护费、建立稀缺旅游资源保护基金、控制景区门票价格等。经济调控是景区规划运行管理机制的一个重要组成部分。

二、景区规划运行关系管理

景区规划的运行，需要处理好以下八大关系：

(一) 正确处理好旅游业发展和其他产业发展的关系

旅游业是一个综合性产业，它的发展涉及多个行业、多个部门，对地方经济有很强的依赖性。因此需要明确地方经济所处的阶段，为景区的发展提供大体的方向，这样才能获得必要的人力、物力和财力支持。对于景区的发展，既不能过分乐观、超前发展，也不能过分悲观、忽视其发展的机遇和条件。

(二) 正确处理好资源与市场的关系

旅游资源是景区发展的基础，是形成旅游生产力的前提，而旅游市场是发展旅游的依据，是实现旅游生产力的根本，所以，资源和市场密不可分。只有充分挖掘景区旅游资源的潜力，同时准确把握目标市场的需求特点，才能开发出对路的旅游产品，形成良好的市场形象，并最终获得满意的经济效益。资源是不能直接走向市场的，资源必须经过创意、策划、配置、包装和开发，形成产品后才能走向市场。在将资源转化为产品推向市场的过程中，既不能放弃资源本身的特色，一味地追逐市场热点，也不能无视市场需求的发展变化，盲目地夸大资源的价值；既需要客观分析本地资源的特点，又要及时掌握市场需求的动态。

(三) 正确处理好人文资源和自然资源的关系

在旅游资源中有人文资源和自然资源两大类别，这两类资源都有转化为有效的旅游产品的可能性。一般来说，决定具体某一种人文资源和某一种自然资源能够转化为市场所青睐的产品的因素很多，其中最主要的是市场需求。因为市场需求是处于不断变化之中，就某一种资源而言，今天是市场需求的热点，明天可能成为市场需求的冰点，所以对资源开发利用必须选准某种资源的发展潜力。现实中，人文学者往往强调人文资源的可贵，自然学者偏重强调自然资源的价值，但资源的最终评价者既不是人文学者，也不是自然学者，而是旅游者。在一个地区发展旅游业既不能完全偏向人文资源，也不能完全偏向自然资源，市场需求的多样性，决定了资源选择的多样性，无论是自然旅游资源，还是人文旅游资源，都应该充分考虑其规模、价值、容量和品位，都应充分考虑其形成产品后的等级、质量和功能。

(四) 正确处理好景区产品与营销的关系

所有的景区产品都是在营销过程中成长发育的。景区产品质量是产品发展的基础，营销是产品发展的重要条件。景区产品通过营销来争取和扩大市场份额，所以营销是产品经营的重要任务。产品的质量是营销的基础，但营销的渠道和营销的手段，是根据市场的

发育确定的。重产品而轻营销,则不能拥有市场;重营销而轻产品,则会失去市场。因此,所有的旅游产品从策划开始,就必须将市场营销列入策划之中,确定市场营销的行动方案。

（五）必须处理好发展旅游业和营造环境的关系

景区发展最基本的原则,是实行可持续发展的原则,而可持续发展原则的核心是实现全球的生态平衡,实现资源的可持续利用,实现人类与自然的和谐共存。发展旅游必须有一个没有污染、没有噪音、绿水蓝天的良好环境。这样一种环境是景区发展的必要条件,而且环境本身往往也会成为旅游者追寻的目标,成为旅游吸引力的关键组成。强调发展景区旅游的同时,更要强调环境治理、环境营造、环境美化,更要强调旅游产品配置中的环境因素。没有环境评价的项目,坚决不能投建。

（六）正确处理好传统文化与现代文化的关系

由于参加旅游活动的人多种多样,所以从吸引旅游者的角度来说,现代文化与传统文化对旅游者同样具有强大的吸引力。一方面,优秀而又独具特色的传统文化,常常会形成地方性的特色,值得我们深入挖掘;另一方面,我们也不能忽视现代文化对青壮年的影响与熏陶,不能忽视高科技的发展对现代文化的影响与传播,对文化表现力的增强与提升。所以,在我们策划设计旅游产品时,应当全面的平衡传统文化与现代文化,选择影响力广泛的、传播力强大的文化遗产、文化现象加以创意,形成旅游产品。现代文化中的名人文化、城市文化、影视文化、娱乐文化、休闲文化、竞技文化等都应该成为旅游产品选择的重要内容。在文化视点上,应该更加开阔眼界,而不仅仅拘泥于传统文化的范围。

（七）正确处理好利益相关者的关系

景区规划涉及多方的利益,政府、企业、游客、社区是景区主要的利益相关者。景区规划要符合相关的政策标准,并且向政府部门缴纳税金,为当地税收做出贡献;由于一般景区的营利性,景区是要为企业带来利润的,因此在规划过程中一方面要降低成本,另一方面要与市场相契合;良好的规划才能形成景区吸引力,吸引游客,景区规划要以游客的需求为基础;景区规划还要顾及社区利益,起到增加就业、改善社区环境等作用。

（八）正确处理好景区和相关主管部门的关系

由于体制上的原因,在实践中,景区发展不可避免地和相关部门所管辖的事务发生这样或那样的联系或碰撞。在资源方面,景区有可能和森林、土地、水利、建设、文物、文化、海洋、工业、农业、城市、交通等部门存在联系或者发生摩擦;在管理方面,景区可能和公安、消防、检疫、卫生、交通、社区、工商、税务、市容、环境等部门存在联系或者发生摩擦。为此,需要在达成共识的基础上加强景区与相关部门的协调、合作,需要全社会形成发展旅游,促进经济的共同认识,需要建立一个有效的协作机制。

三、景区规划的调整与修编

景区规划经过审批后,应该严肃管理、严格实施。但是景区规划的实施是一个连续的过程,没有哪一个景区规划是可以永远有效的。旅游市场环境变幻莫测,旅游者的需求也在不断变化,再加上外部投资、政策变化等因素,原来的规划方案可能不再符合实际,这时需要对景区规划进行调整或修编。

景区规划的调整是指景区根据景区发展状况和市场的变化,按照实际需要对原有规划作局部性变更。

景区规划的修编是指景区在实施景区规划的管理过程中,发现原有规划的某些目标、原则或结构无法与景区的现实发展相吻合,而对已有的景区规划做出的重大的改动。

知识活页　　招标采购程序

(1)招标。招标采购是指采购方根据已经确定的采购需求,提出招标采购项目的条件,向潜在的供应商或承包商发出投标邀请的行为。招标是招标方单独所作为的行为。正在这一阶段,采购机构所在经历的步骤主要有:确定采购机构和采购需求,编制招标文件,确定标底,发布采购公告或发出投标邀请,进行投标资格预审,通知投标商参加投标并向其出售标书,组织召开标前会议等,这些工作主要由采购机构组织进行。

(2)投标。投标是指投标人接到招标通知后,根据招标通知的要求填写招标文件,并将其送交采购机构的行为。在这一阶段,投标商所进行的工作主要有:申请投标资格,购买标书,考察现场,办理投标保函,算标,编制和投送标书等。

(3)开标。开标是采购机构在预先规定的时间和地点将投标人的投标文件正式启封揭晓的行为。开标由采购机构组织进行,但需邀请投标商代表参加。在这一阶段,采购官员要按照有关要求,逐一揭开每份标书的封套,开标结束后,还应由开标组织者编写一份开标会纪要。

(4)评标。评标是采购机构根据招标文件的要求,对所有的标书进行审查和评比的行为。评标是采购方的单独行为,由采购机构组织进行。在这一阶段,采购员要进行的工作主要有:审查标书是否符合招标文件的要求和有关规定,组织人员对所有的标书按照一定方法进行比较和评审,就初评阶段被选出的几份标书中存在的某种问题要求投标人加以澄清,最终评定并写出评标报告等。

(5)决标。决标也即授予合同,是采购机构决定中标人的行为。决标是采购机构的单独行为,但需由使用机构或其他人一起进行裁决。在这一阶段,采购机构所要进行的工作有:决定中标人,通知中标人其投标已经被接受,向中标人发现授标意向书,通知所有未中标的投标,并向他们退还投标保函等。

(6)授予合同。授予合同习惯上也称签订合同,因为实际上它是由招标人将合同授予中标人并由双方签署的行为。在这一阶段,通常双方对标书中的内容进行确认,并依据标书签订正式合同。为保证合同履行,签订合同后,中标的供应商或承包商还应向采购人或业主提交一定形式的担保书或担保金。

资料来源:中国招标网 http://www.bidchance.com/。

第五节 景区规划开发模式探索

一、"乡村+旅游"模式

"乡村+旅游"开发模式是20世纪80年代观光农业由单纯的观光农园向体验度假发展而产生的新型旅游模式。它是以充分开发具有旅游价值的农业资源和农产品为前提,利用农业自然资源、景观资源和农村人文资源,设计加入农业生产、农户生活、传统民俗庆典等环节,将农村体验、生态消费与观光旅游相结合的综合性旅游形态。2012年7月,中华人民共和国国家质量监督检验检疫总局、中国国家标准化管理委员会发布《休闲农庄服务质量规范》(GB/T 28929-2012),标志着我国休闲农庄的发展走向标准化。

从全国来看,乡村旅游发展还带有自发式特征。旅游基础设施配套不足,产品开发粗放、结构单一,同质化现象较普遍,产业化、组织化程度低,现代旅游产业体系仍不健全等,难以满足多元化旅游消费需求。这与城市游客要求不相吻合,需要加快转型升级。乡村旅游一家一户、各自为战、分散经营的模式要转变需要从加强组织化入手,推动产业化发展,提升乡村旅游发展品质,扩大乡村旅游综合效益。具体来说,就是实施乡村旅游提升工程,预计2020年全国形成15万个乡村旅游特色村,300万家农家乐,乡村旅游年接待游客超过20亿人次,受益农民5000万人。

(一)以娱乐性为主的休闲乡村旅游模式

现代旅游价值取向就是在旅游中愉悦身心,增加知识,开阔视野,创造一种悠闲的生活方式,满足个人精神娱乐需求。以娱乐性为主体的休闲农业旅游模式,恰好符合当前现代旅游价值取向的要求。娱乐性为主的休闲农业旅游主要有两种:农家乐式的娱乐休闲和健康疗养式的娱乐休闲。

目前,在我国很多旅游城市农家乐式的娱乐休闲都已出现,吃在农家、住在农家、干农家活已经成为一种独特的休闲旅游方式。凭借独特的农家环境,农家乐式的娱乐休闲还推出游客共同参与采摘果实、烧水做饭等田园式生活活动,旅游产业开发的农家乐娱乐休闲模式已经得到很好的效果。

以健康疗养为主的娱乐休闲,其主要需求者是城市工薪阶层。随着工作竞争压力加大和精神文明建设的推广,城市工薪阶层越来越关注自身休闲和健康。环境污染严重、生活节奏快、生活空间狭小的大城市,迫使工薪阶层急切需要一个舒缓身心的娱乐休闲与养生保健相结合的休闲度假场所。

(二)以体验性为主的休闲乡村旅游模式

此种休闲农业旅游开发模式目的重在丰富游客的知识,增加新鲜感,了解乡村民俗风情、节庆活动、乡村文化。通过游客的参与,引起游客感情的共鸣为主要开发手段,主要分为乡村风情体验式和产业休闲体验式。

乡村风情体验式是以民俗风情体验为主,此开发模式是在乡村景观资源基础上,增加民俗风情对游客的吸引度,通过农业基础展示,展示各种风格的田园居民建筑,通过民间艺术的推广,让游客了解当前乡村的发展状况和传统的乡村农事活动。产业休闲体验式通过建立文化、生活和生态相互结合的农业旅游基地,开展特色农场经营,建立体验式生活服务区,以采摘果实、田园狩猎,体验休闲的娱乐旅游生活,增加田园式旅游体验内容。

(三)以科教性为主的休闲乡村旅游模式

此类旅游模式以增加科教知识和支持生态生活为主题,主要分为科教休闲农业旅游模式和生态生活休闲旅游模式。

当前农业知识的普及,不仅可以在课堂上,也可以在休闲旅游中教授青少年科普知识。针对农业科教发展迅速的城市,可以考虑建立农业科普休闲旅游区,引导教师和学生走出课堂,走向大自然。通过实践性的农业生产、农艺展示,建立高科技农业园,建立农科教学和实习基地,使得学习和旅游实现统一。生态生活休闲旅游模式是以实现"人与自然和谐统一发展"为目标,支持生态旅游,建立生态农业园、绿色生物园和观光农业园,扩大农业生态系统服务功能,实现农业和旅游业的结合。

(四)以度假型为主的乡村民宿旅游模式①

随着周休二日的施行,旅游市场发展日益蓬勃,休闲产业及民宿逐渐成为人们从事旅游活动时尝鲜与体验另类旅游的场所。在世界各地,不同的文化造就了多元多样化的民宿风貌。例如:英国的B&B(Bed & Breakfast)、法国的城堡、日本的民宿、北欧的农庄、美国的HOME STAY等,均深受世界旅游者的喜爱。在我国乡村旅游市场,已经形成了城乡共享"5+2"生活模式。

对于民宿的界定,不同的主体因为出发点不同而有不同的定义。国外学者Alstair.M.M从旅游体验的角度,强调民宿的私人服务、与主人的文化交流、鲜明的地域环境与文化特色等方面的特征。本书对于民宿的定义为民宿指利用自用住宅空闲房间,结合当地人文、自然景观、生态、环境资源及农林渔牧生产活动,以家庭副业方式经营,提供旅客乡野生活之住宿处所。

知识关联

民宿是乡村旅游转型升级的一个方向。可以查阅泰国人:Jon Jindai

随着旅游需求的变化,我国民宿发展不断更新。乌镇除了在资金模式上进行创新之外,有效地利用了原住民的资源,让原住民参与到民宿的经营中,提升旅游体验的在地性与文化感。北京怀柔慕田峪"洋家乐"、杭州莫干山"洋家乐"则通过国际文化的导入,提升民宿的经营水平。镇江西津渡举办的中国客栈掌柜大会,把掌柜的个人文化特色融入客栈之中,并通过联盟的形式打造集体品牌,这种"个性化经营、集体化品牌"的模式,对于民宿集群的品牌化开发,具有很高的借鉴价值。

民宿,作为世界上一种成熟的旅游载体,已经摆脱了其起源阶段的"容器属性",独立成

---

① 李养田. 世界各国民宿经营模式面面观[EB/OL]. http://travel.ifeng.com/news/detail_2015_02/04/40438431_0.shtml.

为旅游的吸引磁极。民宿集群,在旅游片区开发中,也开始成为政府和开发商的一个有力武器。普通民居通过精品化的打造,同样可以具有很高的文化价值,因为对文化的态度,比文化本身更重要。

二、"地产+旅游"模式①

2013 年到 2014 年,中国的旅游地产投资开发经历了大起大落。据不完全统计,2013 年全年新增项目 3040 个,而截止到 2014 年 6 月,新增项目仅为 74 个,增量大幅缩水。在"全民旅游+体验经济"的新常态下,旅游地产的核心竞争力和盈利模式呈现新趋势。

旅游地产的盈利点集中于 5 大板块,旅游经营、地产销售、品牌树立、资本运作、土地升值,其中旅游经营与地产销售是基础的核心盈利环节。纵观近年不断涌现的大型区域开发商,品牌的无形价值、资本的运作以及土地价值提升,成为资产增值更加迅猛的新途径,并为基础盈利环节带来正向促动。曾经屡试不爽的"旅游搭台,地产唱戏"模式难以为继,越来越多的开发商开始主动抑或被迫将更多精力投入到旅游经营和资本运作,扎扎实实"筑巢",以市场效益"引凤",谋求可持续的、更长远切实的资本收益。"地产+旅游"运营结构模式,如图 2-9 所示。

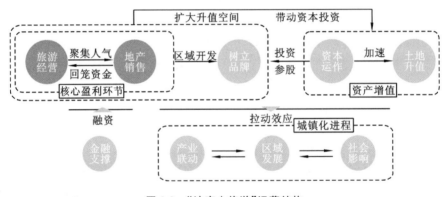

图 2-9 "地产+旅游"运营结构

(一)先驱者的转型之路

作为近 20 年来中国旅游地产投资运营成功的先驱者,华侨城以人工造景的主题公园为旅游吸引核心,带动区域新城开发,2014 年主题公园游客量达到 2990 万人次,拥有锦绣中华、民俗文化村、世界之窗、欢乐谷、波托菲诺、新浦江城、何香凝美术馆、OCT-LOFT 创意文化园、华夏艺术中心、长江三峡旅游、华侨城大酒店、威尼斯酒店、茵特拉根大酒店、城市客栈等一系列国内著名的企业和产品品牌。

表 2-2 2010—2014 年华侨城集团财务报表　　　　　　　　　单位:亿元

时　间	2010 年	2011 年	2012 年	2013 年	2014 年
旅游综合收入	94	63	104	132	152

---

① 徐一畅,李昌霞.旅游地产新常态:四大盈利模式[EB/OL].http://travel.ifeng.com/news/detail_2015_03/31/40932232_0.shtml/.

续表

时间	2010年	2011年	2012年	2013年	2014年
旅游综合成本	49	36	57	67	77
旅游毛利	47.8%	42.8%	45.2%	49.2%	49.4%
房地产收入	70	102	112	142	149
房地产成本	28	37	45	60	51
房地产毛利	60%	63.7%	59.8%	57.7%	66.1%

如表2-2所示，从华侨城2010—2014年的财务报表看，无论是旅游运营，还是地产销售收益，其毛利率都相当可观，并保持着平稳发展的势头。旅游与地产两大板块在集团整体利润构成中也基本平分秋色。

但是，如图2-10所示，对比近年在旅游项目财务表现上更为突出的宋城股份、华强文化等企业，华侨城在旅游板块的利润率仍存在一定的差距；在地产方面，目前的毛利率相比传统地产企业万科、招商等仍有一定优势，但早期的"飞地"型开发及优惠的土地政策已不复存在，且地产占总资产的比重过高，超过50%。

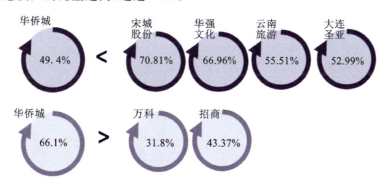

图2-10　华侨城与相关企业"旅游"和"地产"毛利率对比图

因此，华侨城也在积极寻求突破与转型，由"旅游＋地产"的双线程盈利，转向"旅游＋地产＋文化服务"的多线程共赢，并逐渐由重资产向轻资产转型，从区域运营商向复合式服务开发运营商角色转型，成立了华侨城演艺公司、华侨城文化科技公司、麦鲁小城、哈克儿童职业体验馆等，其传媒演艺公司已形成23台剧，演职人员达到2600多人，文化科技公司在半年时间内实现净利润1087.63万元。虽然华侨城的转型之路还面临各细分市场成功者的竞争，未来是否可以持续盈利还有待市场检验，但这种转型轻资产转型和运营输出已然成为趋势。

（二）旅游运营＋资本运作模式

这一模式的核心特征是，旅游和休闲商业等经营性物业是核心盈利渠道，地产销售类物业为辅，由旅游为引擎带动周边土地成为投资热点，盘整做大资产上市。宋城、乌镇、珠海长隆等项目都是其中的佼佼者。

以乌镇为例，中青旅进驻后，总投资10亿元，对东栅进行改造，并对西栅进行了产权式整体开发，整个乌镇景区2013年游客量达到569.1万人次，其中西栅景区接待257.13万人次,2014年总接待量超过620万人次,人均消费150~250元/天。从中青旅各项业务的毛利率横向对比看,乌镇2009—2013年始终保持着80%以上毛利率,并且远高于旅行社、会展等传统旅游业务,且高于酒店、房地产等高回报率业态,如图2-11所示。

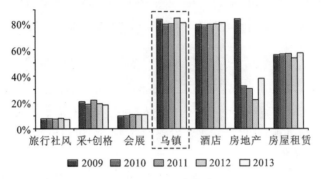

图2-11 2009—2013年中青旅各业态毛利率

对比整个乌镇的收入构成和西栅景区的收入构成,乌镇整体以门票收入为主要收入,占比达到46%(见图2-12(a)),而西栅的酒店和餐饮类商业地产运营收入则占到景区总收入的61%(见图2-12(b))。2009年IDG资本入股乌镇,助推了中青旅于2010年在香港成功上市,待IDG于去年卖出其股份时成功实现8.4倍的收益。

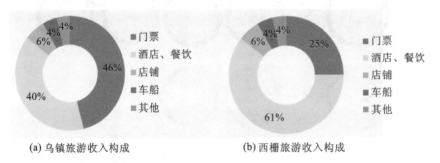

图2-12 乌镇和西栅旅游收入构成

丰富时尚的驻场活动使乌镇不仅成为大众游客的聚集地,更赢得了专业客群的青睐。戏剧节、世界互联网大会,小资客、商务客、精英人士……这些高消费力人群将使乌镇获得更好的市场表现,更强势带动了乌镇周边土地的价值,绿城与雅达国际合作的乌镇雅园,已经把养老地产做得风生水起,2014年7月开盘的500套产品全部售罄,部分程度上应归因于乌镇西栅的成功铺垫。

其他此类模式代表,如宋城股份(见图2-13),以景区门票为主要收入,门票收入中又以演艺收入占85%以上,号称"亚洲演艺第一股",并不断进行品牌输出,千古情系列已经在三亚、丽江、九寨等知名景区开业。珠海长隆海洋王国则以人均消费超千元的门槛,开业不足一年即接待800万人次的业绩傲视群雄,在2015年春节小长假期间,接待人次达到了逼近承载量的65万人次,酒店的入住率达到90%。简而言之,在中产和核心家庭旅游消费盛行的当下,在恰当的区位,有竞争力、有诚意、精致度高的旅游项目是不用担心市场需求的。

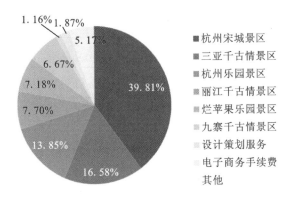

图 2-13 宋城股份收入构成

(三)产权出售+商业运营模式

借助景区或城市的区位优势,以度假地产或休闲商业地产开发为主要目的,从而形成旅游吸引力,成为休闲度假目的地,如旅游带动的新型城镇化示范大理双廊、设计师主导的精品酒店集群莫干山、都市旅游休闲商业证券化的上海新天地。云南城投、海航集团、今典红树林,也将分时度假地产做得有声有色。

以莫干山为例,借助优质自然资源以及地处长三角的市场优势,自发形成的"洋家乐"民宿酒店已经显现出集群效应,设计精细、风格独特的精品酒店入住率高达90%。从投资回报的角度来看,莫干山规模最大的精品酒店"裸心谷",分为出售别墅和酒店两个部分,其中别墅投资 1.37 亿元,出售收入 2.43 亿元,税后净利润实现 9600 万元;酒店部分初始投资 1.5 亿元,2012 年酒店收入 6500 万元,2013 年收入 7300 万元,静态回收期为 4.95 年,相比传统酒店 8~12 年的回收期和 10%的收益率,可谓相当可观。如果把出售物业与酒店结合看,则在短短 2~3 年内就实现了投资的回笼。

云南城投通过其旗下拥有的 12 个旅游地产项目,并借助控股股东旗下的酒店、景区、第三方支付平台等资源,打造公司旅游地产的连锁运营"分时度假"平台,涉及云南省内的昆明、大理、玉溪、西双版纳及四川、陕西等区域,如图 2-14 所示。而海航集团旗下的酒店集团在国内 30 个城市拥有超过 50 家的高星级酒店,以其在兴隆开发的子爵公馆为例,酒店的每个套间和别墅均拥有独立产权,业主可自住享受酒店式服务,也可将物业委托给酒店管理团队,每年提取分红,并享受淡季 21 天的居住权。这类产品具有投资小、回笼快、风险分散、产品差异性大,符合未来市场趋势等优点,但这种模式对于区位选址和产品设计能力要求较高。

(四)区域综合开发+产业链盈利模式

这一模式的最典型代表是迪士尼。在国内,大手笔进军区域开发商的则是旅游地产界新贵——万达,无论是度假区还是文旅城,动辄数百亿的投资额,与"求新求大求最"的跨领域产业链搭建,无不体现这位商业地产巨擘在旅游地产上的雄心。虽然在数字上还未及表现,但"圈人、圈地、圈眼球"的效果已经初步显现。

从投资 500 亿元的武汉万达文旅城开始,万达在城市旅游地产的上策略即是快速占据核心的土地资源(见图 2-15),虽然在文旅地产上并没有太多经验,但万达凭借其在商业地产上积累的雄厚资本和能够迅速建起一座综合体建设速度优势,已经布局合肥、无锡、重庆、南昌等重要二线城市。2014 年广州文旅城奠基,并积极在上海拿地,拉开了万达文旅地产打

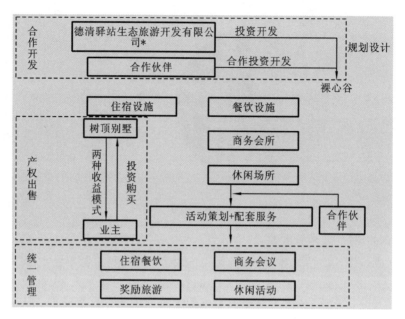

图 2-14 云南城投产权出售＋商业运营模式

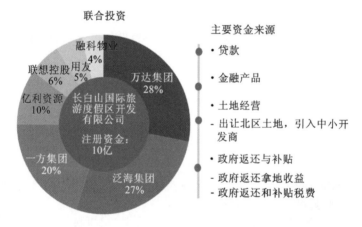

图 2-15 武汉万达文旅城区域综合开发＋产业链盈利模式

入一线城市的序幕。产品上，无论是万达 MALL、主题公园、电影乐园，还是各种大"秀"，都力求做到极致，但由于建设周期短、上马速度过快，风险也接踵而至。斥巨资 25 亿元打造的"汉秀"初期上座率高达 95％，但目前已开始下滑，市场评价褒贬不一。"汉秀"凭借前期宣传和慕名而来的文人士创造了短暂的辉煌，但演艺项目的长期表现终究有赖于普通居民和游客的精神消费需求。归结而言其市场策略是建立在对未来消费趋势的预判上，将卖房子变为卖人气，将追求资金快速回笼转变为追求长期回报，将地产的去化和节点转变为用户体验的诉诸和口碑效应。但这场拼资本、拼眼光的豪赌能否经得起长期的市场检验，其实实在在盈利的日子，目前还没看到。

万达在度假区上的开发也如出一辙。名声在外的万达长白山项目，投资 230 亿元，坐拥长白山的稀缺资源和国际知名品牌酒店，至今还面临着酒店入住率严重不足的困境，受制于机场有限的容量,难以支撑如此大规模酒店开发所需要的客流,而其对北区旅游新城的建设也还未看到实施的端倪。虽然通过联合投资来减轻自身投资的压力,但如何改善基础设施、完善营销渠道、平衡淡旺季仍是摆在万达面前的课题。

万达旅游地产的市场表现还有待时间和国人消费观念的转变,不过大手笔的投资打造出的极致项目仍为中国旅游地产市场注入一剂强心针,是对"旅游地产不再只是地产"的隆重宣告,而是更注重旅游的运营本身。当今中国已步入"产品为王"的时代,无论是资本,还是速度,最终都要让位于"产品品质、服务体验及由此带来的市场欢迎程度"。套句俗话说:光有钱,还不能任性。

三、"文化+旅游"模式

通过不同的文化类别,打造不同的主题文化,通过整理相关产业的资源,促使整个文化产业链上的资源最大化。同时可以通过产业地产平台,为文化产业相关公司、消费者提供品牌展示、交易平台等服务。"文化地产"是文化产业与地产、运营相结合为一体的综合服务平台,通过运营使文化产业链价值最大化,同时使文化地产价值实现增值是整个文化地产开发与运作的核心。

本章小结

景区规划可行性分析包括以下五个方面的内容:旅游资源评价、市场需求分析、社会经济基础分析、承载力分析和投入与产出分析。

景区总体规划、景区控制性详细规划、景区修建性详细规划是景区规划的主要三种类型,不同类别的规划在规划原因、期限、任务、内容、成果表现等方面都有所不同。

景区规划是一项系统工程,它涉及多个维度的规划,主要包括景区规划的空间、时间、要素、功能这四个维度。

从管理协同、政策引导、人才培养、经济调控这四个方面来全面理解景区规划运作的管理机制;同时要使景区规划能够很好地运行,需要处理好八大关系。

探索景区规划开发的模式主要有:"农业+旅游"模式、"地产+旅游"模式、"文化+旅游"模式。

核心关键词

可行性研究	feasibility study
社区-吸引物综合体	community-attraction complex
双核布局模式	twinning principle
旅游容量	tourism capacity
核心景区	core scenic spots

思考与练习

1. 景区规划可行性分析的内容包括哪些？
2. 试述景区规划编制的特点及程序。
3. 试述景区规划开发的模式。
4. 结合实例，运用本章知识尝试写一份景区规划文本。
5. 查阅资料，试以某知名景区为例，谈谈其景区规划的成功经验与启示。

案例分析

1. 曲江新区开发模式①

曲江新区文化产业园区以"文化＋旅游＋城市建设"为发展特点（见图2-16），实现曲江新区的快速发展，即被人们称为"曲江模式"（见图2-17）。这一发展模式是以文化产业发展为推动力，以旅游为整体发展的引擎，以城市经营为发展手段，实现文化、旅游与城市经济的融合。这一模式也是我国文化产业发展初期的一种典型。同时，曲江模式还包含了另一深层含义，即"文化内核＋价值传播＋新城市主义"。打造西安盛唐文化内核，实现非物质文化的社会价值、商业价值最大化；通过旅游、商业等媒介和方式，将曲江文化价值不断向外传播，以实现新的价值；同时树立以民生为核心的新城市主义发展理念，实现都市人的宜居、宜业、宜游的三位一体的幸福梦，因此，曲江模式的实质是一种文化主导下的城市发展模式。它以创新发展为理念，以城市发展为方向，实现文化、旅游与商业的有效融合；另外，作为一种文化产业发展模式，曲江新区在打造全文化产业链时，依靠产业间的强大融合力，不断向外扩张和辐射，有效实现了跨区域发展，如大明宫遗址保护区、楼观台道文化展示区等。

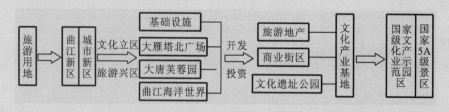

图2-16 曲江新区文化产业园区发展演变的示意图

---

① 暨南大学旅游规划设计研究院.乌鲁木齐市南山旅游产业基地总体规划（2014—2030）[R].乌鲁木齐：乌鲁木齐市旅游局，2014.

旅游
大雁塔、大唐芙蓉园
大唐不夜城、曲江换了世界等
文化
大唐文化、大雁塔、曲江池
影视、演艺、传媒、动漫、出版等
城市
生态环境建设、大唐新干线等
城市建设
曲江模式
历史文化
旅游带动
区域文化产业发展样板
2010年10月贵州省文化厅参加第五届西博会,学习借鉴曲江模式
2010年12月洛阳市委赴西安市考察曲江文化产业运作模式
2012年12月南昌青云普区文化产业西安培训班学习考察曲江文化产业示范区

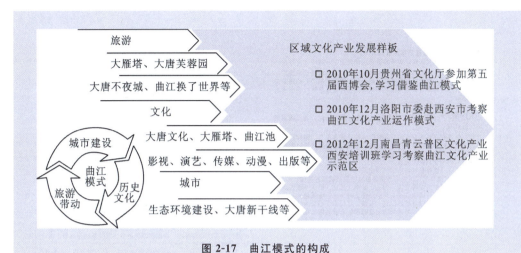

图 2-17 曲江模式的构成

曲江模式的成功发展,也直接带动了曲江品牌的价值提升。在文化、旅游、房地产等领域的开发建设中,许多重大项目所彰显的曲江速度、曲江精神、曲江标准、曲江质量等品质,不断提升、内化和汇聚成具有强势文化魅力的曲江品牌,并得到了社会各界的普遍认同和民众的广泛赞誉。曲江新区相继成立的曲江旅游、曲江影视、曲江演艺、曲江会展等集团(公司),也不断通过经典产品的打造来提升曲江品牌的影响力。

思考题:

1. 曲江新区的开发模式的本质是什么?
2. 曲江新区的开发模式适合在哪类景区使用?

2. 武隆全域旅游"中国武隆公园"规划历程①

武隆全域旅游"中国武隆公园"规划历程,如图 2-18 所示。

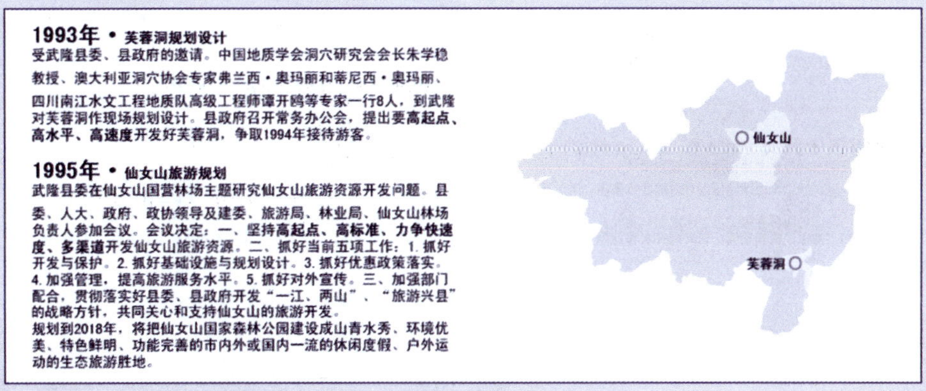

1993年 • 芙蓉洞规划设计
受武隆县委、县政府的邀请。中国地质学会洞穴研究会会长朱学稳教授、澳大利亚洞穴协会专家弗兰西·奥玛丽和蒂尼西·奥玛丽、四川南江水文工程地质队高级工程师谭开鸥等专家一行8人,到武隆对芙蓉洞作现场规划设计。县政府召开常务办公会,提出要高起点、高水平、高速度开发好芙蓉洞,争取1994年接待游客。
1995年 • 仙女山旅游规划
武隆县委在仙女山国营林场主题研究仙女山旅游资源开发问题。县委、人大、政府、政协领导及建委、旅游局、林业局、仙女山林场负责人参加会议。会议决定:一、坚持高起点、高标准、力争快速度、多渠道开发仙女山旅游资源。二、抓好当前五项工作:1. 抓好开发与保护。2. 抓好基础设施与规划设计。3. 抓好优惠政策落实。4. 加强管理,提高旅游服务水平。5. 抓好对外宣传。三、加强部门配合,贯彻落实好县委、县政府开发"一江、两山"、"旅游兴县"的战略方针,共同关心和支持仙女山的旅游开发。
规划到2018年,将把仙女山国家森林公园建设成山青水秀、环境优美、特色鲜明、功能完善的市内外或国内一流的休闲度假、户外运动的生态旅游胜地。
仙女山
芙蓉洞

图 2-18 武隆县全域旅游规划历程

① 董观志,傅轶.武隆大格局——中国旅游的领先之道[M].武汉:华中科技大学出版社,2015.

2000年 • 芙蓉江景区总体规划
在武隆县第十四届人民代表大会第三次会议上，《政府工作报告》
总结：1999年武隆实现了旅游开发的新进展。通过加强旅游规划，加快资源开发、强化宣传促销和内部管理，保持了旅游业的快速发展。全县旅游总体规划初稿已经完成，芙蓉江景区总体规划已通过专家评审。

2002年 • 武隆总规2002年版、芙蓉江景区详规、乌江画廊地址公园详规
县委、县政府召开芙蓉江风景名胜区详规征求意见会，同时讨论石桥湖控制性规划和武隆乌江画廊地质公园天坑景区修建性详细规划。8月1日，县政府召开《武隆县旅游发展总体规划》（2002-2020）座谈会，科学规划旅游发展大计。
同年，完成《武隆县县域城镇体系规划》。
沿国道319公路和乌江沿线形成横贯县域的主要城镇发展轴。沿主要发展方向布局的城镇有县城、白马、羊角、江口，形成一线四点的格局。发挥该地区城镇的现有优势，使之成为全县城镇化的核心地区。城镇空间布局以县城、白马、羊角、江口沿江地带为中心，成为城镇布局密集地区，形成带动全县城镇化发展的增长极。

2007年 • 全县旅游修编、喀斯特世界自然遗产管理规划
以武隆为核心板块，建立起以蔬菜为主的农产品物流中心，以安全高效基地为主，生产中、高档的绿色食品蔬菜产品。把武隆建成重庆市最大的高山蔬菜基地，中国西部绿色食品蔬菜基地示范县，重庆秋淡蔬菜供应的核心基地。
10月，县旅游管理委员会第一次全体会议召开，会议审议了《武隆县旅游业发展总体规划修编方案》。
同月，县喀斯特世界自然遗产管理规划会召开，会议认为要把武隆看成一个整体，联合在一起进行管理和规划。

2003年 • 武隆县公路交通规划
完成了《武隆公路交通规划图》。

2004年 • 天生三桥、黄柏渡景区总体规划
完成了全县旅游发展总体规划以及芙蓉江、仙女山、天生三桥、黄柏渡景区总体规划编制或修编。

2008年 • 渝东南地区旅游发展规划
《重庆市渝东南地区旅游发展规划（修编）》提出建设国内重要的民俗生态旅游目的地，突出重点建设"时尚山原"大仙女山休闲度假旅游区"。
布局"一镇四区"的空间结构。建设仙女山旅游风情小镇、仙女山高山草场休闲度假区、天生三桥南方喀斯特世界自然遗产观光景区、南天湖/三抚林场高山湖泊观光休闲景区、武陵山高山森林休闲度假景区四大重点项目。

2009年 • 武隆旅游发展规划2009年版
《武隆旅游业发展总体规划文本（2009-2020）》
总体定位：世界自然遗产国际旅游目的地
区域定位：重庆山地品质生活度假新区
渝东南休闲生态旅游门户区

2006年 • 芙蓉湖三河口规划、白马山自然保护区规划
重庆芙蓉湖三河口水上运动活动区规划设计
本次规划将三河口水上活动区划分为综合服务区、水上运动区和生态游憩三个功能区。
《重庆白马山市级自然保护区总体规划》将保护区划分为核心区、缓冲区和实验区。根据不同区域分别开发和规划。

2010年 • 天山三桥风景区总规、芙蓉江重点地段规划
审议了《天生三桥风景名胜区总体规划方案》、《芙蓉江重点地段及景点详细规划方案》，武隆旅游发展总体规划通过了修编评审。

续图 2-18

2011年 · 武隆总规2011年版、中国武隆公园规划、武陵山片区规划

《武隆县旅游发展总体规划修编-暨中国武隆公园与国际旅游目的地建设规划（2011——2020）》
将武隆县定位为：世遗圣地，武隆仙境，西南产业旅游新经济区，武隆县城经济的战略性支柱产业。

武陵山片区区域发展与扶贫攻坚规划（2011—2020年）提出"六中心四轴线"空间结构
"六中心"：黔江、恩施、张家界、吉首、怀化、铜仁等六个城市。
"四轴线"：重庆—黔江—恩施—武汉、贵阳—铜仁—怀化—长沙、万州—黔江—铜仁—凯里、宜昌—张家界—怀化—柳州。

2012年 · 武隆乡村旅游发展规划

《重庆市武隆县乡村旅游发展总体规划》——暨武隆乡村旅游公园规划思路框架
武隆县乡村旅游发展总体布局将以巷口镇为游客综合服务中心，以仙女山、白马山、乌江、芙蓉江、木棕河，形成"——四九"的格局。

2013年 · 白马山片区扶贫规划
重庆市武隆县白马山片区扶贫实施规划（2013-2015）
一是坚持城乡发展一体化与扶贫攻坚相结合的原则。二是坚持三化同步与统筹协调相结合的原则。三是坚持改善基础设施与发展产业相结合的原则。四是坚持分类指导与突出重点相结合的原则。五是是坚持部门协作与合力推进相结合的原则。六是坚持政府主导与社会扶助相结合的原则。七是坚持政府主导与贫困群众主体地位相结合的原则。

2014年 · 仙女山度假区规划 · 白马山提升规划
《武隆仙女山度假区总体规划》规划形成"一环、一轴、三区、四节点"的空间结构，重点建设重庆国际马会，世家府邸、懒坝国际文化艺术公园、七彩国度主题乐园、仙女山国际户外营地、印象武隆、印象小镇等17个项目。实现国家级旅游度假区向国际级旅游度假胜地的渐进，打造成为世界知名的山地森林型旅游度假目的地。进一步助推武隆县"中国武隆公园"战略目标的实现。预计到2020年接待游客量达到1863万人次；旅游年收入实现150亿元。

《武隆白马山旅游区提升规划》：整合"原始森林、盐茶古道、特色农业、民俗美食、休闲度假、生态产业"六大战略要素，彰显"原生态、闲文化、慢生活、乐健康"的高端休闲度假品牌形象，统筹与仙女山的差异化联动发展，打造中国武隆公园战略增长极、渝东南生态保护发展标志性支撑区、国家级5A旅游景区、国家特色生态产业示范区的"一极三区"核心竞争力，实现武隆旅游在更高水平上的战略性崛起。

续图 2-18

问题：
1. 武隆县的规划体现了景区规划的哪些系统结构？
2. 武隆县景区的开发模式是什么？

第三章

景区开发筹建管理

学习引导

景区筹建是景区运营的基础和前提,筹建的好坏直接影响到景区未来的发展和景区经济、社会、环境等方面的效益,因此筹建工作越来越受到人们的重视。本章将从景区工程建设合同管理、景区工程建设质量管理、景区工程建设投资管理、景区开业策划运作管理等方面系统介绍景区筹建的过程和相关理论。

学习重点

通过本章学习,重点掌握以下知识要点:
1. 景区工程建设合同制定的过程;
2. 景区工程建设合同管理的内容;
3. 景区工程建设质量管理的内容;
4. 景区工程建设投资管理的内容;
5. 景区开业策划运作的流程;
6. 景区开业策划运作的管理。

第一节 景区工程建设合同管理

一、景区工程建设合同概述

在景区工程项目的建设过程中,景区业主会与有关多方形成特定的社会关系,诸如景区工程设计单位、景区工程施工单位、景区工程建设监理单位、材料设备供应单位等,景区业主与这些单位之间的社会关系是通过"合同"这一契约关系形成的,如图3-1所示。

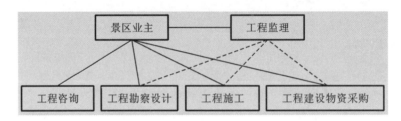

图 3-1 景区工程建设中各方的相互关系

注:实线表示直接的合同关系;虚线表示间接的合同关系。

景区工程建设合同管理的主要职能是:

(1)合同管理为景区工程建设管理及景区工程建设项目管理(包括景区工程建设监理)提供了管理目标和管理控制依据。如合同管理具体规定了景区工程建设的管理目标:工期、质量、投资等。

(2)合同管理以法律为基础有效的维系了有关各方的关系。景区工程建设活动的有关各方之间在技术、经济、管理、组织方面存在协作关系,在工程建设产品及工程建设项目管理服务方面存在交易关系,合同管理可以将这些关系建立在法律的基础上。

(3)合同管理能够有助于明确景区工程建设活动有关各方之间的权利、义务与责任界面。例如,景区开发商、承包商和工程师之间的权利、义务与责任范围。

(4)合同管理能够有助于有效地处理工程建设活动过程中有关各方之间所发生的纠纷。

(5)有效的合同管理在特定情况下能够作为景区工程建设项目管理、控制的一种具体手段。例如,通过有效的合同管理处理承包商提出的工程索赔就是控制景区工程建设投资的一种具体手段。

景区工程建设主要的合同类型有:景区开发合同、景区工程建设委托监理合同、景区工程建设施工合同、景区工程建设物资采购合同等。下面我们对景区建设委托监理合同、景区工程建设施工合同和景区工程建设物资采购合同进行详细的介绍。

二、景区工程建设委托监理合同

景区工程建设委托监理合同简称"监理合同",是景区工程建设单位聘请监理单位代其对工程项目进行管理,明确双方权利、义务的协议。监理合同属于劳务性合同(服务性合同),景区工程建设单位称"委托人"、监理单位称"受托人"。

景区工程建设监理合同的标的是监理单位根据合同要求提供的景区工程建设管理服务。根据《工程建设监理规定》中的相关规定：工程建设监理的主要内容是控制工程建设的投资、建设工期和工程质量，进行工程建设合同管理，协调有关单位间的工作关系。由此，景区工程建设单位委托的监理工作范围和内容，大体包括以下几个方面的内容：

(1) 景区工程技术咨询服务：如进行景区开发可行性研究，各种方案的成本效益分析，景区建筑设计标准，准备技术规范，提出质量保证措施等。

(2) 协助景区业主选择承包人，组织设计、施工、设备采购招标等。

(3) 技术监督和检查：检查景区工程设计，材料和设备质量；对操作或施工质量的监理和检查等。

(4) 施工质量：包括质量控制、成本控制、计划和进度控制等。

景区建设委托监理合同是委托任务履行过程中当事人双方的行为准则，因此内容应全面、用词要严谨。合同条款的组成结构包括以下几个方面：

(1) 合同内所涉及的词语定义和遵循的法规；

(2) 监理人的义务、权利和责任；

(3) 委托人的义务、权利和责任；

(4) 合同生效、变更与终止；

(5) 监理报酬；

(6) 其他；

(7) 争议的解决。

三、景区工程建设施工合同

景区工程建设施工合同简称"施工合同"，是发包人与承包人为完成特定的工程建设项目的建造任务确立(变更、终止)双方之间权利义务关系的协议，属于工作性合同。

(一) 施工合同的特点

景区工程建设施工合同具有以下三个特点：

1. 合同标的的特殊性

主要表现在：①施工合同的标的是各类建筑产品，建筑产品是不动产，不可移动，这就决定了每个施工合同的标的都是特殊的，相互间具有不可替代性；②建筑产品的类别庞杂，其外观、结构、使用目的、使用人都各不相同，从而要求承包人对每个建筑单品进行单独设计和施工。

2. 合同履行期限的长期性

施工阶段包括施工前的准备阶段、施工阶段、工程验收阶段等，时间跨度比较大，再加上施工过程中，可能因为不可抗力、工程变更、材料供应不及时等原因而导致工期顺延，所有的这些情况，决定了施工合同的履行期限具有长期性。

3. 合同内容的多样性

施工合同的当事人虽然只有两方，但是涉及的主体却有多方。其涉及的法律关系多样，

除施工企业与发包人的合同关系外,还涉及与劳务人员的劳动关系、与保险公司的保险关系、与材料设备供应商的买卖关系、与运输企业的运输关系等。所有这些,决定了施工合同的内容具有多样性。

(二)施工合同条款的组成结构

景区工程建设施工合同一般包含以下条款[①]:

(1) 词语定义及合同文件;
(2) 发包人和承包人的一般权利、义务和责任;
(3) 施工的组织设计和工期;
(4) 工程的质量与检验;
(5) 安全施工的相应规定;
(6) 合同的价款与支付方式;
(7) 材料设备供应规定;
(8) 工程变更的相关规定;
(9) 工程竣工与结算;
(10) 违约、索赔和争议;
(11) 其他。

四、景区工程建设物资采购合同

景区工程建设物资采购合同,是指具有平等主体的自然人、法人、其他组织之间为实现景区建设物资的买卖,设立、变更、终止相关权利义务关系的协议。合同的双方分别称为"出卖人"和"买受人"。景区工程建设物资采购合同属于买卖合同,一般分为材料采购合同和设备采购合同。

(一)物资采购合同特征

景区工程建设物资采购合同具有以下几个特征:

1. 依据施工合同订立

施工合同是建设物资采购合同的前提,施工合同中确立了关于物资采购的协商条款,规定了所需物资的数量和质量。

2. 以转移财务和支付价款为基本内容

景区工程建设物资采购合同内容繁多,涉及物资的数量和质量条款、包装条款、运输方式和结算方式等。但最基本的内容有两条:一是卖方按质、按量、按时地将建设物资的所有权转归买方;二是买方按时、按量地支付货款。

3. 标的品种繁多,供货条件复杂

景区工程建设物资采购合同的标的是建筑材料和设备,它的特点是品种、质量、数量和价格差异较大,因此,需要在合同中对各种所需物资逐一列出明细。

---

① 余群舟.工程建设合同管理[M].北京:中国计划出版社,2008:114.

(二) 景区材料采购合同

景区材料采购合同,是指具有平等主体的自然人、法人、其他组织之间,以景区工程项目所需材料为标的,出卖人与买受人之间转移材料所有权和支付价款的合同。

景区材料采购合同的主要条款如下:
(1) 双方当事人的姓名、地址,法定代表人的姓名;
(2) 合同标的,如材料的名称、品种、型号、规格等;
(3) 材料数量和质量要求;
(4) 材料包装;
(5) 材料的交付方式;
(6) 材料的交货期限;
(7) 材料的价格;
(8) 违约责任及其他。

(三) 景区设备采购合同

景区设备采购合同,是指具有平等主体的自然人、法人及其他组织之间,以景区工程项目所需设备为标的,出卖人与买受人之间转移设备所有权和支付价款的合同。

景区设备采购合同的主要条款如下:
(1) 合同中术语的定义;
(2) 设备技术规范;
(3) 设备包装要求、货运规定;
(4) 支付金额和支付方式;
(5) 设备质量保证和检验;
(6) 违约罚款规定;
(7) 不可抗力;
(8) 履约保证金;
(9) 违约责任及其他。

第二节 景区工程建设质量管理

景区工程建设质量管理在工程建设中被视为一项很重要的项目。它直接影响到工程的投资效益、产品的寿命和企业的声誉,因此,景区工程建设质量管理有着重要的意义。

一、景区工程建设质量管理特性[1]

景区工程建设质量管理特性是指工程满足景区业主需要的,符合国家法律、法规、技术规范标准、设计文件及合同规定的特性综合。

---

[1] 徐青松.浅谈建设工程质量控制[J].科教文汇,2007(1):180.

景区工程建设质量的特性主要表现在以下几个方面：

1. 适用性

适用性即功能，是指工程满足使用目的的各种性能，包括理化性能、结构性能、使用性能、外观性能等。

2. 耐久性

耐久性即寿命，是指工程在规定的条件下，满足规定功能要求使用的年限，也就是工程竣工后的合理使用寿命周期。

3. 安全性

安全性，是指工程建成后在使用过程中保证结构安全、保证人身和环境免受危害的程度。

4. 可靠性

可靠性，是指工程在规定的时间和规定的条件下完成规定功能的能力。

5. 经济性

经济性，是指工程从规划、勘察、设计、施工到整个产品使用寿命周期内的成本和消耗的费用。

6. 与环境的协调性

与环境的协调性，是指工程与其周围生态环境协调，与所在地区经济环境协调以及与周围已建工程相协调，以适应可持续发展的要求。

二、景区工程质量影响相关因素

景区工程质量管理的范围涉及工程质量形成全过程的各个环节。在工程建设中，无论决策阶段、设计阶段、施工阶段还是竣工阶段，影响质量的因素主要有人、材料、机械、方法和环境等五大方面，如图 3-2 所示。因此，为保证工程满足质量要求，就必须对建筑工程这五个方面实施有效的质量控制。

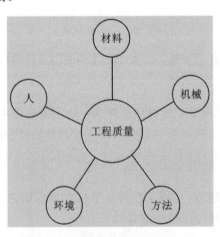

图 3-2　景区工程质量的影响因素

（一）人员的控制

人员管理是景区工程质量管理的基础。景区工程建设的整个过程中都是人与人在打交道，从项目经理、施工现场的管理人员到作业人员，都是为工程服务，如果协调不好那将是一事无成。

人的控制主要体现在以下几个方面：

1. 培养队伍的凝聚力

一方面营造出一种荣辱与共的集体氛围，让所有的员工都感到自己是这个大家庭中的一员，这就要求景区工程现场的项目负责人充分掌握作业人员的专长，有针对性地分配任务，调动作业人员的积极性；另一方面，要制定一些必要的奖罚制度，且奖罚分明。

2. 加强队伍的纪律力

必须明确施工队伍的管理体制，管理人员和不同工种人员的岗位职责、权利要明确，做到令出必行。只有这样的队伍，面对工期紧、技术复杂的工程，才能够按期保质、保量地完成施工任务。

3. 培训人员的计划性

要有计划地对各级人员进行培训，确保现行标准、规范的执行。只有通过有计划地让各级人员对现行的标准、规范内容进行系统学习，针对工程项目施工的需要，对采用新结构、新材料、新设备进行相关培训，找出工作中的差距，才能更好地完成施工任务。

4. 培育全员质量意识

人的质量意识也是影响工程质量的重要因素，质量意识就是人脑对产品或工作的优劣程度的反映，在施工中要实事求是，按照图纸、图集等文件正确施工。通过检查，客观地反映工程质量，这就要求施工队的所有人员主动地去工作，在工作中认真负责，加强工作责任心，不放过任何一个工作细节，从而保证工程质量达到目标要求。

（二）材料的控制

材料（包括原材料、成品、半成品、构配件）是景区工程施工的物质条件，材料质量是景区工程质量的基础。所以，加强材料的质量控制，是提高景区工程质量的重要保证，是创造正常施工条件，实现投资、进度控制的前提。

对景区工程材料质量的控制应着重于以下工作：

（1）掌握材料信息，优选供货厂家。主要材料、设备及构配件在订货前，必须要求承包单位申报，经景区工程监理师论证同意后，方可订货。

（2）合理组织材料供应和使用，确保施工正常进行。合理、科学地组织材料采购、加工、储备、运输，建立严密的计划、调度、管理体系，加快材料的周转，减少材料的占用量，是确保正常施工的关键环节。

（3）加强材料检查验收，严把材料质量关。建筑材料占景区工程总造价的一半以上，材料采购人员要了解建筑知识，知道材料的性能，应该明确采购回来的材料是否符合设计图纸中的要求。采购人员在采购时一定要对各种材料的产品说明书、质量证明书、出厂检验报告进行详细的核对，对材料进行对照检查，保证进场材料符合要求。

(4) 重视材料使用认证,以防用错或使用不合格的材料。

（三）机械的控制

施工机械包括塔吊、搅拌机、人梯、货梯等,要保证施工机械的安全使用,就必须对现场的施工机械进行有计划的维修、保养,按规定天天对使用的机械进行检查,及时发现问题,及时解决问题。管理人员应制定相应的操作规程、维护管理制度,对各种施工机械定人定岗,专人管理,保证施工机械的正常安全使用。测量设备是保证产品形成的重要工具,水平仪、经纬仪、磅秤、尺子等要按国家规定的鉴定周期及时鉴定,及时掌握设备的精度和准确性,避免造成工程的几何尺寸错误或混凝土拌和物配合比的不准确。

（四）方法的控制

方法的控制,包括景区工程项目整个建设周期内对技术方案、工艺流程、组织措施、检测手段、施工组织设计等的控制。施工方法的控制就是过程控制,将原材料有机地结合起来,在组合过程中,为了保证质量合格,要建立一整套的施工程序,而整个程序是环环相扣的,任何环节都不能有丝毫闪失,否则其所引起的损失是难以估量的。这就要求现场的管理人员要认真负责,掌握标准规范的要求,根据工作的质量特性,对工程产品进行监督和测量。

（五）环境的控制

影响景区工程项目质量的环境因素较多,主要包括以下几类：
(1) 工程技术环境,如工程地质、水文、气象等。
(2) 工程管理环境,如质量保证体系、质量管理制度等。
(3) 劳动环境,如劳动组合、劳动工具等。

环境因素的控制,涉及范围较广,在拟定控制方案和措施时,必须全面考虑,综合分析,才能达到有效控制的目的。

三、景区工程建设质量阶段管理

景区工程建设质量是按照工程建设程序,经过工程建设系统各个阶段而逐步形成的。景区工程建设主要包括四个阶段：项目决策阶段、工程设计阶段、工程施工阶段、工程验收阶段。要控制工程项目的质量,就应按照建设过程的程序依次控制各阶段的工程质量。

（一）项目决策阶段

在景区工程的项目决策阶段,主要是进行可行性研究和项目决策。景区项目可行性研究是在对投资建设有关的技术、经济、社会、环境等方面进行调查研究的基础上,对各种可能的拟建方案和建成投产后的经济效益、社会效益和环境效益等进行技术经济分析、预测和论证,确定项目建设的可行性。景区项目的可行性研究直接影响了项目的决策质量和设计质量。

项目决策阶段的质量控制,要保证选址合理,使项目的质量要求和标准符合业主的意图,并与投资目标相协调；使建设的项目与景区所在地的环境相协调,为项目在长期使用过程中创造良好的运行条件和环境。

（二）工程设计阶段[①]

国内外有关研究证明，项目投资建设的关键在于施工以前的投资决策阶段和设计阶段，而在项目做出投资决策之后，控制项目投资的关键就在于设计。因此，设计阶段的质量控制是工程建设全过程质量控制的重点。

首先，工程项目需遵照设计的标准进行标准设计，以达到降低投资成本、缩短工期和保证质量的效果。在保证工程质量的前提下，为控制和有效使用项目资金，往往推行限额设计；其次，运用价值工程原理对不同设计方案进行比较，选出最优设计方案；然后编制工程设计概算；最后由监理工程师对设计概算进行审查。

（三）工程施工阶段

景区工程施工阶段质量管理是整个质量控制和管理的中心环节，为了确保工程质量始终处于受控状态，可以采用以下手段实施监督管理：

1. 旁站监理

这是最主要的一种现场管理方法，在施工过程中现场观察、监督、巡视检查施工工序，及时发现潜在质量隐患，对于隐蔽工程的施工，进行旁站监理更为重要。

2. 量测

随时对建筑几何尺寸、定位轴线、层高和构配件、预埋件位置进行放线测量检查，及时发现偏差，及时纠偏整改返工。

3. 试验

对施工所用的各种材料进行小规模的实验，从而避免大的错误。

4. 质量监督工作程序

确定质量控制的见证点和停止点，加强对质量控制点的监控，突出质量重点。

（四）工程验收阶段

景区建设工程验收的主要依据是工程设计方案、施工图、施工承包合同等，验收阶段一般分为初步验收和正式验收两个步骤，正式验收后要形成《竣工验收报告书》。报告书主要包括以下内容：建设项目总说明、技术档案建立情况、建设项目建设情况、建设项目收益情况、建设项目存在和遗留的问题等。

景区工程项目验收是工程建设的最后一个程序，是全面检查工程建设是否符合设计要求和施工质量的重要环节；同时，也是检查承包合同执行情况的重要步骤，是对景区工程建设质量的一个总体考核，具有十分重要的意义。

第三节　景区工程建设投资管理

景区工程建设投资控制是指在实现景区工程建设项目总目标的过程中，为使景区工程

[①]　董观志.景区经营管理[M].广州：中山大学出版社，2007：51.

建设的实际投资不超过计划投资的管理活动。即在景区工程建设的几个阶段:决策阶段、设计阶段、招标阶段、施工阶段、竣工阶段,把景区建设项目投资的发生控制在批准的投资限额以内,以保证景区项目投资管理目标的实现。

一、景区工程建设项目投资主要构成[①]

一般来讲,景区工程建设项目投资构成,如图 3-3 所示。

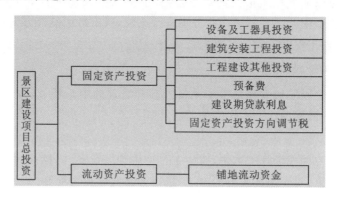

图 3-3　景区工程建设项目投资构成

(一)设备及工器具投资

它是由景区工程设备购置费用和工器具、生产家具购置费用组成的。其中,

$$设备购置费=设备原价+设备运杂费$$

$$工器具及生产家具购置费=设备购置费×定额费率$$

(二)建筑安装工程投资

景区建筑安装工程投资,也称"景区建筑安装工程造价",是由建筑工程费用和安装工程费用两部分组成。

(三)工程建设其他投资

景区工程建设其他投资,是指从景区工程筹建到验收竣工整个建设期间,除了设备及工器具投资,建筑、安装工程投资之外的各项费用的总和。大体可以分为景区工程土地使用费、与项目建设有关的费用和与未来企业生产和经营活动有关的费用等。

(四)预备费

预备费包括基本预备费和工程造价调整预备费。基本预备费是指在初步设计以及概算内难以预料的工程和费用,其计算公式为

$$基本预备费=(设备及工器具购置费+建筑安装工程费\\+工程建设其他费)×基本预备费率$$

工程造价调整预备费,是指景区建设项目在建设期间由于价格等变化引起工程造价变化的预测预留费用。

---

① 余群舟.工程建设合同管理[M].北京:中国计划出版社,2008:10.

（五）建设期贷款利息

（六）固定资产投资方向调节税

固定资产投资方向调节税是由国家规定，实行差别税率，分为0%、5%、10%、15%、30%五个档次，景区各固定资产投资项目按照其工程分别确定适用的税率。

（七）铺地流动资金

景区经营建设项目为保证生产和经营正常进行，按规定应列入建设项目总投资的铺地流动资金，一般为流动资金的30%。

二、景区工程建设投资控制原理

景区工程建设项目的投资控制是一个动态的过程，在市场经济条件下，景区建设单位对景区工程投资的控制要贯穿于项目的全过程。景区工程投资动态控制原理，如图3-4所示。

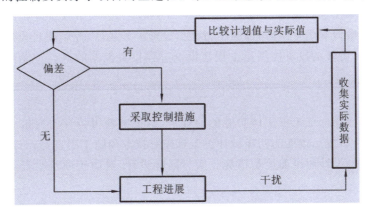

图3-4 景区工程投资动态控制原理图

景区工程投资控制是一个动态的过程，它需要定期收集实际的投资数据，并与计划投资数据相比较，如果偏差存在，则应分析偏差产生的原因，并采取相应的控制措施进行纠偏；如果偏差不存在，景区建设工程可以继续进展。

三、景区工程建设投资阶段管理

众所周知，景区工程建设投资控制贯穿于建设项目的全过程，即从项目决策阶段的投资估算到设计阶段的设计概算，再到招标阶段的投资控制及施工阶段的施工图预算和工程完工后竣工结算。图3-5反映了景区工程建设项目投资控制的流程。

（一）正确做好决策阶段的投资控制

在做出投资决策之前需要对工程项目进行可行性研究，即对与景区工程项目有关的技术、经济、社会、环境等方面进行调查研究，对项目各种可能的拟建方案认真地进行经济技术论证，通过可行性研究的成果产生可行性研究报告。

这一阶段还需要进行投资风险分析，即分析测算不确定性因素和随机因素，对景区工程建设项目预期经济效果的影响程度，对建设项目带来的风险的大小，并分析评价建设项目的

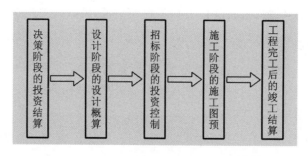

图 3-5　景区工程建设项目投资控制流程图

抗风险能力,进而制定出规避投资风险的对策。

(二) 重点进行设计阶段的投资控制

国内外有关研究证明,在工程决策及设计阶段,影响工程投资的可能性为 30%～75%,而在施工阶段影响工程投资的可能性只有 5%～25%,因此,项目投资建设的关键在于施工以前的投资决策阶段和设计阶段,而在项目做出投资决策之后,控制项目投资的关键就在于设计。因此,设计阶段的投资控制是工程建设全过程投资控制的重点。设计阶段的投资控制的主要措施有:

1. 限额设计

限额设计是指在保证工程实体功能的前提下,以批准的可行性研究报告及投资估算控制初步设计为基础,按照批准的初步设计总概算控制技术和施工图进行设计,从而保证不超过总投资额。限额设计属事前控制措施。实行限额设计,对防止项目投资失控可起到立竿见影的效果。

2. 运用价值工程理论优化设计

价值工程是通过对景区工程建设进行功能分析,找出其主要功能,从而以最低的成本,实现景区工程建设的必要功能。价值工程理论是有效权衡工程造价和功能矛盾的一种现代化的管理手段。

(三) 准确实施招标阶段的投资控制

景区工程项目建设以招标的方式选择施工单位,是运用竞争机制来体现价值规律的科学管理模式。通过招标,建设单位择优选择施工队伍,建设工程投资得到合理控制,从根本上改变了长期以来先干后算、投资失控的局面。

《建筑工程施工发包与承包计价管理办法》明确规定:在招投标中采用工程量清单计价。工程量清单计价要求由招标单位出具景区建设项目的工程量清单,投标企业对照提供的工程量清单,充分考虑市场和风险因素,结合自身条件,根据投标竞争策略进行自主报价。

(四) 合理进行施工阶段的投资控制

施工阶段是把设计图纸和原材料、半成品设备等变成工程实体的过程。由于建设项目的投资主要发生在这一阶段,因此是建设工程投资消耗最多的时期,有可能造成投资的浪费。所以,对施工阶段投资控制应给予足够的重视。

加强施工期的投资控制,不仅要控制工程款的支付,还要合理优化施工的组织设计,严格审查工程预决算,把好工程材料价格关和工程变更关,做好施工记录,还有必要加强合同管理。另外,在施工过程中,监理工程师要定期的采取适当的纠偏措施。

(五)正确进行景区工程竣工后的结算

景区工程结算是景区工程投资的最后一个环节,在做好前面四个阶段投资控制的基础上,把好结算关,它是后期控制的关键。

工程结算审核工作依据通常包括:①工程合同商务管理手册;②设计图纸和设计修改通知单;③现场签证单;④关于工程完工结算的有关文件通知;⑤各标段施工合同及标书;⑥施工单位完工结算资料。[1]

第四节 景区开业策划运作管理[2]

景区开业策划工作是继设计、施工装修以后,使景区项目由建设转入经营,为正式经营做铺垫的一项重要工作,通常由景区管理部来负责。景区只有在开业前充分准备和运筹策划,才能在开业后尽快进入正常营运状态,并且更快、更好地占领目标市场。因此,景区开业策划工作是现代景区经营管理的第一步。

一、景区开业准备

任何景区的开业都需要人、财、物齐备,并且还要有切实可行的营销方案。景区开业准备工作的主要内容是:筹集运营资金、招募并培训员工、实施竣工验收、采购设备物资、制订营销计划、健全规章制度、申办营业许可证等七项工作。

(一)筹集运营资金

资金的筹措与到位关系到景区的正常开业与运转。开业前筹集运营资金集中在资金的筹集、预算、分配和管理几个方面。

1. 资金筹集

景区在开业之后,尚未大笔创收之前,需要有一笔款项来支付景区开放初期所需的费用。景区资金来源渠道有多种,包括景区自有资金、政府财政型资金、国内外银行等金融机构的信贷资金、国内外证券市场资金、国内外非银行金融机构的资金等。景区筹资时应先进行筹资规模的计算,然后从多种筹资渠道中根据资金成本率、资金可得性、资金流动性等指标选择合理的筹资渠道。

2. 资金预算

资金预算按时间长短可分为长期预算和短期预算。长期预算是指一年以上的预算,又称为战略性预算,它影响到景区的长期战略目标以及今后的发展前景。短期预算则是景区在一定时期内(通常是一年)经营或财务方面的总体预算。

---

[1] 施华堂,等.工程投资控制的方法与实施[J].人民长江,2004(8):57.
[2] 董观志.景区经营管理[M].广州:中山大学出版社,2007:54—61.

景区资金的预算要完成两个方面的工作：一是预算的编制，主要是对日后经营过程中的收入、费用、人力需求和设备需求进行估算。二是预算的审查，是对预算目标、资本预算和经营预算的审查。

在经营过程中，需要把实际结果与预算进行比较分析，找出差距，分析产生偏差的原因，并根据实际情况进而采取必要的、适当的措施，对预算或管理进行相应的调整，进而实现预算的控制功能并提高预算的有效性。

3. 启动资金分配

景区在开业前必须具备一定数额的启动资金，才能确保景区的正常开业经营。景区启动资金的分配主要集中在三个方面：业务周转金、营业成本、期间费用。

业务周转金又称"备用金"，是由财务部拨给有关部门的日常零星开支准备，用来保证日常经营的正常进行；营业成本是指景区在业务的经营过程中直接支出的费用，包括各种营业过程中的原材料成本以及营业过程中使用人力资源而必须支付的劳动力报酬；期间费用包括营业费用、管理费用、财务费用、销售费用等。

4. 资金管理

为管理好景区的资金，景区有必要建立行之有效的资金管理制度。景区资金管理主要包括流动资金管理和固定资金管理。

流动资金是景区流动资产的货币表现形式，是景区最具流动性的资金形式。它具有两大特点：波动性和增值性。景区流动资金的波动性特点要求经营管理人员和财务人员掌握流动资金需求的变化规律，综合考虑流动资金的来源和取得方式，合理安排资金供求，及时解决资金供需矛盾。流动资金增值性这一特点要求经营管理者和财务管理人员灵活运用流动资金，促进资金流动，进而取得更大的经济效益。

固定资金是固定资产的货币表现形式。固定资产是指使用年限在一年以上，并在使用过程中保持原有实物形态的资产，如建筑物、机器、机械、运输工具和其他与生产经营有关的设备、器具、工具等。固定资金循环一次的周转期较长，一般通过折旧的方式得到补偿。要加强固定资金的使用和管理，首先要确定固定资金的使用标准和计划，根据计划制定详细的固定资产核算制度，并加强固定资金的日常管理工作。

（二）招募、培训员工

景区是服务性企业，主要通过高质量的服务来为游客创造一种愉悦的环境。员工的态度和能力会对服务的质量产生极其重要的影响，从而也会直接影响游客游玩的兴趣和对景区的印象。可以说，人力资源管理是景区所有管理中最重要的一个方面。

1. 员工招聘

开业前景区员工招聘，是指景区在开业前根据组织机构设置及岗位要求，招收一定数量和质量的人员，使景区具备开业所必需的人员要求。招聘过程需要遵循公平性、计划性、岗位与能力相一致性、程序性等原则。

员工招聘一般要经历明确录用人数及招聘条件、选择招聘渠道、人员筛选、确定人选四个程序。其中招聘渠道主要有：通过猎头公司招聘、社会招聘、学校招聘、人员推荐等。

2. 岗前培训

岗前培训是指新员工上岗之前为适应新工作的需要而进行的各种训练工作，主要包括基本技能的培训和景区文化的培训。

(1) 基本技能的培训。主要是针对特定岗位进行的工作技能的培训，技能培训是培训的第一步，对景区和员工都很重要。对景区来说，培训的成本很高，好的培训结果能使员工尽快地适应岗位工作，为景区带来经济效益，使景区尽快收回培训成本，并进入创利阶段。对员工来说，好的培训结果有利于个人素质的提高，可能被分配到更多的任务，受到领导的重用，并很快得到提升。

(2) 景区文化的培训。通过接触景区文化，学习文化的特点、理念等有助于员工更好地融入景区中，产生对景区的荣誉感和归属感。

(三) 实施竣工验收

竣工验收是景区工程项目建设全过程的最后一个程序，是全面检验工程建设是否符合设计要求和检验施工质量的重要环节，也是检查承包合同执行情况，促使建设项目及时投产和交付使用的一个环节。

施工完成后，施工单位向有关验收部门提出验收申请，验收部门组织人员进行验收，并形成验收报告书。验收合格后，景区与施工单位进行项目交接。图 3-6 所示的为大庆市旅游景区开业验收流程图。

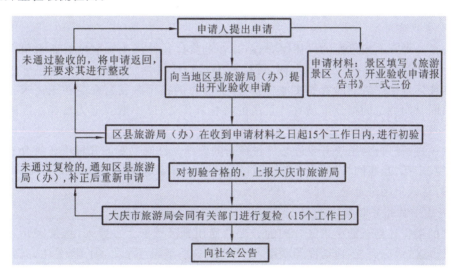

图 3-6　大庆市旅游景区开业验收流程图

资料来源：大庆市旅游局官方网站 http://www.dqlyw.net/gov/。

(四) 采购设备物资

1. 设备配备

景区的设备种类和数量较多，一般包括景区的建筑物、供应设备、清洁卫生设备、通信、电梯、厨房、计算机、娱乐设施、接待服务设备等。景区的设备共同支撑着景区的运行，因此设备的配备是景区开业的一个重要准备工作。

2. 物资采购

景区的正常开业离不开各种物资的有力支持。景区的物资是指景区经营过程中所需的

各种劳动工具和生产消耗品的总和,包括各种办公用品、维修用料、安全保卫用品、后勤用品、餐饮器皿、食品原料等。景区物资的采购包括三个环节:需求的提出、资源的确定以及采购的执行。景区首先根据运行的需要,列出所需物资的清单,包括物资的种类、规格、数量的具体说明。然后对市场上的物资供应进行考察,选择最适合自己的资源。接着由采购人员执行采购计划。最后对采购的物资进行验收入库,以备后来使用。

(五)制订营销计划

景区开业前的营销除了具有一般营销的性质外,与经营管理阶段的营销相比,它更具有密集型、目的性和战略性等特点。因此,景区在制订开业前的营销计划时,一般还需要注意以下几点:

1. 市场分析与定位

景区市场的研究在景区开发时已经开始,在可行性研究报告里有所显示。但景区从设计规划到实际开业需要经历很长一段时间,所以景区应该通过市场调研和各种相关市场信息的分析来预测市场的发展趋势,综合分析竞争者情况,对景区进行正确的市场定位。

新的景区不同于业内的资深同行,在市场上知名度比较小,所以在进行市场定位时要客观、谨慎,而不能狂妄自大。最好能选择竞争对手薄弱的环节做文章,并针对目标市场顾客的喜好和需求进行市场定位,突出"新奇"和创造性,以尽快在顾客心目中树立良好形象。

2. 广告战略

广告是一种有效而迅速的广播媒介,新开业的景区往往因为知名度低而采用广告的形式来进行宣传。根据广告效果的不同,可以分为通知性广告、说服性广告和提醒性广告三类。通知性广告把广告的内容如实地告知公众,其目的在于激发公众的初级需求。说服性广告的目的是向特定的细分市场宣传景区的特色和优势,以中期效应为目标。提醒性广告主要用于景区产品成熟期。

景区在进行广告营销还需要进行广告媒介的选择。目前主要的几种广告媒介有:报纸、杂志、电视、广播、互联网、户外广告等。通过分析目标市场地域分布、景区开业预算、广告目标等因素,景区最终决定选择何种广告媒介。

3. 开业前的销售计划

合理的销售计划有助于景区合理的分配和使用景区资源。一般来说,景区开业前可以与旅行社、旅游供应商、当地居民等联系,进而得到这些组织或个人的广泛关注,起到宣传的效果。

4. 开业前公关计划

景区在筹建过程中有六个时机可以获得公众的注意,按照时间顺序这六个时机依次为:发布建造计划的时候;奠基典礼;工程竣工庆祝会;管理机构和营销部门组成的时候;开业前的新闻发布会或记者招待会;景区开业庆典。景区在开业前利用这六个时机制订公关计划,进行良好的公关策划和公关活动,将有助于景区知名度的扩大,并为景区树立良好的市场形象,为开业后的正式经营奠定有利的基础。

(六)健全规章制度

景区规章制度指由景区有关部门制定的以书面形式表达的并以一定方式公示的非针对个别事务的处理的规范总称。健全的规章制度可以保障景区的运作有序化、规范化,降低景区经营运行成本,可以防止管理的任意性,保护员工的合法权益,满足职工公平感的需要。健全的规章制度通过合理地设置责、权、利,使员工能预测到自己的行为和努力的后果,激励员工为景区的目标和使命努力奋斗。

景区建立健全规章制度时需要注意三个问题:一是要把握好规章制度的有效性、实用性、强制性以及详略问题;二是注意规章制度制定的规范性,并在充分听取执行者意见的基础上不断完善和更新,以增强可操作性;三是尽量做到协调统一,避免各部门制定文件的相互矛盾。

（七）申办营业许可证

景区项目的经营单位在竣工验收后,持竣工验收单等相关资料到旅游主管部门(旅游局)办理旅游经营许可证。取得旅游经营许可证之后,景区经营单位向工商部门办理营业执照,到税务、物价等相关部门办理正式营业手续。一般景区项目是在竣工验收结束后的1~3个月进入正式运营阶段。

二、景区开业典礼

（一）开业典礼的特征

开业典礼是景区建设工作中的一个里程碑,它既是对前面工作的肯定,又是景区运营的一个良好开端,因此景区开业典礼既非常必要又非常重要。主要表现在以下两个方面:

1. 有效的宣传促销手段

开业典礼属于景区的专题公关活动,通过隆重的庆典活动,向潜在顾客及社区公众传播景区信息,有助于提高景区的知名度和美誉度,树立景区的良好形象;也有助于扩大景区的社会影响,吸引社会各界的重视与关心;还有助于让支持过自己的社会各界与自己一同分享成功的喜悦,为日后的进一步合作奠定良好的基础,为日后的经营打下良好的基础。

2. 景区开发的里程碑

景区开业典礼一方面标志着景区筹建工作的结束,另一方面也标志着景区对外营业的开始,具有里程碑的意义。必须意识到的是,开业庆典活动是景区开发与经营过程中的一个环节,经营者需要在庆典结束后,对庆典活动进行评估,为以后经营活动的开展提供经验和教训。

（二）开业典礼的类型

常见的开业典礼有三种类型,如表3-1所示。对于景区来说,为了达到公关的效果,通常采用公关型开业典礼。

表3-1 常见的开业典礼形式

形　式	活动内容	优　点	缺　点
一般型开业典礼	致辞与剪彩	易于控制、操作费用少	公关作用较差,消费者不易参与
实惠型开业典礼	无正式开业仪式	省费用,消费者易参与,较实惠	传播作用较弱
公关型开业典礼	现场服务咨询、赞助公益事业、演出、消费者联欢	新闻宣传性强,易造成轰动效应	现场安全不易控制与把握

(三)开业典礼的筹备

一般来讲,开业典礼的筹备通常包括以下几个方面的工作:

1. 做好舆论宣传

运用传播媒介,广泛刊登广告,以引起公众的关注,营造气氛。广告的内容一般包括开业典礼举行的日期、开业典礼举行的地点、开业之际对游客的优惠、景区的特色等等;邀请有关的大众传播界人士在开业典礼举行之时到场进行采访、报道,请他们对景区进行宣传、造势。

2. 邀请嘉宾

嘉宾的构成及出席率是开业典礼是否成功的重要影响因素,因此,要尽量多邀请一些嘉宾来参加开业仪式。具体包括景区上级主管部门、合作单位与同行单位的领导、社会团体的负责人、社会贤达等。请柬一般要提前发出,由专人送达。

3. 布置好现场

景区开业典礼一般要在景区正门前广场或正门内空地举行,要事先安排好现场,在场地四周悬挂横幅、标语、气球、彩带、宫灯等,在醒目之处摆放来宾赠送的花篮、牌匾,准备好来宾的签到簿、本单位的宣传材料等。对于音响、照明设备,以及开业仪式举行之时所需使用的用具、设备,必须事先认真进行检查、调试,以防其在使用时出现差错。

4. 做好接待服务工作

确定各种接待人员及服务员,负责客人签到、领取赠品、休息、就餐等。同时还要安排好剪彩、摄影、播音、音乐等各方面的人员。

5. 做好礼品馈赠工作

赠送的礼品一般要具有宣传性、荣誉性和独特性。

6. 拟定程序

景区开业典礼的一般程序是:宣布典礼开始、介绍到场来宾、致开幕词、致欢迎词、来宾贺词、启动开业标志、结束。为使开业仪式顺利进行,在筹备之时,必须要认真草拟具体的程序,包括对时间、地点的拟定。

(四)开业典礼的程序

开业典礼在现场运作时既要按照制定的程序又要适当灵活,在整个运作的过程中要做到协调一致、信息畅通。一般来说,景区开业典礼需要遵照以下程序进行:

(1)迎宾。接待人员在景区门口接待来宾,并请来宾签到后,引导来宾就位。

(2)典礼开始。主持人宣布开业典礼正式开始,宣布重要嘉宾名单。

(3)致欢迎词。由景区负责人致欢迎词,表达对来宾的欢迎和感谢。

(4)来宾贺词。由上级领导和来宾致祝贺词,主要表达对开业单位的祝贺,并由景区负责人选择性宣读外来的贺电、贺信。

(5)揭幕。由景区负责人和一位上级领导或嘉宾代表揭去盖在牌匾上的红布,宣告景区正式开业,参加典礼的全体人员鼓掌祝贺。

(6)游览。引领来宾游览景区,并配有专门的导游进行讲解。

(7)迎接首批游客,并进行礼品赠送。

本章小结

景区工程建设合同包括景区建设委托监理合同、景区工程建设施工合同和景区工程建设物资采购合同。景区建设委托监理合同简称监理合同,是景区工程建设单位聘请监理单位代其对工程项目进行管理,明确双方权利、义务的协议。

景区工程建设质量管理的特性有适用性、耐久性、安全性、可靠性、经济性和与环境的协调性。景区工程质量影响因素包括人、材料、机械、方法和环境等五大方面。

景区工程建设主要包括四个阶段:项目决策阶段、工程设计阶段、工程施工阶段、工程验收阶段。景区工程建设投资包括决策阶段、设计阶段、招标阶段、施工阶段、竣工阶段,要求正确做好决策阶段投资控制、重点进行设计阶段的投资控制、准确实施招标阶段的投资控制、合理进行施工阶段投资控制和正确进行竣工决算。

景区开业策划运作管理要求做好开业准备和开业典礼。

核心关键词

合同管理	contract management
工程建设	engineering construction
质量管理	quality control
投资管理	investment management
运作管理	operation management

思考与练习

1. 现阶段我国景区开发中存在哪些问题?应该怎样解决?
2. 怎样控制景区工程建设质量?
3. 景区工程建设质量管理的特性有哪些?
4. 怎样控制和合理运用景区工程建设投资?
5. 景区工程怎样运用项目管理的理论?
6. 景区开业前应该做好哪些准备?

案例分析

中国首家迪士尼商店在上海开门迎客　成为全球最大迪士尼商店[①]

位于上海浦东陆家嘴的迪士尼旗舰店2015年5月20日宣布正式开门营业,如图3-7所示。这一地标性建筑是全球最大零售面积的迪士尼商店,总共拥有5000平方米的面积,包含了提供沉浸式的购物体验和新奇的商品的零售区域,以及迪士尼户外主题广场。

图3-7　上海迪士尼旗舰店开业典礼组图

华特迪士尼亚洲地区总裁保罗·凯德兰(Paul Candland)难掩兴奋之情:"我们非常高兴地宣布在上海开设中国第一家迪士尼商店。迪士尼商店致力于为全世界的孩子、年轻人和家庭提供独一无二的、沉浸式的购物体验。在这里,大家不仅能买到最喜爱的迪士尼、皮克斯、漫威和星球大战的产品,更可在前所未有的体验式购物环境中尽享迪士尼带来的美妙感受。"

值得一提的是,迪士尼旗舰店选在5月20日下午13:14正式对公众开放,寓意"我爱你一生一世",也是响应了社交媒体上流行的对这一特殊时刻的趣味解读,即被当今年轻一代作为对爱侣表达爱意和长久承诺的绝佳机会。

本周对于迪士尼中国来说是意义重大的一周。就在迪士尼旗舰店开幕的前一天,2016年开幕的上海迪士尼乐园内的奇幻童话城堡也成功封顶。保罗·凯德兰表

[①] 中国首家迪士尼商店在上海开门迎客　成为全球最大迪士尼商店[EB/OL]. http://www.dotour.cn/article/13648.html.

示:"我们非常感谢上海市民对迪士尼的喜爱,因此选择在 5 月 20 日 13:14 这一特殊时刻开业,以表达迪士尼对上海这座城市的感谢和热爱。"

陆家嘴及周边区域预计年均客流超过 4000 万,迪士尼旗舰店的开业将为上海增添一个全球瞩目的新旅行目的地,也将成为上海又一潮流性地标,不仅带给消费者带来独一无二的迪士尼产品和新奇的购物互动体验,更进一步使上海成为商业、文化、娱乐的中心。

出席开业仪式的上海市浦东新区副区长表示:"我们衷心欢迎中国首家迪士尼商店来到上海浦东,并为浦东增添新的活力。迪士尼商店必将成为中国商业、旅游、文化的新地标。"

迪士尼旗舰店内部的设计沿用了迪士尼屡获殊荣的店面设计方案,通过运用最前沿的科技,让消费者有机会和广受欢迎的迪士尼、皮克斯、漫威和卢卡斯影业的故事中的经典角色互动。

上海迪士尼旗舰店有诸多的独有设计,包括:

(1) 店铺中心高达近 6 米的迪士尼神奇王国城堡,每隔一小时上演一场音乐投影秀。

(2) 独一无二的漫威专区,以及为上海迪士尼商店全手工打造的钢铁侠、雷神、美国队长和 2.4 米高的绿巨人雕像。

(3) 店铺内悬浮在半空中的"热气球"区域可以看到最著名的迪士尼人物角色——米奇、米妮、高飞、唐老鸭、黛丝、钢牙奇奇和大鼻蒂蒂。

(4) 由超过 8000 个 LED 灯勾勒的米奇头形屋顶景观——从附近的景点,例如东方明珠电视塔上往下看时炫彩夺目,充满童话色彩。

(5) 迪士尼主题景观户外广场。

上海迪士尼旗舰店的其他特色装置:

(1) 遍布店铺的 3.6 米高的"魔法树"上藏有大家喜爱的迪士尼人物。

(2) 商店内"迪士尼大门"的设计灵感来源于皮克斯电影《怪兽大学》,这里的屏幕会展示所有最新的迪士尼娱乐视频、电影预告片等。

(3) 在针对年轻女性顾客的专区,空中悬挂着华美梦幻的水晶吊灯,并且可以看到奇妙仙子小叮当挥舞着她的"仙尘"。

(4) 可以互动的"魔镜"——当顾客站在镜子前,会有惊喜等着你。

为了庆祝上海迪士尼旗舰店的开幕,华特迪士尼公司宣布向上海慈善基金会(浦东分会)捐款人民币 62 万元(10 万美元),旨在帮助浦东新区有关儿童成长和家庭福利的项目。华特迪士尼公司大中华区主席张志忠先生说道:"迪士尼很荣幸可以帮助所在的当地社区,我们将尽自己所能,为孩子和家庭带去快乐和幸福。"

问题:

1. 对中国首家迪士尼商店的开业典礼进行点评。
2. 查阅上海迪士尼开业前的新闻、宣传、营销等资料,讨论上海迪士尼的营销模式,思考我们应当如何借鉴。

第四章

景区产品创新管理

学习引导

旅游业是一个需要不断创新的行业,尤其是景区,往往是以其产品的新、奇、特来吸引旅游者,没有创新,景区就没有活力;没有创新,景区就失去了发展的动力源。因此,景区的产品创新应当贯穿于景区管理以及旅游活动的整个过程。

学习重点

通过本章学习,重点掌握以下知识要点:
1. 景区产品的概念、特性及创新意义;
2. 景区产品创新的理论基础与原则;
3. 景区产品创新的方法与途径;
4. 景区产品创新的运作程序;
5. 景区产品创新的管理模式。

第一节 景区产品的特性与创新意义

一、景区产品的内涵

(一) 景区产品的概念

景区产品就是指景区为满足旅游者多样化的需求而提供的有形实体和无形服务的总和。对于景区的产品概念,我们可以从需求和供给两个角度加以诠释,从需求角度来看,大多数学者赞成将景区产品看作是一种经历。这种经历是从游览景区的动机和制订旅行计划开始的,接着是游览景区的过程,包括前往景区和离开景区的旅行以及在景区里的活动,从而最终形成了旅游者对景区产品的整体印象。

从供给角度而言,景区产品是指景区提供的、专门为满足旅游者观光、游览、文化、度假等多种休闲娱乐需求而设计并提供的,并被现有的和潜在的旅游者所认同的东西,景区产品除了自然景观、建筑、游乐项目等有形物质产品之外,还包括大量的服务产品,如接待、导游、咨询服务等。按照旅游活动的不同阶段,旅游服务可以分为售前服务、售时服务和售后服务。售前服务是指景区经营者在旅游活动前的准备性服务,包括旅游线路编排、产品设计、咨询、宣传促销、旅游保险等服务。售时服务是指景区为旅游者在旅游活动过程中所提供的食、住、行、游、娱、购等方面的服务。售后服务是指景区在旅游者旅游活动结束后所提供的服务,包括交通服务、委托代办服务、行李托运、跟踪调查等。

(二) 景区产品的层次

从市场营销角度看,景区产品同其他产品一样,也具有整体概念。市场营销理论中的产品整体概念包含核心产品、形式产品、延伸产品三个层次。

1. 核心产品

核心产品是旅游者购买的基本对象。景区产品的核心是指旅游者在旅游过程中所追求的基本效用和利益。旅游者购买旅游产品是为了得到它所提供的"审美和愉悦""观赏和享用"或"操作和表现"的实际利益,满足自己"愉悦心情""放松身心""丰富阅历"的需要。

2. 形式产品

实体物品,它在市场上通常表现为产品质量水平、外观特色、式样、品牌名称和包装等。产品的基本效用只有通过某些具体的形式才得以实现。景区的形式产品是指景观的环境氛围、休闲娱乐设施和场所、餐饮与购物、导游服务等满足旅游者利益的实体和服务的对象。

3. 延伸产品

延伸产品是消费者购买有形产品时所获得的全部附加服务和利益,包括提供信贷、免费送货、保证、安装、售后服务等。景区的延伸产品指旅游者在景区获得的额外服务、交通条件、停车场、声誉保证和跟进保障等。

通过对景区产品的整体认识,景区可针对现有的产品进行层次分析,做到景区的核心产品实现旅游者的利益,有形产品满足旅游者的需求,延伸产品提高旅游者的选择机会,从而形成景区在市场竞争中的核心能力。图 4-1 描述了景区产品的三个层面。

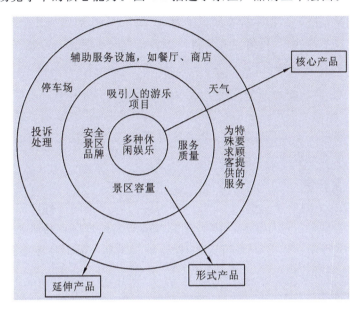

图 4-1　景区产品的三个层面

资料来源:董观志.景区经营管理[M].广州:中山大学出版社,2007:65.

二、景区产品的特性

(一)综合性

旅游者在景区游玩过程中会产生多方面的旅游需求,而不同旅游者的旅游需求也不尽相同,具体表现在食、住、行、游、娱、购等多个方面。因此,景区产品包含的内容十分广泛,多数为组合性产品,具有综合性的特点。景区产品的综合性既体现为物质产品与服务产品的综合,也表现为景区资源、景区设施、景区服务的结合。

(二)无形性

与一般产品不同,景区产品除了具有物质实体产品因素以外,更多的是服务形式的产品因素,因此具有服务产品的无形性特点。旅游者在购买景区产品时,无法通过数量、大小、触感等来衡量产品的质量,只有在消费景区产品时,产品的价值才能得到体现。此外,在景区产品被购买以后,其所有权并没有实现转移,旅游者购买的不是一件有形商品(旅游购物品除外),而是一次经历和体验。

(三)生产消费同步性

景区产品的生产消费同步性表现为它的生产、交换、消费同时进行,这是由于其无形性的特点所决定的。当旅游者进入景区时,景区产品的生产随即开始;当旅游者离开景区时,景区产品的生产也随之结束。在景区产品的生产过程中,由于旅游者的同时参与使景区需要更多地关注旅游者的参与过程,同时对他们提供正确有效的引导和支持。

（四）时间上不可储存性

由于景区产品的生产消费同时性，景区产品不像一般产品那样生产出来可以储存。随着时间的推移，如果景区产品得不到及时的消费，实现其价值，那么为其生产所耗费的资源、财力、人力等都会成为浪费，其价值损失也将得不到相应的补偿。

（五）空间上不可转移性

景区产品与一般产品的另一个不同之处就是在空间上不可转移。景区产品的核心——旅游资源和旅游设施都是固定不变的，具有很强的地域性，且往往远离旅游者的常住地。因此，景区产品的消费过程不像普通产品一样是产品接近消费者，而是旅游者到达景区对其产品进行消费，发生运动过程的是旅游者。

（六）销售上重复性

景区产品在销售上具有重复性，是指在同一时空里可以把同一种产品销售给许多旅游者，而且在不同时空里可以重复销售。因为旅游者所购买的景区产品只是观赏权和一定时空里的使用权，只获得精神上的享受、印象与记忆，而买不到产品的具体物质与所有权，所以景区产品可以重复销售。

（七）高附加值性

景区产品是附加值较高的产品。各种独立的资源和设施，只要经过合理的组合包装，就能成为高价值产品，并产生经济效益。尤其是建立在世界级文化遗产或具有垄断地位的自然资源基础之上的景区产品，更能产生巨大的经济、社会效益，乃至环境效益，使原本低价值的东西身价百倍。

三、产品创新的意义

景区产品创新是旅游业推动区域社会经济发展的必要条件，是拓展旅游业内涵的基础条件，是景点景区可持续发展的基本途径。具体而言，景区产品创新的现实意义主要体现在以下三个方面：

1. 满足旅游者的旅游需求

在当今体验经济时代，旅游者的消费观念与消费方式都发生了多方面的深刻变化，其需求结构、消费的内容和形式也都发生了显著变化，具体体现在：①从需求结构看，情感需求的比重加大；②从需求内容看，大众化的旅游产品日渐失势，对个性化旅游产品与服务的需求越来越高；③从消费方式看，旅游者已经不再满足于被动地接受，而是主动参与产品的设计与生产；④从消费目标看，旅游者从注重产品本身转移到注重体验产品时的感受。

因此，若景区不对自身产品状况进行全面的分析与评价，不积极进行旅游产品的创新，将难以满足旅游者的旅游需求变化，从而只能逐渐被旅游者所遗弃。

2. 增强旅游景区的吸引力

景区产品是景区赖以生存和发展的生命线。景区的产品创新能力决定着景区的吸引力与市场竞争力。由于历史与现实的种种原因，我国景区产品存在如下问题：①很多景区只是风景、建筑、设施等的简单组合；②多数景区提供给游客的只是简单的观光产品；③一些传统的老景区不注重市场变化与产品的升级换代；④产品单一、雷同，开发建设存在盲目性。这些情况导致景区的吸引力逐渐下降。

因此，景区经营者应不断进行产品创新，在深度和广度上做文章，增加景区产品的知识内涵与体验成分，进而增强景区的吸引力，实现景区的可持续发展。

3. 拓展旅游资源的内涵

旅游资源是景区旅游产品形成的核心。旅游资源作为旅游地发展的基础与依托，也存在生命周期，即要经历开拓、成长、稳固、衰落这样一个发展变化过程。对景区产品进行创新，也是对景区旅游资源进行开发创新的过程。景区通过产品创新、重新组合或开发旅游资源，可以实现对旅游资源的最大限度的利用，并且可以不断地促进旅游资源内涵的进一步深化和广化，从而使潜在资源转变成现实资源、不可利用资源转变成可利用资源，进而使旅游资源的有限生命转化为长期的周期循环。

第二节　景区产品创新的理论与原则

一、景区产品创新的理论基础

（一）旅游产品可创新理论

旅游产品的创新，即产品的创造性开发和竞争性开发，其实质是创造需求，把潜在的东西更深层次地挖掘出来。产品创新可以带动旅游需求，引导消费潮流。

旅游产品内涵和外延的多样性和复杂性，决定了景区产品创新的多元性与可行性。景区产品创新既可以是一种需要大量投资的物态创新，也可以是一种精神创意。而后者无疑更具意义，它不仅包括对旅游线路、旅游项目和产品结构的优化，而且包括景区服务质量的提高、旅游产品种类的增加、产品品牌的提升、景区大环境的完善、景区形象的构建等。

在了解旅游资源内涵的广泛性以及旅游者动机的多样化基础上，景区经营者可以顺应旅游市场需求的变化趋势，结合技术的发展条件，不断更新和提升景区产品的竞争力因素，从而将景区产品周期的有限生命转化为无限的周期循环，通过创新和竞争两股力量的交互式作用使景区产品在旅游市场上永葆青春和魅力。

（二）旅游资源可创新理论

旅游资源是景区产品的基础和依托，产品的创新依赖于对旅游资源的开发创新。虽然旅游界存在"旅游资源周期的有限生命论"说法，但这并不意味着旅游资源最后都要僵死，它们是可以创新的，可以因再开发而重新获得生命力。

由于旅游资源内涵的广泛性以及旅游动机和兴趣的多样化，旅游资源可以顺应旅游市场需求的变化，不断更新和再生其吸引力因素，从而将自己有限的生命转化为无限的周期循环。

旅游资源的创新不仅体现为现实旅游资源与人造旅游资源的创新，还体现为潜在旅游资源的创新。潜在旅游资源转变为现实旅游资源，其本身就是一个资源创新的过程。此外，从创新方式上而言，旅游资源的创新可通过主题创新、环境创新、手段创新、技术创新、制度

创新等途径来实现。

二、景区产品创新的基本原则

（一）市场性原则

景区产品的创新必须建立在正确了解旅游市场需求的基础之上，依据旅游者的需求变化和未来需求趋势，开发符合国内外旅游市场需求的景区产品。因此，景区要开发与创新出适销对路的旅游产品，就必须重视旅游市场的调查和预测，全面掌握旅游者的购买动机与需求特征。

（二）特色性原则

旅游的本质就是追奇求异，追求与自己原来生活环境、生活习俗不同的感受与观感。越是富有特色性和地域性的旅游产品，越能满足旅游者"新异刺激"的需求。因此，景区产品的创新要突出自身特色，从而增强景区的吸引力与竞争力。在对景区产品进行规划或重新规划时，必须进行认真的调查研究，避免因产品雷同而产生浪费，进而做到有的放矢、人无我有、人有我精。

（三）时间性原则

时间性原则是指缩短景区产品创新所需的投入时间以及选择恰当的市场投放时间。在进行景区产品创新时，要考虑创新过程所需要的时间，如果进程缓慢、时间过长，就会被竞争对手抢占先机。此外，选择得当的市场投放时间与缩短投入时间有一定的关系，它强调产品的投放时间应与旅游者的兴趣与期望相符合，即要在旅游者的口味和兴趣转移之前推出新产品。

（四）和谐性原则

不少景区给旅游者的感觉是杂乱无章，旅游产品的开发或旅游设施的配备不考虑景区已有的条件与环境氛围，使得游客对景区的体验感知没有重点，不能留下深刻且良好的印象。因此，景区在进行旅游产品创新时，要特别强调产品与周边环境的和谐性，在不破坏原有景观的完整性基础上，保持与已有景观和环境的协调一致。

（五）效益统一原则

此处的效益统一指的是经济效益与社会效益、环境效益相统一。景区的开发是以创造景区的经济效益、促进当地的经济发展、满足人们生活需要为主要目的，因此具有一定的社会性。同时，景区产品的创新是以旅游资源为基础，必须注重环境效益，不能以破坏资源为代价，要把资源与环境保护放在首位。

第三节 景区产品创新的方法与途径

一、景区产品创新的方法

随着旅游业的不断发展，旅游需求也不断地变化，需求的多元化、个性化逐渐成为现今旅游需求发展的新趋势。景区产品的开发也不能停滞不前,旅游景区需要根据不断变化的市场需求,对景区产品进行创新,以此提高景区产品和服务的质量。景区产品创新是景区不断面对的市场变化所要考虑的重要问题,也是景区产品创新方法是给予景区产品延长生命周期的主要途径。景区产品的创新方法主要有:

1. 主题创新

现今景区产品的创新逐渐向主题化方向发展。景区产品的主题创新,可以是将单项的景区产品围绕某一特定主题进行产品整合,优化产品的主题设置,也可以是围绕主题开展新景区产品的开发设计。主题的创新可以使本来缺乏主题组织的景区产品焕发生机,也可以使新开发的景区产品更富有主题内涵。主题的贯穿使景区产品的开发更加有主线,方向性更加明确,而且具有独特的产品个性。

2. 结构创新

景区产品的结构创新通常提升到整个产业角度进行分析。随着旅游者需求的不断多样化和个性化,对于景区产品的结构需求也提出了新的要求。各种产品组合和产品提供方式都出现新的变化。景区产品的结构重组,完善产品结构,是景区产品创新的其中一个方向。

3. 功能创新

功能创新着重在景区产品给旅游者提供的实际价值方面。功能的创新可以借助于现代的先进科学技术对景区产品的功能实行提升,对产品和设施增加多种功能性设计,运用灵活先进的宣传促销手段,进一步丰富景区产品的功能,提高景区产品的多功能价值,充实产品内涵,全方位多方面更好地满足不断变化的旅游者需求。

4. 类型创新

景区产品的类型在不断的发展变化当中,更多新类型的景区产品不断涌现,新类型景区产品的创新主要是由于旅游市场的不断复杂化和多样化,新旅游需求的出现要求有相应类型景区产品的提供以满足其需求。旅游企业应该密切关注市场发展的动向,实施有效的市场调查分析,发现旅游需求,开发更多类型的景区产品以满足旅游者的需求。

5. 过程创新

过程创新是指对景区产品的开发设计、单项产品组织、业务流程方面进行产品创新。对产品生产过程的重新认识、重新设计、重新整合,实施流程再造,是景区产品创新的重要环节。过程创新有利于减少不必要的产品业务流程,使产品供给更加简化,降低成本,使产品供给流程更加方便快捷,为旅游者提供更多的便捷性,提高景区产品的市场适应能力。

二、景区产品创新的途径

(一) 开发新产品

为了区分新产品开发与改进型产品开发,此处将景区新产品界定为景区以前从未生产和销售过的产品。针对新产品开发,Urban 和 Hauser 提出了程序化步骤,包括机会确认、产品设计、产品试验、向市场推介四个过程。[①] 机会确认是指确认将来最有发展前途的旅游产

---

① 吴必虎.区域旅游规划原理[M].北京:中国旅游出版社,2001.

品;产品设计是指将一些好的想法转化为某种可以实现的形式;如果产品设计方案可行,可在更大的范围内对景区产品进行试验,以确定它是否具有市场潜力,是否对旅游者具有吸引力;如果试验的结果是积极的,就可以将这种新产品推向市场,如图 4-2 所示。

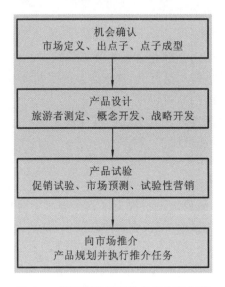

图 4-2　景区新产品开发的程序化步骤

开发景区新产品还可以采用阶段门模型法,此种方法明确标明了产品开发的一系列阶段,一个阶段门就代表一个审核点,每个审核点都是一个"是/否"的决策。它与上述景区新产品开发的程序化步骤相结合,可使景区旅游产品开发过程更加严密和严谨,如图 4-3 所示。

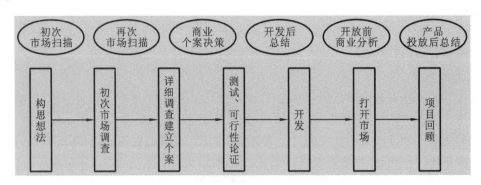

图 4-3　景区新产品开发的阶段门模型

资料来源:董观志.景区经营管理[M].广州:中山大学出版社,2007:67.

诚然,并非所有的景区新产品的开发都要机械地参照模型,或经过特定的步骤,不同的景区可根据目标市场的特征和所要开发的新产品的特点,选择合适的开发程序。

(二)改进原有产品

景区除了开发新产品外,还需要依靠产品差异化、提高产品质量等方式来进行旅游产品的创新。吴必虎(1997)认为这是一个对原有产品进行改造(注入新的资金、更新设备、对产品本身进行更新换代),使产品生命周期进入下一轮生长周期的过程,也有人称之为产品的"切换"。

产品差异化是对景区产品进行改进的主要策略。景区产品差异化有两种表现形式:一是产品实体属性的差别化,即在景区产品的风格、特色等方面实现产品差异化,如完善产品功能、突出文化内涵、提高参与程度等;二是产品实体属性的差别化不大,而是通过一些表面变化,如改变或改善景区产品的包装或形象,使旅游者产生差异感,从而满足旅游者在心理上对景区产品的某种需要。

对景区原有产品进行改造需要把握最佳的时机。根据产品生命周期理论,在产品的成长尤其是成熟阶段对其进行改进是最恰当的。在成长阶段,景区产品已具有一定知名度,景区经营者可根据旅游者需求的明显变化,提供有针对性的产品内容,并依据产品在投入期的销售情况,发现和弥补产品的不足,进一步完善和改进产品;在成熟阶段,雷同产品或可替代产品数量不断增加,市场竞争越来越激烈,景区经营者应该集中力量改进现有旅游产品,提高产品质量,增加产品附加值,突出产品的差异化特征,以取得竞争优势。

(三)优化产品组合

优化景区产品的组合,是指对各种景区产品如住宿、餐饮、娱乐、购物、游览、参观、健身、疗养等进行最优化的结构组合,此过程既包括景区产品组合的设计,又包括景区产品组合的实施。

从市场营销角度而言,景区的产品组合是指景区提供给市场的全部旅游产品的组合方式。产品组合包括广度、深度和关联度三个要素。其中,景区所拥有的旅游产品系列的数量称为景区产品的广度,数量越多,产品广度越大。产品组合的深度是指景区各产品系列所包含的旅游产品项目的多少,它反映了某类产品内存在的差异,若包含的项目越多,说明产品深度越大。产品组合的关联度是指景区产品系列之间的关联性程度。

景区的经营者根据景区的经营目标、资源条件以及市场需求和竞争状况,对景区产品组合的广度、深度和关联度进行最佳决策。具体而言,有以下几种策略:

1. 全线全面型策略

全线全面型策略是指增加景区产品组合的广度,经营多种旅游产品以满足多个旅游目标市场的需要。这种策略能满足不同市场的需要,有利于扩大市场份额,但经营成本相对较高。

2. 市场专业型策略

市场专业型策略,即向某一特定的旅游市场提供其所需要的多种旅游产品。这种组合策略对某一景区来说,由于景区本身的资源、资金、管理等条件的限制,实施的难度较大,但对以区域旅游为整体的旅游目的地来说,开发目标市场所需求的旅游产品,能维持并扩大市场份额。

3. 产品系列专业型策略

产品系列专业型策略是指旅游景区专门经营某一类型的旅游产品来满足多个旅游目标市场的同一类需要。

4. 特殊产品专业型策略

特殊产品专业型策略是指针对不同目标市场的需求提供不同的景区产品。这种策略有

助于景区快速占领市场、扩大销售,但由于产品开发和销售成本较高、投资较大,因此采用这种策略需要进行严密的市场调研。

第四节 景区产品创新的运作与管理

一、景区产品创新的运作过程

产品创新是景区生存与发展的基本途径,只有不断创新,不断增强产品吸引力,景区才能可持续发展下去。景区产品创新的过程可以概括为四个阶段:分析现状,确定问题;收集构思,筛选方案;测试分析,研制试销;投放市场,评价修正。四个阶段循环往复,使景区产品创新不断向前推进。

1. 分析现状,确定问题

分析现状,一方面是指分析旅游市场需求状况,另一方面是指分析景区经营现状。即对旅游目标市场的需求进行分析研究,并对景区产品现状进行全面细致的分析认定,在景区中取得共识,准确地确定问题所在。

波士顿矩阵法是分析公司业务的常用方法。

对景区产品现状的分析,可以借鉴以下几种方法:

1) 波士顿矩阵法

波士顿矩阵模式的重点在于分析企业所提供的各种产品,即分析企业的所有产品。这种方法对企业所提供的每一个产品,就其市场增长率和市场份额两个维度进行分析。当该矩阵运用于景区的产品分析时,市场增长率是指最近数年来热衷于某种旅游产品的旅游者的增长率,而市场占有率则可以是指选择某种旅游产品的旅游者人数与其最大的竞争者所占的市场份额的比值。根据景区产品在市场增长率和市场份额态势矩阵中的具体位置,可以确定产品的位置,如图4-4所示。

运用波士顿矩阵模式来分析景区产品时,首先要根据统一的标准对景区产品进行分类,对处于同一标准的产品类别进行比较分析,然后根据各产品在波士顿矩阵中的位置,采取相应的产品发展战略。

2) 一般选举组合分析法

一般选举组合分析法中以市场引力和区域强度为两个基本尺度,评价产品的地位。而这两个基本尺度是多种因素相互作用表现出的变量指标,市场引力受市场规模、市场增长率、竞争态势等影响,区域强度则由产品质量、市场知识、市场有效性等共同决定。将市场引力分成高、中、低三种水平,将区域强度分成强、中、弱三个档次。根据产品在这两维矩阵中的位置,将景区产品划分为综合强引力型、综合中等引力型以及综合低引力型三大类,如图4-5所示。

2. 收集构思,筛选方案

确定景区产品现存的问题之后,就要寻求解决的方法,设计产品创新的方案。首先,针

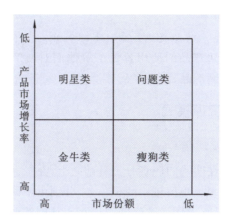

图 4-4 波士顿咨询公司矩阵

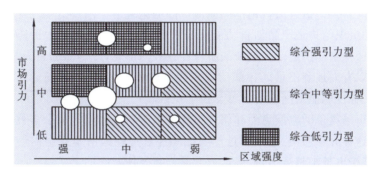

图 4-5 一般选举组合分析法

对找出的问题收集各方人员如员工、旅游者、当地居民、旅游专家的意见。其次,对所收集的资料和意见进行归纳与整理,并在此基础上设计出各种可能的方案。再次,对各种方案进行筛选,挑选出最合适、最可行的方案。对方案进行选择是景区产品创新过程中最关键的步骤。在此步骤中,景区决策者要分析景区的资源与设施设备状况,分析景区是否有足以发展所设定的新产品的能力,分析新产品能否符合旅游市场需要,分析市场竞争状况及相关环境因素。通过综合分析,使所选择的景区新产品构思符合景区的发展规划和目标。

3. 测试分析,研制试销

构思后的新产品并非具体产品,而是景区希望提供给旅游市场的一个产品设想,属概念性产品。所谓测试就是与适当的目标市场一起考核所构思的新产品,确定其对目标市场的吸引力。分析则是对产品的销售量、成本、利润率等进行预测。同时,景区要收集社会和竞争等各方面的相关信息,以便进一步研制、试销。

测试分析之后就要对产品进行研制与试销。在此过程中,可请旅游专家进行测评,也可请有关人士进行新产品的试验性旅游,并请他们提意见,修改完善新产品方案。然后对景区新产品在几个细分市场上进行试销,检验旅游者可能做出的反应,以确定主要目标市场。

4. 投放市场,评价修正

景区新产品试销成功后,即可投放市场。在此阶段,景区要将新产品方案落实到位,并运用恰当的价格策略、促销策略、渠道策略等市场营销手段来尽量扩大新产品的市场占有份额,提高产品的销售量和利润率。

新产品投放市场后,不能一劳永逸,还必须跟踪调查,进行最终的新产品评价与修正。景区经营者要不断地从景区新产品的使用者处了解他们对新产品的反应,及时发现问题与不足,并尽快修正,努力使景区产品日益完善。

二、景区产品创新的管理模式

(一)传统的功能顺序管理模式

功能顺序管理模式建立在明确的职责分工基础之上,在景区产品创新时,把整体的产品创新任务明确具体地划分成多个规模较小的子任务,分别由不同的职能部门和开发者承担,各个职能部门保持相对独立性,不同的职能部门仅在产品创新各个阶段的首尾进行接触,整体的过程是按顺序串行展开的。如产品研发部门负责新产品的基础与应用研究,然后把研究成果向制造部门转移,最后由营销部门完成产品的销售。

职能分工的组织结构是产品创新功能顺序管理模式普遍采用的一种协调机制,其优点表现为:可使景区各个部门把产品创新的阶段性任务内部化,使产品创新人员在自己最擅长的领域工作;可以有效地利用景区各部门现有的条件和设施,节约研发资源;有利于在创新过程中各部门在各自职能范围内的学习与技术积累。

但是,随着市场竞争的愈演愈烈和旅游市场需求等市场环境的复杂多变,竞争和合作的程度不断增强,这种分工明确、循序渐进的功能顺序管理模式所暴露出的信息沟通障碍、阶段衔接障碍等弊端也越来越突出,最终造成产品创新整体效率的下降。

(二)现代的以知识为核心的网络化管理模式

以知识为核心的网络化管理模式与产品创新过程中知识、经验以及其他要素资源的集成相一致。以知识为核心的网络化管理模式有两个内涵:其一是通过先进的计算机技术、信息技术将产品创新者联系起来的网络技术基础;其二是借助此网络技术基础,产品开发者进行交流和协作,并依靠集成开发者的经验、知识以应付景区产品创新过程中遇到的各种问题。在这种管理模式中,功能部门和职位不再是独立的狭小王国,产品开发者是网络中的一个节点、知识的贡献者,代表通过参与和与别人合作所能够获得的能力和知识的来源。

在以知识为核心的网络化管理思想指导下,与景区产品创新过程相适应的管理模式是各种以任务为中心的、进行动态协作的项目团队。承担不同产品创新任务的项目团队由来自不同功能部门,具有不同专业技能、知识和经验的产品开发者集中起来组成。在景区产品创新过程中,通过这样的团队工作方式从各种职能功能部门中吸取资源,共同工作,有效地识别景区内外部复杂环境下的市场机遇,并及时做出响应。

此种产品创新的管理模式实现了以下几个方面的重要突破:①使景区内部的信息交流更为通畅;②为新产品开发者授权;③为景区领导者提出新的领导方式;④为开发创新者提供新的协作方式。

为适应新的知识化、信息化的复杂环境,景区产品的创新管理应从建立在职责分工基础上的功能顺序管理模式,向以知识为核心的网络化管理模式转变。如表4-1所示,对以上两种产品创新的管理模式的特点进行了比较。

表 4-1　景区产品创新管理模式比较表

	功能顺序管理模式	以知识为核心的网络化管理模式
产品特点	适合市场稳定、大规模、单一或较少品种产品开发	适合市场多变、竞争激烈、满足消费者需求多元化、个性化的产品创新
过程组织	将创新任务划分由设计、制造、销售等不同功能部门来承担,产品开发过程顺序串行进行	由不同功能部门具有不同知识、技能的开发者组成项目团队,实施快捷、富有弹性的并行工作方式,将产品构思、筛选、设计、测试、制造和试销等产品创新过程的各个步骤同步化进行
资源配置	基于资本、劳动力等传统要素资源,具有不可分性,形成功能部门对要素资源的独占性,产品创新过程中要素资源的局部配置	知识成为比资本、劳动力更重要的要素资源,具有可分性、共享性、可扩散性和重复使用性,强调产品创新过程中集成开发者创造、开发、利用和管理知识要素资源的能力,实现整个过程知识要素资源的最佳配置
沟通与交流	延长信息的纵向传递,知识和信息成为一种权力,造成开发过程中对知识和信息的封锁	信息的纵向传递距离缩短,增强信息的横向传递和交流,促使产品创新过程中市场、环境的信息利用更及时、充分,决策的反馈更迅速、敏感
学习技能	功能部门各自拥有对消费者需求、技术等方面的经验和知识,缺乏对其他知识的了解和了解的愿望	学习成为获取、放大知识的手段,通过学习集成产品创新过程中团队、组织与组织外部的经验和知识,增强开发者获取知识、技能和决策的能力
协作方式	通过层级组织协调各功能部门追求的不同目标	利益休戚相关,推动开发者相互尊重、彼此依赖,促进项目团队之间自愿、广泛地合作和交流,从而实现组织的共同目标
激励方式	强调对产品开发过程的监督与控制	为开发者授权,满足开发者各个层次的需要,实现产品创新过程决策的民主化和科学化,最大限度地发挥开发者的创造能力
领导方式	产品开发过程中注重职位的权威,领导者不需要倾听	产品创新过程中注重知识的权威,促进培育和发挥开发者的领导才能,领导者成为导师和设计师
价值观	不信任和服从	信任和诚实
绩效	产品开发周期长,风险低	产品创新效率高,综合绩效好,风险高

第五节　景区节庆演艺产品策划管理

一、节庆演艺的分类

随着旅游业发展的日益成熟,人们的旅游消费已经不仅仅停留在传统的观光游览上,而是更加注意旅游的参与性，更多地追求对异域古老文化、独特民俗的体验。对于景区来说，在其开发过程中加入节庆演艺活动，使旅游者在景区中了解当地传统文化，以及风俗习惯，能够吸引更多的旅游者，提高景区的知名度，扩大影响力。

目前我国节庆演艺活动种类繁多，旅游节庆名目五花八门、规模大小不一，为了更好地对其进行研究，有必要对其进行科学的分类和归纳，从而可以把握旅游节庆的开发条件、开发方向、节庆特点和功能价值，为节庆策划提供指导。由于分类的因子选择、标准和划分的目的不同，可以对节庆演艺进行以下分类，如图4-6所示。

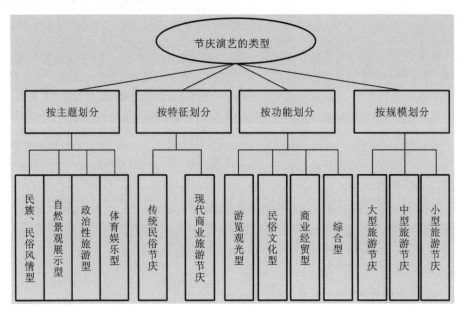

图 4-6　节庆演艺活动的分类

（一）按主题划分

旅游节庆活动总是围绕着一定的主题展开，按活动选取的主题，可以将节庆活动分为以下几种类型：

（1）传统的民族、民俗风情节庆活动，是指在继承传统的民族、民俗节日的基础上，添加现代的生活元素，以地方旅游发展需要而进行开发加工的节日。

（2）自然景观展示型节庆活动，是指以当地地脉和具有突出性的地理特征、独特的自然现象、自然景观为依托，综合展示地区旅游资源、风土人情、社会风貌等的节庆活动。

（3）政治性旅游型节庆活动，是指一些国际组织召开的大会或重大的政治活动。

（4）体育娱乐型节庆活动，是指通过举办或承办大型体育运动而吸引大量旅游者的节庆活动。

（5）以特产、商品为主题的节庆活动，主要是指以地区的工业产品、特色商品和著名物产特产等为主题，辅以其他的参观活动、表演活动，也包括为创造一个热点而举办的各种博览会、展销会。

（6）文化性节庆活动。这类节庆活动通常依托区域典型的、特制的文化类型而展开，也包括以"名人"为主题以及以现代文化为主题而展开的各种形式的活动。

（7）宗教性旅游节庆和盛事活动，是指以宗教文化为依托而开展的庆典活动，如九华山庙会、五台山国际旅游月、藏传佛教晒佛节等。

（8）综合性节庆活动，通常是综合几种主题，持续时间较长，内容综合，规模较大，投入大，效益好。

（二）按特征划分

旅游节庆按照本身的起源特征、功能特征来分类，可以分成传统民俗节庆和现代商业旅游节庆两类。

（三）按功能划分

按照旅游节庆的主导功能来分，可以将其分为游览观光型、民俗文化型、商业经贸型、综合型等四种。

（四）按规模划分

按照旅游节庆的规模来分，可以分为大型旅游节庆、中型旅游节庆、小型旅游节庆三种。

根据不同的目的，可以参照不同的标准，对旅游节庆活动进行系统分类，旅游节庆活动还可以按照节庆活动的等级、部门参与程度、市场化运作程度、地域区分等标准进行划分。

二、节庆演艺的策划

（一）节事庆典策划流程

节事庆典的策划可以分为三个阶段：一是策划前的市场分析阶段；二是具体策划阶段；三是策划后的评估阶段。具体内容如表 4-2 所示。

（1）节事庆典策划的第一个阶段，主要是确定项目前的市场分析阶段，包括立项、分析举办地的基础条件和明确活动的策划目的和宗旨三个方面。其目的类似于可行性分析，任何节事庆典活动的策划都必须与当地的配套设施、景区的资源、文化特色相吻合，否则只能是无源之水、无根之木，无法获得长远的发展。策划的活动要能推动景区及景区所在地的发展，若仅仅是对资源的掠夺，而不思回报，同样不能获得长远的发展。

表 4-2 节事庆典策划的流程表

策划阶段	步骤	策划工作内容
第一阶段	立项	通过市场化运作方式，寻找最佳的专业策划公司，确定旅游节庆的举办方向
	分析举办地的基础条件	分析举办地的区域特色、地理特征、交通条件、经济与社会背景、竞争状况；分析景区的具体特色
	明确活动的策划目的和宗旨	根据地方和景区的特色，结合节庆活动的特征，确定节庆活动举办的目的和宗旨

续表

策划阶段	步骤	策划工作内容
第二阶段	确定节庆活动策划的初步方案	专业策划公司综合考虑举办地旅游资源的特色和旅游者的需求的基础上,确定活动策划的初步方案
	费用预算	费用预算包括场地租用、购置器材设备、日常行政费用、工作人员工资、公关活动费用、宣传费用等
	资金筹集	若节庆活动非政府举办,则需通过企业赞助、居民公助、广告收入、门票收入、企业在场地内的摊位费等途径获得
	宣传方案	根据主题确定宣传口号,根据目标市场组合有效的宣传策略,以及宣传费用的预算
	节事庆典活动过程策划	成立节庆活动指挥部、任务分工、人员安排、时间与场地安排、娱乐项目组合
第三阶段	活动评估	对整个活动过程进行评价,以知名度是否提高为标准来衡量活动的社区效果,评价旅游企业与旅游部门的收入,也要评价其对环境的影响
	策划升华	从活动评估中吸取经验,在原有的基础上实行创新和突破

(2) 节事庆典策划的第二个阶段,主要是确立项目后的具体策划阶段,包括确定节事庆典活动策划的初步方案、费用预算、资金筹集、宣传方案和节事庆典活动过程策划等五个方面。在这个阶段中,要解决的是与所确定节事庆典密切相关的资金和物资、营销、具体活动安排等问题,它直接关系到活动的成败。

(3) 节事庆典策划的第三个阶段,主要是基本策划完成后的评估阶段,包括活动评估和策划升华两个部分,即进一步验证节事庆典活动的可行性,以及对当地整体经济的提升作用,同时对策划中的疏忽进行修正。

(二) 景区演艺策划流程

从程序上说,景区的演艺活动不仅要按照以下几个步骤进行策划,而且要按照图4-7所示的工作内容进行组织。

1. 立项

把文艺演出活动作为一个项目确定下来,这个活动要不要做,为什么要做,怎样去做。

2. 可行性研究

策划方在确定节目内容之前,应进行调查和可行性研究。调查的内容通常包括国家关于大型活动方面的政策法规、公众关注热点、场地状况、时间选择性、演出人员情况、活动赞助资金等。

可行性研究是一个十分重要的工作步骤,研究范围包括文艺演出活动的社会适应性,包

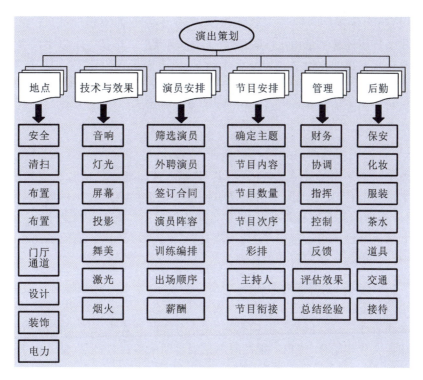

图 4-7 演艺活动的工作分解结构图

括社会环境和目标公众的适应性、财力适应性、效益的可行性。从效益的角度考虑,景区演艺活动是否能保证收回成本;从游客对节目的接受程度考虑,景区演艺是否具有吸引旅游者的能力;应急能力的适应性研究,需要哪些应变措施,如户外活动要考虑天气的情况,野外活动考虑更多的是安全设施问题,这些都是进行可行性研究的范畴。

3. 确定节目主题

确立一个鲜明的主题,通过节目内容和形式来凸显主题、烘托主题、强化主题。

4. 确定演员阵容

演艺活动比较频繁的景区通常拥有一定规模的演出团体,对于个别特殊性的节目,则可外聘演员,共同组成一台文艺演出的阵容。

5. 技术与效果的策划

一场出色的文艺演出活动不仅具有出色的节目和优秀的演员,视听效果也不容忽视。技术与效果方面的策划主要包括舞台的布置、音响、视频、灯光、烟火、激光等方面的内容。

6. 管理与后勤

景区演艺活动是现场的表演,丝毫的差错都会影响到演出的质量,演出活动的整个过程需要专业的管理人员在现场操作指挥。优秀的文艺演出质量不仅需要演员的出色表演,还需要后勤人员的通力合作和支持。

三、节庆演艺经营模式

就国内目前旅游演艺市场发展情况来看,主要有以下三种运营模式:

(一)以山水实景为依托的实景演艺产品

其代表作是广西桂林实景山水歌舞剧《印象·刘三姐》。这是一个以中国著名山水旅游胜地广西桂林山水和民间传说刘三姐故事为背景,以政府投入为主、多元参与合作,由张艺谋、王潮歌、樊跃"铁三角"编导组主导创排而成的国内首个山水实景演艺产品,也是世界演艺舞台首个以自然山水为大舞台、以超常规模化表演为特征、以专业与民间相结合为特点的旅游演艺精品佳作。

(二)以城市休闲旅游为依托的主题精品

资本雄厚的旅游集团通过延揽"高、精、尖"艺术人才组建自己的特色演艺团队,创排自己的旅游演艺品牌节目,使之成为旅游消费者完成日间游览后的另一种精神享受和文化观摩,以增加旅游产品的人文内涵和吸引力,是近年来演艺业与旅游业有效合作的典型模式。

这一模式实际上已成功运行多年,其发端是深圳华侨城集团。他们率先在"世界之窗""中华民俗文化村"组建了名闻遐迩的特色演艺团队。

(三)以多元融合为依托的复合演艺项目

2004年以来,北京歌舞剧院为再现中国宫廷表演艺术,与故宫博物院、北京华韵国乐文化发展有限公司合作,以联合创建、共同投入、比例分红的方式成立了旅游演艺项目公司,把特色艺术与旅游文化相结合,推出一批高附加值复合型旅游演艺产品,使之前演出活动一直不多的北京歌剧舞剧院民乐团全面进入旅游演出市场。

知识活页　　　汉　秀

2014年12月20日,万达集团携手弗兰克·德贡娱乐集团打造号称"世界第一秀"——汉秀。演出场地是"红灯笼":由现代科技手段,以2132根不锈钢拉索支撑着,以传统的红灯笼的外形呈现。

"汉秀"剧场拥有2000个可移动座席,是世界上第一座采用移动、升降座椅的水秀剧场。升降座椅上下行程近7米,长70米,宽25米座位,将是世界载荷最大、行程最长的移动看台。

"汉秀"萃取汉文化,以现代科技展示出精彩绝伦的演艺。糅合舞台剧、杂技、水上芭蕾、高空跳水等多种表现形式,水幕、高科技机械等的运用,量身定制的可移动座椅……世界顶尖科技与中国深厚的汉文化相结合,弗兰克直言:"汉秀"足以超越拉斯维加斯任何一场秀。

除了弗兰克,"汉秀"还有强大的制作团队:世界顶尖建筑艺术大师马克·菲舍尔设计"红灯笼",叶锦添担任其服装设计师,张艺谋在2014年12月21日也宣布加入"汉秀"制作。

强大的设备支持:

(1)灯光设备。500余套灯光设备,1400个光源,演出灯光系统的线缆总长度达到200千米。

(2) 显示屏。首台可飞行移动的 LED 巨型屏幕,一共有 3 块 LED 显示屏固定在 3 个巨型机械手臂上,"大手臂"可以在 90 秒完成 360 度旋转,在空中随意飞行、拼接、拆分,升降幅度超过 27 米。

(3) 喷泉。230 个喷泉最高可达 16 米,速度高达 7000 升/分钟,水幕宽 38 米、高 22 米。总共 400 个喷头可以喷出各种不同的花样。

(4) 标准水池。舞台水池水深 10 米,相当于 4 层楼高度;容量 1400 万升,相当于 4 个奥运会标准水池的容量,且水温保持恒温在 30 摄氏度左右。

汉文化的诗意与现代科技的设备设施,吸引了不同层次的旅游者观赏者,"汉秀"的门票价格在 380~1800 元之间,为万达集团带来一定程度的经济收益,同时为其塑造良好的市场形象。

但是"汉秀"投资达 25 亿元,这意味着万达集团的演艺成本的收回时间将大幅度拉长。

资料来源:水陆空三维"汉秀"年底揭幕[EB/OL]. http://epaper.bjnews.com.cn/html/2014-11/05/node_193.html.

四、景区演艺外包管理

如果景区所属的行政单位或管理公司既要负责整个景区的日常管理活动,又要进行文艺演出的节目设计和演职人员的管理,往往会引起管理上的混乱和力不从心。在竞争趋于激烈化的产业发展过程中,管理者专注于核心工作的管理,将企业并不擅长且相对而言比较薄弱的细琐工作向外承包管理,不仅能增强公司的核心业务经营能力,同时也能降低管理成本,因而博取了竞争上的优势。景区文艺演出活动的市场化运作——"外包"应时应势而诞生了。

"外包"是在分工整合模式下产生的一种有效的组织模式,其本质是以外加工方式充分利用公司外部最优秀的专业化资源,从而达到降低成本、降低风险、提高效率、增强竞争力的目的。景区的文艺演出活动也可以仿造这种模式,寻求市场上的合作伙伴,商定合作形式,签订合作合同。

文艺演出团体与景区管理公司之间的市场化经营主要有以下三种模式:

(一) 直接隶属

演出团体隶属景区管理公司所有,其经济效益跟景区的收入直接挂钩。这样的经营模式有助于保持景区日常的演出需要,而且演出人员的熟练程度和演出质量都能得到保证。但是随着我国旅游业的日趋成熟,这种简单的直接利益相关关系已经不能满足双方的需要。从文艺演出人员看,这样的结合方式底薪低、收入少,缺乏自由;从文艺的创作上也缺乏动力;而从景区的管理公司看,负责文艺演出人员的日常训练和生活已经成为管理公司一个额外的负担。如果景区本身的效益不好,往往导致成本支出过大,而一旦缩减成本,通常会直接损害演员的经济利益,导致员工的不满,不利于管理。

(二) 项目外包

这是从企业战略管理理论中演化而来的方式。在物流公司及其他许多生产公司中已经

得到了成功运用,但是在景区的文艺演出活动上却很少如此运作。这种方式原本是指将他人能做得更好、更快或成本更低的活动外包出去,企业现在就愿意把非核心的活动,交给更具执行效率的外包厂商处理。而在景区的文艺展演活动上,外包只是把演出活动或展演项目包给不从属于景区管理公司的外界文艺团或是演出单位。景区与演出单位之间签订的是演出合同,这样的方式是对双方都有利的双赢模式,一方面演出单位可以通过签订几家合同,获得比较高的经济收入,激发他们的演出积极性;另一方面景区管理公司也通过这样的途径节约了管理费用和其他相应的费用。

(三)部分外包

这种方式的好处是既能保证景区演出的质量,又能节约一大笔的开支。其他外借演员一般是指当地大专院校的文艺团体,景区管理公司跟他们签订合同,从而以比较低廉的价格租借到一台文艺演出。

选择何种文艺演出的市场运作方式,主要取决于景区文艺活动的性质和频率。从我国经济发展的趋势来看,外包或半外包的方式更能体现经济效益最优原则,而且也能促进景区旅游活动的市场化发展和社会分工职能化。但是从合同管理发展的状况看,现阶段的合同管理还没有达到完善阶段,合同的漏洞很多,双方都要承担一定的风险,因此信用成了关键要素,也就是说在各自管理成本降低的同时,付出了一定的代理成本。目前,国内景区文艺演出的市场化运作不乏成功的例子,例如,杭州宋城集团、深圳世界之窗等主题公园,它们每天都有常规的演出节目,需要参与的演职人员很多,如果采用外包或是外借,则不能维持节目每天的质量水准,因此景区管理公司自己都拥有一支强大的演出阵容,而根据不同时节设计组合的临时性文艺表演,则利用租借方式,用较低的成本呈现出一台精彩纷呈的文艺演出。

本章小结

关于旅游产品的内涵,可从需求与供给两个角度来理解。按照市场营销理论,把景区产品分成核心产品、形式产品和延伸产品三个层次。景区产品具有综合性、无形性、生产消费同步性、时间上不可储存性、空间上不可转移性、销售上重复性、高附加值性等基本特性。

市场性原则、效益统一原则、时间性原则、和谐性原则、特色性原则是景区产品创新的五个基本原则。主题创新、结构创新、功能创新、类型创新、过程创新是景区产品创新的五个基本方法。开发新产品、改进原有产品、优化产品组合是景区产品创新的三个基本途径。

景区产品创新的过程可概括为:分析现状,确定问题;投放市场,评价修正;测试分析,研制试销;收集构思,筛选方案等四个阶段。景区产品创新的管理模式主要有两种:一是传统的功能顺序管理模式;二是现代的以知识为核心的网络化管理模式。

第四章 景区产品创新管理

核心关键词

景区产品　　　　　scenic products
产品生命周期　　　product life cycle
波士顿矩阵　　　　boston matrix
产品创新　　　　　product innovation

思考与练习

1. 什么是景区产品？景区产品由哪几个层次构成？
2. 如何进行景区产品定位？
3. 延长景区产品生命周期的策略是什么？
4. 景区产品具有哪些特性？景区产品创新的现实意义何在？
5. 景区产品创新有哪些途径？
6. 如何将产品创新的管理模式恰当地运用于景区产品的创新过程当中？

案例分析

旅游演艺：运营压力下踽踽前行①

近年来，旅游演艺已成为很多主题景区中的重要发力元素，宋城演艺通过"千古情"系列演出带动了整个主题公园的发展，被业内奉为"运营经典"。

目前，国内像万达集团、华侨城集团、港中旅集团、曲江文旅、宋城演艺、中坤集团等企业都在其主题景区中打造了旅游演艺项目，但每一家又选择了不同的发展路径，其各自的生存状况也不尽相同。

1. 生存状况有喜亦有忧

在主题景区中，宋城演艺在1997年便打造了《宋城千古情》，是进入旅游演艺领域较早的企业。

宋城演艺披露的年报数据显示，《宋城千古情》年演出1300余场，在旅游旺季每天演出可达10场，10余年来已累计演出1.6万余场，接待观众4800余万人次。

2012年以后，宋城演艺开始了全国布局，"主题公园＋旅游演艺"模式的项目先后于2013年9月、2014年3月和2014年5月分别在海南三亚、云南丽江、四川九寨

---

① 李阳.旅游演艺：运营压力下踽踽前行[N].中国文化报，2014-11-29.

沟落地。

自2013年9月25日《三亚千古情》推出后，三亚项目当年共接待游客和观众40万人次，项目盈利800万元左右，扣除非常性损益后估算净利率可达24%。

同样进入较早的华侨城集团，在做深圳锦绣中华项目时便开始打造旅游演出。2012年，华侨城集团曾计划将旗下旅游演艺业务单独上市，其当时做的一份报告显示，华侨城集团拥有专业演职人员2600多名，上演原创节目26台，累计推出各类原创节目57台，累计演出8.3万场次，累计接待观众7600万人次，已发展成为全国演出节目较多、演员数量较多的旅游集团。

在目前的演出中，每天在北京欢乐谷大剧院演出的《金面王朝》是华侨城集团的代表作之一。据北京欢乐谷的副总经理透露，2013年，《金面王朝》共演出522场，接待观众65万人次，2014年因受升级改造工程影响，演出在11月1日进入休演期；2015年共演出450多场，接待观众50余万人次。

由曲江文旅打造的大唐芙蓉园，凭借一台招牌演出《梦回大唐》也赢得了不错的市场反响。据曲江文旅工作人员透露，2013年，《梦回大唐》的接待观众为13万人次，实现收入2000万元，较上一年增长50%。而2009年时收入只有618万元。

自2007年开始便计划打造一台实景演出的中坤集团终于在2012年推出《宏村·阿菊》。从2012年7月31日首演以来，作为后起之秀的《宏村·阿菊》并没有让中坤失望。2014年11月1日，因受天气影响，《宏村·阿菊》进入休演期，这一年度的演出便全面结束。据北京中坤艺术总团团长渠爱玲介绍，《宏村·阿菊》在2014年的观众人数与门票收入均实现了100%的增长，共演出180场，观众人数约为10万人次。

港中旅集团也一直在做演艺产品，2012年，随着青岛海泉湾项目的建成，投入1.2亿元修建的青岛天创大剧院也开始投入使用，每天一场的《梦归琴岛》成为其驻场演出，该演出由天创国际演艺制作交流有限公司（以下简称"天创国际"）打造。该剧执行导演坦言"目前有很大的经营压力"，进入冬季以来，《梦归琴岛》每天主要靠几个旅行社带团过来，每天的观众只有100人左右，但仅演职人员的工资，每年就要支出600多万元，该剧运营以来尚处于亏损状态。

2. 成本控制成为首要问题

很少有旅游演艺能够实现像"千古情"系列那样实现快速盈利，而即便是宋城演艺，也一直在严控投资成本。

深圳华侨城国际传媒演艺有限公司总经理说，一个演出剧场的硬件投入费用一般在2亿元左右，如果连同部分公共配套，投入可达到4亿~8亿元。除了硬件投入，演职人员的费用也是很大成本。

深圳世界之窗旅游有限公司艺术总监在接受媒体采访时曾表示，由75名演员和200名舞台工作人员组成的拉斯维加斯《Ka秀》，每排练一次需要1.5万美元的费用，"这是常人难以承受的运营成本"。

2014年11月1日,伴随着《宏村·阿菊》最后一场演出的完成,张宁(化名)与中坤集团8个月的签约也将结束,收拾好行李,她做好了回学校备考期末考试的准备。这已经是张宁第二年参与《宏村·阿菊》演出,像她一样每年跟中坤集团签订8个月临时合同的演员还有20多个人。

为了控制成本,从2013年以来,《宏村·阿菊》将原来158名演员的阵容减少到128名,而演员的构成也由原来全部为专业演员做了较大调整。

除了像张宁一样来自专业艺术学校及艺术团的20多名签约演员之外,中坤集团在每场演出中使用了27名非专业演员,这些人来自中坤集团在2012年年底选出的60名非专业演员库,她们中既有中坤集团的导游、保洁人员,也有当地的村民,白天结束了主要工作后便参与到演出中做些简单的表演。

虽然中坤集团董事长黄怒波一直强调将《宏村·阿菊》打造成精品,但面对尚在培育期的《宏村·阿菊》,渠爱玲说,这样的设计确实在一定程度上降低了成本,由于演员的充分调度使用,舞台效果并没有受到太大影响。

《梦归琴岛》自上演以来也一直在寻找降低成本的方法。该剧执行导演介绍,《梦归琴岛》的演员从最初的87人调整为现在的64人,其中28名国外演员每年的开支约为200万元,整个演员团队的费用约为600万元。但即便企业如此运营,在市场尚没有成熟的情况下,经营仍面临较大压力。

3. 运营模式各有千秋

在谈到国内不同旅游演艺的运营情况时,深圳华侨城国际传媒演艺有限公司总经理坦言,将旅游演艺看作"主菜"还是"配菜"对演艺的发展至关重要。在目前的主题景区所做的旅游演艺项目中,并没有哪一个企业的董事长能像宋城演艺的董事长一样亲自抓旅游演艺,这是造成发展差距的一个主要原因。

北京欢乐谷在2007年引入《金面王朝》时,更多的是考虑到以此应对北方旅游市场季节因素造成的淡旺季问题。北京欢乐谷总经理谈道,当时如何平抑淡季的亏损局面,一直是旅游景区的心病之一,"华侨城集团一直在通过开拓景区的演艺市场解决这一问题,事实证明效果很好"。

对于《宏村·阿菊》,中坤集团也并没有把追求利益放在第一位,而是希望能够通过演出来提升景区的文化氛围。据了解,自《宏村·阿菊》上演以来,对景区的奇墅湖度假酒店经营起到了带动作用。

每一个主题公园的演艺项目都有各自不同的商业模式。对于宋城演艺来说,其演艺产品是整个产业链的核心环节,借助其在文化演艺行业的丰富经验和独特的竞争优势,宋城演艺已开始延伸文化产业链,布局影视行业等领域。2014年3月26日,经过一年多的建设和筹划,中国演艺谷正式开谷,涉足电视剧领域,以进一步延伸文化产业链。

对于其他企业来讲,旅游演艺则更多是在扮演形象配套的角色。深圳华侨城国际传媒演艺有限公司总经理坦言,他追求的并不是演出场次和观众人数,而是希望在旅游演艺领域探索模式创新。

作为老牌的旅游演出《金面王朝》，2014年投入2500万元进行了升级。此次升级将打造首部"演艺＋博物馆"概念的产品，在北京欢乐谷大剧院的二楼将建造一个概念博物馆，"除了看演出之外，观众能够近距离地看到三星堆展品"。

而港中旅集团旗下的天创国际作为国内旅游演艺走出去较早的企业，也计划着力做大这一业务。港中旅集团总经理助理介绍，2013年，《功夫传奇》和《马可·波罗传奇》这两台节目在全美进行巡回演出，《马可·波罗传奇》在美国8个月演了102场，在拉斯维加斯演了20场。在国内演出成功后便走出去，成为天创国际的发展路径。

4. 成功者背后亦有惨败者

2014年8月，万达集团所做的《海棠·秀》停演，这让旅游演艺行业的投资者在激进过后初尝了市场的残酷。

据媒体调查报道，海南现有的旅游驻场演出中有5家亏损、2家停业或休业，真正盈利的只有4家。数据统计显示，2013年全国旅游演出票房从上一年的30亿元下降到22.6亿元，当年全国范围内停演的旅游驻场演出就有13台之多。

在海口的海胆剧场，被称为"中国第一个以大海为实景，以大海为主题演出"的《印象·海南岛》经历短暂绚丽之后，便是长久的落寞。从2009年4月上演两个月后，出现巨额亏损，1.8亿元的投资也难以收回。靠一台"大制作"的旅游演出来激活海口旅游，改变海南旅游"南重北轻"格局的计划被彻底打破。

深圳华侨城国际传媒演艺有限公司总经理说，一台60分钟的演出，必须让在场的所有观众在演出每进行4～5分钟时情不自禁地说一声"哇……"，如果整场演出能达到10～12次"哇……"，那么就可以说演出是成功的。

在《宏村·阿菊》的演出中，光影和大型机械设备的使用带给了观众很强的视觉冲击，但渠爱玲说，还将对作品做进一步调整，让观众更多地为作品的编导和故事鼓掌。

2014年12月20日，万达集团投资25亿元的大制作演出《汉秀》亮相，也成为业界关注的焦点。万达文化集团副总裁唐军说，希望观众通过90分钟的观看后，感觉自己在演一出戏，在做一个梦。

深圳华侨城国际传媒演艺有限公司总经理认为，高科技和演员团队的大投入对未来的运营有较高要求，"后台人员的每一个操作环节都必须严丝合缝，否则会出大问题"。《梁山伯与祝英台》仅靠一把小提琴就可以感动全场，所以说，不一定非要用大手笔的投入，如果能够以小搏大，同样可以做出好作品。

思考题：

1. 观光型景区该如何实现旅游产品的升级换代？
2. 如何通过提高游客参与性来进行景区产品的创新？

第五章

景区组织结构管理

学习引导

"无规矩不成方圆",国内外著名旅游景区日常运营与管理都具有独特的方式,确保了景区安全、有序、平稳发展,实现名利双收。景区要实现良好的经济、社会、文化、生态效益,到底需要建立一个什么样高效组织与架构?建立后如何良性运转?本章将进行总结性的阐述。

学习重点

通过本章学习,重点掌握以下知识要点:
1. 景区组织的建立原则;
2. 景区组织的基本形式;
3. 景区组织的管理模式;
4. 景区组织的机构设置;
5. 景区组织的运行与管理制度;
6. 景区组织的岗位培训与绩效考核方法。

第一节 景区组织的建立原则与基本形式

景区组织是指为了保障景区经营目标的实现而建立的具有正式结构的社会实体。它可以是营利性组织，也可以是非营利性组织。

从组织的静态结构（organizational structure）来看，景区组织是一个由人、物资、设备和工作等所形成的系统，是景区经营活动有效运行的基础和前提。景区静态组织结构，一般包括人员、工作、职权、关系和信息五个方面的要素。

从组织的动态行为（organizational behavior）来看，景区组织是一种运用、整合各种资源和要素达到景区目标的活动。景区组织的动态行为主要包括明确的目的、合理的授权、全员的参与、适时的反馈和自我的完善五个方面的要素。

一、景区组织构建的基本原则

（一）目标有效原则

设置组织机构的根本目标，是为了使组织管理科学化和高效化。因此，景区组织形式的选择、职能部门的设立、岗位权责的界定都必须有利于景区经营目标的实现，有利于景区适应环境的变化，有利于景区管理水平的提高。

（二）职权对等原则

职责和权利是组织管理中的两个基本要素。权与责的对立统一，构成了任何一个岗位工作都必备的前提条件。有权无责，会导致滥用职权；有责无权，则无法把工作做好，也缺乏内在的动力。因此，只有职权对等才能确立景区管理中的责任感和权威性，从而保证景区的有效运转。

（三）统一指挥原则

统一指挥的原则要求在景区组织设计中必须在上下级之间形成一条连续不断的等级链，任何上级都不允许超越下属的职责权限对更低一级进行直接指挥；同样，任何一个下级都只对直属上级负责，接受上级的指令和安排。只有这样，才能避免因越级指挥或多头指挥带来的无人负责或管理混乱的局面，保证景区各类目标和任务都能够有效的贯彻和执行。

（四）分工协作原则

景区满足旅游者多样化需求的功能特征决定了景区是一个多部门、多层级的组织体系。要保证旅游者流畅的旅游体验，就要求景区在组织设计和运行中，遵循合理分工和密切协作的原则。在贯彻该原则时，应注意组织机构的设置要精干、高效、节约；因事设职，因职选人。

（五）管理幅度原则

管理幅度是指组织的上级领导能直接有效地领导或指挥下属人员的数量。现代管理理论认为，随着管理下属人数的增加，要处理和协调的关系也呈几何级数增加，从而管理的复杂性和难度也相应增加。因此，在景区组织的设计中，就要根据各项工作的性质和难度，管理人员的能力和精力,下属人员的素质和干劲以及管理层的工作量、工作条件决定合理的管理幅度。经验数据表明,不同管理层次上最佳的管理幅度分别为:上层3～5人、中层5～10人、基层10～15人。

（六）动态适应原则

景区处在一个不断变化发展的环境之中。随着目标市场、技术水平、产业环境的变迁,景区的规模大小、产权结构和发展战略也会相应地发生变化。要求景区组织要适应外部环境的要求和满足内部成长的需求,做出相应的调整或变革。

二、景区组织结构的基本形式

组织结构是表明组织各部分排列顺序、空间位置、聚散状态、联系方式以及各要素之间相互关系的一种模式。判断景区组织结构有效性的基准在于两点:一是该组织结构是否得到景区管理人员的认同,取得了上下层的共识;二是该组织结构能否取得卓越的绩效。组织结构是动态结构,没有最好的结构,只有最适宜的结构。随着景区的发展及所处环境的变化,组织结构也要随之发生变化。一般来说,景区的组织结构形式,主要有以下几种基本类型:

1. 直线型组织结构

直线制组织结构又称军队式组织结构,是最早使用、也是最为简单的一种组织结构类型。该组织结构的特点有:每个管理人员对其直接下属拥有直接职权;每位员工只向一位直接上级报告;管理人员在其管辖范围内,有完全的职权。

直线制组织结构的优点有:结构简单,指挥统一,责任明确,层次分明,信息沟通迅速,工作效率高。其缺点有:在组织规模较大、业务比较复杂的情况下,所有管理职能仍集中在一个人身上,管理者可能在时间、精力和专业知识上都难于应付;当这位"全能型"管理者离职时,可能因为难以找到替代者而造成组织管理的混乱;此外,可能造成部门间协调性较差。因此,直线制组织结构适合于组织分工不发达的小型景区或开发初期的景区。

2. 职能型组织结构

职能型组织结构是按专业分工设置相应的职能机构,这些职能机构,在各自的业务范围内,有权向下级下达命令。

职能型组织结构的优点是能适应现代生产技术比较复杂、管理分工较细的特点,职能部门直接行使指挥权,大大缩短了管理程序,能提高管理效率;缺陷是多头领导,不利于集中领导、统一指挥,责任不明。而且多个职能部门同时去指挥同一个下级单位,难免出现相互矛盾,甚至对立,容易造成管理混乱。

3. 直线-职能制

直线-职能制组织结构是将直线统一化原理和职能分工专业化原理有机结合起来的组织形式。目前,我国多数景区采用这一组织形式。该组织结构有两个显著特点,一是将景区的管理人员分为两类:一类是直线指挥人员,拥有对下级指挥和命令的权力,并对主管工作全面负责;另一类是参谋人员,对业务部门实行指导、控制的权力,但无权对下级发布命令进行指挥。二是将景区所有的部门分为两类:一类是业务部门,此类部门可以独立存在,有

自身特定的业务内容,按直线制进行组织管理,如景区的接待部、商品部、娱乐部等;另一类是职能部门,此类部门不能独立存在,它为业务部门服务,按分工和专业化的原则执行某一职能,如景区的人力资源部、财务部、安全部、行政部等。

直线-职能制组织结构的优点有:各级直线管理人员都有相应的职能机构和人员作为参谋和助手,因而能对本部门进行有效管理;每个业务部门都有直线人员统一指挥,符合了现代组织活动需要统一指挥和实行严格责任制的要求,因此,该组织结构比较适合大中型景区。其缺点有:业务部门和职能部门易产生矛盾,使上层管理人员的协调工作量大;难以从组织内部培养熟悉全面情况的管理人员;整个组织的适应性较差,反应不灵敏。

4. 事业部制

事业部制组织结构又称分权结构,它是 20 世纪 20 年代初斯隆担任美国通用汽车公司副总裁时设计出来的,故又被称为"斯隆模型"。其基本特点有:按产品大类或地区设立事业部;各事业部在公司统一领导下实行独立核算,自负盈亏;各事业部统一管理所属产品或地区的业务活动,是有相当自主权的"自治单位"。事业部制组织结构是一种适用于大型景区和集团化经营的连锁景区的组织形式。

事业部制组织结构实行"集中政策、分散经营"的原则。最高管理层主要负责研究和制定各项政策,制定总目标和长远计划,并对事业部的经营、人事、财务实行监督,但不负责事业部日常的经营活动;各事业部在既定的政策、目标、计划的控制和指导下从事业务活动,并根据需要建立自己的职能部门。其优点是:有利于发挥各事业部的积极性和主动性;有利于最高管理层摆脱日常事务,集中精力于重大问题的研究;有利于将联合化和专业化结合起来。其缺点是:不利于事业部之间的横向联系,容易产生本位主义,影响各部门之间的合作,忽视整体的长远利益;容易造成机构重叠,管理人员增多,经营管理费用增高。

5. 矩阵型组织结构

矩阵型组织结构是从专门从事某项工作的工作小组形式发展而来的。工作小组一般由不同专长、不同部门的人员组成,通常人数不多,大家为了某个特定任务而集合在一起,任务完成后,小组解散。

矩阵型组织结构优点有:加强了职能部门之间的信息交流和配合,具有很强的机动灵活性,人员可随项目的开始进行组织,随着项目的结束而解散,它大大提高了人员的利用率。其缺点有:由于矩阵型结构实行横向和纵向的双重指挥,即项目负责人和职能部门都有对该项目的指挥权。所以易造成工作扯皮,彼此间产生矛盾。它还有一个很大缺陷,就是项目参加者都是临时性的,项目结束后,各自返回原部门,导致工作情绪不稳定。严格地说,它是二维矩阵结构。

三、景区经营组织管理新模式

根据不同的经营运作对象,景区的经营组织模式可以分为三大类型:

1. 以产品为中心的经营组织

在这种组织结构里,管理人员把景区当作一种产品来对待,他们的行为方式是由该产品的个性决定的,并对该产品的正常"生产"(接待旅游者)负责。随着时间的推移,这种组织内部逐步建立了分工明确的等级制度(见图5-1)。该组织结构模式具有许多的优点,最主要的优点就是责任明确和很容易获得产品的有关信息。该组织结构训练出来的部门经理,既有与内部其他部门协同工作的能力,又有接待旅游者的沟通技巧。但是,这种组织结构也有不足之处:由于把注意力局限在产品上,容易忽略旅游者的需求问题;它还有可能成为一个高度集权的结构,使得部门经理在某种意义上离开了"实际制定决策的地方"。

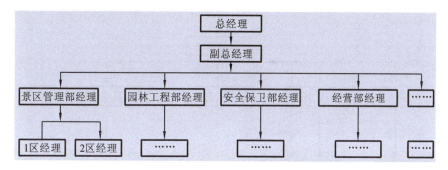

图5-1 以产品为中心的景区组织示意图

资料来源:董观志.旅游主题公园管理原理与实务[M].广州:广东旅游出版社,2000:261.

2. 以市场为中心的经营组织

在这种组织结构里,管理人员把景区作为一种满足旅游者多样化需求的旅游形态来对待,他们的行为方式是由旅游者多样化的休闲娱乐需求选择决定的。划分细分市场的依据包括产业、渠道、区位、旅游者选择方向和比重、旅游者构成与消费结构等(见图5-2)。这种以市场为中心的组织结构有一个最大的优点,就是它能把注意力集中到旅游者的需求上来,像重视资产一样重视旅游者。这就使得景区管理人员可以更加关注旅游者休闲娱乐需求的变化,并在必要的时候改进或者创新景区的个性和特色,不断增强商业感召力。但这种结构也有缺陷,其中之一就是它有可能和融入其中的产品管理系统发生冲突,尤其是对于从建设期过渡到正常经营阶段的景区,这种冲突就会更加显著;当然,产品管理的技巧、工作流程和行动,对于以市场为中心的组织结构具有同样重要的意义。

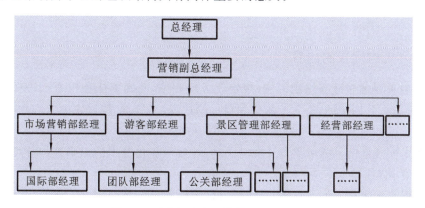

图5-2 以市场为中心的景区组织示意图

资料来源:董观志.旅游主题公园管理原理与实务[M].广州:广东旅游出版社,2000:262.

3. 以职能为中心的经营组织

以职能为中心来架构组织是景区广泛采用的一种方法。这种方法根据分工专业化的原则,以工作或任务的性质为基础将组织分为基本的职能部门和派生的职能部门。基本的职能部门处于组织机构的首要一级,但是当基本职能部门的管理人员感到其管理宽度太大,不能保证有效的管理时,就需要建立派生的职能部门(见图5-3)。

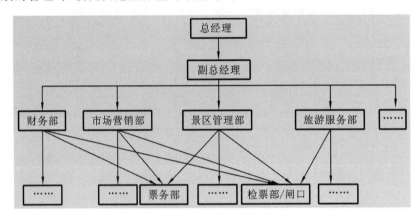

图5-3 以职能为中心的景区组织示意图

资料来源:董观志.旅游主题公园管理原理与实务[M].广州:广东旅游出版社,2000:264.

以职能为中心架构组织的优点在于,它遵循了分工与专业化原则,因而有利于充分发挥专业职能,使管理人员的注意力集中在景区的基本任务上,有利于组织目标的实现;同时它简化了训练工作,为上层管理人员提供了进行严格控制的手段。但它的缺陷也比较明显,即这种结构形式妨碍了组织必要的集中领导和统一指挥,形成了多头领导,对基层来讲是"上面千条线,下面一根针",无所适从。因此,该结构形式不利于明确划分职能部门的职责权限,容易造成管理的混乱。

第二节 景区组织的机构设置与职权分配

一、景区机构设置的内容

机构设置就是通过建立组织结构,规定职务或职位,明确责任和权力,以使组织中的成员互相协作配合、共同劳动,有效实施组织目标的过程。景区机构设置的工作内容包括以下四个方面:

(1)确定实现景区目标所需要开展的活动,并按专业化分工的原则进行分类,按类别设立相应的工作岗位。

(2)根据景区所处的外部环境、景区的目标需要和自身特征划分工作部门,设计组织机构和结构。

(3)规定景区组织结构中的各种职务或职位,明确各自的责任,并授予相应的权力。

（4）制定规章制度，建立健全景区组织结构中上下、左右、前后各方面的相互关系。

二、景区组织的机构设置

现代景区组织的机构设置，是根据景区的功能和为旅游者提供的各种景区产品和服务来设置的。不同的景区，因为资源特征、规模大小、经营性质、管理内容不尽相同，所以在机构设置上具有不同的模式。下面分别介绍主题公园和风景名胜区机构设置的一般模式。

（一）主题公园的机构设置

主题公园机构设置的一般模式如图 5-4 所示，下面对部分功能组织部门及其职责作简要介绍。

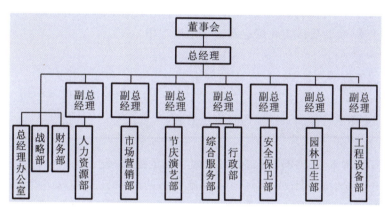

图 5-4 主题公园的组织机构框架

1. 总经理办公室

总经理办公室协助总经理处理日常工作；组织实施董事会决议；协调各部门的工作关系；负责景区规章、综合性文件的起草；负责景区内外联络、协调；负责文秘、信息、保密、文书档案、会议组织等工作；负责安排 VIP 客人的接待服务工作及总经理交办的其他工作。

2. 战略部

战略部负责制定景区的战略规划流程及中长期发展战略；主持制订景区的年度经营计划及协助有关部门制订战略规划和年度经营计划；把握国家宏观经济政策，进行景区及相关产业的信息收集和研究，分析和评估宏观经济和行业发展对景区造成的影响，发现主要发展机会与风险；分析景区的经营现状以及在行业内的地位，对已进入和将要进入的区域细分市场做出市场状况分析；收集国内外同行业先进企业资料，总结先进经营理念、管理体制、管理方法，提高内部管理水平，为公司提高核心竞争力、加快技术创新提供建设性意见；根据战略规划的要求，组织和策划与国内外合作者的战略合作；管理和维护公司的技术专利、知识产权等无形资产，对景区品牌进行统一协调管理。

3. 行政部和综合服务部

行政部和综合服务部负责景区日常工作的综合协调；负责文秘、信息、信访、调研、督查、档案、办公自动化等工作；负责接待服务、行政后勤及有关会议会务工作；负责党委工作、纪检监察工作、工青妇工作及精神文明建设工作。

4. 市场营销部

市场营销部制定景区旅游客源市场开发规划并组织实施;组织景区旅游整体形象宣传;编辑制作旅游宣传品;组织旅游促销活动,参与所在地市或相关景区的联合促销;组织重点旅游产品的开发和推广;负责与各级新闻单位的联络及对外宣传工作;负责重大旅游活动及新闻发布工作。

5. 节庆演艺部

节庆演艺部负责景区年度节庆活动的总体计划和安排;负责具体节庆活动策划、实施及效果评估;负责景区演艺的策划和组织等。

6. 园林卫生部

园林卫生部负责景区园林景观的规划、设计,并负责组织实施;负责园林、苗圃的经营管理和技术管理工作;负责景区美化绿化和清洁卫生工作。

7. 安全保卫部

安全保卫部负责旅游者、员工、景区的安全保卫工作。具体工作内容包括:景区人身安全管理、景区VIP客人接待安全管理、景区消防安全管理、景区设施安全管理、景区停车场安全管理、景区治安环境管理和景区节假日安全管理。

8. 工程设备部

工程设备部负责景区工程建设、维护、维修项目的组织、设计、协调和实施;制订景区年度旅游工程设施建设、维修计划;负责景区设施设备的决策与选购、安装与调试、维护与保养、维修与更新。

(二)风景名胜区的机构设置[①]

我国风景名胜区的管理机构有政府型、管委会型和管理局型。风景名胜区管理机构若是一级政府,则其内部部门的设置基本上类似于地方政府的内部机构;若是无实权的管委会,则属于协调结构,无具体管理业务,一般设置办公室、规划科和管理科;若设置为管理局,则是风景名胜区的管理实体,设置部门较多,一般分为局机关、事业和企业三大系统(见图5-5)。下面对局机关和事业系统的部分部门及其职责作简要介绍。

1. 行政部门及其职责

风景名胜区设置的管理机构是代表一级政府管理风景名胜区的权威机关,在风景名胜区范围内行使政府授予的行政管理职能,依法对风景名胜区实行统一规划和管理,并根据国务院颁布的《风景名胜区条例》和上级批准的规划,对风景名胜区资源保护、开发建设和经营活动进行统一管理。着重做好统筹规划、政策把握、信息引导、组织协调、服务保障、检查督促和监督执法等工作。风景名胜区管理机构行政管理工作的具体运作,是由它下设的各个部门按各自的业务范围,各司其政,各负其责来具体执行操作的。其中:

1)规划土地部门

规划土地部门,受政府委托,由政府规划局和国土资源局授权,对风景名胜区的规划和土地进行统一管理,凡涉及在风景区用地和规划的事,一律由规划土地部门负责审批,以避

---

① 马永立,谈俊忠.风景名胜区管理学[M].北京:中国旅游出版社,2003:140.

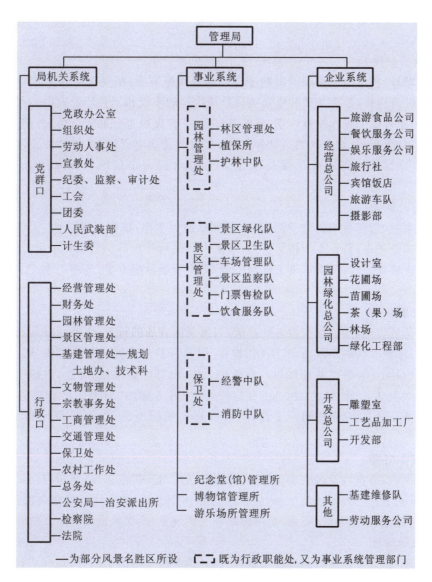

图 5-5 风景名胜区内部组织机构系统

免建出与风景区不协调、破坏生态、污染环境的一些不该建造的遗憾工程;规划土地部门通过受理单位和个人建房或建筑物报告,审核用地凭证,检查立项报告、上级批文、管理机构批文等资料,执行管理任务;巡查批准项目的建设施工情况,监督按图纸施工;发现违章用地和建设现象,作调查记录,由管理机构监察大队下达行政处罚决定书,予以拆除或罚款,对拒不执行者,由法院仲裁。

2) 文物管理处

文物管理处,负责贯彻执行国家《文物保护法》,制定文物保护规划,负责文物维修,实施定人、定岗、定职的目标管理;加强文物档案资料科学管理,实施监测维修,保证其长期存在;协同有关单位和部门,整顿风景区文化市场;加强对文史馆的管理,建立健全举报及奖惩制

度,依法查处破坏文物的行为;制定文物开发利用方案,以增加新景点,丰富景区内容,使之为旅游服务。

3) 经营管理处

经营管理处,负责组织编制中短期综合计划及实施方案,拟制全区年生产综合计划,平衡各项技术经济指标;负责基建和维修项目及预决算的审批和工程质量;草拟对内对外经济承包方案,确定外委工程和投资计划,对外签订合同,督促检查合同履行情况;编制全区统计报表,进行统计分析;负责全区的劳动保护、安全生产及固定资产、机械设备、安全设施的管理工作;办理全区伤亡的审批手续及存查工作;做好经营单位风景资源有偿使用费征收工作。

4) 劳动人事处

劳动人事处,负责员工的劳动调配、考勤和离退休工作;审批员工休假、工资晋级、安全保险和医务鉴定工作;负责人事档案管理、全区人员编制及新员工的招聘录用、岗前教育、培训考核和转正定级工作;负责审批工资和奖金,提出资金分配方案;处理人事、工资等方面的来信来访。

5) 宗教事务处

宗教事务处,负责按国家宗教方针政策,对风景区寺庙的行政、宗教活动实行统一领导,保护合法的、限制非法的宗教活动,团结、教育、引导宗教人士拥护政府的领导,走社会主义道路;负责宗教职业者进出的管理和人事任免工作;做好寺庙维修、翻建、重建的申报工作;负责寺庙护林防火、文物保护、处理违章建设等;搞好寺庙的"自养",做到以寺养寺;做好国内外宗教界人士的接待及朝山工作;负责寺庙内拍摄电影、电视等录音和录像的审批工作。

6) 治安派出所

治安派出所,负责风景区治安,抓重点要害部位的治安防范工作,坚持打防结合,确保游人安全;在重大节日和大型活动中,防止发生意外伤亡事故;负责风景区里各类案件的侦破工作;抓物业管理,杜绝赌博、吸毒、卖淫嫖娼等丑恶现象,确保风景区秩序井然。

7) 工商管理处

工商管理处,负责控制商品进货渠道,将假冒伪劣商品拒绝于门外;加强质检,防止自产不合格产品上市;加强对商品价格的管理,防止欺客宰客现象发生;与餐饮、食品加工厂和销售点签订商品卫生达标责任书,实行商品卫生制度化管理;组织学习文明服务规范用语,开展文明服务竞赛活动,提高全体员工文明服务意识。

8) 交通管理处

交通管理处,负责编制车辆修理计划、产品配件购置计划、油料消耗定额和材料消耗定额;负责全区车辆修理和保养保洁工作;负责加油站安全防火工作;负责全区机动车辆安全、技术培训和年审季检工作;负责对司机的安全教育。

9) 技术科

技术科,负责管护风景资源,设置古树名木及景点说明牌、标牌、路标及线路图;组织编制与实施风景区总体规划、小区详细规划;负责林业技术指导、办理林木砍伐审批手续、对林业员工进行技术培训;收集技术情报,管好资料档案,做好森林病虫害预防工作及工程质量;

制定建筑和庙宇维修的计划,组织工程设施检查、监督、验收。

2. 事业部门及其职责

1) 园林管理处

园林管理处,是风景区园林业务主管部门,负责风景林及景区绿化、美化工作;负责风景林病虫害防治和预测、预报工作;负责林区的防火工作;审核批复树木砍伐报告,执行砍伐任务,查处擅伐、偷伐树木和私自采集山参等林产品的行为。园林管理处下设林区管理所、植保所、护林中队和后勤办公室,配备有管理、工程技术和常年季节性用工人员执行具体的任务。

2) 景区管理处

景区管理处,是直接为旅游服务的部门,负责景点的绿化、环境卫生、门票出售与检验、游览设施管理以及广告、摊位、停车场等有关景容的监察工作。景区管理处下设绿化队、卫生队、门票售检队、景区监察队、停车场管理队、花房队和垃圾清运队等。

3) 保卫处

保卫处,是风景区治安保卫的业务主管部门,负责风景区里的各项保卫工作和护林防火工作;配合公安机关依法逮捕和拘留犯罪分子;负责检查、指导基层的治安保卫工作,审查要害部位的工作人员;抓好预防和处理治安灾害事故的工作;负责风景区内的防火,做好消防器材、通信设备的购置分配工作;组织并领导义务消防队,开展消防宣传工作。保卫处下设经警中队和消防中队两个部门。

三、景区组织的职权分配

现代景区组织的职权分配,是指对景区经营活动中权力与责任的划分,并以制度的形式做出规定。其包括对各种权力的界定、相应机构责、权、利的划分及相互关系的协调,是关系到景区能否有效进行经营活动的重大问题。

现代景区的管理权可大致划分为决策权、指挥权和监督权三个方面。决策权,是指对景区的经营发展目标、经营发展战略及经营方针等重大问题的决策权,其直接关系到景区的生存和发展,因而主要由董事会掌握。指挥权,是指对景区日常经营活动的行政领导权,其关系到景区如何最有效地配置资源、提供优质的服务,因而其权力属于景区的行政领导部门,即总经理层。监督权,是指从景区出资者的利益出发,对景区经营活动进行全面监督,并保证出资者的利益不受损害的权力,其主要由景区的监事会掌握。

第三节　景区组织的运行机制与管理制度

现代景区的管理体制,是指对景区的组织体制、领导体制和各种管理制度的构成或职责权限做出划分与确定,是景区组织管理有效进行的前提和保证。景区管理体制的合理性,既是景区自身生存和发展的客观需要,也是由社会政治、经济制度的性质决定的,并随着景区经营环境的变化不断做出调整和改善。

一、景区行政管理体制

图 5-6 景区行政组织结构的基本模型式

景区行政管理体制是对纵向组织体系的管理。一般情况下,需建立自上而下的四级组织层次,并落实各层组织的业务范围、经营管理职责和权力,从而保证景区各项经营活动的顺利进行。四级行政管理体制主要包括总经理层、部门经理层、主管领班层和操作员工层,从而形成一种梯形的行政组织结构(见图 5-6)。

1. 总经理层

总经理层,是景区行政管理的最高领导层和日常经营决策者,一般由总经理及其助手组成。它立足于景区全局,着眼于景区的持续成长,对景区的生存和发展负总责。其主要职责有:制定景区的经营方针,确定景区发展的战略目标和经营计划;对景区的日常经营、管理等问题做出决策;组织和领导景区全体员工,向游客提供周到、满意的服务,并致力于不断提高服务质量;培养和造就一批高素质、高水平的员工队伍;制定企业的管理制度,协调内部各子系统之间的关系;协调景区与当地社区、主管部门等利益相关者的关系。

2. 部门经理层

部门经理层,是景区管理的中坚力量,由各职能部门的经理组成。它承担各专业领域的管理职责,以专家的视角,协助总经理层做出决策。其主要职责,就是由部门经理根据景区的总体目标和计划,结合本部门的业务实际,确定本部门的经营目标和计划;制定具体的操作规程和标准;组织本部门员工及时地提供各种优质服务,并致力于不断提高本部门的服务质量和水平;向总经理层汇报本部门的运行情况,协助总经理层做出决策。

3. 主管领班层

主管领班层,是景区的基层管理人员,也是景区各项经营管理活动的具体组织者和实施者。其所从事的基础管理,是景区专业管理和综合管理得以发挥效用的奠基性工作。主管领班层的主要职责有:根据所属部门的经营目标和计划要求,组织下属员工开展各项业务活动;对所辖岗位的工作流程进行现场管理和质量监督。

4. 操作员工层

操作员工层,由景区向旅游者提供各类服务的一线员工组成。他们的个人素质、业务技能和服务技巧直接影响到景区的服务质量、对外形象和经济效益。一般来说,操作员工层的主要职责有:明确所在岗位工作的范围,了解与自己的工作相衔接的业务内容;掌握所在岗位的服务标准、程序和要求;服从景区的整体利益,为游客提供规范、优质的服务。

二、景区管理制度

景区管理制度是为了贯彻经营目标,加强内部管理,提高工作效率和服务质量,而制定的在景区内部执行的规章和制度。景区的管理制度用文字的形式,对景区的各项管理工作和对客服务活动做出的规定,是加强景区经营管理的基础,是全体员工的行为准则和进行有效经营活动的运作规范。

景区管理制度包括领导制度、职能制度、岗位制度、经济责任制度和管理程序制度等五个方面。领导制度,是指确定所有者、经营管理者、基层劳动者在景区中各自的地位、职责、权限以及相互关系的一种制度。职能制度,是指为了保证景区经营活动的正常进行,实现景区各项专业管理职能而制定的各种工作规范。岗位制度,是规定景区各岗位工作内容、服务程序、服务标准及职责权限的制度。经济责任制,是指通过有效的利益激励和奖惩制度实现景区内部管理的一种制度,是有效调动部门和员工积极性的一种科学管理方法。管理程序制度,是指对景区各项工作的先后次序进行规定和规范的制度,是提高工作效率的一种管理方式。图 5-7 概括性地反映了景区管理制度的基本内容。

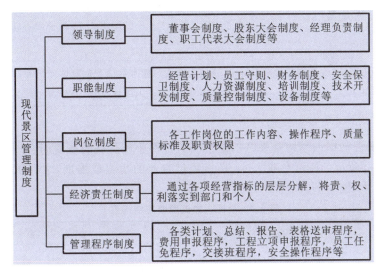

图 5-7　现代景区管理制度分类

第四节　人力资源的岗位培训与绩效考核

一、景区人力资源的概述

人力资源是一个国家或地区范围内的人口总体所具有的劳动能力的总和,是包含在人体内的,体现在劳动者身上的,并以劳动者数量和质量表示的资源或资本,其总量表现为人口资源的平均数量和平均质量的乘积。人力资源是景区发展中最活跃的能动要素,是景区增长中最重要的经济资源之一。各个景区等级、范围、特色各不相同,对人才的需求大同小异,基本表现在需求量大、素质要求高、层次丰富、季节性强等特点。

二、景区人力资源的结构

景区是一个人力资源高密度的企业,结构较为复杂,我们可以从纵向和横向两个方面对其进行深入的认识和理解。

1. 景区人力资源的纵向结构

景区人力资源的纵向结构，如表 5-1 所示。

表 5-1　景区人力资源纵向结构表

层　　次	组 成 人 员	素 质 要 求
决策层	由投资者或资产所有权人组成	这一层次的管理者要求具有较强的综合管理能力；要善于用人、善于协调各种相关关系；要有全局眼光，能根据各方面的信息，做出战略性决策；要树立旅游可持续发展的观念，引导景区长期稳定地发展
管理层	景区各部门经营管理人员	这一层次的管理者不仅要求有管理才能，还必须掌握相应的专业知识，成为工作中的带头人；要善于调动员工的积极性，指导员工工作
作业层	直接为旅游者提供接待服务的员工	这一层次的人员应掌握岗位的具体知识和技能，具备岗位的素质要求，能够最大限度地发挥其积极性和主观能动性

2. 景区人力资源的横向结构

景区人力资源的横向结构是景区根据景区内各种业务开展的需要而合理配备的各种专业人才，如表 5-2 所示。所谓专业人才，是指经过专业的学习或培训，掌握该专业应该具有的具体知识、技术、能力的人员。

表 5-2　景区人力资源横向结构表

分　　类	组 成 人 员	素 质 要 求
经营管理人员	高级职业经理人（CEO），财务会计人员，规划设计人员，技术工程师	不仅要具有主要业务的专业知识，还要具有其岗位所需的管理知识和能力以及管理者气质
专业技术人员	高级技工，技工，导游员，厨师，演员	要取得国家承认的专业技术证书（职务证书），具有岗位需要的专业技能和专业知识
行政管理人员	职能部门文员，业务部门文员	具有良好的组织与沟通能力，具备专业的编写技能
接待服务人员	售票员，迎宾员，仓管员，营业员，景点管理员，服务员，厨房帮工，辅助技工，船务员	接受过基本业务培训，能够保质保量地完成上层下达的命令，坚决服从上级的安排
后勤保障人员	业务员，助理导游员，保安员，核算员，救生员	拥有同等专业水平，辅助游客或其他员工，保证工作的顺利进行
特种辅助人员	车场管理员，门卫，杂工	具备工作热情和基本的员工素质

三、景区人力资源的素质

景区人力资源素质的高低直接影响景区服务质量的好坏，关系到景区的形象塑造。由于岗位的要求不同,景区人力资源除了要有基本的素质外,还要根据各自岗位的不同具备不同的专业素质。

(一)景区人力资源基本素质

景区人力资源的基本素质也就是景区人力资源的职业道德素质,是景区从业人员在进行旅游职业活动时应该遵守的最根本的行为准则,它主导着旅游职业道德的一切规范,是衡量旅游工作者的最高道德准则。其内容如表5-3所示。

表5-3 景区人力资源基本素质

组织观念	任何一个人力资源都是存在于一个组织之中的,而景区作业的实现是靠组织成员按照规定要求共同实现的,因此任何一个个体都必须服从组织的安排、遵守规章制度和员工守则,形成严于职守的工作作风和自觉的服从意识
团队精神	景区中的工作是一种综合性的服务,服务质量取决于各个部门、各个人员之间的有效配合,一个环节解决不好,就可能导致整个服务形象的损毁,所以景区人力资源要有强烈的团队精神和合作意识
服务意识	景区中的工作是一种综合性的服务,服务质量取决于各个部门、各个人员之间的有效配合,一个环节解决不好,就可能导致整个服务形象的损毁,所以景区人力资源要有强烈的团队精神和合作意识
全局思想	全局思想要求景区工作人员在职业活动中反对个人主义、自由主义、本位主义、小团体主义和宗派主义等。要处理好局部利益和整体利益、眼前利益和长远利益的关系,发扬集体主义精神,并自觉抵制拜金主义、利己主义等腐朽思想

(二)景区人力资源专业素质

景区人力资源专业素质包括业务素质、文化素质、语言素质、服务技能和管理技能等。根据景区人员具体岗位的不同对其所具备的专业素质要求有差异,一般从基层员工到高层管理者,其专业素质要求也会越来越高。

四、景区人力资源的培训

景区人力资源开发与培训是景区充分利用人力资源的本身体质、智力、特定的才干,对其进行专项、特定的专业培训,使人力资源能够掌握专业的服务知识和业务技能,为景区创造更好的效益,同时为社会创造更多的财富。具体来说,景区人力资源的开发与培训主要包括工作定性、岗位定量、员工招聘和员工培训。

(一)工作定性

工作定性就是通过资料收集,运用科学方法对景区的各项工作所需技能、责任和知识进行分析,最终以职位说明书的形式展示分析结果,以确定某一岗位的工作任务和性质,以及哪些类型的人适合从事某类工作。工作定性包括四个阶段:准备阶段、调查阶段、分析阶段和实践阶段。

（二）岗位定量

景区的旅游者流量、景区娱乐项目等变动因素决定了景区某一工作岗位员工数量的不确定性。为了寻求动态平衡，既保证景区的正常经营管理活动，又节约人力资源成本，提高生产率，就必须做好人力资源的预测工作，以及确定人员补充的计划方案、实施教育方案。

（三）员工招聘

景区招聘员工的基本目的就是以最小的代价去获得能满足企业需要的合格员工。招聘工作的成功与否的关键在于两个方面：一是招聘管理工作是否有序，二是招聘程序是否合理有效。

（四）员工培训

景区的员工培训是景区具有前瞻性的战略决策，为了使员工能在自己现在或未来工作岗位上的工作表现达到景区的要求。根据培训对象的不同、需求的差异、岗位的差别，员工培训的侧重点也有所不同。按照培训对象的不同，员工培训的内容可分为：新员工培训内容、在职员工培训内容、管理人员培训内容。管理人员的培训方式是多样的，常见的有：在职开发、替补训练、短期学习、轮流任职、基层主观开发、决策训练、角色扮演、敏感性训练等等。

五、景区人力资源的考核

（一）景区人力资源的激励机制

景区人力资源在经开发和培训后只是具备了上岗的工作条件，要使其在工作中保持热情和斗志，充分发挥潜能还要通过激励机制和报酬制度来实现。

1. 激励机制

激励机制主要采用物质激励与精神激励两种方式，物质激励的方式有工资、奖金、福利、分红、持有公司股份等；精神激励包括领导夸奖、关怀、信任、尊重等。需要指出的是，根据马斯洛的需求层次理论，个人的需求是多方面的，在不同时期的侧重点也有所不同，同时，需求是一种个人感受，不同的人对同一种激励体验的价值不同，同一个人在不同时期对同一激励体验的价值也不同。因此，景区在设计激励方式时，要根据个人的不同需求，采取内容丰富、富有弹性的激励机制，以最大限度地接近员工的"急需"，充分调动他们的工作积极性，提高工作效率。

2. 薪酬制度

薪酬是景区对员工所付出的劳动的一种肯定，是景区支付给员工的各种财务报酬。现代薪酬既包括货币工资，也包括一些间接性的经济报酬，如保险、补贴、带薪休假等，同时还包括非经济性报偿，如员工对工作及工作环境的认同感及满足感。景区薪酬制度是景区通过与员工互动、了解员工需要来建立一套完整、系统、高效、科学的薪酬制度体系，以达到吸引员工、留住员工、激励员工，进而提高景区经济效益和市场竞争力的目的。在制定薪酬制度时应遵循合法性、公平性、竞争性、适应需求、激励性、个性化等原则。

（二）景区人力资源的考核与评估

对人力资源进行考核和评估的目的是为了提高个体绩效，进而达到提高组织绩效，实现组织总体目标的目的。它是考核、评估某位员工在工作岗位上工作表现和工作效果方面的信息的过程。景区人力资源的考核和评估是衡量员工对景区贡献大小的一种工具,它对薪酬确定、人员晋升、人员培训、人员激励有着重要意义。景区人力资源考核与评估需要有一个连贯统一的操作流程,如图5-8所示。

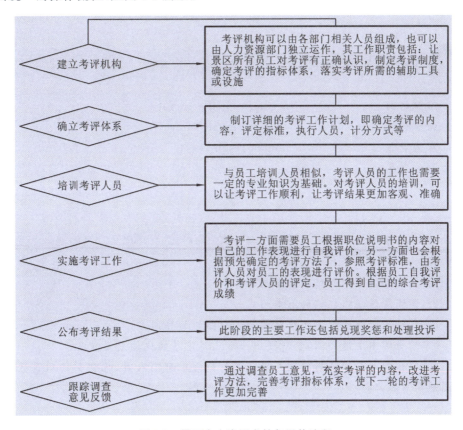

图 5-8 景区人力资源考核与评估流程

本章小结

  景区组织是指为了保障景区经营目标的实现而建立的具有正式结构的社会实体。景区组织的建立要遵循目标有效、权责对等、统一指挥、分工协作、管理跨度、动态适应六个原则。直线制、直线-职能制、事业部制是景区组织结构的三种基本形式。

  景区在资源特征、规模大小、经营性质、管理内容等方面的差异,造成景区在机构设置上的不同模式。景区组织的职权分配是对各种权力的界定、相应机构责、权、利的划分以及对相互关系的协调,现代景区的管理权大致可划分为决策权、指挥权和监督权。

现代景区的管理体制,是指对景区的组织体制、领导体制和各种管理制度的构成或职责权限做出划分与确定。景区行政管理体制包括总经理层、部门经理层、主管领班层和操作员工层四个层级。景区管理制度主要包括基本制度、专业管理制度、岗位责任制和经济责任制四个方面的内容。

 核心关键词

组织结构	organizational structure
组织行为	organizational behavior
人力资源	human resources
薪酬制度	salary system

 思考与练习

1. 简述景区组织构建的基本原则。
2. 简述景区组织机构的基本形式。
3. 比较分析旅游景区组织结构与一般组织的异同。
4. 结合国内主题公园,创新提出一套比较完善的机构设置方案。
5. 假如你是旅游公司经理或者旅游行政管理部门人员,你会如何对景区工作人员进行考核与评估?

 案例分析

广东省珠海市横琴岛新区管委会主要职责[①]

根据国务院批准的《横琴总体发展规划》、《中共广东省委办公厅广东省人民政府办公厅印发〈关于深圳等地深化行政管理体制改革先行先试的意见〉的通知》(粤办发〔2009〕13号)和《关于珠海市横琴新区管理委员会机构规格和管理体制的批复》(粤机编办〔2009〕375号),设立珠海市横琴新区管理委员会,副厅级,为广东省人民政府派出机构,委托珠海市人民政府管理。

---

① 暨南大学旅游规划设计研究院. 乌鲁木齐市南山旅游产业基地总体规划(2014—2030)[R]. 乌鲁木齐:乌鲁木齐市旅游局,2014:141-150.

一、主要职责

在市政府授权范围内依法对横琴新区内的经济和社会事务实行统一领导、统一管理,行使市一级经济管理权和行政审批权。

(一)贯彻执行国家和省市有关方针、政策、法律、法规和规章。

(二)贯彻落实《横琴总体发展规划》,承担建设"一国两制"背景下服务港澳、先行先试的粤港澳合作示范区,深化改革开放、科技创新的先行区和促进珠江口西岸地区产业升级的新平台的任务。

(三)负责制定新区经济社会发展和城市规划建设等配套政策并组织实施。

(四)加强粤港澳在金融服务、产业发展、投融资体系等方面的合作,建立多种渠道多种形式的交流合作体系。

(五)负责协调中央和省在横琴新区设立的派出机构,协调市直单位派驻横琴新区的有关机构。

(六)负责领导所辖各部门的工作。

(七)承办市委、市政府交办的其他事项。

二、内设机构

根据上述职责,横琴新区管理委员会设10个内设机构:

(一)办公室

负责文秘、会务、接待、机要、文件档案等机关日常运转工作;承担信息、安全保密、信访、政务公开工作;承担机关财务、资产管理、后勤服务等工作;承担与市人大、市政协的联络工作。

(二)党群工作部

贯彻执行党的路线、方针和政策;负责纪检监察、党建、组织、人事、宣传、新闻出版、精神文明建设工作;负责群团组织、工青妇、统战、民族宗教事务工作;负责离退休人员管理工作。

(三)统筹发展委员会

综合提出新区发展战略,组织拟定和实施新区经济社会发展规划和年度计划;组织拟定和实施新区控制性详细规划和各专项发展规划;组织研究可持续发展、改革开放、科技创新和粤港澳合作的重大问题;负责对重大问题决策提供咨询意见;负责新区投融资和重大项目的推进;承担统计分析和法制建设工作。

(四)公共建设局

贯彻执行土地、矿产、海洋、测绘、城市建设、房地产管理和住房保障等方面的法律、法规和规章;负责横琴新区城市规划、市政园林公共设施、基础设施、人防工程和跨界交通基础设施等建设;负责管理和协调土地规划、利用、报批、日常执法巡查等工作;负责地质矿产资源管理、地质灾害防治等工作;负责环境治理和山林、海洋、湿地保护,修复近岸海域生态系统,建设多功能、复合型的自然生态体系;负责港口、水务、三防、交通运输等工作。

(五)产业发展局

负责研究提出产业发展政策和法律法规,组织实施产业发展专项规划;负责推进高新技术产业和高端服务业发展,建设高端服务产业体系;负责商贸、会展、旅游、招商引资、投资推介、科教研发、知识产权保护、农林渔业发展等工作。

(六)社会事业局

贯彻执行社会事业方面的政策、法律、法规和规章;组织拟定和实施社会事业发展规划;负责人力资源管理、劳动监察和促进就业等工作;负责公共服务和社会保障体系建设;负责民政和社会福利事务;承担社区组织、社会组织、社区公共设施的建设和监督管理工作;承担促进社会管理体制创新发展的责任;承担文化娱乐、体育事业、公民教育、社会保障、人口计生、公共卫生、食品药品监督等责任。

(七)财金事务局

贯彻执行财政、金融工作方面的政策、法律、法规和规章;组织拟定和实施财税发展规划、政策和改革方案;负责编制和实施年度财政收支预决算草案;负责管理监督财政收入和财政支出;负责管理预算外财政专户及各项政府性基金;负责财税管理、国有资产监管、金融服务等工作;承担监督检查各部门财务活动的工作。

(八)交流合作局

加强横琴新区口岸业务监督管理和统筹协调工作;负责处理出入境事务和涉外工作;促进对外及港澳台在经贸、科技、教育、文化、卫生、环保等领域的交流合作;促进通关制度创新和对外合作交流。

(九)行政服务促进局

组织协调横琴新区各职能部门集中"窗口"办公;组织协调各职能部门集中行使行政审批权;承担有关部门投资优惠政策落实情况的监督检查工作;承担政府管理模式的创新工作,落实各项便民、利民、为民服务措施,逐步提高行政效率。

(十)警务和综合管理局

按照国家和省市有关方针政策和法律、法规、规章,维护辖区各领域的公共安全;维护社会治安秩序,保持社会稳定;负责预防、制止和惩治违法犯罪活动,保护公共财产和公民的合法权益;负责促进粤港澳警务合作,探索警务工作新模式;负责安全生产、城市执法、司法保障、应急指挥、打击走私和综合治理工作。

三、人员编制

横琴新区管理委员会行政编制76名(区镇合一),政法专项编制155名,执法专项编制15名。其中,书记1名(副厅级),副书记2名;主任1名(副厅级)、副主任4名;内设机构领导职数23名(正处级10名,副处级13名)。按行政编制的15%配备后勤服务人员数11名。

思考题:

1. 广东省珠海市横琴岛新区管委会属于景区经营组织管理哪种模式?
2. 画出广东省珠海市横琴岛新区管委会的机构设置图。

第六章

智慧景区管理

学习引导

智慧旅游,也称为智能旅游,是指利用云计算、物联网等新技术,通过互联网/移动互联网,借助便携的终端上网设备,主动感知旅游资源、旅游经济、旅游活动、旅游者等方面的信息,及时发布,让人们能够及时了解这些信息,及时安排和调整工作与旅游计划,从而达到对各类旅游信息的智能感知、方便利用的效果。智慧旅游的建设与发展最终将体现在旅游管理、旅游服务和旅游营销等三个层面。

学习重点

通过本章学习,重点掌握以下知识要点:
1. 智慧旅游的基本概念与内涵;
2. 国内外智慧旅游的发展态势和现状;
3. 智慧景区管理的技术基础;
4. 智慧旅游景区的典型应用。

国家旅游局2015年1月印发的《关于促进智慧旅游发展的指导意见》提出,到2016年,建设一批智慧旅游景区、智慧旅游企业和智慧旅游城市,建成国家智慧旅游公共服务网络和平台。到2020年,我国智慧旅游服务能力明显提升,智慧管理能力持续增强,大数据挖掘和智慧营销能力明显提高,移动电子商务、旅游大数据系统分析、人工智能技术等在旅游业应用更加广泛,培育若干实力雄厚的以智慧旅游为主营业务的企业,形成系统化的智慧旅游价值链网络。

第一节 智慧景区基本概念与内涵

一、智慧景区的发展背景与意义

（一）发展背景

2009年,国务院下发了《关于加快发展旅游业的意见》,决定把旅游业培育成国民经济的战略性支柱产业和人民群众更加满意的现代服务业,这为我国旅游业的跨越式发展提供了政策支持。目前,我国正值由世界旅游大国向旅游强国转型的关键时期,作为旅游业核心要素的旅游景区为顺应信息化发展的要求,打破数字景区建设的瓶颈,从而有效促进景区的可持续发展,建设全国性智慧城市、智慧旅游的背景下"智慧景区"孕育而生。作为结合景区管理及发展需要而产生的新型研究领域,智慧景区为景区的信息化发展提供了新的方向,为目前盛行的散客游、自驾游等新兴游览方式提供了新的旅游服务。

（二）发展意义[①]

智慧旅游以融合的通信与信息技术为基础,以游客互动体验为中心,以一体化的行业信息管理为保障,以激励产业创新、促进产业结构升级为特色,其核心是游客为本、网络支撑、感知互动和高效服务,旨在通过信息技术和旅游服务、旅游管理、旅游营销的融合,使旅游资源和社会资源得到系统化整合和深度开发应用,服务于政府、企业、游客等的旅游发展形态,并结合社会公共服务和现代企业管理理念,注重游客体验、提升企业经营能力和政府公共服务能力,促使生态、文化、社会和经济的综合价值最大化,实现旅游产业的可持续发展。智慧旅游系统作为信息时代和互联网时代的产物,是深入贯彻落实科学发展观的重要体现。旅游景区的智慧化建设更是智慧旅游健康发展的第一原动力。无论是自然资源丰富的景区还是历史文化厚重的景区,或者是现代主题鲜明的园区,对资源经营、接待能力提升、安全监控以及游览服务辅助的技术应用一直是智慧景区力求完善的主旨。因此,建设智慧景区对于推进智慧旅游整体建设,推进信息技术与旅游业的融合,加快旅游业管理现代化和国际化进程,对于实现整个旅游产业更好、更快地发展具有重要意义。

---

① 巩传荣.智慧景区系列之一概念及意义[EB/OL]. http://www.oziuo.com/news/bencandy.php? fid=103&id=1336.

二、智慧景区的起源与发展条件

（一）智慧景区的起源

智慧景区是在"智慧地球"及其在中国实践的"智慧城市""智慧旅游"背景下产生的。2008年，国际商用机器公司（International Business Machine，IBM）的总裁彭明盛先生在纽约市外交关系委员会做了一次重要的演讲，首次提出了"智慧地球"概念，指出智慧地球的核心是以一种更智慧的方法，通过利用新一代信息技术来改变政府、公司和人们交互的方式，以便提高交互的明确性、效率、灵活性和响应速度。

伴随着"智慧地球"概念的提出，IBM相继推出了各种"智慧"方案，其中"智慧城市"是"智慧地球"策略中的一个重要方面，是"智慧地球"从理念到落地的一个举措。IBM认为，智慧城市即利用新一代信息技术，以整合、系统的方式管理城市的运行，让城市中各个功能彼此协调运作，为城市中的企业提供优质的发展空间，为市民提供更高的生活品质。2009年9月，美国中西部爱荷华州的迪比克市与IBM共同宣布，将建设美国第一个"智慧城市"；瑞典的智慧城市建设在交通系统上得到了最大的体现；新加坡早在2006年就启动了"智慧国家2015"计划。2014年9月，北京、上海、广东、南京、成都、武汉等省市已把智慧城市列入重点研究课题，纷纷加入"智慧城市"建设的赛跑。

我国部分有条件城市在建设"智慧城市"的同时，率先开展了智慧旅游的建设，至今已经取得了一定成效。如上海市面向旅游者提供的基于智能手机终端的"智能导游"，涵盖导游、导航、导览等服务；北京市采用基于二维码的物联网技术，向旅游者提供一种线上、线下融合的"景区电子门票"服务等。

受智慧旅游的理念及其在我国建设与发展的启发，智慧景区孕育而生。智慧景区是结合景区规划、保护、管理、发展的客观需求而诞生的新型研究领域，它与数字景区的最大区别在于高新技术的应用而带来的智慧化服务（数字景区＋物联网＝智慧景区）。智慧景区的"智慧"体现在"服务的智慧""管理的智慧"和"营销推广的智慧"三大方面，是在"数字景区"基础上的飞跃发展，是信息技术在景区的全面应用。

（二）智慧景区的发展条件

智慧景区是在"数字地球"向"智慧地球"转型这一重大背景下产生的。它的产生和发展有以下几个原因：

（1）数十年的"数字景区"建设面临新的难以解决的困境，昭示着建设智慧景区是我国景区未来发展之路，是新形势下我国景区发展的重大战略选择。

（2）信息技术的高速发展使得智慧景区变为可能。如全球信息化发展促进了旅游产业的信息化进程；旅游业的快速发展需要借助信息化的手段，从而更好地引导旅游消费；新一代信息技术的成熟与发展，为智慧景区的建设提供了技术支撑；移动终端的普及为智慧景区的游览对象提供了应用载体等等。

（3）人们生活水平的提高带来旅游体验的需求，加之散客游、自驾游等新型旅游方式的出现，游客对于随时随地获取信息的便利性服务需求增大，为智慧景区提供了潜在客户，加快了智慧景区的建设步伐。

三、智慧景区的概念与特征

(一) 概念解析

目前我国许多景区已在尝试进行智慧景区的,并已取得了很多成果。然而,有关智慧景区的研究还处于初始阶段,相关研究文献很少,对于智慧景区的概念没有形成统一的定义(见表 6-1)。

表 6-1 现有智慧景区概念一览表

作　者	发表时间	"智慧景区"概念
章小平,邓贵平	2010 年	"智慧景区"是能对环境、社会、经济三大方面进行最透彻的感知、更广泛的互联互通和更科学的可视化管理的创新型景区管理系统①
李洪鹏,高蕴华,赵旭伟	2011 年	将物联网、泛在网、移动通信和云计算等新兴的信息技术集成起来构建智慧网络,增强人类感知、控制和管理的能力,实现更加精细和动态的方式管理景区,达到"智慧"状态,极大提高资源利用率和生产力水平,从而更有效地保护旅游资源,为游客提供更优质的服务,实现景区环境保护、社会和经济全面、协调、可持续发展②
党安荣,张丹明,陈杨	2011 年	"智慧景区"就是通过传感网、物联网、互联网、空间信息技术的集成,实现对景区的资源环境、基础设施、游客活动、灾害风险等进行全面、系统、及时的感知与精细化管理,提高景区信息采集、传输、处理与分析的自动化程度,实现综合、实时、交互、可持续的信息化景区管理与服务目标③
郭伟,贾云龙,邓丽芸	2011 年	智慧景区信息化是基于数字景区建设成果,通过物联网、传感网和空间信息技术等最新技术的集成,实现对景区基础设施、资源环境、游客活动、灾害风险等方面的更全面、及时的感知和精细化管理
邓贤峰,李霞	2012 年	智慧景区是指在智慧城市以及智慧旅游的总体目标指引下,以物联网、云计算、下一代通信网络、高性能信息处理等现代通信与信息技术融合为基础的,结合创新的服务理念与管理理念,激活旅游景区存量资源,围绕游客感知和景区管理两条主线,建设以游客互动体验为中心、以一体化信息管理为保障的景区信息化和智慧化服务管理体系④
葛军莲,顾小钧,龙毅	2012	智慧景区的实质是用智慧技术和科学管理理论的高度集成来取代传统的某些需要人工判别和决断的任务,达到各项工作业务的最优化,推进景区管理和服务电子化、瞬时化、便捷化、系统化、精准化和高效化,营造出一个个运作规范、高效的智慧景区⑤

---

① 章小平,邓贵平."智慧景区"建设浅探(上)[N].中国旅游报,2010-01-18.
② 李洪鹏,高蕴华,赵旭伟.数字景区转型智慧景区的探索[J].智能建筑与城市信息,2011(7):112-113.
③ 党安荣,张丹明,陈杨.智慧景区的内涵与总体框架研究[J].中国园林,2011(9):15-21.
④ 葛军莲,顾小钧,龙毅.基于利益相关者理论的智慧景区建设探析[J].生产力研究,2012(5):183-184.
⑤ 邓贤峰,李霞."智慧景区"评价标准体系研究[J].电子政务,2012(9):100-106.

本书认为,广义的"智慧景区"是指科学管理理论同现代信息技术高度集成,实现人与自然和谐发展的低碳智能运营景区。这样的景区能够更有效地保护生态环境,为游客提供更优质的服务,为社会创造更大的价值。狭义的"智慧景区"是"数字景区"的完善和升级,是指能够实现可视化管理和智能化运营,能对环境、社会、经济三大方面进行更透彻的感知、更广泛的互联互通和更深入的智能化的景区。狭义的"智慧景区"强调技术因素,广义的"智慧景区"不仅强调技术因素,还强调管理因素。

(二)特征分析

1. 持有先进的理念

智慧以德性为要求,以正确观念为前提。建设智慧景区始终要坚持可持续发展战略,既要重视代际公平、同代人之间的公平,又要重视人与自然之间的公平,其实质是既要达到发展经济的目的,同时又要保护好旅游资源和生态环境。另外,在建设智慧景区时还应努力发展低碳旅游,走节能环保之路。

2. 具有高超的管理艺术

智慧是生活的艺术,也是管理的艺术。管理艺术是管理者来自实践经验的总结和升华,是管理者所具有的知识文化对实践的指导和运用,是其自身智慧和能力的充分体现,是时势和环境所造就的管理技巧。智慧景区的建设需要景区管理者具有高超的管理艺术,掌握先进的景区管理手段和管理技巧,能够熟练运用知识、经验、直觉和智慧,及时、恰当、有效地解决景区发展与保护之间的矛盾。

3. 重视科学技术的应用

科学技术是知识在现代社会的主要表现形式之一,智慧景区建设需要重视科学技术的应用,尤其是物联网、移动通信、云计算等现代信息技术、GPS 和北斗导航技术等,他们有助于增强人类对景区的感知、控制和管理能力,实现对景区更透彻的感知、更广泛的互联互通和更深入的智能化。

4. 具有旅游发展和生态保护所需的理论知识和人才队伍

知识是对一切对象的客观认识,具有普遍有效性。智慧高于知识,是知识和能力在理性和经验的基础上的有机综合统一。智慧景区的管理人员应具备发展旅游和保护生态所需的专业知识和专业技能,并能将这些知识技能应用于景区的发展实践中。

5. 在旅游发展和生态保护方面是成功的

智慧不仅是单纯的知识和能力,而且具有将知识、能力运用于实践的要求。因此,如果景区的旅游发展水平不高或生态环境保护不好,那就很难谈及智慧。

四、国内外智慧景区发展现状

(一)国外发展现状

1. 新加坡发展态势

新加坡智慧旅游发展态势,如图 6-1 所示。

1)背景

1964 年,新加坡成立了新加坡旅游促进局,领导和推进新加坡旅游业发展。

图 6-1　新加坡智慧旅游组图

2006 年,推出"智慧国 2015 计划",确立"智慧化立国"发展理念,全面实施"从传统城市国家向'智慧国'转型"的发展战略。

2）主要应用项目

主要应用项目,如表 6-2 所示。

表 6-2　新加坡智慧旅游应用项目

一站式注册服务	借助生物身份识别技术为商业人士免去烦琐注册登记手续,在新加坡商业会议旅游中得到广泛应用。下一步将面向医疗旅游人群进行推广
智能化数字服务系统	该系统着眼于增加游客在新加坡的旅行体验。游客可通过互联网、手机、公用电话亭、交互式电视和游客中心等渠道或得一站式旅游信息和服务支持,包括购买相关旅游商品或专门服务
无处不在的移动旅游服务	为游客整合旅游前、旅游中、旅游后的信息服务。游客可利用智能手机等移动终端,在任何时间、地点接收到旅游信息,并根据游客位置、需求、选择取向提供具有个性化的针对信息服务
交互式智能营销平台	在"我行有我,新加坡"平台上,游客可根据个人喜好直接在互联网上定制自己的新加坡行程,包括旅游路线规划、旅游签证、酒店预订、机票购买、活动预订、交通选择等。可通过邮箱及时订阅新加坡最近发生的动态,了解新加坡新闻、即将举办的大型活动等信息。同时通过该平台实时分享自己的旅游经历

2. 韩国"i Tour Seoul"应用服务系统

韩国首尔基于智能手机平台,开发了"i Tour Seoul"掌上移动旅游信息服务平台。韩国智慧旅游组图,如图 6-2 所示。

图 6-2　韩国智慧旅游组图

通过网站 www.visitseoul.net 和移动手机网站 m.visitseoul.net 来进行旅游咨询服务,如表 6-3 所示。

表 6-3　韩国"i Tour Seoul"主要应用项目

定位服务	游客可通过智能手机下载定位软件,以所处位置为基点,免费下载周边景区的信息应用程序
智能信息服务	观光网站、二维码以及手机 API 提供全面的旅游信息;可通过"trip planner"制定行程线路;提供住宿、演出、电影等文化活动的网络预订服务,可用海外银行卡进行预订,并选择心仪的座位;提供预约服务;通过 API,可在没有网络情况下,获取信息。API 中除用图文并茂形式展示周边信息,也可在选定景区中查看详细情况,且立即连通电话服务,可进行全面的搜索查询;iPhoto Mosaic 应用程序帮助旅行照片处理,可直接分享至 visitseoul.net
丰富的附加服务	为时间充裕的游客提供深度游推荐路线,各种优惠券、电子书、电子报等。在机场的漫游中心提供 iPhone 租借服务

3. 比利时"标识都市"项目

比利时首都布鲁塞尔于 2012 年 6 月正式推出基于智能手机的微电子旅游大全"标识都市"项目,使布鲁塞尔成为世界上第一个数码移动旅游城市。

该电子数码旅游大全采用近距高频无线通信芯片,制成带条码的不干胶,粘贴遍及布鲁塞尔大街小巷的博物馆、名胜古迹、商铺及餐馆。来自全球各地的游客只需用智能手机在 i-nigma 网站下载条码扫描器,即可在布鲁塞尔随时随地扫描"标识都市"不干胶,方便地获取相关历史文化介绍、购物优惠以及线路导航。

目前该系统收集了布鲁塞尔等比利时城市近 600 多个旅游点,而且继续保持每周增加 50 个旅游景点、商家的速度。

"标识都市"开通了英语、法语、荷兰语、德语等四个版本,在 2012 年 9 月 21 日推出中文版。

4. 英、德开发"智能导游"

2009 年,英、德两家公司在欧盟资助下协作开发了一款智能导游软件,用以促进文化旅游发展。该软件以"增强现实"技术为基础,让游客通过声光与影像,"亲身"体验被遗忘的历史时光。

当游客身处某地时,只需用手机摄像头对准眼前古迹或废墟,手机里的全球定位系统和图像识别软件就能判断位置,从而从游客所在的视角,在手机上显示这处古迹在全盛时期的样貌,还能展示遗址上残缺部分的虚拟重构。如游客来到科洛西姆圆形竞技场,就能从手机里看到角斗士格斗的画面,随着游客走动,手机上的画面还能自动变化,如同行走在过去一般。

除此还有路线规划功能,通过交互路线规划工具,量身定做专属于游客自己的旅行方案,帮助游客远离大众线路,独辟蹊径,相当于一个全职导游。

(二)国内发展态势

1. 智慧旅游试点城市

2011 年 7 月,国家旅游局提出,要实现国家旅游业发展战略目标的一个阶段性任务就是要争取用 10 年左右的时间显著提高信息技术在旅游业应用的广度和深度,使旅游企业的经营活动全面信息化,使在线旅游业务在旅游产业中的比重明显提升,使旅游行业管理和旅游公共服务信息化水平明显提高,基本建成覆盖全国的旅游基础信息数据库和旅游基础信息资源交换和共享平台,形成一大批引领作用强、示范意义突出的智慧旅游城市、智慧旅游企业。

国家旅游局对"智慧旅游城市"试点工作进行了部署,确定了包括北京市、武汉市、成都市、南京市、福州市、大连市、厦门市、苏州市、黄山市、温州市、烟台市、洛阳市、无锡市、常州市、南通市、扬州市、镇江市、武夷山市18个国家智慧旅游试点城市。

截至2014年年底,我国已有62个(19个省+43个市)省市提出智慧旅游发展计划,其中16个省市出台了相关规划,分别是浙江省、福建省、四川省、吉林省、河南省、青海省、广西壮族自治区以及北京市、上海市、南京市、苏州市、温州市、奉化市、无锡市、佛山市、宜兴市等,如表6-4所示。

表6-4 各省市智慧旅游规划

省/市	规划方案
北京	(1)拟用3年时间,配齐触摸屏,建好无线宽带网和北京旅游信息网,开发自助导游讲解系统、城市自助导览系统、网络虚拟旅游系统,推进数字景区、数字酒店、数字旅行社、数字乡村,推出一卡通和北京礼物网上特色商亭,唱响北京旅游游戏软件; (2)A级景区将在3年内实现无线宽带(Wi-Fi)覆盖;建立旅游目的地风险评估预警办法;利用4年时间,建设智慧旅游公共服务体系、旅游业态智慧旅游服务体系、智慧旅游政务管理体系;建立旅游公共服务信息系统、电子商务系统、便民服务系统、电子政务系统和旅游应急指挥系统等9个"智慧旅游"系统;完成虚拟景区旅游平台、景区自助导游平台、城市自助导览平台等60个"智慧旅游"建设项目,将制定和出台4个智慧旅游业态建设的评定办法和奖励、补贴、扶持等政策
江苏	(1)重点打造一个统一超级门户、二个优化平台、五大示范项目、七大新建工程,建立七市智慧旅游联盟; (2)编制一批智慧旅游规划; (3)建设镇江"国家智慧旅游服务中心"; (4)打造南京智慧旅游软件园,镇江智慧旅游产业谷等
浙江	《浙江省智慧旅游建设工作方案》提出建设包括:智慧旅游云计算中心、智慧旅游公众信息服务平台、智慧旅游数字互动营销平台、旅游数据监测分析系统、智慧旅游服务卡、景区电子商务系统、目的地官方手机应用、示范智慧景区、示范智慧酒店、示范智慧旅行社、示范智慧旅游服务商
福建	(1)旅游信息化"三个一"工程,即一网(海峡旅游网上超市)、一卡(海峡旅游卡,包括银行联名卡、休闲储值卡、手机二维码的"飞信卡",以及衍生的目的地专项卡等)、一线(海峡旅游呼叫中心,包括公益服务热线和商务资讯增值预订服务热线); (2)选定武夷山主景区、厦门鼓浪屿、福州三坊七巷作为首批智能旅游示范景区试点单位

续表

省/市	规 划 方 案
上海	《上海市旅游业发展"十二五"规划》提出构建智慧型的旅游公共服务体系,浦东建成"无处不宽带"的无线城区
湖南	(1)启动"十大旅游区"建设,并重点支持完善提升旅游服务中心、旅游停车场、旅游厕所、旅游标识标牌和"智慧旅游"等5个旅游公共服务体系; (2)推行"智慧旅游城市"和"智慧旅游景区"试点工作
安徽	(1)2009年启动"数字合肥地理空间框架建设"项目; (2)启动"十二五"规划的重要项目:"智慧黄山"精品旅游信息化项目; (3)《黄山风景区数字化建设总体规划(2011—2015)》专门对物联网在风景名胜区的应用作了详细的规划
河南	(1)《河南省"十二五"旅游产业发展规划》提出建设数字化景区工程、智能化饭店工程、电子旅行社工程、旅游企业创新工程以及大力发展旅游电子商务; (2)《河南省国民经济和社会信息化发展"十二五"规划》将"数字旅游"纳入全省重大信息系统建设工程,建设旅游目的地营销、公共信息服务和旅游电子商务三大平台
广东	《佛山市旅游业发展"十二五"规划》提到要围绕"四化融合,智慧佛山"战略目标,结合"三着力,一推进"的工作部署,以旅游资源为基础,以市场需求为导向,以产品开发为中心,深入实施"旅游即城市"的战略,落实"智慧佛山"规划
吉林	(1)打造"数字化吉林旅游"的总体要求,建立旅游信息化领导小组和工程专家咨询小组; (2)建设全省旅游数字综合服务平台,建立全省景区景点、基础设施、服务设施等10个数据库和旅游资源智理、服务、政务管理、应急指挥、决策等5个子系统,建立全省旅游声讯服务平台
江西	(1)启动"江西智慧旅游"工程; (2)开发基于3G应用的"江西风景独好"手机客户端; (3)南昌市基于云计算的滕王阁景区数字化综合服务平台,建立数字化景区
山东	(1)全省全面推广应用863旅游信息化项目; (2)构建集旅游宣传营销、旅游指南服务、旅游产品预订、旅游服务保障、旅游市场监管等多功能于一体的旅游信息化服务体系; (3)扶持培育100家"智慧旅游信息化示范企业"
天津	智慧旅游"1369"工程: "1"个智慧旅游综合数据中心; "3"个数字平台:行业智能管理平台、公共信息服务平台、目的地营销体验平台; "6"个载体:互联网、移动互联网、12301旅游服务热线、旅游一卡通、遍布全市的电子触摸屏和人工咨询服务网点; "9"个智能系统:智能OA管理系统、旅游景区智能管理系统、旅行社智能管理系统、饭店智能管理系统、旅游超市系统、智能行程规划系统、智能信息管理系统、旅游目的地展示营销系统、旅游产业分销系统

《关于促进智慧旅游发展的指导意见》强调智慧旅游建设要坚持政府引导与市场主体相结合。

2015年1月国家旅游局发布《关于促进智慧旅游发展的指导意见》,提出到2016年,建设一批智慧旅游景区、智慧旅游企业和智慧旅游城市,建成国家智慧旅游公共服务网络和平台。到2020年,我国智慧旅游服务能力明显提升,智慧管理能力持续增强,大数据挖掘和智慧营销能力明显提高,移动电子商务、旅游大数据系统分析、人工智能技术等在旅游业应用更加广泛,培育若干实力雄厚的以智慧旅游为主营业务的企业,形成系统化的智慧旅游价值链网络。

2. 智慧旅游景区发展态势

21世纪初诞生的"数字景区",是"数字地球"理念在风景区的具体体现,是指风景名胜区的全面信息化,包括建设风景区的信息基础设施、数据基础设施以及在此基础上建设的风景区信息管理平台与综合决策支持平台等。①

"智慧景区"是在"数字景区"基础上的一次飞跃发展。虽然"数字景区"建设的一般模式和技术方法仍处于探索与完善阶段,但"智慧景区"概念的提出为景区信息化建设又增加了新的内涵,代表了景区信息化建设发展的最新方向。

基于《国家重点风景名胜区数字化景区建设指南(试行)》,从2004年起我国开始开展"数字景区"示范工程。到2014年年底,已有九寨沟、黄山和中山陵在内的24个国家级名胜景区实施了数字化景区试点工作。

随着近年来云计算、物联网等技术发展,在感知智慧地球和感知中国大战略的背景下,国内主要名胜景区纷纷提出建设"智慧景区"理念。如九寨沟的景区旅游服务资源动态优化配置,实现游客分流智能化管理;黄山的"智慧+服务"模式等。

第二节 智慧景区的总体框架构建

一、智慧景区的建设原则

智慧景区建设是一个复杂的系统工程,景区应结合自身特点,既要因地制宜,又要兼顾大局,统一标准,规范建设。为实现全行业管理和旅游资源的有效整合,形成管理合力和规模效应,在建设过程中,应共同遵循以下建设原则:

(1)总体部署,分步实施。景区要按照总体部署,做好智慧景区建设总体方案编制工作,根据自身实际情况制定近期和远期建设目标,分阶段逐步实施,确保智慧景区建设取得成效。

(2)统一标准,保障共享。智慧景区重点建设项目,要按照统一标准,实施规范建设,确保实现行业管理的信息共享。

---

① 党安荣,杨锐,刘晓冬.数字风景名胜区总体框架研究[J].中国园林,2005(5):31-34.

（3）整合资源，集约发展。智慧景区涉及全行业资源的整合，需要统一协调和组织建设，打造行业品牌，形成管理合力，实现规模效应。

（4）突出重点，先急后缓。景区要根据自身实际情况，制定切实可行的智慧景区建设总体方案。按照突出重点、先急后缓的原则，优先建设景区资源保护和经营管理需求迫切、投资小见效快的重点建设项目。

（5）实用可靠，适度先进。系统建设要注重实效，在技术选型方面要注意选择技术成熟度好，实用可靠并适度先进的技术。避免盲目引用不成熟的新技术，造成建设资金浪费。

（6）创新机制，市场运作。智慧景区建设要注重产业化经营管理机制的创新，借鉴国际先进理念，引入市场运作机制，促进资源保护与旅游服务产业的良性互动和协调发展。

二、智慧景区的评定标准

目前针对智慧景区的评定标准还未全国统一，关于智慧景区评定的基本要求本书以由北京市旅游发展委员会编制的《北京智慧景区评定基本要求》[①]作为参考。

知识活页　　北京智慧景区评定基本要求

1　范围

本规范规定了北京智慧景区评定的基本要求。

本规范适用于北京市各种类型的A级旅游景区。

2　规范性引用文件

下列文件中的条款通过本规范的引用而成为本规范的条款。凡是注日期的引用文件，其随后所有的修改单（不包括勘误的内容）或修订版均不适用于本规范。凡是不注日期的引用文件，其最新版本适用于本规范。

GB/T 17775—2003 旅游景区质量等级的划分与评定

3　术语和定义

下列术语和定义适用于本规范。

3.1　智慧景区

指景区能够通过智能网络对景区地理事物、自然资源、旅游者行为、景区工作人员行迹、景区基础设施和服务设施进行全面、透彻、及时的感知；对游客、景区工作人员实现可视化管理；优化再造景区业务流程和智能化运营管理；同旅游产业上下游企业形成战略联盟，实现有效保护遗产资源的真实性和完整性，提高对旅游者的服务质量；实现景区环境、社会和经济的全面、协调和可持续发展。

3.2　物联网

物联网是通信网和互联网的拓展应用和网络延伸，它利用感知技术与智能装

---

① 北京智慧景区建设规范（试行）[EB/OL]. http://www.bjta.gov.cn/xxgk/zcwj/xybz/350718.htm.

置对物理世界进行感知识别,通过网络传输互联,进行计算、处理和知识挖掘,实现人与物、物与物信息交互和无缝链接,达到对物理世界实时控制、精确管理和科学决策目的。

4 建设内容和要求

4.1 通信网络

4.1.1 公用电话网

4.1.1.1 应建有供游客使用的公用电话。数量充足,设置合理。

4.1.1.2 部署有电话报警点,电话旁公示景区救援电话、咨询电话、投诉电话。游客可拨打报警点电话向接警处系统的值班人员求助。

4.1.2 无线通信网

能接收手提电话信号,移动通信方便,线路顺畅。

4.1.3 无线宽带网(WLAN)

应覆盖有无线宽带网络,游客在游览过程中可以方便地将手机、电脑等终端以无线方式连接上网。

4.2 景区综合管理

4.2.1 视频监控

4.2.1.1 视频监控应能全面覆盖景区,同时重要景点、客流集中地段、事故多发地段能够重点监控。

4.2.1.2 监视界面图像能在各种显示设备上显示,并能进行各种操作。视频监控应具备闯入告警等功能。

4.2.1.3 视频监控控制面板能控制画面缩放和镜头转动等,能实现图像的实时远程观看以及3G物联网视频监控等。

4.2.1.4 能支持录像的检索和调看,可自定义录像条件,录像数据存储保留时间应超过15天。

4.2.2 人流监控

应包含和实现入口人流计数管理,出口人流计数管理,游客总量实时统计,游客滞留热点地区统计与监控,流量超限自动报警等。

4.2.3 景观资源管理

4.2.3.1 能对自然资源环境进行监测或监控,主要包括:气象监测、空气质量监测、水质监测、生物监控等。

4.2.3.2 能对景区内的各类遗产资源、文物资源、建筑景观、博物馆收藏等景观资源运用现代化科学管理手段进行信息化与数字化监测、监控、记录、记载、保护、保存、修缮、维护等,从而便于景观建筑文物数据的查询检索以及面向公众展示。

4.2.4 财务管理

应使用专业的财务管理软件,并包含资产管理、筹资管理、投资管理、营业收入管理、税金管理、利润管理、成本费用管理等财务管理内容以及财务预测、财务决策、财务预算、财务控制、财务分析、财务审计等财务管理方法。

4.2.5 办公自动化

办公自动化应包含流程管理、电子邮件、文档管理、公文流转、审批管理、工作日历、人员动态展示、财务结算管理、公告、新闻、通知、个人信息维护、会议管理、考勤管理等内容。

4.2.6 经营资源管理

能应用现代化的科学手段形成一套规范的体系,并包含商业资源部署、商铺经营、经营监管、合同管理、物业规范等内容。

4.2.7 应急广播

广播应覆盖全景区,并且声音清晰。广播应由景区控制中心和指挥调度中心统一控制,遇灾害或紧急情况时,可立刻转换为紧急广播。

4.2.8 应急处置响应系统

应建设有旅游应急预案及应急响应系统。能够根据应急处理预案,对旅游突发事件进行综合指挥调度和协调救援服务。能够利用现代通信和呼叫系统,实现对旅游咨询和投诉事件的及时受理。

4.2.9 指挥调度中心

应具备对人员、车辆的指挥调度以及对应急资源的组织、协调、管理和控制等功能。能对监控终端进行控制,获取旅游综合信息和发布旅游资讯信息。

4.3 电子门票、电子门禁

应采用电子门票形式。售、验票信息能够联网,并能够实现远程查询。应实现售票计算机化。应配有手持移动终端设备或立式电子门禁,实现对门票的自动识别检票。电子门票的购买应支持手机支付或者网上金融支付等方式。

4.4 门户网站和电子商务

4.4.1
应建有以服务游客为核心内容的门户网站,且上线正常运营。

4.4.2
门户网站应包含:景区基本信息浏览、景区信息查询、旅游线路推荐和行程规划、景区推介服务、交通导航、下载服务、建有官方微博并有链接、提供多语言信息服务等内容与功能。

4.4.3 电子商务

景区门票应能实现网上预订、电话预订和网上支付、网上交易。景区旅游产品、旅游纪念品应能实现网上预订和网上交易。

4.5 数字虚拟景区和虚拟旅游

运用三维全景实景混杂现实技术、三维建模仿真技术、360度实景照片或视频等技术建成数字虚拟景区,实现虚拟旅游,增强景区的公共属性。数字虚拟景区应占游客真实游览全部景区面积的较高比例。数字虚拟景区和虚拟旅游平台能在互联网、景区门户网站、景区触摸屏导览机、智能手机等终端设备上应用。

4.6 游客服务和互动体验

4.6.1 自助导游

4.6.1.1 应为游客提供建立在无线通信、全球定位、移动互联网、物联网等技术基础之上的现代自助导游系统。

自助导游硬件设备能显示景区导游图,支持无线上网,支持全球定位系统,完成自助导游讲解。

能提供手机自助导游软件下载,通过智能手机等设备完成景区地图查询搜索、游览线路规划和线路选择、景点自助讲解等功能。

4.6.1.2 可提供运用基于射频识别、红外、录音播放等技术的自助导游设备服务游客。

4.6.2 旅游资讯信息发布

4.6.2.1 旅游资讯发布方法和形式

景区应设有广告栏或多媒体服务终端机发布旅游资讯,且布放合理,显示醒目。应能在自助导游终端发布旅游资讯。能以短信、彩信等形式向游客的手机中发送信息。

4.6.2.2 旅游资讯发布内容

应包含景区基本情况介绍,景区内实时动态感知信息(如温度、湿度、光照、紫外线、空气质量、水温水质等),景区内智能参考信息(如景区景点内游客流量,车流拥挤程度,停车场空余位置等),景区管理部门发布的旅游及时相关信息等内容。

4.6.3 游客互动及投诉联动服务平台

景区内应设有触摸屏多媒体终端机。可实现查询旅游相关信息、下载软件、打印路条信息、在线留言投诉以及触摸屏上的虚拟旅游等功能。电话投诉处置系统完善。网络投诉处置系统完善。

4.6.4 呼叫服务中心

应能与12301旅游热线平台对接。能提供旅游产品查询,景点介绍,票务预订服务,旅游资讯查询,旅游线路查询,交通线路查询等服务。

4.6.5 多媒体展示

景区应建有多媒体展示系统,主要借助地理信息系统、虚拟现实和现代多媒体等多种技术,运用高科技手段,利用声光电来展示包括景区景观、自然文化遗产、生物多样性、古文物再现等。

4.7 智慧景区建设规划和旅游故事及游戏软件

4.7.1 自身有详尽、专业的智慧景区(景区信息化、数字景区)建设规划。

4.7.2 编写与北京城市、旅游景区有关的旅游故事,并与旅游营销结合起来形成商业化运作。

4.7.3 编写与北京城市、旅游景区有关的游戏软件,并与旅游营销结合起来形成商业化运作。

4.8 创新项目

本规范中未提及,但景区在建设、管理和服务游客等方面运用各种创新技术、手段和方法从而提升景区服务质量、环境质量、景观质量和服务游客的综合满意度等。

三、智慧景区的服务内容

智慧景区的"智慧"体现在管理的智慧化、服务的智慧化和营销的智慧化三大方面,如图6-3所示。

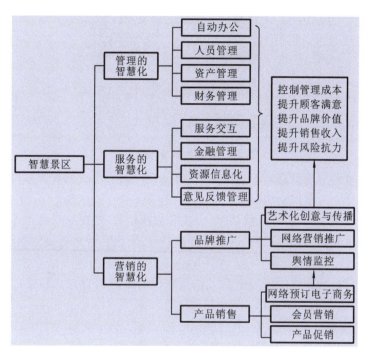

图 6-3　智慧景区的三大体现

1. 管理的智慧化

智慧景区将实现传统旅游管理方式向现代管理方式转变。通过信息技术,可以及时准确地掌握游客的旅游活动信息和旅游企业的经营信息,实现旅游行业监管从传统的被动处理、事后管理向过程管理和实时管理转变。管理的智慧化特征,如图6-4所示。

智慧景区将通过与公安、交通、工商、卫生、质检等部门形成信息共享和协作联动,结合旅游信息数据形成旅游预测预警机制,提高应急管理能力,保障旅游安全。实现对旅游投诉以及旅游质量问题的有效处理,维护旅游市场秩序。

智慧景区依托信息技术,主动获取游客信息,形成游客数据积累和分析体系,全面了解游客的需求变化、意见建议以及旅游企业的相关信息,实现科学决策和科学管理。

智慧景区还鼓励和支持旅游企业广泛运用信息技术,改善经营流程,提高管理水平,提升产品和服务竞争力,增强游客、旅游资源、旅游企业和旅游主管部门之间的互动,高效整合旅游资源,推动旅游产业整体发展。

2. 服务的智慧化

智慧景区从游客出发,通过信息技术提升旅游体验和旅游品质。游客在旅游信息获取、旅游计划决策、旅游产品预订支付、享受旅游和回顾评价旅游的整个过程中都能感受到智慧景区带来的全新服务体验。

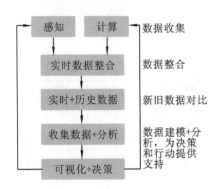

图 6-4 管理的智慧化的特征

智慧景区通过科学的信息组织和呈现形式让游客方便、快捷地获取旅游信息,帮助游客更好地安排旅游计划并形成旅游决策。

智慧景区通过基于物联网、无线技术、定位和监控技术,实现信息的传递和实时交换,让游客的旅游过程更顺畅,提升旅游的舒适度和满意度,为游客带来更好的旅游安全保障和旅游品质保障。

智慧景区还将推动传统的旅游消费方式向现代的旅游消费方式转变,并引导游客产生新的旅游习惯,创造新的旅游文化。

3. 智慧旅游营销

智慧景区通过旅游舆情监控和数据分析,挖掘旅游热点和游客兴趣点,引导旅游企业策划对应的旅游产品,制定对应的营销主题,从而推动旅游行业的产品创新和营销创新。智慧景区通过量化分析和判断营销渠道,筛选效果明显、可以长期合作的营销渠道。智慧景区还充分利用新媒体传播特性,吸引游客主动参与旅游的传播和营销,并通过积累游客数据和旅游产品消费数据,逐步形成自媒体营销平台。

四、智慧景区的总体框架

(一) 智慧景区的总体构成

智慧景区系统的建设首先要构建数据中心,沟通服务端和使用端,因此,它包括三大部分:数据中心、服务端、使用端。

三个部分通过互联网/物联网相互联结。服务端是直接或间接为旅游者提供服务的企事业单位或个人,如政府管理部门、相关部门、咨询机构、旅游企业等;使用端为广大的旅游者,拥有能够上网的终端设备,尤其是超便携上网终端(如平板电脑和智能手机);数据中心由大量存储有各类旅游信息的服务器组成,有专门的机构负责进行数据的维护和更新。

数据中心即是智慧景区的云端,可以称为旅游云,将服务端和使用端联系起来。海量的旅游信息处理、查询等计算问题由数据中心自动完成,这就是智慧景区中的云计算。服务端将自己的各类信息及时放在数据中心;使用端根据自己的要求,从数据中心提取信息,需要服务时可以与服务端进行交换,使用端可以直接向服务端付费(网上银行、现场付费),也可以通过数据中心付费(类似于淘宝的支付宝)。

通过使用端软件平台,智慧景区中的旅游信息以主动弹出的方式出现,配以网络地图,能够让旅游者知道这些旅游服务在什么地方可以得到,距离自己多远,甚至知道某个酒店还有多少房间,某个景点需要排队多长时间。这样不会遗失某些旅游信息和服务(如景点、旅游活动、某个人等),也不会由于信息不全而采取了不恰当的行为(如走错路、排错队)。在多点触控的超便携终端(如苹果的iPad、iPhone)上,轻点手指即可展开详细信息。主动显示旅游信息摆脱了输入关键词查询的不便之处,尤其是有许多旅游信息在你身边的时候,无法去一一查询这些信息。

(二)智慧景区系统的总体架构

智慧景区建设内容概括起来可以分为两个层面和两个中心的建设:基础层、应用层和指挥调度中心、数据中心。智慧景区系统的总体架构,如图 6-5 所示。

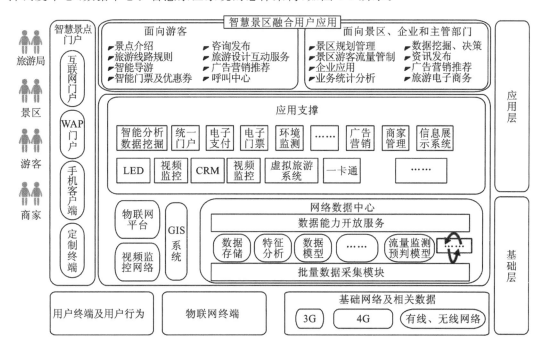

图 6-5　智慧景区系统的总体架构图

基础层包括通信网络设施、信息安全保障、物联网软硬件系统、视频系统、数据中心等。其中物联网硬件包括各种传感设备(射频传感器、位置传感器、能耗传感器、速度传感器、热敏传感器、湿敏传感器、气敏传感器、生物传感器等),这些设备嵌入到景区的物体和各种设施中,并与互联网连接。

应用层包括面向各职能部门的应用信息系统,以加强资源保护管理为目的建设的环境监测系统,生物、文物资源监测系统,规划监测系统等;面向日常经营管理的自动化办公系统、规划管理信息系统、GPS 调度系统、视频监控系统、电子门票系统、LED 大屏幕信息发布系统等;面向产业发展的电子商务、旅行社和酒店管理、客户关系管理系统等,以及面向游客服务的信息呈现和互动系统。

指挥调度中心实现管理资源的整合,以及对各职能部门的统一组织协调,是最重要的核心平台。它整合系统各应用支撑系统的能力，实现资源监测、运营管理、游客服务、产业整合等功能。它主要包括：

（1）地理信息系统（GIS）同时将多媒体技术、数字图像处理、网络远程传输、定位导航技术和遥感技术有机地整合到一个平台上。

（2）旅游电子商务平台和电子票务系统。

（3）高峰期游客分流系统高峰期游客分流系统可以均衡游客分布，缓解交通拥堵，减少环境压力，确保游客的游览质量。景区可以通过预定分流、票务分流和交通工具实现三级分流，这其中要采用RFID（射频识别）、全球定位、北斗导航等技术时时感知游客的分布、交通工具的位置和各景点游客容量，并借助分流调度模型对游客进行实时分流。

（4）其他配套系统：包括规划管理系统、资源管理系统、环境监测系统、智能监控系统、LED信息发布系统、多媒体展示系统、网络营销系统等。

数据中心实现对各业务系统数据的集中管理和共享服务，包括GIS数据、GPS数据、多媒体数据、游客数据、产业链商家数据以及其他综合业务信息数据。

（三）智慧景区系统的技术架构

整体系统分为：基础设施层（系统所需的基础设备、系统、中间件等）、资源层（实现具体功能的各种数据与信息库）、应用支撑层（对所有应用系统提供各种数据访问功能的中心服务系统）、应用系统层（实现具体功能的各种应用系统）。智慧景区系统的技术架构，如图6-6所示。

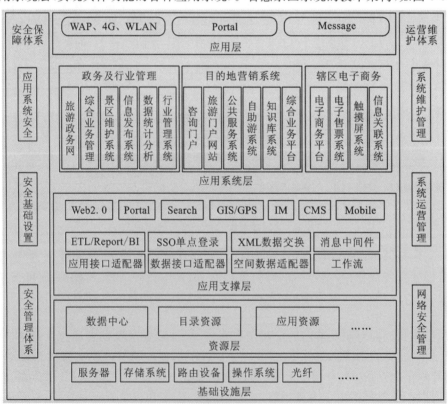

图6-6　智慧景区系统的整体技术构架

资源层提供集中的数据访问，包括数据连接池控制、数据库安全控制和数据库系统。集中的数据访问能够在大量用户同时并发访问时共享有关连接等信息，从而提高效率，集中的数据库安全控制，使任何来自互联网的数据库访问都必须经过强制的安全管理，不允许直接访问数据库的行为，杜绝安全隐患。

应用层通过提供统一的数据服务接口，为各个应用系统提供服务，应用系统的表现可以是网站、客户端系统、Web服务以及其他应用，并通过目录与负载均衡服务提供统一的负载均衡服务。任何一个应用服务器都可以同时启动多个服务，而通过目录与负载均衡服务来进行负载均衡，从而为大量用户并发访问时提供高性能服务。智慧景区系统应用服务器提供核心智慧景区系统服务，包括数据服务、管理服务、基本安全服务、其他业务服务等；数据同步服务器将数据有条不紊地同步传输到各个数据库；系统更新与版本升级服务器提供各个系统的版本升级管理，使任何一个系统都保持最新版本；Web日志分析服务提供用户访问分析，提高网站后期修改、维护、更新的针对性。

（四）智慧景区系统的应用门户设计

从智慧景区系统所面对的不同应用对象来看主要有四类用户：旅游局、景区、游客、商家。智慧景区系统作用于不同应用对象产生的信息流，如图6-7所示。

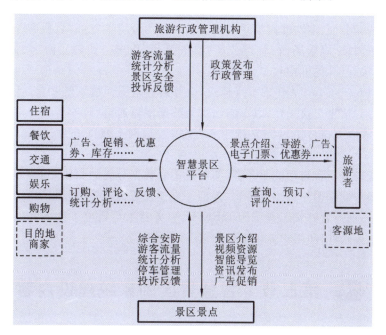

图6-7 智慧景区系统的应用对象信息流

（五）网络拓扑结构

智慧景区系统网络设计采用应用数据、内部服务与外部服务分离的原则，系统的网站服务器、商务系统WWW服务器部署在防火墙的DMZ停火区，数据库服务器、政务网应用服务器、内部办公服务器等部署在防火墙的非军事区，严格设计访问规则，并配备入侵检测系统，以确保系统的安全。智慧景区系统网络拓扑结构示意图，如图6-8所示。

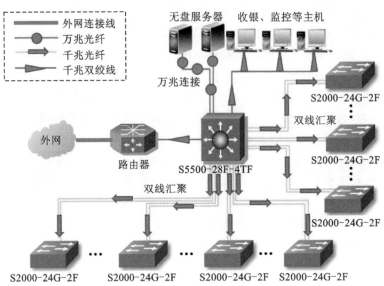

图 6-8 网络拓扑结构

智慧景区系统集有关旅游信息的收集、加工、发布、交流与实现旅游的交易和服务全程网络化于一体的综合性、多功能网络系统。参与各方为政府主管部门、旅游企业（如宾馆、酒店、旅行社、餐馆酒楼、娱乐场所、景点公司、票务公司、租车公司等）、游客（如网站会员、访客、旅游客户）、银行、其他机构和个人。

系统采用 Internet/Intranet 的 b/s 模式，服务器端采用开放系统平台，便于扩充。整个系统以数据中心为信息交换平台，以 Internet 为数据传输通道，政府各有关部门、旅游企业、游客、银行通过专线或拨号上网与系统中心互联，实现网上数据查寻、预订、购物、交易、结算、消费等活动。

网络中心配备若干台高性能服务器，实行应用和数据分离的原则，加强系统运行的稳定性和安全性。服务器采用先进流行平台，保证先进性和可维护性，后台采用国际品牌数据库系统（如 Oracle），前后台开发工具采用 J2EE 等，服务器上运行电子商务套件以支持电子交易，安装 Web 服务软件，向用户提供信息浏览、查询等服务。

第三节 智慧景区的系统建设内容

一、智慧景区的重点建设项目

智慧景区的建设是一个复杂的系统工程，既需要利用现代信息技术，又需要将信息技术同科学的管理理论集成。智慧景区的建设是对景区硬实力和软实力的全面提升，其建设路径主要由信息化建设、学习型组织创建、业务流程优化、战略联盟和危机管理构成。信息化建设和业务流程优化能够帮助景区实现更透彻的感知和更广泛的互联互通，提高管理的效率和游客满意度；创建学习型组织和战略联盟有利于提高景区管理团队的创新能力，培养景区企业的核心竞争力;危机管理可以提高景区的危机相应能力,降低危机发生的概率和减少危机造成的损失。

其中信息化建设为重中之重,智慧景区建设工作,要重点做好规划管理、资源保护、经营管理、服务宣传、基础数据等五个方面的信息化建设。例如:洛阳市智慧旅游项目共规划了75个建设项目,截至2015年年底已完成了智慧旅游综合数据中心、洛阳旅游手机App、旅游查询预订终端、旅游团队管理系统、景区客流动态监测、景区远程视频监控、网上观景、旅游车辆GPS管理系统等重点项目,在游客服务智慧化、旅游企业经营数字化、旅游部门管理智能化等方面也取得了显著成效,如图6-9所示。

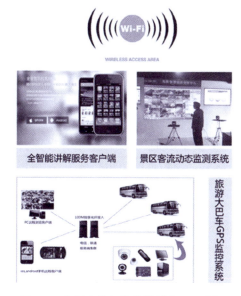

图6-9 中国十佳智慧旅游城市——洛阳

二、智慧景区的基础层建设

智慧景区建设方案中的基础层,是指用于支撑各信息系统的安全运行及数据交换的各种必要信息化基础设施,包括通信网络设施、网络信息安全系统和各种基础软件平台。

(一)通信网络设施

1. 公共电话网

公共电话网(public telephone network)是向公众提供电话通信服务的一种通信网。目前,电信运营商已在景区内建立了比较完善的通信服务设施。景区内部办公电话网都已基本建成,需要进一步解决的是游客在景区内的通信和报警求助要求。语音报警电话网,利用现有的公共电话网,结合计算机处理技术,在景区内部署报警点,游客如遇突发事件,可通过拨打报警点电话向接处警系统的值班人员求助。

2. 数据通信网

为实现景区内各区块之间的数据通信,在管理机构内部和各分散职能部门、监控点之间应首先建立良好的数据通信网络环境。考虑景区多媒体数据传输要求,各景点、分散职能部门间应通过光纤骨干网连接,网络拓扑结构视景区实际情况而定,目前应用较多的有星形结构。

3. 有线电视网

有线电视网络是一种采用同轴电缆、光缆等媒介进行传输,为用户提供多套电视节目乃至各种信息服务的电视网络体系。由于有线电视网的宽频带特性,目前,各地正在积极进行双向HFC(混合光纤同轴电缆网)网络改造,充分融入现代通信技术、宽带网络技术和多媒体技术,建立一个宽带高速的信息网络体系,把计算机网、电视网等融为一体,将社会所需的多种信息服务纳入到有线网络体系。

4. 无线通信技术

按照通信的实现手段,可分为有线通信和无线通信。随着无线通信技术的发展和成熟,利用有线和无线通信技术相结合,建设景区的通信网络,是符合目前景区数据传输及生态保护两方面需求的最佳方案。

(二)网络信息安全系统

网络安全问题是网络信息系统设计中最重要的问题之一。网络信息安全系统的安全防护可分为三个层次:系统自身的安全防护;系统为使用者提供安全服务所需的安全防护;数据传输过程中的安全保证。应该合理设计网络拓扑结构、实施网络安全监测系统、防火墙系统、入侵检测系统、病毒防范系统、智能卡系统和数据加密系统。

(三)基础软件平台

1. 数据库系统

数据库及数据库管理系统是建立数据应用系统的核心和关键。目前,商品化的数据库管理系统以关系型数据库为主导产品,技术比较成熟。国际国内的主导关系型数据库管理系统有ORACLE、DB2、SQL Server等。

2. 地理信息系统

地理信息系统(Geographic Information System,GIS),是用来解决空间数据的获取、存储、展示、编辑、处理、分析、输出和应用的信息系统。它可以对空间数据按地理坐标或空间位置进行各种处理,对数据进行有效管理,并能以地图、图形或数据的形式表达各种空间实体及其相互关系。地理信息系统的应用已经遍及城市规划管理、交通运输、测绘、环保、农业、制图等领域。

地理信息系统是智慧景区建设的一个基础平台软件,为各类业务应用系统提供集成GIS应用支持,实现各应用系统基于基础地理数据支撑的业务分析、专题表达和辅助决策功能,提高管理水平和运行效率。

三、智慧景区的应用支撑层

由于景区类型和管理模式的不同,景区职能部门在信息化建设方面的需求是多种多样的,概括起来,涉及游客服务、资源保护监测、日常经营管理、产业整合发展等四个方面。

应用层分为应用支撑层和用户应用层,其中应用支撑层主要是一些基础信息系统,通过这些系统的建设为面向用户的用户应用层系统提供功能和数据上的支持;用户应用层则主要面向用户提供特定的功能和用户界面的展现形式。

（一）环境监测系统

1. 建设目的

随着旅游经济的发展，景区游客量、车辆不断增加，各种有害气体及垃圾对景区空气质量和水质等环境要素的影响日益严重，为确保景区的可持续发展，有必要对环境要素定期进行监测，掌握环境变化状况，及时采取措施避免生态环境的恶化。

2. 监测方法

根据景区资源保护的侧重点不同，可分为水质、空气等的监测。监测方法为利用相应的数据自动采集系统定期采集样本，通过分析仪器获取监测指标情况，并做出环境变化情况的评价，以便及时采取措施。

监测指标和评价标准的设计应以总体规划要求和国家颁布的相关标准为依据，如国家《地表水环境质量标准》、《地下水质量标准》、《环境空气质量标准》、《土壤环境质量标准》等。监测点的数量和设置位置依据景区情况而定。

3. 系统功能

景区环境监测系统让用户通过检测中心随时了解环境质量，真正实现环境监测的自动化、无人化，同时可方便查询最新和历史监测数据，根据需求自动生成年、季、月、周的统计报表，并以 GIS 专题图的形式直观地显示检测站点和数据统计结果的空间分布。系统可以对区域内水环境、大气环境质量进行在线监测；对异常情况提供报警服务；对现有的环境信息进行统计、分析，提供决策支持；为其他的环境管理业务提供技术支持，根据环境管理业务形成不同的报表及专题图；具备环境地理信息系统功能，可对各污染源及检测站点信息进行查询、搜索；实现对重点监控单位的实时视频监控。

（二）规划管理信息系统

建立规划管理信息系统，目的是实现景区日常规划管理中建设项目报建、审批和批后管理等工作的电子化，提高景区的规划管理信息化水平和办公效率。系统将地理信息系统技术与规划管理业务紧密结合，面向规划审批、项目管理和辅助决策服务。

（三）视频监控系统

建设视频监控系统，目的是通过摄像头采集重要景点、客流集中地段、事故多发地段等地的实时场景视频数据，利用有线或无线网络传输至指挥调度中心，供指挥中心实时监视各类现场，为游客疏导、灾害预防、应急预案制定实施、指挥调度提供有力保障。视频监控系统主要包括四个部分：前端摄像系统、数据传输系统、控制系统和显示系统。前端摄像系统完成数据采集，传输至监控中心，在监控中心完成数据的保存以及对前端摄像机焦距、景深等的控制，并通过大屏幕系统或电视墙实时播放多路视频画面，供工作人员集中监控。

另外，电子巡更系统可对景区工作人员定点岗位工作状态进行跟踪管理，对工作人员实现及时语音信息沟通，提高景区的服务质量和工作效率。

（四）应急智能广播系统

建立应急智能广播系统的目的是，一方面解决景区内游客紧急疏散、工作人员统一指挥

调度时的信息广播要求；另一方面实现景区日常信息发布、背景音乐播放等服务。目前，较为先进的系统实现方法有：基于智能寻址技术、FM调频调制与频分复用技术、单片机编解码技术等开发的"免布线智能广播系统"。系统由前端、数据传输和接收三个部分构成。

（五）信息展示系统

信息展示系统，主要用于为游客提供旅游文本、多媒体等信息的自助查询检索服务。信息展示系统的建设应重点考虑展示内容的美观和生动性、游客操作的易用性以及数据更新的简单快捷等因素。在表现形式上，可借助GIS、虚拟现实（VR）和多媒体等多种技术。

信息的展示可通过景区网站集群、触摸屏、LED大屏、12301热线及咨询中心、手机WAP（无线应用协议）、手机客户端软件、专用数字助理以及短信等多种方式和渠道发布多种语言信息。在游客中心等地的触摸屏设备上或者是在移动终端客户端应用程序中，游客可自行查询景区的景点介绍、交通、天气、旅游服务设施情况等，方便游客的旅游安排，提高服务满意度。

此外，也可将信息展示系统的内容扩展到景区的各方面，包括自然文化资源介绍、规划建设管理、资源保护措施等，将系统建设成景区各项资料的数字化多媒体电子档案数据库和检索展示系统。

（六）数字虚拟景区和虚拟旅游

"数字虚拟景区"是指利用现代计算机数字技术、三维全景实景混杂现实技术、三维建模仿真技术、360度实景照片或视频等技术，建成数字虚拟景区模拟真实景区，实现在计算机和互联网上再现景区真实场景，实现虚拟旅游，增强景区的公共属性。根据技术和模拟程度的不同，"数字虚拟景区"可以分为2D（二维）虚拟景区和3D（三维）虚拟景区两种。

数字虚拟景区应占游客真实游览全部景区面积的较高比例。数字虚拟景区和虚拟旅游平台能在互联网、景区门户网站、景区触摸屏导览机、智能手机等终端设备上应用。

（七）LED大屏幕信息发布系统

利用先进的LED显示技术、通信技术，逐步建成集资源推介、旅游资讯、公益宣传为一体的景区LED大屏幕信息联播系统，整合行业旅游资源，实现景区客源最大化共享，加强行业整体宣传力度。联播系统包括播放控制中心、传输、数据接收、LED发布等四个部分。通过通信技术，在景区搭建一个行业宣传组播网络，播放控制中心与景区通过组播网络实现信息传输。

（八）电子票务系统

建设电子票务系统，目的是替代景区原有的人工检票模式，实现对门票的自动识别检票和放行，从而降低人工检票的工作量，提高效率，杜绝假票，并且可以快速准确地统计每时段进入景区的游客量，有助于实现景区的客流量控制，更好地保护景区生态环境。

系统主要包括：电子自动售票子系统、电子验票子系统、汇总结算查询子系统。总体流程是：游客到景区售票点购买电脑售出的带有信息标识（如条形码或二维码）的门票，同时售票数据被写入服务器数据库中；游客持票到景区入口，经过电子验票票务通道扫描门票信息，门票被作废，游客进入景区。售票数据和验票进门数据在授权的情况下可实时查询，各种财务报表可实时查询、打印。

（九）电子商务系统

电子商务系统，是利用现代网络信息技术实现景区门票、宾馆、旅游线路等旅游产品的网上预订和网上交易。景区电子商务系统的主要功能归纳为信息发布功能、与游客的在线交流功能、会员管理功能、电子商务应用功能等四个方面。

四、智慧景区的用户应用层

用户应用层主要分为面向职能部门的应用、面向游客的智慧服务应用和面向企业的综合应用，并且设计有特色的景区游客服务中心、景区一卡通和专用数字助理三项特色应用。

（一）主管部门和景区应用

景区管理平台整合行业管理资源，全面提升行业管理水平，打造景区统一品牌形象。利用规模效应，扩大景区宣传力度，实现与国际接轨。同时，实现政府职能由侧重管理向管理与服务并重的转变。管理平台内容分为三大部分：电子期刊、政务数据中心、景区电子商务。重点突出资源推介宣传、政务办公、景区旅游电子商务三大服务。

（二）游客智慧服务应用

1. 游客公共服务

建设交通信息查询、天气预报查询、在线旅游咨询、在线帮助查询、在线景区实时视频、游客投诉反馈和游客心得分享等七大系统，让游客旅行前、旅行中、旅行后都能使用到景区完善的公共服务。

2. 游客电子商务系统

游客电子商务系统包括游客自助咨询系统、景区网络订票系统、酒店预订管理系统、餐饮预订管理系统、会议预订管理系统、游客自定义系统、手机智能导游系统等七大系统，从电子商务的角度为游客提供更高层次、更加便捷的旅游服务。如图6-10所示，基于LBS服务、GPS定位和VR系统的手机导览客户端定位、导航、播报等服务。特别是会议的预订系统，标志着旅游的多内容产业正在形成，旅游产业正在从要素经济向融合经济的跨越发展。

图6-10　游客定位导览服务

3. 游客虚拟体验系统

景区通过虚拟技术达到使游客身临其境或虚拟互动的效果。如景区 4D（四维）影院播放立体电影；采用虚拟仿真技术进行虚拟互动体验；游客通过挥手机在终端触摸屏下载景区信息的挥客体验；360 度环幕、互动屏、互动球幕等等。同时，景区利用全景照片、全球眼、RFID（射频识别）传感器等系统让游客领略到景区的实时景观、实时天气等，激发游客的出游需求，达到吸引游客的目的，如图 6-11 所示。

图 6-11　游客虚拟体验系统

（三）企业综合应用

企业综合应用系统为景区、各商业企业、旅行社等提供在线服务和电子商务应用功能，以保障地区旅游资源的有效整合。

1. 企业会员管理系统

管理人员加密锁认证机制，企业与主管单位可在线签订合作协议。协议签订后，经审核确定，系统自动发送消息到申请单位，主管单位向申请单位发放加密锁，企业可通过加密锁和专门的数字安全系统对接实现。

2. 旅行社佣金管理系统

与在线订票、客户服务中的价格以及所选旅行社进行挂钩，并能自动统计各旅行社的佣金、打折、奖励等经费，经过核算通过后，可通过网络银行确认实现直接支付。

3. 团队预订管理系统

以公司库的形式分类管理规模不等的旅行社经营机构，每个商户都有专门的网站频道体现商家的简介、资质、经营特色、相关荣誉、企业文化等，并能够在指定频道发布可预订的旅游线路、组团方式、出发/返回日期、价位、折扣方式、预订开放时间、每天预订的数量等信息。游客在填写身份信息后，可选择某个旅行社的旅游线路，确定出行日期、出行人数、出行天数等细节，最后进行费用的在线实时支付环节。收到预订信息后，商家将及时通过必要的联系方式与游客进行反馈或确认。

团队预订管理系统在传统的旅行社运营模式基础上，积极拓展网络空间，以打造地区旅游品牌为宗旨，以服务地区旅游为目标，以智慧景区系统为平台，充分整合当地的旅行社资源，创造互惠互利的网络经济模式，带动旅游相关产业经济的增长。

4. 导游助手

导游助手面向旅游行业，提供集语音、短信、定位、信息为一体的服务，通过手机客户端软件与导游助手管理平台实时交互,发布、获取同业信息、招聘信息,提供旅行社管理功能,方便旅行社计调人员对团队进行操作。为导游提供行程信息、地图导航、导游词、航班信息等便捷的服务。

5. 景区营销管理系统

景区营销管理系统是智慧景区营销体系的核心,为景区市场营销和销售活动提供了信息化管理平台,采用业界先进的以 CRM(客户关系管理)为核心的商业营销理念。基于环境和生态保护为基础,支持以市场和客户价值为导向的业务流程,有效掌握客户需求、市场需求,提高对市场的快速、准确反应能力,加强对营销网络的管理,建立和完善起集中、统一、高效的营销网络,同时进行准确的市场定义、市场划分、市场分析和营销决策,进而巩固和扩大景区旅游市场的份额,最终为实现景区的社会效益、经济效益和生态效益奠定坚实的基础。

6. 旅游信息发布系统

旅游信息发布系统的主要功能包括景区概况、重点景致、旅游服务、旅游资源、旅游产品、动漫天地和电子期刊、自由行、在线调查、链接和共享以及其他功能等,主要服务对象为景区管理与经营单位,见表6-5。

表6-5 主要应用项目旅游信息发布系统的主要功能介绍

功 能	内 容
景区概况	景区概述、景区实时情况、旅游形象主题、宣传语言和形象标志、音频和视频旅游宣传制品等
重点景致	包括经典景观、主要景点、美景图库等
旅游服务信息	包括票务、客运、交通指南、宾馆酒店、旅游向导等旅游资源;包括景区景观、河流、森林、度假村等景区环境和生态资源的介绍
旅游产品	包括旅游服务设施、旅游线路信息等相关产品信息发布等服务
电子期刊	是网络整合营销的有效传播方式。风景区可以凭借自己或第三方的创意策划能力和设计制作能力,为自己的旅游产品量身定做多款网络动漫传播内容和电子期刊,通过风景区信息门户进行发布
自由行信息	包括自助旅游线、自助手册、旅游须知等
在线调查	以客观问卷的方式收集游客对景区风景区的产品、服务等方面的意见,以便持续改进

7. 电子商务管理平台

将互联网络变成将一个可收益的销售和沟通渠道,实现各企业的网上营销、网上销售以及网上信息服务功能,给地区旅游产生更多的收益。

(1)网上营销。通过网络平台发现更多需求商机和分析客户忠诚度,可以为各类型客户提供个性化的景区旅游服务定制服务,提供便捷互联网体验和相关的信息。主要功能包括:旅游产品目录管理、内容管理、个性化、营销活动管理、客户细分等。

(2)网上销售。网上销售功能使整个销售流程在网上运行。通过网页、流畅的销售和运营流程,能够向客户提供个性化、交互式、易于使用的销售和自助服务工具,确保从产品服

务选择到订单确定到支付的处理过程。主要功能包括：报价和订单管理、购物篮管理、价格管理、交互式销售和旅游服务定制、网络支付等。

（3）网上信息服务功能。使客户能够查询订单状态，获得订单跟踪信息，并且及时研究和解决交易过程发生的问题。主要功能包括：知识管理、订单状态查询、实时客户支持、客户自助服务、投诉和退订管理等。

8．业务渠道管理系统

为旅行社提供渠道管理平台，对旅行社渠道进行有效信息化管理，实现景区和渠道伙伴进行紧密协作，优化渠道的运作过程，提高旅行社渠道对景区的盈利贡献。主要包括：合作伙伴管理和分析、渠道营销、渠道销售、渠道服务和渠道商务。

9．电子门票销售平台

景区电子门票销售平台一方面实现了面向游客的景点电子门票销售；另一方面完成了来自旅行社合作伙伴、电子商务平台、呼叫中心电话销售各种渠道的销售订单，根据订单生成和交付电子门票。

景区电子门票销售平台在实现上需要通过应用集成技术，集成数字营销体系应用和运营服务体系应用，以实现市场营销、销售活动、门票服务的流程自动化。

对于游客景点电子门票销售管理，利用运营服务体系中的电子门票票务系统来实现的散客门票销售，通过部署在各景点的售票终端，游客可以选择旅游景点购买电子门票、套票，同时这些销售信息通过数据接口传送到营销管理系统和商业智能分析系统。

对于旅行社合作伙伴、电子商务平台、呼叫中心电话销售各种渠道的销售订单，由指定的服务部门根据订单内容，利用运营服务体系中的电子门票票务系统完成电子门票的制作，并交付给客户或者旅行社，同时将订单完成的信息通过系统接口传送到各个渠道服务系统和营销管理系统。

10．酒店综合管理系统

酒店综合管理系统以酒店的日常经营管理为核心，以提高酒店服务的速度和精度，改善游客服务的亲善程度和减少工作差错为目标，同时可以加强内部管理，提供良好的技术装备，为酒店经营管理的提升提供信息化管理平台。

加入智慧景区计划的酒店全面部署酒店综合管理系统，并都能在互联网上进行预订及相应收付款业务。

（四）景区游客服务中心

电话投诉和网络投诉应能与 12301 旅游热线平台对接，能提供旅游产品查询、景点介绍、票务预订服务、旅游资讯查询、旅游线路查询、交通线路查询等服务。应建有多媒体展示系统，主要借助地理信息系统、虚拟现实和现代多媒体等多种技术，运用高科技手段，利用声光电来展示包括景区景观、自然文化遗产、生物多样性、古文物再现等。

景区内游客服务中心应设有触摸屏多媒体终端机。可实现查询旅游相关信息、下载软件、打印路条信息、在线留言投诉以及触摸屏上的虚拟旅游等功能。

（五）景区一卡通

景区一卡通系统是依托自动识别技术和射频卡建立的，除了能为景区游客提供身份认证从而为旅游过程提供便利以外,它还能用作景区管理人员的身份识别,推进景区数字化管理的系统工程,体现了一卡多用、一卡通用的特点。

游客可使用一卡通系统来完成在景区的一般消费、付车辆费、付停车费和电子门票;景区管理人员可使用一卡通系统来进行考勤、票务、巡更等活动。

五、智慧景区两个中心建设

(一) 数据中心

建设数字景区,应用系统类型众多,产生的数据有 GIS 数据、GPS 数据、视频录像类多媒体数据,以及各业务部门的业务信息数据。随着各系统陆续投入使用,确保数据存储与使用安全可靠以及实现系统间数据的共享应用十分重要。为避免重复投资,应建设统一的数据中心,作为整个智慧景区建设中的数据处理中心、数据交换中心,实现网上业务流程及各种业务应用,并集中管理和整合核心业务数据。

(二) 指挥调度中心

在景区管理中,多个业务部门都有建立监控指挥中心的需求,比如,重要景点的监控,接处警等。为实现景区内各部门间工作的协同联动,避免重复投资,有条件的景区应建设集中的综合指挥调度中心。指挥调度中心集中设置视频、GPS 监控指挥、接处警等系统,利用电视墙、大屏幕设备,接入显示各监控点的视频,并可利用多个大屏幕同时放大显示重要位置的视频和 GPS 监控电子地图等,一旦发生紧急事件,工作人员可更充分了解现场状况、迅速找出最佳措施,并及时向相关职能部门发出指令,快速处理。

数据中心是智慧景区建设的基础,指挥调度中心则是沟通各职能部门,促进各部门间协同工作,高效运转的指挥中枢。指挥调度中心的建设,将改进现有的管理模式,解决职能部门间信息不通、调度不良的弊病,更好地发挥景区管理机构的各项职能。

本章小结

智慧景区是在"数字地球"向"智慧地球"转型这一重大背景下产生的,旨在利用信息技术的飞速发展来解决"数字景区"发展瓶颈,提高游客的旅游体验体验。智慧旅游在世界和中国都有不同的表现形式,从国家层面来说就是"智慧城市"和"智慧景区"。

智慧景区建设过程中要坚持六大原则,智慧体现在服务、管理和营销三个方面,智慧景区的总体框架包括三个大的部分:数据中心、服务端、使用端。由于国内并没有全国统一的智慧旅游评定标准,本书以由北京市旅游发展委员会编制的《北京智慧景区评定基本要求》作为参考。

智慧景区的系统建设是本章的核心内容,信息化建设为重中之重,智慧景区建设工作,要重点做好规划管理、资源保护、经营管理、服务宣传、基础数据五个方面的信息化建设,具体体现在基础层、应用支撑层和用户应用层,同时做好数据中心和指挥调度中心两个中心建设。

核心关键词

智慧景区　　　　smart scenic spot
智慧旅游　　　　intelligent tourism
便携终端　　　　portable terminal
数据库系统　　　database system
地理信息系统　　geographic Information system

思考与练习

1. 请阐述智慧旅游的基本概念与内涵。
2. 请问智慧景区管理的技术基础是什么？
3. 请问智慧景区的建设原则是什么？
4. 请简要阐述如何进行智慧景区建设。

案例分析

九寨沟景区构建案例实证：从九寨沟看中国智慧景区的建设模式思考[①]

"智慧"是让人更聪明的生活，"旅游"是让人更诗意的栖居。"智慧旅游"俨然成为当下关注度极高的热门词语，究其内涵即是用高新尖端技术规划游客的旅游方案，为游客出行提供更惬意、更全面、更便捷的服务，最终实现"指尖一点击，问题全解决"的新型模式。

智慧景区是在"数字地球"向"智慧地球"转型这一重大背景的基础下，结合景区特性，运用人类最新文明成果，构建智慧网络，实现景区智能化发展。这里以全国首个智慧景区——"九寨沟风景名胜区"的发展建设现状为例，对"智慧景区"的建设现状进行阐述。

一、九寨沟智慧景区建设现状

为了克服景区在旅游高峰到来时遇到的考验，九寨沟景区深入探索移动互联网在景区的创新应用，率先将微信平台引入到景区的运营管理中，建立了微群指挥中心，结合基于RFID的"时空分流"导航管理模型以及基于人脸识别技术的人流量视频智能分析系统，及时全面掌握景区内车流、人流的时空分布情况，均衡游客时空分布；通过票务门禁系统对游客实施分时售票、分段进沟、分区游览，为游客提供了舒适

---

① 从九寨沟看中国"智慧景区"的建设模式思考[EB/OL]. http://news.c-ps.net/article/201405/203076.html.

的游览环境。为了能够快速成为真正意义上的智慧景区,景区管理层和具体运营人员在以下几个方面投入了极大的热情和努力。

1. 运用高科技产品,实现智能化管理

基于RFID无线射频技术的门禁系统改造:无线射频技术的运用,最终实现了九寨景区门票、观光车票、诺日朗餐厅餐票的三票合一,降低景区运营成本,通过分时进沟、分时就餐等策略,缓解因游客激增对景区环境及基础服务设施造成的压力,提高景区服务和管理的质量。

基于实景影像技术的景区管理平台:该平台以移动测量技术为核心,以地理信息系统为基础,首次将可量测实景影像技术同电子地图相结合并应用于景区的管理和网络营销当中,构建了一幅可视、可量、可挖掘的"九寨景区全息图",并对景区监控系统、实时巡更系统等进行了集成试点,为九寨沟景区提供了一个长效、高效管理的软件支撑平台。

基于视频画面的智能人流统计系统:九寨沟旅游管理局联合四川省计算机研究院成功申报科技厅科技支撑计划项目,基于人脸识别的视频客流统计系统。该系统以人脸识别、智能视频监控和数据挖掘技术为核心,通过国际领先的图像模式识别算法,对实时监控视频中游客的脸部特征进行分析统计从而得到客流数据,在不对游客产生干扰的情况下对游客走向及流量进行量化掌控。

基于视频画面的智能森林防火预警系统:该系统通过动态采集实时视频信息,根据火焰烟雾特征,运用图像处理方法和识别算法,进行精确的智能图像分析。

2. 通过"大数据"分析,实现智能化服务

九寨沟在全国率先开始建设数字景区,景区管理及景区相关产业的信息系统、视频监控系统、感知系统等所有数字景区系统每时每刻都会产生大量的数字、文字和视频数据。同时,外部的互联网因素也会产生关于九寨沟数以亿计的数据,这些数据具有典型的大数据特质。

依托大数据技术,可以完成例如:景区客流波动预警,分析原因及影响因素等以往无法完成的任务,与景区营销、公安、交通、产业规划、景区公共服务等体系形成信息共享和协作联动,结合旅游信息数据形成旅游预测预警机制,提高应急管理能力,保障旅游安全,实现智能化服务。

3. 运用新一代IT技术,实现智慧营销方式

营销方面,官方网站、开展微博、微信等新媒体网络营销,基本改变传统的营销模式,高度重视社会新媒体,先后开通了新浪、腾讯微博、脸谱(facebook)、推特(twitter)等,使用微信、微电影等开展网络营销;在沟口广场和诺日朗游客服务中心共建设6块LED信息发布大屏;同亚太旅游协会(PATA)签订合作备忘录,与美通社、Wendy Wu Tours USA、Hana Tour和Mode Tour签署战略合作协议,推动了景区的全球化营销战略。

二、智慧九寨建设的体会及思考

智慧景区建设是我国旅游景区抓机遇迎挑战的重要战略,是实现可持续发展的

重要举措。智慧景区不完全是智能景区,信息化建设是智慧景区建设的核心内容,但不是唯一内容,还应重视组织结构调整、人才培养和培训、业务流程优化等。九寨沟景区在智慧景区建设方面做了一些尝试,也取得了一定成效,但建设智慧景区不是一蹴而就之事,需要长期不懈努力。

未来,九寨沟还将推进云九寨建设,完善微信公共平台、手机 App 等,努力实现覆盖智慧景区管理的各个环节;加大对大数据、云计算等相关人才的培养和培训,提高数据分析能力,为基于大数据的决策提供科学支撑;更加重视新技术的学习和应用,为游客和生态环境建设提供更好的服务。

思考题:

1. 九寨沟景区建设模式对我国的智慧景区建设有什么启示?
2. 试从九寨沟景区管理者的角度探讨九寨沟智慧景区建设带来的改变与难题。

第七章

景区市场营销管理

学习引导

在这个错综复杂的社会,人的需求具有一般性和个性,因此营销既要符合大众潮流,又要满足一部分人的特殊需求。旅游是一个体验和猎奇的过程,如何进行精准宣传营销,彰显景区吸引力,激发潜在游客的旅游动机,关系到景区生存和区域经济的发展。通过本章的学习,了解营销的决策过程,发掘营销的魅力价值。

学习重点

通过本章学习,重点掌握以下知识要点:
1. 旅游市场调研的内容;
2. 旅游市场经济供求分析;
3. 旅游消费者行为特征;
4. 旅游营销的管理;
5. 旅游营销的策略;
6. 旅游营销市场推广方式。

第一节 景区市场需求分析

一、旅游景区市场调研

旅游市场调研即是运用科学的方法和手段,有目的地针对旅游市场需求的数量、结构特征等信息以及变化趋势所进行的调查与研究。该定义充分表明旅游市场的调研必须采用科学的方法和手段,包括资料收集方法、资料整理方法和分析方法的科学性和实践的有效性,以确保调研结果的客观性和可靠性,同时也应充分认识到旅游市场调研的目的性。任何调研本身不是目的,而都是围绕一定的调研目的设计进行的。

(一)旅游市场调研的内容

旅游市场调研的内容十分广泛而丰富,但由于调研目的不同,调研内容也会不同。一般来说,旅游市场调研的基本内容为以下几个方面:

1. 旅游市场环境因素调研

旅游市场环境因素包括:旅游企业的外部环境因素和旅游企业内部环境因素。

1)外部环境因素

任何企业都应充分认识外部环境因素的变化给企业带来的机遇和威胁,应随时监测这些变化并与之相适应,这是非常重要的。

影响旅游市场的外部因素很多,包括经济、政治、法律、社会文化、技术、人口、自然环境等宏观因素,也包括消费者市场、产业市场、竞争者状况等微观因素。

外部环境因素的变化总是蕴含着某种需要和趋势。趋势是有一定势头和生命力的方向或事件的顺序。它能被预见,并可能持续较长的时间,能揭示未来,辨别趋势即能发现机会。因此,旅游市场调研人员充分重视外部环境的变化,从中辨别一种趋势,确定可能的结果并决定公司的市场机会是一项很关键的技能。外部环境因素的变化还将影响旅游企业的内部环境。

2)内部环境

除了对外部因素研究之外,旅游市场调研还必须研究旅游地或企业自身与市场需求的发展是否相协调的问题,包括自己的营销策略、营销手段或营销组合是否能有效开拓市场,如自己的旅游产品、价格、分销渠道以及促销方面是否存在问题。其次是对自己营销活动的管理评估,在营销计划、组织实施以及控制方面是否适应市场变化。

2. 旅游市场调研的内容差异

旅游市场调研主体不同也会造成调研内容的差异。

旅游市场调研的主体包括区域性的营销主体和企业性的营销主体。区域性营销主体是指地区旅游局、旅游景区。

营销主体的差异会导致调研内容的差异。例如,地区旅游局的市场调研内容主要是针对整个地区的国内客源及国际客源的旅游者的住宿、价格、购物、服务质量等方面问题,旅游企业方面的问题,区域旅游地之间的竞争问题进行调查。这种调查内容丰富而全面,调查范围大,是旅游企业的调查不能比拟的。旅游企业的营销调查则针对性较强,内容集中,范围较小,主要是对企业自身状况和目的进行产品质量、价格、企业形象、企业服务等方面的调查。

(二)旅游市场调研的程序

有效的市场调查分为五个步骤,如图7-1所示。

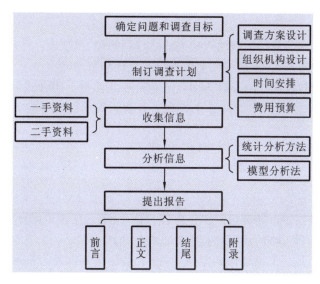

图7-1　旅游市场调研过程

(三)旅游市场调研的方法

1. 收集一手资料的方法

调查方法的选择和技巧的运用直接关系到市场调研结果的可信度,因此调查了解旅游市场必需选用科学的方法。

2. 调查手段和技术

市场调查员在收集一手资料时有两种主要的调查手段:问卷和仪器。问卷调查是主要调查手段,问卷设计技术是主要的调查技术。

1)问卷的概念

问卷是要求答卷人回答的问题的集合。问卷是收集一手资料的最普遍的手段。多种提问方法使问卷非常灵活。

2)问卷的内容

问卷大规模使用前需要仔细设计、测试和排除错误。仔细考虑所提问题的内容、形式、措辞和顺序。对问题的措辞必须十分审慎。调查人员应该使用简单、直接、不带偏见的词句。问题的顺序也值得重视,开始的问题应尽可能地引起兴趣,难以回答的问题或涉及隐私的问题应放在问卷的后面,避免答卷人开始即有戒备心理。对答卷人进行统计分类的问题也应放在后面,因为这些问题涉及隐私,并且很枯燥。所有问题都应有逻辑顺序。

所提的问题如果令人难以回答、不愿回答或无须回答、漏了该回答的问题都是问卷设计出了问题。

3) 问卷的基本结构

（1）问卷的标题。标题应突出目标主题，简明扼要，易引起旅游者的关注。

（2）问卷说明。旨在向被调查者说明调查目的和意义，或者填表要求与方法及所需的一些解释性说明。

（3）被调查者的基本情况。如性别、年龄、民族、文化程度、职业、单位、收入等主要特征。

（4）调查内容。这部分是问卷调查的主体，以问句形式出现。

（5）编码。问卷通过编码，以便后期数据分类统计和整理。

（6）问卷的类型与设计。问卷分为闭合式和开放式两种。闭合式问题事先确定了所有的可能的答案，答卷人可以从中选择一个答案。开放式答卷允许答卷人用自己的语言来回答问题。

二、旅游市场供求分析

（一）旅游市场需求定义

旅游市场需求是旅游市场调研的主体内容与核心，也是旅游市场预测的基础，旅游市场需求对旅游景区战略和策略的制定具有十分重要的作用。

市场需求的定义是一个组合性的定义，是一个多层次的定义。景区管理人员应区分这些定义，从而更准确地认识和讨论市场需求。

1. 旅游市场

旅游市场，是指某产品实际购买者和潜在购买者的集合。旅游市场定义为具有某种欲望，有足够的收入、闲暇时间以及旅游资格的人的集合。

2. 潜在旅游市场

潜在旅游市场，是指对某次旅游有某种程度的兴趣，还必须具有足够的经济的收入和时间的消费者。他们能肯定的回答"你能够参加这次旅行吗"。

3. 有效旅游市场

有效旅游市场，是指对某次和某地旅游具有兴趣，同时具有经济收入、时间和消费途径的旅游消费者。这个市场是旅游业合格的市场。

4. 目标旅游市场

目标旅游市场，是指旅游景区决定追求的那部分细分市场。

5. 渗透市场

渗透市场，是指已经购买过旅游产品的旅游者的集合。

（二）旅游市场需求预测

旅游市场需求预测是在旅游市场调研获取的各种一手和二手资料与信息的基础上，运用科学方法，根据旅游企业的需要，对旅游市场未来一段时间的发展趋势做出分析和判断。旅游景区市场预测的内容很多，但市场需求预测也是旅游市场价格、旅游效益预测的基础。

旅游市场预测的方法多种多样，归纳起来可以分为定性预测和定量预测。定性预测方法包括购买者意图调查法、内部人员集体预测法、专家意见法等;定量预测法包括时间序列分析法、回归模型预测法等。如暨南大学旅游规划设计研究院对乌鲁木齐市南山旅游产业基地的旅游人数预测。

(三)旅游市场需求趋势

旅游业日益成为提升软实力的重要途径,可持续绿色旅游成为发展战略。随着新兴市场崛起导致世界旅游重心东移亚太地区,旅游业与关联产业融合孵化出更多的旅游新业态,以电子商务为代表的智慧旅游强化了旅游业的现代服务业特征,文化体验的休闲度假开始旅游成为主流,世界旅游产业呈现由大型旅游企业集团引领的新趋势。

据世界旅游组织统计,预计到2020年,旅游业对GDP、就业的直接贡献将分别达到3%与3.5%,2030年贡献率有望提升到3.2%与3.7%。旅游投资将以5%的年均增速发展。

世界旅游区域重心向以中国为代表的亚太地区转移。预计到2030年,亚太地区接待的入境过夜游客将从目前的2.18亿人次增长到5.35亿人次,在全球旅游市场中的份额也将相应由22%上升到30%。

短距离旅游代替中长距旅游,更多的区域内部流动将取代区际流动。到2030年,区域内部游客将成为入境旅游的主要客源,区域内部和区际游客的数量将分别达到14亿人次和4亿人次,占总量的78%和22%。到2030年,以休闲、娱乐和度假为目的出行的游客数量占国际入境游客总数的54%,因探亲、求医、宗教为目的出行的为31%,因商务和工作原因出行的为15%。

总体而言,适应新常态下,旅游需求发展趋势主要呈现以下几点:

1. 旅游需求向融合化转型

旅游需求在"吃、住、行、游、购、娱"六要素的基础上,延伸出"商、养、学、闲、情、奇"扩展六要素,形成了现在旅游新要素体系。

2. 旅游消费向智能化转型

《2014年中国在线旅游度假市场研究报告》称度假旅游途牛、携程两强格局形成,2014年中国在线旅游度假占整体休闲游市场的比重为10.0%,未来几年会持续上升,预计2017年将达到15.6%。

3. 旅游出行向自助化转型

2011年,越来越多的高铁线路开通,节假日高速公路免费。2013年全国公路通车里程达到423.75万公里居世界第二,高速公路通车里程即将突破10万公里。截止到2014年年末全国民用汽车保有量达到15447万辆(包括三轮汽车和低速货车972万辆),比上一年末增长12.4%,其中私人汽车保有量12584万辆,增长15.5%。2014年全国各种运输方式完成旅客运输量及其增长方式,如表7-1所示。

表7-1 2014年全国各种运输方式完成旅客运输量及其增长方式

指 标	单 位	绝 对 数	比上年增长/(%)
旅客运输总量	亿人次	220.7	3.9
铁 路	亿人次	23.6	11.9

续表

指　　标	单　　位	绝　对　数	比上年增长/(%)
公　　路	亿人次	190.5	2.8
水　　运	亿人次	2.6	12.3
民　　航	亿人次	3.9	10.6
游客运输周转量	亿人公里	29994.2	8.8
铁　　路	亿人公里	11604.8	9.5
公　　路	亿人公里	11981.7	6.5
水　　运	亿人公里	74.4	8.9
民　　航	亿人公里	6333.3	12.0

第二节　游客消费行为分析

一、游客消费行为影响因子

消费者购买过程受到文化、社会、个人、心理等多方面因素的影响。

(一) 文化因素

文化在消费行为中是引发人们的愿望及行为的基本原因。每个消费群体或者社会都有自己特定的文化,任何消费者都处于一定的文化氛围中。不同的文化对购买行为的影响在地域间的影响很大。文化不仅可以独立于某一社会而存在——相对稳定性的特征,而且一代人影响着下一代人的行为——传递性。文化是一个复合体,它包括价值观念、生活方式、人们用以表达人类行为的创造的符号,以及具有历史继承性的人类行为模式。

旅游营销是一种跨文化的营销活动。旅游营销人员必须了解旅游者的文化背景,并据此提供具有不同文化需求的各类旅游产品。同时,文化本身不是一成不变的,旅游营销人员应努力发现文化转型所带来的旅游消费行为的变化,以寻求开发新产品的机会,随之调整营销战略。

(二) 社会因素

消费者所处的社会集团不同以及他所属的社会角色和地位不同,其旅游消费行为亦不相同。这种影响是受社会因素制约的。

1. 社会阶层

社会阶层主要是依据人们的地位、声望、价值观、生活方式等划分的相对稳定的集团。中高层消费阶层在社会各个阶层中属于经济活跃的群体,他们更易于接受新鲜事物,对新产品具有较强的鉴赏力和观念领导趋势;而社会层次较低的旅游消费者往往相对封闭,在旅游消费方面需求比较弱,其消费主要用于高档耐用生活消费品上。

2. 群体

一个人的行为受到许多相关群体的影响,一方面,受到经常性非正式的如家庭、朋友、邻里及同事的影响;另一方面,受到社会团体、宗教团体、行业协会、工会组织的影响。另外,一个人的态度和行为形成过程中也接受着直接或间接比照作用或参照群体的影响。人们还往往受到不包括他们在内的参照群体的影响。旅游营销者要努力发现他们的目标市场和参照群体,利用参照群体为人们带来新的消费行为和生活方式,影响人们的消费态度,并使更多的人追随它。

由于群体有强大的影响力,所以产品生产者需要找出相关参照群体中的观念领导者(opinion leader)。观念领导者是参照群体中的一员,由于他们的威信和特别的技术、知识、个人性格等其他特点,在购买决策方面影响着大部分群体成员。旅游营销者要利用观念领导者的影响,把营销活动对准他们。

3. 家庭

家庭是社会中最主要的相关组织。丈夫和妻子的价值观、生活方式在共同生活中逐步接近,同时又影响着下一代人,使家庭各个成员的消费行为趋于一致。在旅游消费中,大部分旅游活动是以家庭为形式进行的,他们选择大致相同的生活方式、产品和品牌。

在家庭成员个体进行旅游消费时,个体购买决策也同样受家庭其他成员的影响。旅游营销者应该仔细研究家庭旅游购买过程中各个成员所起的作用。要说明的是,家庭中各成员所起的作用,会随着地域的转变、文化的变迁而发生变化,所以需要旅游营销者注意营销环境的变化给营销活动带来的影响。

4. 角色和地位

一个人在社会中从属于不同的关系网,比如,一个人可能在家庭担任丈夫的角色,同时又是社会中的一分子,如在某公司是经理的角色。一个角色的活动是他周围环境的人们期望他进行的活动,所以,角色是对具有某一特定地位的人应具有的行为的期望。

一个人在不同的生存阶段担任不同的角色,处于不同的社会地位;在同一个时期不同的场合所扮演的那些不同的角色,则又显示出不同的地位。营销者需要注意角色与地位的变化,开发各种层次的旅游产品,使产品具有角色与地位上的象征意义。

(三) 个人因素

个人因素是指消费者在决策中受到诸如年龄和所处生活阶段、职业与经济状况、个性及自我观念等因素的影响。

1. 年龄和人生阶段

在人们的生存阶段中,不同的年龄意味着不同的生理状况、心理状况和收入水平,产生不同的需求与嗜好,他们对旅游产品及品牌的选择具有很大的差异,如表 7-2 所示。

表 7-2 家庭生命周期的各个阶段

青 年	中 年	老 年
单身	单身	已婚,与子女同居
已婚,无孩子	已婚,有孩子(6~18 岁)	已婚,与子女分居

续表

青　年	中　年	老　年
已婚,有孩子	离婚,有独立的孩子,与子女分居	年老单身
离婚,有孩子	离婚,有独立的孩子	
	离婚,有孩子,有子女分居	

青年单身阶段有足够的时间和精力,他们往往具有一定的探险或远距离出游兴趣,但又受经济实力的限制,是廉价旅游产品的主要消费者。青年已婚无孩子家庭,选择旅游产品比较丰富,各种旅游档次均有需求并具有很强的时代特征。中年已婚或已经有孩子的家庭,出游率相对下降,出游常采用家庭度假、休闲或教育旅游方式。中老年单身或已婚与子女分居者,既有充裕的时间又有较强的经济实力,对旅游产品需求品位高,要求舒适豪华、慢节奏的旅游产品和服务。

2. 职业及经济状况

旅游者的职业、社会地位、收入水平的不同,表现出的消费行为也不相同。社会地位高,经济收入高的消费群体,对旅游产品的档次及品牌要求较高,对各类旅游产品的需求量较大。职业同时也决定着个人的闲暇时间的长短,如教师可以利用寒暑假出游,行政官员可以利用出差或会议从事旅游活动等。旅游营销者应该针对不同的旅游消费者的需求开发各类产品,以适应不同职业人员的旅游消费。

3. 个性

个性是指一个人对自身环境产生相对一致和持久的反应的独特心理特征。一个人的个性影响他的消费行为。这里举出几个常用于个性描述的术语,如自信、好支配他人、好交际、自主、适应性强、进取等。分析不同个性的旅游者对特定产品、品牌的选择,有助于了解旅游消费者的行为过程。它对调整和适应不同个性的消费群体具有很大的意义。

(四)心理因素

旅游消费者的购买选择还要受动机、知觉、学习及态度四个主要心理因素影响。

1. 动机

动机是指足以迫使人们寻找满足的需要。心理学家研究了人类动机的理论,其中亚拉罕·马斯洛的理论是最著名的理论之一,他试图解释人们为什么会在特定时刻受特性需求的驱使,为什么会出现一些人把大部分时间和精力放在安全问题上,而另外一些人则把获取人格尊严看得更为重要。马斯洛理论又称需求层次理论他将生理需要、安全需要、社会需要、尊重需要及自我实现需要按重要性排序(见图7-2)。一个人首先要满足最重要的需要,当那个需要满足后就不再是一个动机了,但他会继续满足下一个需要。当每一个重要的需要被满足后,下一个需要就会开始发挥作用。对于不同层次的旅游消费者,营销者需采取不同的营销方案,并通过各种媒体宣传旅游产品满足人们的各种需要。旅游者参与旅游消费活动必然存在着五种需求,这五种需求可以同时成为动机,也可能是其中的一两种成为旅游购买者的主要动机。

2. 知觉

知觉是指人们为了了解世界而收集、整理及解释信息的过程。由于知觉的过程不同,人

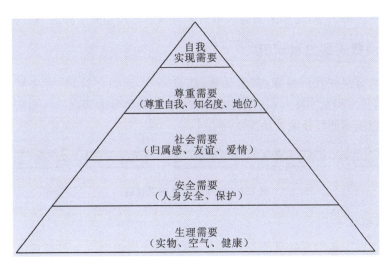

图 7-2 马斯洛的需求层次理论

们对同样的刺激会产生不容的直觉。知觉的过程分三种,选择性注意、选择性曲解及选择性保留。

选择性注意是人们剔除其面临的大部分信息的倾向,只关注具有吸引力的信息。它使旅游营销者在吸引消费者注意方面下功夫。

选择性曲解是指人们按已有的想法来解释信息的倾向。它意味着旅游营销者必须理解旅游消费者的思路,分析这些思路对广告和销售信息的解释所产生的影响。

选择性保留是指人们在遗忘他们所得到的大部分信息过程中,倾向于保留能符合他们态度和信念的信息。

3. 学习

学习是指由于经验而引起的个人行为的变化,旅游消费行为的学习过程也一样。当旅游产品和服务能够满足其需求时,旅游者就倾向于再次进行购买,并且人们会对以往类似情况的反应概念化,以此判定当前情况或推定未来。旅游营销者可以利用概念化开发系列旅游产品,使消费者对一种旅游产品的好感推及到其他产品上来。

接触学习是除了直接学习以外的另一种学习过程,旅游者获取学习的来源主要是通过广告宣传、朋友、同时及家人的谈论沟通等。多数旅游者倾向于出游前从朋友、熟人那里了解信息,认为此种信息比其他渠道更为翔实、可靠。旅游营销者能利用它抓住回头客并以此发展新客源。

4. 态度

态度是指一个人对某个客观事物或观念的相对稳定的评价、感觉及倾向。态度能使人们对相同或相似的事物产生大致相同的行为,从而避免对每一项新事物都以新的方式做出反应,节省了时间和精力。在大多数情况下,对某种旅游产品和服务持肯定态度的消费者,会倾向于购买该产品和服务。所以,通过了解旅游者的态度可以有效把握其购买偏好,吸引游客做出消费决策。

如果必须要改变游客对某产品的态度,旅游营销者需从增加新的知识成分,提供新信息和培育新感情两方面入手,逐步削弱旅游消费者对该旅游产品和服务的原有态度。

二、游客消费购买过程研究

旅游者购买过程含五个步骤:需求确认、信息寻找、选择评价、购买决策和购买后行为(见图7-3)。购买过程在实际购买前就已经开始,并且持续到购买之后。旅游营销者需关注整个的购买过程而不能仅仅关注决策本身。

图7-3 旅游购买者决策过程

(一)需求确认

需求确认是购买者购买过程的开始步骤,指购买者认识到一个问题或需求。需求可以是由人体内部刺激引起的,也可以是由外部刺激引起的,例如,旅游线路、广告宣传等驱使人们的需求上升到一定程度引发购买行为。在这个步骤中营销者应了解旅游消费者有什么样的需求或问题,这些问题是怎样产生影响的,以及如何把消费者引向特定的旅游产品或服务。

(二)信息寻找

信息寻找是旅游消费者产生需求后有意或无意地寻找有关的旅游产品信息。他们寻找信息的积极性和投入程度取决于对各种旅游产品的了解程度,对该产品需要的迫切性,该产品的价值和重要性,寻找信息过程中所花的时间、精力和费用。

寻找信息的来源主要有四种:个人来源,如家庭、朋友、邻居、熟人等;商业来源,如广告、营销人员、经销商、包装、陈列等;公告来源,如大众媒体、消费者信誉机构等;经验来源,如旅游者自身的旅游经验等。这些信息来源的相对影响力随着产品和购买者的不同而发生变化。营销者控制的信息来源是商业来源,而最有影响力的信息来源是个人来源。

所以,旅游营销者必须仔细设计营销计划,使未来游客了解其产品各个方面的知识;仔细识别旅游消费者的信息来源及每个来源的重要性。

(三)选择评价

选择评价是旅游消费者如何利用信息来评价可供选择的品牌而做出的抉择。但并不是所有购买者都是用同一种简单的评价方法。一般在实践中有多种评价方法。

(1)假设每个旅游消费者把旅游产品看成一系列产品属性的集合,这些属性哪些比较重要,不同的旅游消费者看法会有差异,不同的旅游消费者会特别看重与他们需要有关的那些属性。

(2)旅游消费者会根据自己的需要和希望,区别不同属性的重要性。

(3)旅游消费者形成一系列关于各个属性中不同品牌的性能的认识,建立品牌信念。人们关于某个品牌的一系列信念,就是我们所说的品牌形象。

(4)旅游消费者期望的产品全部满意程度随不同属性的水平而变化。

（5）旅游消费者通过某种评价方法而形成对不同品牌的态度。不同的消费者在购买决策中会使用一种或几种评价方法。

因此，旅游营销者应该努力研究购买者在实际中如何评价可选旅游产品及品牌，了解他们的评价是如何进行的，这样就可以采取积极行动影响旅游消费者的决策。

（四）购买决策

一般消费者的购买意向是购买他最喜欢的品牌，但在购买意向和购买决策之间还会受到两个因素的影响。第一个因素是他人的态度。该因素对购买决策的影响取决于他人对某项购买决策的否定程度和他人意见对购买者的影响力。否定程度越强，对购买者影响力越大，购买者越容易改变意图。第二个因素是不可预料情况。倾向性甚至购买意图并不一定都能引起实际购买选择，旅游营销者应该尽量做到完善产品和服务，以利于消除旅游消费者购买决策中的障碍。

（五）购买后行为

产品被购买后，营销人员的工作并未结束，因为旅游消费者可能会满意，也可能会不满意或有顾虑，从而产生购买后行为（post-purchase behavior）。旅游产品和服务未达到旅游消费者期望，旅游消费者会失望；达到了，旅游消费者会满意；若超出了期望，旅游消费者就会有惊喜。

如果旅游消费者最终获得了满足，那么在下一次购买中他们就会倾向于继续购买该产品和服务，甚至会向生活中的相关群体成员称赞该产品和服务，这种宣传积极地影响着有关群体成员的购买决策。相反，当旅游者不满意时，就会产生一系列的负面效果。这时旅游营销者的明智之举应是定期衡量旅游消费者的满意程度，建立鼓励旅游消费者进行投诉的系统，倾听他们的抱怨并做出积极反应。

第三节　景区市场营销管理

一、景区营销概述与特征

（一）景区营销的内涵

景区营销就是指在不污染和破坏旅游资源的前提下，旅游景区经营企业为满足旅游者观光游览、休闲度假、娱乐的需求和欲望，将旅游景区与游客之间的潜在交换变为现实交换的一系列活动。

景区营销管理人员的任务不仅仅是刺激游客对旅游景区的需求以扩大生产和销售，更重要的是调整市场需求，必要时还需要缩减甚至抵制市场需求。这是由旅游景区的环境容量和持续发展决定的。旅游景区市场营销管理的任务，是为了促使旅游景区企业目标的实现而调节游客市场的需求水平、需求时间和需求特点，谋求需求与供给相协调（见表7-3）。因此，旅游景区市场营销管理的实质是需求管理。

表 7-3　旅游景区营销管理框架

需求状况		营销管理类型	营销任务	
类型	特点		目的	手段举例
不规则需求	失衡,季节性波动大	协调性营销	调节需求	灵活定价
充分需求	较理想,与供给水平吻合	维护性营销	维持需求	提高质量,降低成本,维持现有营销状态
过量需求	需求超过景区的承载和供给	限制性营销	降低需求水平	提价,合理分销产品或减少产品与服务
潜在需求	无法得到满足的强烈需求	开发性营销	实现需求	开发新产品设法满足需求
下降需求	需求衰退	恢复性营销	重振需求	有效沟通,提高服务质量,创造性再营销
无需求	游客无需求或不了解	刺激性营销	刺激需求	引起游客兴趣
负需求	不喜欢或厌恶	扭转性营销	扭转需求	扭转人们的态度
有害需求	对产品或服务有危害性	抵制性营销	消除需求	劝说放弃,停止供应

(二) 景区营销的特点

鉴于旅游产品的特殊性,旅游景区营销也有不同于一般营销的独特性。

(1) 游客访问景区的整个经历始于对产品的消费之前,并将持续到消费之后,而经营者所能控制的只占此过程中的一部分,但游客不会区分哪些是景区的责任,哪些超出了景区经营者的控制范围。因此,景区营销人员应当关心的是游客的整个经历。这里,交通是否方便是景区成功的关键;路标、恰当的方向指示和宣传品也都是景区营销的重要工具。

(2) 游客是生产过程的一部分,而员工是产品的一部分。前者是服务的对象,服务的过程就是生产过程,后者直接参与产品的生产和销售,他们的技术、态度和服务行为是游客服务体系的构成要素。因此,员工和游客都是营销的重要组成成分。

(3) 景区产品的无形性,决定了游客在购买之前无法实验或使用产品,所以要通过一定的渠道让公众产生对景点产品的认识。这些渠道的核心是借助公众舆论和公众关系传播景区的形象和信息,同时要十分重视让每一个游客都有满意的游览经历,因为他们会将这种经历推荐或介绍给潜在游客。

(4) 景区产品具有"不可储藏性"的特点。淡旺季、团队与散客可以实行差价以实现经济效益的最大化。由于景区的季节性特点,往往最大容量或需求量运营的时间只占一年中的一部分。如果一个景区靠近度假地,其年接待量的 45% 可能会在大约 8 周内实现,所以营销的主要职责就是在有限的高峰日之外创造尽可能多的需求。

(5) 景区产品的"不可移动性"使旅游者购买的只是特定时间的使用权而不是产权,无法将旅游景区带走。"购买者"身处异地,不促销就无法让他们获得信息并促使其前来观光。因此,旅游景区的营销就包括异地促销和本地促销两种形式。前者是指在旅游客源地和潜在游客集中区的宣传、招徕,通过在大众媒体上做广告,请旅行商散发宣传品,参加旅交会,实现潜在游客的现实化;后者包括邀请目标市场地区旅行商和媒体记者踩线,以及通过提高服务质量吸引回头客,发挥游客的"口碑"效应。

(6) 旅游产品只提供暂时使用权。由于游客的逗留时间决定着他们的消费额度,因此尽可能地延长逗留时间成为很多景区的重点工作。但这也不是绝对的,因为其逗留时间同时决定着景区的日接待量,所以,营销人员要以增加景区收入为目标,做好综合协调工作。

(7) 旅游产品只提供给游客以共享使用权而不是单独使用权。对景区而言,这意味着需求可能会有冲突,如学生和老年人彼此间需求的矛盾。因此如果有可能,最好避免将需求有冲突的游客混在一起。

(8) 旅游产品易受大环境特别是时尚的影响。例如,皖南古村落被列入世界文化遗产,引发了古镇游览热,不但皖南古村落,浙江北部的乌镇、南浔、西塘,苏南的同里、周庄等都成为人们追寻的一大时尚。抓时机推销自己,可以事半功倍。

(9) 旅游景区营销不仅要考虑旅游者的需求,而且要考虑旅游资源的保护,要将两者结合起来,使市场营销运行与环境保护得到协调统一的发展。例如:云南陆良彩色沙林旅游景区在搞旅游产品开发时,对到景区的旅游者做了问卷调查,有许多旅游者提出想买瓶装的彩色沙作为旅游纪念品。但是如果开发这样的产品,满足游客的这种需求,就会对沙林资源产生破坏作用,所以游客的这种需求是不能够满足的。

(10) 旅游景区营销市场具有的区域性。任何一个旅游景区,其市场定位必须是区域性的。因为旅游产品所具有的感知形象是旅游者选择旅游地和进行旅游决策的考虑要素,而距离、时间、交通方式和旅行成本是次要因素。因此,那些具有强烈独特个性的旅游景区,往往吸引着远在千里的旅游者。虽然旅游景区会因类型不同而竞争程度不同,但每一个旅游景区要突出差别性营销策略,以形成自己独特的形象。

二、景区营销的管理过程

(一)收集景区营销信息

景区市场竞争日益激烈,谁能最准确、最及时地把握住游客的需求信息,谁就是最大的赢家。详细的营销信息是营销人员进行营销环境和市场分析的基础,并且在此基础之上选择营销机会和目标市场。因此,收集景区营销信息显得尤为重要,建立完善的营销信息系统成为景区科学经营管理的基础。

景区营销信息系统可以降低景区的营销风险,节约营销风险,提高对营销因素的可控能力。包括内部报告系统、营销情报系统、营销调研系统、营销决策系统四个部分,如图 7-4 所示。

1. 内部报告系统

内部报告系统是营销决策人员经常使用的一个最基本的信息系统。这个系统的信息,主要来自于团体预订、门票销售和关键市场游客数据库。

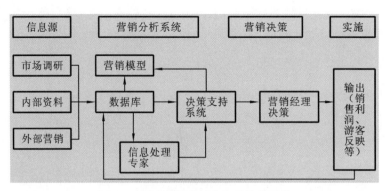

图 7-4　景区市场营销信息系统模型①

1）团体预订信息报告系统

团体预订指的是旅行社、旅游公司及其他社会团体预先确定前来景区游玩的情况。团体预订信息报告系统涉及电话总机、咨询、网站管理、门票销售、市场营销、游客服务等相关岗位。

2）门票销售与游客入园报告系统

门票销售与游客入园报告系统是针对景区的门票销售情况而专门设计的一个子系统。门票销售与游客入园报告系统的信息包括：门票销售情况、各票种的构成、旅行社购票情况、其他团体票购票情况、入园人数及构成以及历史上的相关数据和其他相关情况。门票销售与游客入园报告系统是营销决策人的重要依据。

3）市场游客数据库

市场游客数据库是一个有组织地全面收集关于游客的、潜在游客的资料库。关键市场游客数据库则是重要细分市场游客或中间商的资料库。这些数据是当前的、可接近的和为营销目的所用的。根据这些数据，营销经理就可以制定销售策略或服务的计划，或者用于维持游客关系。数据库为以后进行数据挖掘和进行数据库营销奠定了基础。

2. 营销情报系统

营销情报系统是为营销决策人员获取日常有关营销环境及营销活动进展的各种信息的来源，为景区决策人员提供目前外部正在发生的情况的各种信息。营销决策人员获得营销情报的途径和方式主要有四种：通过市场营销人员来获得信息、通过旅游中间商收集情报、向专业公司购买情报，以及从大众或专业媒体摘录、筛选、整理情报资料。

3. 市场调研系统

市场调研系统是指对可以用来解决特定营销问题的信息所进行的设计、收集、分析和提出数据资料以及提出跟企业所面临的特定的营销状况有关的调查研究结果。市场调研系统的主要作用是提供便于制定决策的信息。通过市场调研，景区可以获得更多、更准确的市场信息，从而把握好市场需求的变化等方向。

1）市场调研的主体

大多数的景区都会有自己的市场调研部门，他们会不定时地进行市场调研，不断地调整

---

① 郑维，董观志. 主题公园营销模式与技术[M]. 北京：中国旅游出版社，2005：143.

本企业的策略,以确保其经营策略跟市场发展趋势保持一致。有些景区为了获得更准确的信息和节约成本,会聘请一些专门的调研公司来开展市场调研活动。

2)市场调研的程序

有效的营销调研必须包含以下五个步骤:确定问题和调研的目标、制订调研计划、收集信息、分析信息和提出结论。市场调研的程序,如图 7-5 所示。

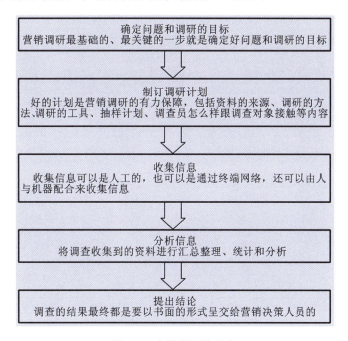

图 7-5　市场调研的程序

4.营销决策系统

李特尔把营销决策系统定义为一个组织,它通过软件与硬件支持,协调数据收集、系统、工具和技术,解释企业内部环境和外部环境的有关信息,并把它转化为营销活动的基础。构成营销决策系统的主要统计工具、模型和最佳程序有多元回归、判别分析、因子分析、集群分析、联合分析、多维排列,等等。

(二)设立景区营销组织

1.景区营销部门组织的设立原则

市场营销组织的设计要按照市场环境的要求,需要遵循以下原则:

1)市场导向原则

景区市场营销组织的设计必须以满足市场的需求为出发点,确保公司组织机构的整体运作,围绕游客市场的需求来开展,实现"游客—景区—游客"的不断循环上升的经营管理过程。

2)效率优先原则

景区营销组织的设立必须遵循效率优先的原则,确保景区在市场竞争中的反应速度。在组织设计中要坚持管理层级上的扁平化和职责职能的系统化。

3）优质服务原则

景区市场营销组织的设计必须保证服务的优质化。在组织设计中应增加服务环节，增加信息传递的长度等。

2. 营销组织的职能

景区营销组织的职能主要是：制订景区营销战略规划及年度营销业务计划；制定有效的景区产品战略，以确保市场份额及利润最大化；提供高效的游客/市场沟通；培育、管理、提升景区品牌；培养和提高整体市场营销能力等，具体如表7-4所示。

表7-4 景区营销部门职能

景区营销组织职能	具 体 职 能
营销服务	管理市场营销系统；进行市场调研；负责营销业务和营销人员的管理；负责市场营销的内部协调
品牌管理	负责景区的公共关系、宣传推广；制订和实施景区品牌培育、管理和提升计划
市场推广	执行游客/市场沟通计划、景区票务政策、促销计划；负责渠道管理；实施内部营销
游客服务	协助景区的咨询电话热线、相关电子商务活动、处理游客投诉、意见与建议处理
营销计划	制定游客与渠道发展及管理策略、制订景区活动计划等
票务销售	负责景区门票销售、对团体门票的管理
主题活动策划	负责大型活动的策划、大型主题活动的协调、中小型主题活动的实施与管理

（三）实施景区营销计划

景区市场营销计划就是对景区市场主要活动方案所做的详细说明。它规定了解景区各种经营活动的任务、策略、政策、目标和具体指标以及措施，实施和控制景区市场营销计划可以使景区的市场营销活动按既定计划进行，避免营销活动的盲目性。

1. 景区市场营销计划的内容

景区市场营销计划的内容，如图7-6所示。

2. 景区市场营销计划的实施

营销计划的提出和制定要解决的是营销活动做什么以及为什么做问题，而营销计划的实施要解决的是何时、何地以及怎么样做的问题。营销计划的实施是一项系统化的工程，是将计划转化为行动的过程。

景区营销计划的实施需要景区内部如一线工作人员、财务和人事部工作人员等团结一心，外部如广告代理商、销售代理商等组织相互协作，这样才能有效地实施营销计划。具体包括以下几个步骤，如图7-7所示。

3. 景区市场营销计划的控制

控制是将预期业绩与实绩比较，并在必要时采取校正行动的过程。因为在计划执行过程中，难免会发生一些意料之外事，所以对营销计划进行控制是十分必要的，应注意：

（1）明确计划控制的目标，它不同于营销计划目标，而只是控制所要达到的目标，只是

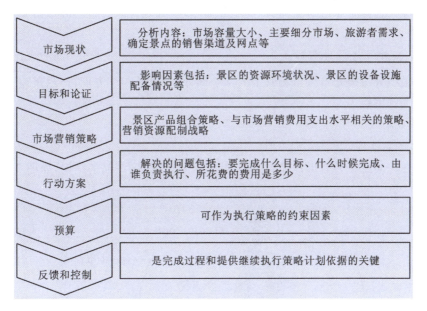

图 7-6　景区市场营销计划的内容

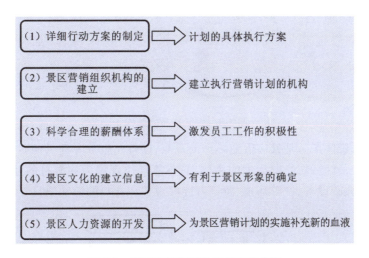

图 7-7　景区市场营销计划的实施步骤

营销计划某个阶段的目标,目标必须可测。

(2) 明确计划的执行情况,这一阶段是监测市场活动的实绩。

(3) 判断计划执行的结果,这一阶段是将实际结果与控制目标进行比较,明确计划的执行情况,并找到其原因。

(4) 采取纠正措施,可以从两个方面来考虑:第一,计划目标是否定得太高;第二,景区工作人员是否付出了足够的努力。针对这两个方面的原因可以相应地提出纠正的措施。

三、景区营销的实施策略

景区营销策略是景区通过计划、组织、执行和监控等管理过程来实现一定营销目标的具体战术和措施。它源于旅游市场需要、欲望和需求,核心是为旅游市场和旅游景区自身创造一定的价值。

（一）景区市场营销组合策略

市场营销组合决策是景区市场营销的核心部分,它包括四个方面:产品策略、价格策略、渠道策略和促销策略。

1. 产品策略

1）景区产品结构

旅游景区产品是一种有形产品与无形服务的组合。景区产品的结构,如图7-8所示。

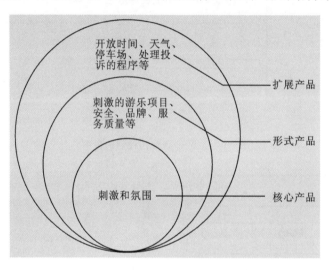

图7-8　景区产品的结构

从狭义上说,景区产品是景区借助一定的资源、设备向旅游者提供的有形产品和无形服务的总和,是旅游景区一切经营活动的主体,它不能仅仅理解为旅游目的地的风景名胜,还应该包括必要的旅游设备、旅游环境、游览者能够观赏和参与的活动项目等,如图7-9所示。

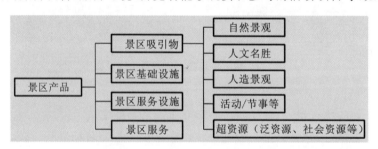

图7-9　狭义景区产品的构成

但是,从更广泛的意义上讲,旅游景点产品的实质是服务,而不是风景名胜本身,可以说旅游产品的本质是一种体验、一种经历。这种经历的持续过程是包括从游客意欲访问景区开始,一直到整个旅游活动的结束,既包括游客对景区的整体印象,也包括留在游客心中的美好回忆。一般来说,这种经历构成的要素包括五个方面,如图7-10所示。

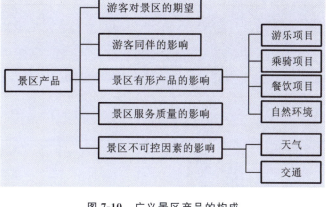

图 7-10　广义景区产品的构成

2）景区产品类型

依据旅游景区产品的性质,可将景区产品分为观光产品、度假产品和专项产品。依据旅游景区产品的功能,可将景区产品分为陈列式、表演式和参与式三个类型。景区产品功能分类,如表 7-5 所示。

表 7-5　景区产品功能分类

层次	特征	项目内容	产品功能	举例
基础层次	陈列式观光游览	自然资源、风景名胜与人文历史遗迹	属于最基本的旅游模式,是旅游规模和特色的基础	深圳锦绣中华、漓江景区等
提高层次	表演式展示	民俗风情与游乐	满足游客从"静"到"动"的多样化心理需求,通过旅游文化内涵的动态展示,吸引游客消费向纵向发展	深圳民俗文化村、云南印象丽江等
发展层次	参与式娱乐与相关活动	亲身体验与游戏娱乐	满足游客的自我选择、投身其中的个性选择,是形成旅游品牌和提高游客持久重复消费的重要方面	欢乐谷、迪士尼乐园等

3）景区产品生命周期与产品创新

随着旅游业的发展,旅游者的需求层次越来越高,而且趋于多样化,在制定产品策略时要注意旅游者的市场需要和产品的生命周期,从景区生命周期的特征可知,每个景区都要经历投入期、成长期、成熟期、饱和期和衰退期,因此,有必要延长景区的生命周期,以使景区能长久存在,实现可持续发展。不同生命周期景区产品营销策略,如表 7-6 所示。

表 7-6　不同生命周期景区产品营销策略

市场时期 促销内容	投入期	成长期	成熟期	饱和期	衰退期
营销目标	唤醒客源	让客源了解	说服客源	说服客源	建立忠诚度,建立新市场

续表

市场时期 促销内容	投入期	成长期	成熟期	饱和期	衰退期
营销策略	快速掠取策略，缓慢掠取策略，快速渗透策略，缓慢渗透策略	改进产品品质，扩展新市场，巩固产品地位，调整产品售价策略	开辟新市场，产品深层次开发，调整营销组合等	—	立刻放弃策略，逐步放弃策略，自然淘汰策略
战略重点	扩大影响	渗透	维持	维持	再推介
营销费用	增加	高	高	下降	稳定
产品档次	基础产品	改善	好	退化	糟糕
促销手段	推介	广告	业内促销	业内促销	业内促销
产品价格	高	高	较低	低	低于成本
销售形式	独立	独立	业内促销	业内促销	联合促销

2. 价格策略

因为景区价格主要表现为景区门票价格，所以这里的价格策略主要研究的是景区门票价格策略。景区门票价格是指所有景区对游客开放并收取游览参观费的价格。

1）影响景区门票价格决策的因素（见图 7-11）

图 7-11　景区门票价格决策影响因素

（1）景点的资源价值，包括旅游资源的品位、价值和稀缺状况等。景点的资源较高，就可以采取较高的定价，可以与价值较低的资源拉开距离。

（2）景点的可进入性。位于交通便利、可进入性高的景点可以采取较高的定价，而交通不太便利，可进入性较低的景点可采取稍低的定价。

（3）景区的生产成本。一般来说，在景区产品价格构成中，成本所占的比重是很大的，它是定价的基础。景区首先要确定收支平衡点，然后根据销售预测和当前价格估算出是否能够达到这一平衡点。

（4）旅游资源的管理与保护及景区的环境容量。旅游资源环境很脆弱，通过合理的定价可以把游客控制在一定的范围内，使资源和环境得到保护，实现旅游业的可持续发展。

（5）旅游者需求及承受能力。景点的门票价格应与旅游者的可自由支配收入水平相一致。

（6）与景区相关的其他行业。这里指的是餐饮、住宿、交通等行业，景区门票价格的变化会影响这些行业的价格变动，同时，这些部门价格的变动也会影响景区门票价格的变动。

2）景区门票价格定位原理

景区门票价格制定的基本要素主要有五个方面：资源价值、成本构成、客源市场、客源市场、社会效益。在对景区门票价格进行定位时需要遵循一定的原理，如图7-12所示。

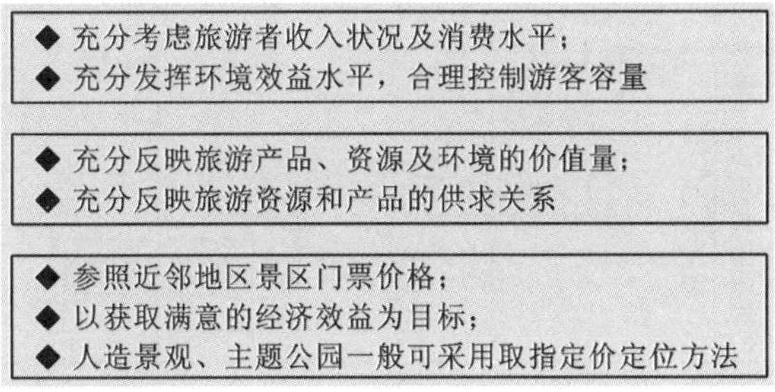

- ◆ 充分考虑旅游者收入状况及消费水平；
- ◆ 充分发挥环境效益水平，合理控制游客容量

- ◆ 充分反映旅游产品、资源及环境的价值量；
- ◆ 充分反映旅游资源和产品的供求关系

- ◆ 参照近邻地区景区门票价格；
- ◆ 以获取满意的经济效益为目标；
- ◆ 人造景观、主题公园一般可采用取指定价定位方法

图 7-12　景区门票价格定位原理

3）景点门票定价决策

根据景点经营战略的不同，定价大体有三种决策方向：一是利润导向，就是追求利润最大化；二是销售导向，就是谋求较大的市场份额；三是竞争导向，就是采用对等定价或持续降价的策略，以应对竞争或者回避竞争。

4）二次消费

旅游者进入景区内的其他消费被称为"二次消费"，是景区收入的重要组成部分。在制定门票价格时，一定要处理好门票价格和二次消费的关系，当二次消费项目较多时，可适当降低门票价格，以便吸引更多的游客，或者将一些二次消费捆绑在门票价格内，让客人凭票消费，使客人产生物超所值的感觉。

3. 渠道策略

旅游景区要提高旅游者的数量，增加旅游景区的收入，就必须建立有效、顺畅的销售渠道。

1）渠道的种类

旅游景区销售渠道类型，如图7-13所示。

（1）根据景区是否通过旅游中间商进行营销活动，渠道可以分为直接和间接营销渠道：前者是指游客直接到旅游景区购买门票，然后进入景区游览。这种购买方式要针对散客和景区附近居民的购买。后者包括通过旅行社中介或旅游代理商中介销售和通过旅游信息中心销售。

（2）根据旅游营销渠道的长度，即旅游产品从生产者脱手到消费者购买为止，整个过程中经历中间商的层次数。渠道可以分为长渠道和短渠道。

（3）根据旅游渠道的宽度，即一个时期内销售网点的多少、网点分配的合理性以及销售数量的多少，渠道可以分为多渠道和单渠道。

2）选用销售渠道的主要评判标准（见图7-14）

旅游景区经营企业在选择销售渠道时，应当认真地分析、研究影响渠道的各种因素，对于不同的情况制定出不同的渠道策略。

（1）旅游景区的区位条件对于渠道选择的影响。

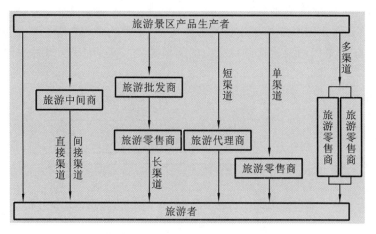

图 7-13　旅游景区销售渠道类型

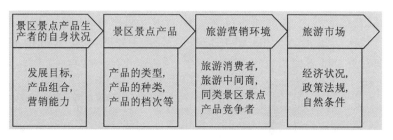

图 7-14　选用销售渠道的主要评判标准

旅游景区的区位条件的好坏、知名度的高低、旅游景区产品的特色,是影响销售渠道选择的重要因素。如果旅游景区区位条件好、知名度高,旅游景区产品有特色、吸引力大,可主要采用直接销售渠道为主、间接销售为辅的销售方式;如果旅游景区产品的特点是开展大众旅游的产品,则主要采用间接渠道、长渠道、宽渠道销售为主,直接销售为辅。

(2)目标市场条件对于渠道选择的影响。

如果目标客源多而分散,距离又远,则直接采用间接渠道、长渠道、宽渠道销售。如果目标客源相对集中,且距离较近,则宜选用直接渠道、短渠道、窄渠道销售。

(3)旅游景区自身状况对于渠道选择的影响。

①旅游景区的总体规模。景区总体规模大,接待能力强,市场范围大,就可以采取间接渠道、长渠道和宽渠道销售为主;反之就采取直接渠道、短渠道和窄渠道销售为主。

②旅游景区的财力大小。财力雄厚,可以选用直接销售渠道;财力不足,就应该选择间接渠道。

③旅游景区的产品组合。产品组合的形式较多,就可以采用间接的、宽的销售渠道;产品组合形式单一,则选择直接的、窄的销售渠道。

4. 促销策略

景区的促销策略是指景区将其营销的旅游资源、项目信息,通过各种方式传递给旅游消费者,以影响、促进旅游者购买动机的活动,它的实质是景区与旅游消费者之间的信息传递与沟通。

1) 促销目标

促销规划必须明确地表示整个促销实施过程要达到什么样的目标和效果。促销目标要跟顾客导向的市场营销规划目标相一致。促销目标可以是：

(1) 发布景区信息，维持公园形象；

(2) 开发潜在客源市场；

(3) 提升游客量，增加市场份额；

(4) 开发某一特定的细分市场或区域市场；

(5) 推出景区的新项目、新活动、新表演等；

(6) 提升知名度。

2) 促销的策略

促销的策略主要包括：

(1) 广告促销。广告促销是指旅游景区通过用支付一定费用的方式，通过媒体向旅游消费者传播景区产品信息的宣传。传播的媒体主要包括电视、广播、报纸、杂志等。

(2) 新闻和公关促销。能够在媒体上为景区提供免费的报道，但需要景区提供值得报道的素材。

(3) 促销活动。促销活动主要包括参加各种旅游交易会、展示会、节庆促销等。

(4) 特殊事件促销。景点应充分利用各种社会传播体系，发挥其非单纯商品形象的效果，使旅游者对景区的形象有较深的印象，比如利用游记进行促销、利用电影宣传片进行促销、利用名人效应进行促销等。

(二) 景区市场竞争战略

景区市场竞争战略是指景区根据竞争者分析和旅游市场中的竞争地位分析而制定相应战略。根据景点在市场中的竞争地位可以分为：市场主导者、市场跟随者、市场挑战者和市场利基者。

1. 竞争者反应模式分析

要运用市场竞争战略，必须先对竞争者的反应模式进行分析，如图 7-15 所示，这样与竞争者进行较量时才有更大胜券。

1) 从容型

这一类竞争者对其他企业的行动不做出迅速反应或反应不强烈，原因可能是没有触及其要害或该竞争者对竞争反应迟钝。

2) 选择型

这一类竞争者只对某些类型的进攻做出反应，而不理睬其他类型的进攻。

3) 强烈型

这一类竞争者对所有的进攻都采取反攻。

4) 随机型

这一类竞争者对有些进攻有反应，对另一些进攻没反应，表现出随机的特点。

图 7-15 竞争者分析框架图

2. 景区市场竞争策略选择

1）市场主导者战略

市场主导者战略，是指在旅游市场上占有支配地位或者起主导作用的企业。市场主导者的战略通常有三个重点：开发整个市场、保护现有市场份额和扩大市场份额，如图 7-16 所示。

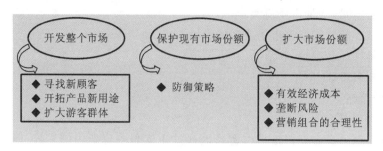

图 7-16　市场主导者营销战略

2）市场挑战者战略

市场挑战者战略，是指在市场中排名第二及以后的旅游企业，有些实力非常强大，有些实力一般。他面临的首要问题是战略目标和对手的界定。要想从挑战者变成领先者，有三种途径可供选择。

（1）攻击市场领先者。挑战者需仔细调查研究领先企业的弱点和失误：有哪些未满足的需要，有哪些使顾客不满意的地方。找到领先者的弱点和失误，确定自己进攻的目标。

（2）攻击与自己实力相当者，设计夺取它们的市场阵地。

（3）攻击小企业。对一些经营不善、资金困难的景区，可夺取它们的游客。

3）市场跟随者战略

跟随于市场主导者以后自觉维护共处局面，通常是效仿主导者向旅游市场提供类似的产品和服务。市场追随者营销战略，有三种做法，如图 7-17 所示。

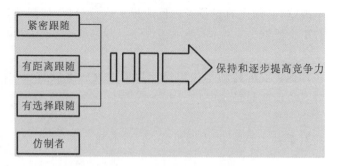

图 7-17　市场追随者营销战略

（1）紧密跟随，即在尽可能多的细分市场及营销策略上效仿市场主导者，但又要避免侵犯主导者的敏感领地，尽量避免任何正面的冲突。

（2）有距离跟随，在市场营销的各主要方面上跟随市场主导者，但又与其保持某些差距，这种做法比较能够被主导者接受。

(3) 有选择跟随,在某些方面紧紧跟随主导者,在另外一些方面仍保持独立性,这种做法是企业可以学到主导者的长处,同时发挥自身的创造力。

4) 市场利基者战略

在旅游市场中有些小企业,它们专心致力于市场中被大企业忽略的某些细分市场,在这些小市场上通过专业化经营来获取最大限度的收益。这种有利的市场位置就称为"利基(Niche)"。而所谓市场利基者,就是指占据这种位置的企业。一个理想的利基具有以下几个特征:

(1) 有足够的市场潜量和购买力;

(2) 市场有发展潜力;

(3) 对主要竞争者不具有吸引力;

(4) 企业具备有效地为这一市场服务所必需的资源和能力;

(5) 企业已在顾客中建立起良好的信誉,足以对抗竞争者。

一个景区要成为市场的利基者主要是指在地理区域方面实行专业化,即主要针对某一地理区域的市场提供专业化的产品和服务。

四、市场营销的前沿方式

(一)景区微信营销

1. 产生原因

游客在出行前需要查阅旅游度假信息、景区景点信息、交通信息、住宿地点和旅游活动等关注度高的信息。同时,游客出行前会对各个景区做了解、比较,选择对自己最优的景区。作为旅游供应商的景区,如何把游客需要知道的信息传递出去,把景区的亮点最快捷、最有效地推送给游客,这是景区营销宣传工作的核心。手机已经成为人们出行必不可少的工具,微信拥有强大的使用率,景区微信营销的快速发展是旅游景区和游客的共同要求。

2. 运营思路

景区的微信营销和传统的微信营销运营方向一致,通过对游客管理、推送管理和消息管理,结合微信的互动活动,引发用户对景区的兴趣及关注,并可让用户自发对景区活动进行口碑宣传,提高景区关注度,带动景区客流量。旅游景区微信公众号运营思路,如图7-18所示。

3. 游客导向论

游客旅游前对景区全面了解,决定旅行计划;对旅行中对景区服务感受,形成对景区的品牌印象;在良好的品牌印象基础上,尝试体验景区各种项目,并形成品牌忠诚。建设景区的微信营销平台,需要根据游客的用户需求,如图7-19所示。

4. 参考案例:南昌茵梦湖"世界未解之谜"主题乐园

南昌茵梦湖"世界未解之谜"主题乐园位于南昌市南郊迎宾南大道,总占地49万平方米,由江西康庄投资置业有限公司的总部中国康超集团投资5亿元人民币,是江西省重点休闲文化旅游项目之一,也是江西省重要的青少年科普文化基地。

南昌茵梦湖"世界未解之谜"主题乐园的微信营销方案,对游客而言符合游客的行动、感受、体验;对景区而言,微信营销实现了展示性、服务性和体验性,如图7-20、图7-21和图7-22所示。

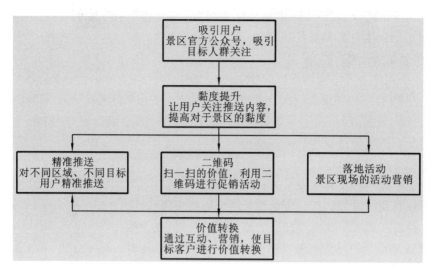

图 7-18　旅游景区微信公众号运营思路

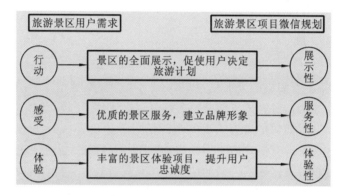

图 7-19　旅游景区用户需求与项目微信规划关系图

图 7-20　旅游景区微信展示性内容

第七章

景区市场营销管理

图 7-21　旅游景区微信服务性内容

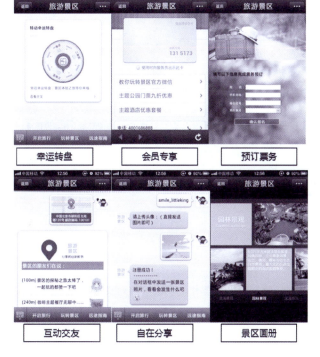

图 7-22　旅游景区微信体验性内容

（二）景区微博营销

1. 概念

景区微博营销以微博作为营销平台，每一个听众（粉丝）都是潜在营销对象，每个企业利用更新自己的微博向网友传播企业、产品的信息，树立良好的企业形象和产品形象。每天的更新内容就可以跟听众交流，谈论听众所感兴趣的话题，这样就可以达到营销的目的。

2. 理念：一切以客户为中心

以客户为中心的精准营销和主动式服务营销，在正确的时间把正确的信息传递给正确的人，是微博精准化营销的发展方式。

企业通过与客户不同的消费阶段的行互动，可以逐步建立情感关系。在消费者认知阶段，主动发现潜在客户的需求，帮助消费者了解品牌和产品的基本功能；在消费者购买阶段，有针对性地回答客户咨询，促进购买决策的达成；在消费者使用阶段，贴心的互动可以让客户有更好的体验；最后倾听客户评价产品和使用体验，给予关注和奖励，促使客户更有动力向周围的朋友推荐。

3. 微博营销经典案例：广州长隆水上乐园

2012年4月，广州长隆水上乐园新区"热浪谷"开园，主办方策划了"500人热浪谷新区体验团"事件，获得了巨大的成功。①

这个活动，短短两天就带来11万次的转发，评论数量接近4万，博文曝光量高达940多万，瞬间将"热浪谷"传遍了整个广州城，如图7-23所示。而这仅仅是开始，"500人热浪谷新区体验团"为长隆后期的口碑传播提供了充足的弹药，口碑就像水的涟漪一样，一波一波扩散开来。从新浪的后台可以明显看出，这个活动的影响力持续了整个"五一"假期。

图7-23 广州长隆水上乐园500张免费门票的微博图

这个营销策划的活动很精准地覆盖了长隆的目标人群，即广州及其附近地区游客。目标更精准，效果更容易监测，对销售的刺激更实在。

---

① 旅游景区做微博营销——口碑制胜[EB/OL]. http://www.traveldaily.cn/article/64293.

随着长隆项目的一步步推进,广州微电互动微博营销发觉,仅仅利用游客已经发布的口碑还是不够的,需要更进一步刺激游客发布口碑,给游客主动传播长隆一个理由也是相当关键的。于是,另一出大戏"史上最爽兼职"开始了,如图7-24所示。

图7-24　广州长隆水上乐园"史上最爽兼职"的微博图

（三）微电影营销

1. 微电影营销概述

景区微电影营销是指在为景区微电影的基础上加入营销理念,通过讲故事的形式来演绎景区品牌和诠释产品卖点,给受众呈现一个有内容、有特色并且有核心竞争力的景区,进而打动客户,引导其产生游览行为。

2. 参考案例:西双版纳热带雨林国家公园望天树景区《杀手的礼物》

2011年12月28日,云南首部景区与艺术结合的微电影《杀手的礼物》在昆明环银国际影城举行了首发式。这部由云南知名制作团队与西双版纳望天树景区联手打造的微电影拍摄时间历时6天,除了导演是专业演员,其他参演者都是云南大学艺术学院的学生、模特和景区人员。该电影不仅展现了云南本土微电影的制作水平,同时也是云南景区首次尝试微电影的宣传方式,将云南景区的宣传带入到"微电影＋网络营销"的时代。

该部微电影以黑色、幽默、悬疑、冷酷、另类、超现实、后现代的拍摄手法来吸引观众的眼球。讲述的是一个从小被人拐卖到犯罪组织后被培养成杀人机器的冷面杀手的故事。望天树景区充分利用了独特的自然景观和人文景观,作为"杀手"的故乡,西双版纳的热带雨林和民族风情在影片中得到了完美地体现,也为影片增加了不少神秘的气氛,非常符合故事的叙述和发展。望天树景区没有被刻意提及,仅仅在杀手集训时头领说:"我希望你们以后都像这棵望天树一样,成为雨林之王。"现实和过去,葫芦丝的温馨与杀手的冷血,景区的神秘,让这部影片获得网友的热议。

据望天树景区的营销宣传负责人说:"云南被称为天然的摄影棚,这里有太多的资源可以被挖掘,然而现在却还只是被外界当作一个取景地,云南的景区有很好的自然和人文资源,我们希望通过和云南本土文化界的合作,推动云南文化的发展,用文化带动起景区的宣传,同时也赋予景区更多的内涵。"

(四)景区 App 营销

1. App 的概论

App 营销指的是应用程序营销,这里的 App 就是应用程序 application 的意思。App 营销是通过智能手机、网上社区、SNS 等平台运行的应用程序来开展营销活动。App 营销是整个移动营销的核心内容,是品牌与用户之间形成消费关系的重要渠道,也是连接线上线下的枢纽。

2. 景区 App 营销特点

景区 App 营销特点,如表 7-7 所示。

表 7-7 景区 App 营销特点

特 点	解 释
营销成本低	仅仅需要开发一个基于 Android 版和 iPhone 版的 App,费用相对于电视、报纸、网络都要低
持续时间长	用户一旦成功下载了手机 App,便存在多次使用的可能性
信息全面性	全面介绍景区的产品、门票、交通、促销等信息,让游客在游览前充分做好游览安排,刺激游客的参观游览欲望
品牌建设高	景区 App 可以提高企业的品牌形象,让用户了解品牌,进而提升品牌实力
推广速度快	第一时间把景区的活动传递给游客,增强营销能力
全天候营销	景区 App 具有的超越时间约束和空间限制进行信息交换的特点,每周 7 天,每天 24 小时随时随地提供全球的营销服务
景区反应快	游客喜好、反馈将在第一时间内输入 App,景区可以及时处理
营销精准化	关注景区 App 的游客都对景区有喜好,针对这些目标客户及时推送信息,为景区创造游览客户
互动体验强	手机位置化"签到"与 App 互动小游戏相结合,消费者接受"签到玩游戏"任务后,通过手机在活动现场和户外广告投放地点签到,就可获得相应的勋章并赢得抽奖机会
用户黏性高	App 营销的黏性在于一旦用户将应用下载到手机,应用中的各类任务和趣味性的竞猜会吸引用户,形成用户黏性

3. App 营销案例:黄山景区

安徽黄山是个美丽的地方,黄山旅游景区为我们打造了移动终端,为了拓展旅游方面的手机应用,拓展旅游业务带动周边企业的发展,提供给旅客一些相关的旅游信息咨询,为游客打造一个方便、快捷的途径:

(1)黄山地图;

(2)二维码扫描功能,有读取手机号码的权限;
(3)景区景点介绍;
(4)酒店介绍;
(5)旅游咨询;
(6)旅游交通。

本章小结

旅游市场调研与需求分析、消费者行为分析为旅游产品开发与营销宣传提供了依据与战略选择。

景区营销是旅游市场营销的重要组成部分,其核心理论源于市场营销,因此,首先需要对市场营销有充分的认识和了解,明确景区营销的内涵,其核心就是为了获得游客满意和游客价值,分析景区营销的特点。

其次,介绍了景区市场营销的主要流程,可以分为收集景区营销信息、设立景区营销组织、实施景区营销计划和控制等几个阶段。

最后,介绍了景区市场营销的主要策略,这章侧重介绍了市场营销组合策略和市场竞争策略。

核心关键词

市场定位	market positioning
观念领导者	opinion leader
需求层次理论	hierarchy of need
购买后行为	post-purchase behavior
市场营销管理	marketing management

思考与练习

1. 试述研究景区游客行为的作用和意义。
2. 散客和团体游客行为的影响因素有什么不同?
3. 景区市场营销主要包括哪些内容?
4. 景区市场营销的策略主要包括哪些?
5. 请结合实际,确定一个景区的目标市场,并制定一套景区的营销方案。

案例分析

千年瑶寨苏其远：旅游景区营销到底该如何运作？[①]

旅游营销？很多人以为营销就是砸钱，就是做广告，就是吹嘘、忽悠。但真正成功的营销，该如何施展？如何让精准的营销对景区、旅游行业起大作用？近期，广东省内的千年瑶寨在各平面媒体、网络媒体、自媒体等平台动作频频，吸引了业界不少人的眼球。一座沧桑的古瑶寨，为什么会吸引如此巨大的投资与资本运作；投资者真的是靠景区赚钱还是另有目的？景区之未来，又将发展成什么样子？带着这些问题，《南方都市报》记者独家采访了千年瑶寨董事长苏其远先生。

所有的营销只有一个宗旨——活化千年瑶寨

旅游产业是朝阳行业，是环保产业，随着越来越多的投资者投身该产业，这个一度"古老而脆弱"的行业有了不同的呈现和结局。旅游营销，到底该如何运作？我们从这位来自福建莆田的闽商身上看到的最大不同，那就是他目标明确，他看到了诸多经营良久的业界人士看不到的"商机"以及景区投资建设的弊端与优势。他明确表示——所有的营销只有一个宗旨，那就是最大限度地活化千年瑶寨文化，重现瑶寨盛世风光。

旅游营销的投入也是对景区的投资

苏其远表示，自去年接手后对景区加大投资，首先是对景区内部的建设，其次是对景区品牌的培育，再次是企业内部的管理建设，投资在硬件建设方面占到18%～20%；在不断丰富景区内涵的基础上，加大广告等硬性的营销费用投入。制定了科学的景区十年规划，计划前三年投资与收益达到持平，拟计划将收益再度全部投入市场。走上良性发展的三年后，营销费用比例将逐步缩减，控制在收益的三成左右。在苏其远的眼中，前期的品牌培育非常重要，主要是集聚人气、延长在景区时间，以此拉动景区、商品、度假村等衍生品的收入，实现旅游资源的升值，同时提高瑶寨民众的收入，增强其幸福感和归属感。

苏其远对当前旅游景区考察之后表示，多数景区在营销方面陷入误区，多数人认为营销就是不断地投钱、烧钱，很多人要求景区必须先有收入了再按照一定比例投入，这样的思路严重滞后。千年瑶寨的做法是将营销当成投资，有的放矢的营销，找准命脉的营销才能活化景区。

音乐、服装、舞蹈，景区的内涵可以无尽开挖

对于旅游项目的收益方面，苏其远看得比较深透，他认为，首先要挖掘景区自身的内涵，比如这座瑶寨是生活于此千百年的瑶族人的"活化石"，是研究国内瑶家建筑、人文、服装等重要阵地，并且至今保持得非常原生态。早在20世纪60年代，当时国际上著名的《瑶族舞曲》正是发源于此，于是为景区打造了"音乐营销"的概念，这正

[①] 肖阳.千年瑶寨苏其远：旅游景区营销到底该如何运作[N].南方都市报，2014-06-12.

是这座瑶寨给予的灵感。于是,2014年"五一"期间,景区举办了"柠檬音乐节";还邀请专业团队策划、创作了6首瑶族歌曲;近日,景区名曲《千年瑶寨等你来》登上央视综艺频道《天天把歌唱》节目;景区打算今年推出瑶族音乐专辑,让更多人分享到瑶族舞曲的美妙,这也算是对瑶族文化所尽的一点绵薄之力。

千年瑶寨是千年前的生活样本,是规划完好的小区

记者:您当初为什么对千年瑶寨一见钟情?

苏其远:这些年,走过很多地方,每到一处都喜欢"挑刺",当时来到千年瑶寨,对这么一个保持得如此原始、原生态的地方,感到非常震撼。一见钟情的同时也觉得景区太静态了,需要下大力气重现瑶族同胞原汁原味的美好生活。在我眼里,千年瑶寨是广东省内乃至全国最原生态的原始村落之一,依山而建、依排而建的寨子,这可能是规划得最好的房地产小区,是千年前生活样本。当时我就有一个愿望,要重现盛世瑶寨的辉煌,呈现农耕文化的辉煌,希望大家可在这里认识、认知、认可瑶寨和瑶族生活。

记者:在您的规划中,千年瑶寨的品牌将如何发展?

苏其远:现在是第一个十年,前两年要做好基础建设,也是品牌辅导期,首先是要将千年瑶寨这个品牌覆盖到全省;三至五年中,将覆盖全国,尤其是华东、华南区域,让大家都知道有这么一个景区。六至十年,要走向东南亚,尤其是华人区域中,要让千年瑶寨成为国际旅游目的地。现在正是市场品牌培育阶段。

记者:在您的开发中,与其他景区有什么不同?

苏其远:在我们景区中,保护、保育是最高纲领;消防、交通、停车场等配套;卫生间也是并列第一位的。我们在建设景区的五星级卫生间,会配备淋浴间、更衣间,还会建设VIP的卫生间以接待贵宾,目的就让游客处处感受到舒适、舒服、雅致。我们会尽最大的努力,让当地瑶族同胞在景区中"回归"原来的生活,比如迎宾、耍歌堂、情人节对歌、刺绣、耕种等等。

记者:在未来数年中,千年瑶寨将有什么样的旅游体验?

苏其远:旅游景区是一个综合体,要提高综合素质,才能吸引人气,才能延长游客待在景区的时间。对于这些,我们也是有步骤的:

其一,挖掘、活化瑶族人民热情好客的做法——入寨仪式,既重现了瑶族的迎宾活动,又让游客一进入景区便能主动参与到互动的活动中。

其二,将让游客穿上瑶族的民族服装,这样更能融入瑶寨的生活,或者是有种穿越的感觉。

其三,瑶族是能歌善舞的少数民族,尤其是"长鼓舞",现场会进行瑶族歌舞的表演,也能让游客参与其中,千年瑶寨由于有良好的音乐基础,所以我们将打造成"音乐创作基地",夜间有篝火晚会。首部以瑶族生活为题材的电影《瑶族舞曲》在2014年9月份开机;2014年8月2日,景区举办了音乐联欢活动庆祝瑶族传统的"开唱节",游客可欣赏到活化了的瑶族舞曲。

其四,做好各项改善工作之后,游客将可直接入住到原住民的瑶寨家中,或者跟瑶族同胞们同吃、同喝,体验耕种、体验刺绣等活动。

其五，我们通过征集瑶族原生态的瑶族婚俗、回娘家习俗等广东省非物质文化遗产项目，力求将千年瑶寨打造成为婚礼、婚纱照、蜜月旅游的基地，这种带有少数民族神秘色彩的婚礼蜜月基地，将带给新人们更加美好的、特殊的记忆。

其六，我们也正在深挖与弘扬盘古文化，盘古王是瑶族和汉族的共同祖先。

其七，增加了瑶家民族工艺品、农产品的加工和销售。这一点已与当地原住民有了很好的合作。

其八，在我们的努力下，将逐步复原瑶族的耕种文化、梯田管理等，让游客在省内也能欣赏并参与到高山梯田种植的体验中。

其九，在规划中，爬山是最重要的一环，因此未来将是"运动的瑶山"，可以给喜欢户外运动的游客诸多的可能性。

其十，要重点开发瑶医、瑶药和瑶浴，将国民旅游休闲与国民休闲健康的功能相结合。

千年瑶寨是"世界瑶族第一寨"

千年瑶寨始建于宋朝，至今已有1400多年的历史，因规模大、整齐的古建筑和独特的瑶族文化而蜚声海外，被誉为"世界瑶族第一寨"，它是目前国内所存的为数不多的较为古老的原始瑶寨。瑶族是个能歌善舞的民族，并拥有"耍歌堂""长鼓舞"两项国家级非物质文化遗产。广东省农业厅和广东省旅游局联合发布了2014年广东休闲农业与乡村旅游示范县、示范点，"千年瑶寨"成为其中的上榜景区。

思考题：

1. 民族特色景区该如何运作景区的营销？
2. 试就游客消费行为，分析体验性旅游的特点。

第八章

景区游客引导管理

学习引导

近年来,节假日旅游呈现井喷之势,随着《国民旅游休闲纲要(2013—2020年)》的颁布实施和带薪休假制度逐步落实,国民出游的潜力将进一步释放,因此对景区游客的引导与安全管理显得尤为重要,如何设计导览系统?如何处理景区安全事故?本章将作详细解答。

学习重点

通过本章学习,重点掌握以下知识要点:
1. 景区标识系统的构成要素;
2. 景区标识系统设计;
3. 景区安全管理的内容;
4. 景区安全事故救援与处理;
5. 游客行为引导与管理;
6. 游客咨询与投诉管理。

第一节 景区标识系统管理

一、标识系统的功能

(一)引导旅游者游览活动的完成

引导作用,主要是景区标识能较好、较完整地对旅游景区进行解释说明,同时能有时空顺序地引导旅游者完成旅游活动。一般的产品如电视机、电冰箱等所有权可转移的商品,消费者可以在购买后的消费过程中逐渐学习使用技术,完成满意的消费。但旅游者面对的旅游商品具有不同于一般实物商品的不可转移性和固定性,同时,旅游消费又具有时限性、地域性的特点。另外,旅游的异地性、旅游消费习惯的不重复性和旅游景区本身的多类型性的特点,决定了旅游者到达景区后需要重新对旅游景点进行析出和组合,这种能力虽然会随着旅游阅历的增加、经验的积累而获得,但是其可移植性较差。因此,旅游者又将重新面临时间的预算和空间的选择,这种旅游消费的不重复性和特殊的时空规定性,使得旅游标识的引导作用显得尤为重要了。在景区标识的引导下,旅游者可以了解景区资源状况和特征,清楚其蕴涵的价值和了解当地的风土人情等,还可以明确方位,根据自己所处的位置来合理安排旅游线路、调整旅游活动时间,轻松愉快地完成旅游活动。

(二)提供旅游者在游览过程中的隐性服务

旅游景区导游的主要作用是为旅游者介绍旅游景区、解说旅游景点、提供咨询服务和简单的采买服务,让旅游者在明确的引导下,完成景区的旅游活动。因此,导游服务是一种显性的、是旅游景区出售给旅游者的门票外的附生性服务。景区标识的作用是通过各种服务载体来实现的,它为旅游者提供的内容也是旅游服务。但是这种服务是以旅游者不易察觉的形式贯穿整个游览活动始终、指导旅游者完成旅游活动的一种隐性服务,这种隐性服务是旅游者在购买门票后应该享受的服务。

(三)增强旅游者的旅游体验

旅游本质上是向游客提供一种离开惯常居住地的新鲜经历,一种以一定的物质条件为依托的服务。旅游是一种异地体验,旅游服务就是为游客创造体验的全过程,游客的体验是互动的和完整的。参与是旅游体验的前提,一切旅游活动都是旅游客体与主体互动的结果。旅游景区标识系统完善、明确、清晰,旅游主体才能获得完整的旅游体验。显性的导游服务增强旅游者对景点的认识、了解和理解的同时,也会使旅游者无形中丢弃了某种体验——对整个游程不够熟悉。同样,在旅游者自助游的情况下,很多景区景点更是让旅游者茫然一片,既不能了解景点的真正内涵和魅力,又使旅游者在景点的方位、路径的选择上一片茫然,浪费了本来就有限的时间。因此,这两者都会造成所谓的"走马观花"式的"身游"。而完善的旅游景区标识系统能使旅游者在体验身游的同时又能感受心游,比如景点介绍牌、景点说明牌、景区解说系统等能增强旅游者对景区景点的了解,提高旅游者对景区的评价,引导旅游者搜索体验的兴奋点。路径指示牌、导游线路牌、安全标识牌、顾客休息区指示牌等能使旅游者对路径、景点等进行准确的析出和恰当的组合,提高旅游者的旅游质量,提高旅游者对景区景点的满意度,达到旅游体验的完整性。

二、标识系统的构成

(一)景区交通导引标识系统

道路交通是游客进入景区的重要一环。交通导引系统不仅包括地图、路标、游览线路标识图等,还包括路口提醒、公交车次通告等。以美国黄石国家公园为例,在主要道路两侧、路面都有明显的导视标志或英语文字说明。除此之外,其他如路口提醒、交通设备使用说明、乡野地区的路牌等都从游客需要角度加以设计。

(二)景区解说系统

景区语言文字解说系统包括景点说明、导游画册、广播通知系统、幻灯片、语音解说、资料展示栏、公共信息标识系统等。该系统一般由软件部分(导游员、解说员、咨询服务等能动性的解说)与硬件部分(导游图、导游画册、牌示、录影带、幻灯片、语音解说、资料展示柜等多种表现手段)构成。一般认为,只有导游才具备旅游说明功能,实际上游客一进入景区,景区就应该为游客提供最佳的游览服务,让游客"读懂"景区。

(三)游客中心的服务

在景区的入口或交通站点,可以设立为游客提供信息服务的游客中心,在此设立咖啡馆、导游接洽室、厕所、旅游纪念品商店等设施,并为游客的游览提供建议;还可以在游客中心增加广播通知系统,提供信息通知和寻人等各项服务,同时也可向游客免费提供印刷品。由于这些印刷品可供游客随身携带,所以不仅是重要的信息支持方式,也是景点宣传的良好手段。

三、标识系统的设计

景区语言(信息)标识系统属于公共标识系统的一个组成部分,它必然具备公共标识系统设计的共性,但它又有自己的特殊性,主要有如下三个方面:

(1)除了市内景区以外,大部分景区位于市郊,形成封闭的景区空间。与城市开放的环境相比,因为缺少参照物,在景区里人们更易于迷失方向感。

(2)许多景区内结合了商城、商业街,还有许多公交车、汽车、自行车停车点,人流、物流交错复杂,增加了标识系统设计难度。

(3)景区内的人流密度、移动速度比一般的公共环境要快很多,必须在人流快速移动的同时,让游客能够充分注意并使用标识系统。

因此,景区语言(信息)标识系统的规划和设计必须遵循以下一些原则:

1. 位置适当原则

标识系统应该设置于主要的交通流线中,如出入口、交叉口等人流必经之处,方便人们看到和做出决定;在显眼的位置应设景区建筑布局地图,清楚地反映景区周围的情况和景区内部的主要道路、活动节点、区域及出入口。

2. 连续性与一致性原则

标识系统应连续性地进行设置，使之成为序列，引导人们到达目的地。同时，标识系统设置的位置应该统一，使游客易于寻找。

3. 安全性原则

由于景区高峰时段人员较多和游客安全的重要性，所以安全指示标识的设置具有重要意义，有必要在景区的主要通道上设置发光疏散指示标识和医疗服务指示标识，在突发情况下，使游客可以迅速沿安全指示标识顺利得到医疗救助，降低损失程度。

4. 规范性和准确性原则

由于景区内游客的复杂性，语言（信息）标识系统所传达的信息必须明确清楚，设计时应用人们最常用、最熟悉的字体，避免引起不必要的误会。

第二节 景区安全管理

一、景区安全管理的内容

景区安全管理内容，是依据主管部门旅游安全工作的方针，结合景区自身的特点，研究景区游览活动中的安全规律，发现景区存在的安全隐患，采取适当有效措施进行计划、组织、协调、控制的一系列活动。具体来说，景区安全管理主要是对人身安全、消防安全、设施安全、治安、节假日安全和停车场安全的管理。

（一）人身安全管理

人身安全是人类最基本的需求，是景区安全管理的重中之重。景区人身安全管理包括旅游者人身安全管理和员工人身安全管理，其主要内容有：

（1）对景区内的餐饮业及副食经销单位进行卫生检查登记，并建立严格的监督管理机制，防止食物中毒等安全事故的发生；合理规划景区的交通游览线路；统一管理景区内的营运车辆和路政设施；严格管理景区内的游船、缆车、索道等设施；定期进行景区游乐设备检测和维修；多渠道、多方式监督旅游商品销售点的经营行为，防止宰客、欺客行为的发生。

（2）根据景区容量、功能分区合理布置一定数量的医务室、救护车；医务室配备抢救设备、气管插管箱、外伤包、诊箱、搬运设备等医疗救护设备；根据景区可能发生的意外情况，配备相应药物药品；有一定数量的医务人员和救援人员。

（3）员工的人身安全主要体现为生产安全，对员工人身安全的管理主要是新员工的安全教育和培训、岗前安全教育和培训以及现场督导。

（二）消防安全管理

不少景区具有植被覆盖率高，木构建筑多，火灾引发因素多的特点，这些因素的存在使得景区消防安全工作难度大、任务重。为了保证旅游者和景区的安全，景区消防安全工作应从以下几个方面着手：

（1）按照国家有关规定合理设置消防水源、消防设施和消防器材，并按国家标准设置消防安全标志。

（2）严格贯彻《中华人民共和国消防法》、《古建筑消防管理条例》等消防法规，建立消防制度及奖惩制度，组织防火检查，及时整改火灾隐患，制定灭火和应急疏散预案，组建消防队伍，并定期组织消防演练。

（3）景区内的消防器材应登记造册，有专人负责管理、检查、维修和保养。

（4）发生火灾事故时，现场工作人员应及时疏散旅游者至安全地点；景区领导、保安部应组织力量灭火和抢救受伤人员；保安人员应维护好现场秩序，协助公安、消防等上级部门对事故现场进行调查处理。

（三）设施设备安全管理

设施设备是景区开展旅游活动的凭借，也是景区吸引物的重要组成部分。设施设备安全管理最基本的任务是做好各类旅游设施设备及救护防护设施设备的检查工作。下面以景区安全管理的重要项目——游乐设备为例，介绍其安全管理的一般内容：

（1）景区必须使用有生产许可证或者安全认可证的游乐设备，并按照规定申请相应的检验和定期检验。

（2）景区必须制定并严格执行以岗位责任制为核心的，包括技术档案管理、安全操作、常规检查、维修保养、定期报检和应急措施等在内的游乐设备安全使用和运营制度。

（3）游乐设备作业人员必须参加专业培训，经市级以上质量技术监督行政部门考核合格，获得游乐设备作业人员资格证书后，方可上岗从事相关工作。

（4）景区必须对游乐设备进行日常的维修保养；维修保养工作必须由有资格的专门人员进行。

（5）游乐设备每日投入营运前，必须进行试运营和相应的安全检查；每次运行前，操作和服务人员必须及时向旅游者讲解安全注意事项，并对安全装置进行检查确认；设备运行中要注意旅游者动态，及时制止旅游者的危险行为。

（6）每个岗位班前班后都要进行设备安检，发现隐患及时整改；整改有困难的，应及时上报并做好安全检查记录；对安全管理部门提出的整改意见，应限期整改并按时报告。

（7）游乐设备必须按国家有关规定与标准配备适用的救护设施和满足需要数量的经过专业培训合格的监护或救护人员；相关管理部门必须制定救援预案，并定期进行救援演习；在出现意外事故时，救护人员能进行紧急处理，及时妥善地采取救援措施，防止事态恶化。

（四）治安管理

治安管理是营造景区融洽气氛的必要手段。景区治安工作的主要内容有：

（1）严格执行《中华人民共和国治安管理处罚条例》，会同公安部门严厉打击偷盗、抢劫、欺诈、凶杀、恐怖袭击等危害旅游者人身财产安全、扰乱景区秩序的违法犯罪活动。

（2）维护景区内的交通秩序，纠正车辆的违章行为，防止交通事故的发生。

（3）对景区内的乞讨、算命、派发传单、乱设摊点、未经批准的文物买卖等现象进行清理。

（4）适时组织专项整治行动，及时查处发生在景区的黄、赌、毒等违法犯罪活动。

（5）控制和处理发生在景区周围的炒票、非法入园、配发传单、起哄闹事、悬挂反动标语

等恶劣行为。

（五）节假日安全管理

节假日期间，游客量短时间激增使得景区的安全形势异常严峻。为保证旅游者度过一个安全、欢乐的节假日，景区要做好以下工作：

(1) 坚持"谁主管、谁负责"的原则，景区安保部门的领导要抓好节假日旅游安全的宣传教育工作，提高全体员工的安全防范意识，营造浓厚的安全氛围；在节假日到来之前，组织一次安全工作的大检查，并将检查结果及时上报。

(2) 协同公安、交通、旅游、工商、质监、林业、文物、环保等有关部门，对旅游市场进行综合整治，严厉打击欺客、宰客、扒窃等行为，进一步加强环境卫生和食品卫生管理，保障景区假日旅游有序、健康运行。

(3) 当景区游客量达到临界值时，要在闸口设置有关停止售票的告示牌。如发生旅游者冲闸事件，当值保安应迅速控制局面并将当事人带离现场，向其做好解释工作。

(4) 保安人员要及时引导旅游者前往各景点游览或观看节目，做好疏散和分流工作；安全出入口和安全通道应增设明显的标志，并保证畅通无阻；加强对重要路口、景点的执勤工作，增设执勤点和报警点，发现问题，及时处理。

(5) 景点、桥梁、狭窄路段等处，人员过多（室内≥1 人/平方米，室外≥0.75 人/平方米）或有紧急情况、突发事件时，要及时启动应急预案，采取临时关闭景点，疏散旅游者等措施防止险情。

(6) 设立游客投诉中心，实行 24 小时值班制；加强巡逻，实施景区安全动态管理；做到日日有检查、检查有记录；及时了解景区当天的旅游动态，以确保在第一时间采取及时有效的措施，将影响降低到最低程度。

(7) 举办夜间游览活动，应配备应急广播、照明设备及其他安全防范设备，并确保设备完好有效；增加危险地段的警示牌和巡检次数。

(8) 配备一定数量的医务室和医务人员，以保证旅游者出现任何不适时能得到一定的救护。

(9) 要认真做好旅游团队的接待工作；认真与地接社、汽车运输单位签订合同，特别要明确事故发生后涉及抢救、医疗及理赔等问题的责任，避免出现相互推诿，损害旅游者利益的现象。

(10) 如果出现刑事治安事件，当值保安应迅速到场处理，将当事人带离现场，以避免影响景区的正常开放。

（六）停车场安全

景区停车场是为了满足自驾车游客和旅游团车辆安全停放的需要而设立的场所。停车场安全管理包括车辆入场、车辆停放和检查、车辆放行三个环节。这三个环节所包含的主要任务有：

(1) 车辆入场前先检查车况，如有损坏需当场通知车主；在《车辆出入凭证》上登记入场时间、车牌号码，并提醒车主妥善保管凭证。

(2) 车辆进场后应及时引导车辆有序停放，合理利用停放空间，保证场内道路通畅；并提醒车主保管好物品,锁好车门、车窗。

(3) 场内执勤点应设置在最显眼的位置;值班人员应按规定路线、时间认真巡逻检查,排除各种安全隐患;及时清理可疑人员和可疑物品,确保车辆安全。

(4) 发现车辆损伤时,应及时向上级领导报告。若责任方和受损方都在现场,由双方协商解决;若受损方不在现场,应将责任方留在现场,及时联系受损方协调处理;双方协商无果的情况下,可报交警处理。

(5) 若出现车辆或车内物品被盗,应及时向上级领导和公安机关报告,并保护好现场,待公安人员到场后交其处理,视情况的严重程度报告保险公司。

(6) 车辆放行时,值班人员应收回《车辆出入凭证》,核对车牌号码和停放时间,确认无误后按规定收费放行;若发现车辆无《车辆出入凭证》或《车辆出入凭证》不符,暂不放行,并将情况及时上报,同时登记复印车辆有效证件予以备案,经核实无误后放行;若有可疑地方,予以报警处理。

二、景区安全管理操作规程

景区安全管理操作规程即通过景区安全保卫组织和制度的建设,来实现安全管理规范化的一系列规则和章程,主要包括景区保安队伍建设、景区安保组织体系构架两个方面的内容。

(一) 景区保安队伍建设

景区安全管理靠的是人的管理,一系列规章制度的执行最终都要落到具体的人身上,特别是基层保安人员身上。保安人员素质的高低、责任心的强弱、受培训的多寡,直接关系到旅游者和景区的安全。建设好保安队伍,要做好以下三个方面的工作:

1. 制定保安人员的录用条件

制定保安人员录用的基本条件是保证保安队伍整体素质的首要要求。保安人员的基本录用条件如下:

(1) 25～35 岁的男性。保安人员基本上是站立或步行执勤,并实行三班制,所以身体素质是重要条件,通常招收 25～35 岁的男性公民。

(2) 身体健康、五官端正。保安人员身高宜在 1.75 米以上,身材匀称,裸眼视力在 0.6 以上(可用隐形眼镜矫正而不戴有架的眼镜)。

(3) 政治和道德品质无重大问题,高中及以上文化。保安人员要有民族自尊心、爱祖国、拥护社会主义,遵纪守法,经济上、生活作风上没有劣迹,或过去虽有小过,但目前已经改正。景区要求保安人员最低要有高中文化,能使用基本的英语口语进行交流。

(4) 景区因工作的实际需要,可吸收少量女性保安人员。女性保安人员除身高要求 1.65 米以上外,其他条件与男性相同。

2. 提高保安人员的整体素质

一般来说,景区保安人员的自主学习能力较差,法律依据模糊,专业知识有限,常常仅凭固有经验进行安全管理。因此,景区应根据安全管理的任务和要求,分阶段、有针对性地开展文化素质和专业技能两个方面的培训,并建立完善和严格的保安队伍培训考核体系,如图

8-1 所示。

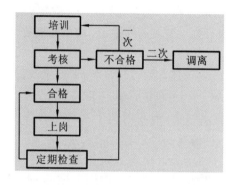

图 8-1 保安队伍培训考核体系

3. 明确保安人员的责权利

按照景区经济责任制的要求,明确界定安全管理过程中的责任、权力和利益。通过职权的赋予将责任和任务层层分解,落实到具体的部门和个人,并根据责任履行和任务完成的情况,给予奖励或追究责任。

(二)景区安保组织体系构架[①]

景区保卫管理机构包括两个范畴:一是全员安全管理机构,即景区所有机构均承担安全保卫管理的部分职责。景区所有管理机构部门都负有安全保卫管理的责任,全体员工均应在其工作岗位上做好景区安全保卫工作。景区安全保卫管理制度均适用于景区所有管理部门。二是根据景区具体情况,设立专门性的景区安全保卫管理机构。它是景区负责安全管理的全职机构,具有景区安全保卫管理的权威性,在景区最高机构指导下贯彻实施有关法规条例,负责景区日常安全保卫管理工作和景区安全的防范、控制与指挥工作。

根据景区安全管理机构的两个范畴,景区应设立安全保卫委员会(以下简称"安保委"),直属景区最高管理层。安保委下设安保委办公室,与安全管理处合署办公。安保委和安全管理处下设教育组、计划与发展组、监察执行组、巡逻组、警卫组(见图 8-2)。各组的人员配备可根据景区规模大小和任务量来确定。

三、景区应急救援预案管理

(一)基本原则

1. 以人为本,救援第一

景区在处理突发事件中以保障旅游者生命安全为根本目的,尽一切可能为旅游者提供救援、救助。

2. 属地救护,就近处置

在安全事故发生后,要及时向事发地相关部门及旅游行政管理部门报告,寻求当地政府援救与帮助。力争在最短时间内将危害和损失降到最低。

---

① 郑向敏.旅游安全学[M].北京:中国旅游出版社,2003:160.

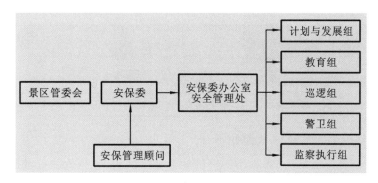

图 8-2　景区保卫管理机构

3. 及时报告，妥善沟通

景区在事故发生后，要在第一时间内，立即向事发地及注册地旅游行政管理部门和相关单位报告，或边救援边报告，并及时处理和做好有关的善后工作。

（二）指挥机构的设置和职责

1. 指挥机构

景区成立事故应急救援"指挥领导小组"，由总经理、保安部经理及设备、卫生、物资等部门领导组成，下设应急救援办公室。日常工作由保安部门监管。发生重大事故时，指挥领导小组立即到位，总经理任总指挥，有关部门经理任副总指挥，负责本部门应急救援工作的组织和指挥。如总经理不能及时赶到事故现场，由保安部门或其他部门的经理为临时总指挥，全权负责应急救援工作。

2. 指挥机构职责

指挥领导小组负责景区"应急救援预案"的制定、修订；组建应急救援专业队伍，组织实施和演练；检查督促做好重大事故的预防措施和应急救援的各项准备工作。

指挥部在负责重大事故发生时，发布和解除应急救援命令和信号；组织救援队伍实施救援行动；向上级汇报和向业务往来单位通报事故情况，必要时向有关单位发出救援请求；组织事故调查，总结应急救援经验和教训。

3. 指挥人员分工

景区指挥人员分工，如表 8-1 所示。

表 8-1　景区指挥人员分工

人　　员	职　　责
总指挥	组织指挥景区的应急救援
副总指挥	协助总指挥负责应急救援的具体指挥工作
安全负责人	协助总指挥做好事故报警、情况通报及事故处置工作
保卫负责人	负责灭火、警戒、治安保卫、疏散、道路管制工作
卫生负责人	负责现场医疗救护指挥及中毒、受伤人员分类抢救和护送转院工作
总务负责人	负责伤病员的生活必需品供应

续表

人　员	职　责
物资负责人	负责抢险救援物资的供应和运输工作
环保负责人	负责事故现场有害物质扩散区域内的无害化处理及监测工作
其他部门负责人	负责事故发生、处置期间,本部门的人财物安全

(三)应急救援专业队伍的任务和训练

景区应根据实际需要,建立各种不脱产的专业救援队伍,包括抢险抢救队、医疗救护队、义务消防队、通信保障队、治安队等。救援队伍是应急救援的骨干力量,担负景区各类重大事故的处置工作。在平时,要加强对各救援队伍的培训。指挥领导小组要从实际出发,针对危险源可能发生的事故,每年至少组织一次模拟演习,把指挥机构和各救援队伍训练成一支思想好、技术精、作风硬的指挥班子和抢救队伍。一旦发生事故,指挥机构能准确指挥,各救援队伍能根据各自任务及时有效地排除险情、控制并消灭事故、抢救伤员,做好应急救援工作。

(四)装备及通信网络

为保证应急救援工作及时有效,事先必须对各种通信工具、警报及事故信号做出明确规定;报警方法、联络号码和信号使用规定要置于明显位置,使每一位值班人员熟练掌握;针对危险源并根据需要,将抢修抢险、个体防护、医疗救援、通信联络等装备器材配备齐全;平时要有专人维护、保管、检验,确保器材始终处于完好状态。

(五)预案检查

对于景区安全事故救援预案的检查一般可以分为三个层次:第一层次是检查预案程序,第二层次是检查预案内容,第三层次是检查预案配套的制度和方法。

1. 检查预案程序

危险源的确定程序:找出可能发生事故的地段、设施、建筑、能量(电、磁、射线)等,注意不同时段不同危险源的危险程度;分析可能引发事故的原因并预测其后果;将危险分出层次,确定危险源等级;对属于"重大危险源"的单元,进行"事故严重度评价"。

事故预防程序:遵循事故预防 PDCA(Plan,Do,Check,Action)循环的基本过程;通过安全检查掌握危险源的现状;分析产生危险的原因;拟定控制危险的对策;对策的实施;实施效果的确认;保持效果并将其标准化,防止反复;持续改进,提高安全水平。

应急救援程序:根据危险源模拟事故状态,制定出每种事故状态下的应急救援方案。当发生事故时,每位员工都知道各种紧急状态下,每一步"做什么"和"怎么做"。这就需要通过演习来打通救援程序,将各个环节、各个岗位考虑周全,不能出现盲点。

2. 检查预案内容

此处主要检查两个方面:一是程序所包含的内容是否遗漏;二是这些内容是否正确。

3. 检查预案配套的制度和方法

为了能在事故发生后,迅速、准确、有效地进行处理,必须制定好与景区事故救援预案相配套的制度、程序和处理方法。此外,还要做好应急救援预案的各项准备工作,对景区员工进行经常性的应急救援常识教育,落实岗位责任制和各项规章制度,同时还要建立值班制度、检查制度和例会制度。

四、景区安全事故处理

(一)景区安全事故的类型划分

景区安全事故从不同的角度审视可以划分为不同的类型,各种分类如表 8-2 所示。

表 8-2 景区安全事故分类

分类角度	类 别	描 述
景区类型	发生在自然类景区的事故	常见事故类型有自然灾害类、水域活动类、机动器械活动类、动植物伤害类、特殊环境反应类等
	发生在人文类景区的事故	常见事故类型有设施设备事故类、治安事件类、食物中毒类、交通事故类、欺客宰客类等
景区子环境	社会子环境发生的事故	体现为人—人界面(不法分子—旅游者;旅游者—旅游者;当地居民—旅游者)的冲突,如价值观和文化冲突、治安事件、犯罪活动等
	经济技术子环境发生的事故	体现为人—物界面的冲突,主要指限于旅游地经济技术条件,在人防、物防、技防上保障不力,如设施设备安全事故等
	自然子环境发生的事故	景区突发的自然灾害引发的安全事故
主要责任方	旅游者为主要责任方的事故	因旅游者不遵守景区规定或追求刺激而发生的安全事故
	景区为主要责任方的事故	因景区管理不善、监督不力而造成旅游者伤亡和景区损失的安全事故,如设施设备安全事故、食物中毒等
	其他肇事者为主要责任方的事故	除景区和旅游者外的第三方造成景区和旅游者伤亡和损失的事故
性质	破坏事故	蓄意而为的事故
	责任事故	因疏忽大意、不负责任、没有预见或明知故犯发生的事故
	自然事故	自然灾害引发的安全事故
危害程度	轻微事故	一次事故造成旅游者轻伤,或经济损失在 1 万元以下者
	一般事故	一次事故造成旅游者重伤,或经济损失在 1 万元至 10 万元(含 1 万元)者

续表

分类角度	类别	描述
危害程度	重大事故	一次事故造成旅游者死亡或旅游者重伤致残,或经济损失在10万元至100万元(含10万元)者
	特大事故	一次事故造成旅游者死亡多名,或经济损失在100万元(含100万元)以上,或性质特别严重,产生重大影响者

(二)景区安全事故的处理对策

景区安全事故一旦发生,应在全面了解事态的基础上,针对不同的对象确定适宜的对策,尽量控制事故影响扩大化。具体来说,主要是做好受害者/亲属、媒体、旅游者、业务往来单位四个方面的工作。

1. 针对受害者/亲属

(1)了解情况,承担责任。认真了解事故发生的前因后果及受害者的相关情况,向受害者表达歉意并通知有关各方,实事求是地承担相应的责任。

(2)把握分寸,表现风格。倾听受害者/亲属的意见和赔偿要求,如合情合理,应尽快提出补偿方案和补偿标准,并具体落实;如要求过分,要大度、忍让,不在事故现场发生争辩,选择合适场合与其讲明事理;拒绝时要注意方式方法。

2. 针对媒体

(1)统一新闻发布。在向媒体公布与事故相关消息时,要争取主动,事先在景区内部统一认识、统一口径;语言表达要言简意赅,不可模棱两可,以免引起媒体的误解。

(2)提供准确信息。①主动向媒体提供与事故相关的准确消息,公开表明景区的立场和态度,以减少媒体的推测,协助媒体做出正确的报道;②要求媒体在事实未完全明了之前,不要对事故发生的原因、损失等进行推测性报道。

(3)引导舆论导向。注意引导媒体以公正的立场和观点来进行报道,不断提供公众所关心的消息,如补偿方式和善后措施等。除新闻报道外,可在刊登相关消息的报纸上发表歉意广告,向公众说明事实真相并向相关公众表示道歉。

(4)采取补救措施。当记者发表了不符合事实真相的报道时,应尽快向该媒体提出更正要求,指明失实之处,并提供与事实相符的信息;派遣发言人接受采访,表明立场,要求公平处理,但应注意避免对抗,产生敌对情绪。

3. 针对业务往来单位

景区的业务往来单位包括旅行社、开户银行及其他合作单位等。当事故发生时,应采取如下对策保持与业务往来单位的持续合作。

(1)传递信息。尽快如实地向业务往来单位传递事故发生的相关信息,如有必要,应亲赴有关合作单位做出当面解释。

(2)通报对策。以书面的形式向有关单位通报正在采取的对策、措施,并在事故处理过程中,定期向业务单位传达处理经过。

4. 针对旅游者

(1)对于一般旅游者,在向其道歉、说明事故经过的同时,要着重说明事故的处理办法和今后的预防措施。

(2) 对于消费者团体的代表,要向其详细介绍事故的发生原因和处理过程,通过他们取信于各界公众。

5. 上级主管部门

(1) 及时汇报。事故发生后,及时向上级主管部门汇报,不能文过饰非,更不能歪曲事实,混淆是非。

(2) 定期汇报。事故处理中,应定期报告事态的进展,及时与主管部门取得联系,求得主管部门的指导与支持。

(3) 认真总结。事故处理后,详细总结,以书面形式向上级报告处理经过、解决方法及今后的预防措施。

(三) 景区常见安全事故的处理方法

1. 物品丢失处理

(1) 景区发生旅游者物品丢失事件,有关负责人应向失主了解丢失了何种物品、物品特征和丢失地点等基本情况,并安抚当事人,稳定其情绪。

(2) 立即通知景区保安大队,组织人员寻找。

(3) 若物品寻找回来,保安员核对无误后,交还失主,同时要求失主留写收条;若物品无法寻找回来,保安员应记录失主的基本个人信息进行备案。

2. 盗窃事故处理

(1) 景区保安部接到报案后,应迅速派人赶赴现场;采取有效措施保护现场,等候勘查;向事主了解案发经过,询问相关事宜;经过询问,保安人员要对案发前后有个初步认识,判明案件的真伪。

(2) 向警方报案,划定勘查范围,确定勘查顺序。现场勘查的重点是:现场进出口,这是犯罪分子的必经之地;被盗财物场所,这是犯罪分子活动的中心部位,往往会留下作案痕迹;现场周围,这是为了发现犯罪分子作案前后停留、藏身场所有无痕迹、遗留物等。

(3) 分析判断案情,确定嫌疑人。

3. 打架斗殴处理

(1) 景区发生打架斗殴事件,离现场最近的工作人员应将双方隔离开来,防止事态的进一步恶化。

(2) 通知保安员,稳定双方情绪。保安员带双方当事人到保卫科,保安队长了解当事人的姓名、年龄、单位和起因后,做好调解工作。

(3) 如双方不服调解,保卫科应通知派出所前来处理。

(4) 如打架斗殴中有人受伤,保卫科应将伤者送医疗室治疗。

(5) 保卫科做好事故处理记录。

4. 火灾事故处理

(1) 发生火灾火警时,现场义务消防员(景区员工)应立即报告消防中心,讲清失火的准确位置及火势大小;并立即关闭现场电源,就近取下灭火器进行扑救;火场附近员工发现火情后,就近取下灭火器材赶赴现场救火,并疏导旅游者至安全处。

(2) 消防中心接警后,首先报告景区安全保卫部主任、按程序报总经理室值班领导或拨打119;通知景区消防队,组织力量扑救。

(3) 工程部电工接报后应立即关闭火灾现场区域电源;医务人员接报后应立即赶赴现场,抢救受伤人员;行政车队安排好救护或应急用车。

(4) 火被扑灭后,安保人员维护好现场。安全保卫部负责协助公安消防机关调查起火原因,提交安全事故调查报告。

(5) 善后处理。财务部派人到现场清点损失物资,并负责办理保险索赔事宜。

5. 交通事故处理

(1) 陪同人员立即报告上级主管部门或企业,实行归口管理。交通事故发生后,全陪、地陪或接待人员要尽力抢救伤员,立即拦截车辆将伤员送往医院;同时,迅速报告主管部门和当地急救中心、医院,请求火速救援。

(2) 主管部门会同事故发生地有关单位保护好事故现场。景区保安人员、公安、消防、治安的民警接到报案后,应火速赶赴现场,划定保护范围,禁止无关人员进入,防止物品丢失和坏人破坏。

(3) 有关单位负责人及时组织、指挥有关人员进行抢救,清理、勘查现场。在抢救伤亡时,尽量不破坏现场;条件允许的,要拍照、录像,监护肇事者或重大嫌疑人;寻找目击者,听取、记录谈话内容;组织人员清理现场。

(4) 参与调查事故原因。对特别重大的事故,应严格按照国务院《特别重大事故调查程序暂行规定》处理。

(5) 按照有关法律和安全条款组织赔偿。

(6) 事故处理后,要写出事故调查报告,内容包括:事故经过和处理;事故原因及责任;事故教训和今后防范措施等。

6. 急救现场处理

急救现场处理也叫入院前急救,是指一些遭遇意外伤害或患急、重病的病人在未到医院前得到的及时有效的急救处理,目的是挽救生命,减少伤残和痛苦,为进一步治疗奠定基础。急救现场处理要注意以下几点:

(1) 稳定有序的指挥。一旦发生病、伤情况,现场工作人员一面通知医务人员前来现场,一面对病、伤人员进行必要处理。

(2) 迅速排除致命和致伤因素。如搬开压在身上的重物,切断电源,清除口鼻内的泥沙、呕吐物、血块或其他异物等。

(3) 检查伤病员的生命体征。检查伤病员的呼吸、心跳脉搏情况。如有呼吸、心跳停止现象出现,应立即进行心脏按压和人工呼吸。

(4) 止血。有创伤出血者,应迅速包扎止血,止血时可就地取材,如可采用加压包扎、上止血带或用指压止血,同时尽快送往医院。

(5) 正确的运送。按不同的伤情和病情,选择适当的工具进行运送。运送途中应随时注意伤病员的情况。

第三节　景区游客综合管理

一、游客行为管理

（一）游客不文明旅游行为的表现及危害

游客不文明旅游行为是指游客在旅游景区游览过程中所有可能有损景区（点）环境和景观质量的行为。它主要表现为两大类：一类是游客在景区游览过程中随意丢弃各种废弃物的行为，如随手乱扔废纸、果皮、饮料瓶、塑料袋、烟头等垃圾，随地吐痰，随地便溺等；另一类是游客在游览过程中不遵守旅游景区（点）有关游览规定的违章活动行为，如乱攀乱爬，乱涂乱刻乱画，越位游览，违章拍照，违章采集，违章野炊、露营，随意给动物喂食，袭击动物、捕杀动物等。这两类行为目前在国内景区都还很常见。

上述不文明旅游行为的危害体现在多个方面：

从最根本的危害而言，游客的不文明旅游行为导致旅游景区环境污染，景观质量下降甚至寿命缩短，其最终结果必然是造成旅游景区整体吸引力下降、旅游价值降低，它严重影响、直接威胁着旅游景区（点）的可持续发展。更有甚者，还可能给景区带来灾难性影响，如违章抽烟、燃放爆竹、违章野炊等行为很容易引起火灾，一旦发生，后果将不堪设想。

就最直接的影响而言：第一，游客的不文明旅游行为会给旅游景区环境管理、景区管理带来极大的困难；第二，游客不文明旅游行为本身往往成为其他游客游览活动中的视觉污染，影响游兴，破坏环境气氛，进而影响其他游客的游览质量；第三，游客不文明旅游行为往往会给自己的人身安全带来隐患，如到一些未开放的景区（点）游览、违章露营、随意给动物喂食、袭击动物、不按规定操作游艺器械等行为都有可能给游客自身带来意外伤害。

（二）游客不文明旅游行为产生的原因

游客的不文明旅游行为产生的原因可能很多，但主要是以下几个方面：

（1）游客的环保意识不强、生态道德素质较低是产生不文明旅游行为的重要原因，这是最显而易见，也是众多评论者都能指出的一个原因。文化素质低、环保意识差的游客很少会考虑自己行为将产生的环境影响，因而最容易在不知不觉间产生不文明行为。

（2）有一些不文明旅游行为可能是游客的故意破坏行为，例如，对眼前的垃圾桶视而不见而把废弃物故意扔入山谷或湖水中；故意破坏旅游设施；在野生动物园中拉扯鸟的羽毛、袭击动物等等。这种行为的动机一般有两种：①纯粹为了寻开心，寻求刺激和快感，有人称这种行为是"为了寻求刺激而对旅游资源的施暴行为"；②为了发泄自己某种不满情绪，把对环境、景观的破坏作为发泄心中不满的途径，这类行为造成的破坏相当严重。

当然，除上述原因外，很多游客缺乏旅游的常识和旅游技巧，往往由于无知而在无意识的情况下做出一些"不文明旅游行为"。

（三）游客不文明旅游行为的引导管理措施

从上文对游客的不文明旅游行为产生原因所做的分析可以看出，对这种不文明旅游行

为进行引导和管理将是一项比较复杂的系统工程,涉及多个层面、多个环节,需要多方面的共同努力。旅游景区管理者应当做出自己的努力,进行景区环境和秩序的维护和管理,引导文明旅游。

旅游景区应加强环境保护问题重要性的宣传,提高公众的环保意识要大力宣传旅游与生态环境保护之间的互惠互利的关系,使公众认识保护生态环境是旅游业可持续发展的前提;要大力宣传旅游活动可能会给环境造成的损害,尤其应让公众认识游客不文明旅游行为对旅游环境、景观的污染和破坏。

1. 通过法律、法规、制度等手段对游客行为进行管理

改革开放以来,我国已制定了许多旅游管理的相关法律、法规,例如:
(1)《中华人民共和国环境保护法》;
(2)《中华人民共和国森林法》;
(3)《森林和野生动物类型自然保护区管理办法》;
(4)《国务院关于严格保护珍贵稀有野生动物的通令》;
(5)《中华人民共和国文物保护法》;
(6)《风景名胜区管理暂行条例》;
(7)《导游人员管理条例》;
(8)《中华人民共和国旅游行业对客人服务的基本标准(试行)》;
(9)《旅游投诉暂行规定》等等。

这些法律、法规和地方性的管理条例、制度等为旅游景区的游客管理提供了管理依据。在保障了游客权益的同时,也对游客的行为进行了约束。

2. 旅游景区应制定游客文明管理条例

旅游景区应联合旅游行业协会研究制定《旅游文明行为规范》和《游览须知》等强制性游客管理条例和《旅游伦理规范》之类的非强制性的推荐指南在景区张贴发放,引导旅游者的旅游行为。国外在这方面有一些做法值得借鉴,如美国旅行商协会制定的《生态旅游十戒》、"拯救我们的地球"组织制定的《低影响度假准则》、加州地区"责任旅游中心"制定的《旅游者伦理规范》等,都旨在对旅游者的行为进行引导和规范。通过这类规范对旅游者进行教育和引导等,使旅游者认识到哪些行为是正当的,哪些行为是不文明的,意识到自己对旅游景区环境应负的责任,从而有效约束自己的不文明旅游行为。

3. 旅游景区应该采取有效的游客管理措施

旅游景区管理部门要对游客不文明旅游行为的特征与影响有清醒、深刻的认识、应重视对其进行引导和管理。

(1)景区管理工作人员首先应以身作则,发挥示范作用,带头爱护环境。国内不少景区曾组织工作人员与青年志愿者一起开展环保活动,这既可强化工作人员的环境意识,又能起到对公众的宣传作用。

(2)景区应提供各种设施、设备以防止游客不文明旅游行为的发生,如合理放置美观有趣的垃圾桶,使游客便于、乐于负责任地处理废弃物;设置必要的、美观醒目的标牌,配备有亲和力的标志性说明文字及提醒文字,提示游客不至于太放纵自己。

(3)景区应建立方便的反映问题的渠道,便于游客反映问题和意见,及时消除不满情

绪、预防破坏行为的发生。

（4）景区应制定完备的规章制度以应对可能出现的各种不文明行为，尤其是游客的破坏行为。

（5）旅游景区在旅游活动项目的安排中应有意识地增加与环境、景观保护有关的内容，使游客在生动有趣的活动中获得相关知识。国外许多生态旅游地在游客进入景区中心部位之前，总是先通过种种形象生动的手段，如展览、讲解培训等，对游客进行生态知识、旅游规范等的教育和引导，旨在唤醒游客的生态责任意识。通过种种措施和手段在旅游景区内造就一种保护环境和景观、遵守游览规范的良好氛围，使游客时时意识到旅游景区对其文明行为的期待，从而能够约束自己的不文明旅游行为。

4. 旅游景区应加强对旅游景区内居民的环保教育

引导旅游景区内居民积极参加景区环保活动，充分发挥其示范作用与监督作用。武夷山风景区成立了由大量景区居民参加的"风景旅游资源保护协会"，在保护资源环境、发挥示范作用方面取得了很好的成效；张家界国家森林公园附近的居民在这一点上也表现得很出色，他们总会在游客进入森林公园前提醒游客不要抽烟、用火，以防止森林火灾。景区内居民在环境、景观保护方面发挥的示范作用和监督作用，可以有效地预防一些游客不文明旅游行为的发生，有利于景区环境、景观的保护。

5. 旅游景区应充分发挥组团社的作用

旅行社在组团的过程中就应当随时向游客介绍注意事项，确保他们了解应遵守的规范，并能转化为实际行动。以国际南极旅游联盟的实际做法为例，工作人员会事前对潜水人员进行免费课程讲习，告诉潜水人员潜水时如何避免伤害珊瑚礁，还会另外对船具操作者进行讲习，传授如何减少对海洋生态的干扰；在墨西哥的洞穴参观时，指导人员会发给游客特殊的胶鞋，以减少游客对岩石表面的冲击与破坏。

6. 旅游景区应利用管理者的榜样力量

旅游景区的员工在履行其正常职责的过程中，可以随时与游客交流聊天，提供游客所需要的信息，并听取他们的意见，向游客阐明注意事项，同时，要以自己的实际行动教育游客尊重环境、遵守规章。黄山之所以卫生保洁好，除了到处都是石砌的垃圾箱之外，看到清洁人员不辞劳苦、默默无闻地捡拾游客留下的垃圾，还有哪位游客会忍心乱扔垃圾给他们添麻烦呢？

二、游客投诉管理

游客投诉是指游客为了维护自身合法权益，以口头或书面的形式，向景区有关部门提出投诉、要求处理的其认为景区有损害其合法权益的行为。

（一）景区游客投诉的类型

1. 显性投诉

显性投诉就是我们一般所理解的投诉。从景区实际操作的角度来看，游客显性投诉主要集中在以下几个方面：

"投诉"在日语的表达是"苦情"。

(1) 对设施设备的投诉。投诉内容主要包括游乐设备运行的故障,景区内供电、供水、通信系统的问题,室内空调问题等。景区管理人员可以通过建立相应的检查体系,定期对景区的设施设备进行检查,从而减少此类投诉的发生。

(2) 对服务质量的投诉。譬如游乐项目服务人员速度过慢、寄存物品丢失、工作人员将错误的表演时间告知游客等。减少服务质量投诉的最好办法是加强员工培训,通过定期培训逐步提高员工的服务技能。

(3) 对服务态度的投诉。此类投诉主要包括景区服务人员在为游客提供服务的过程中出现的不文明言语、不负责任的答复和行为、冷淡的态度、爱理不理的接待方式或者表现得过分热情等。

(4) 对意外事件的投诉。此类投诉主要有:由于员工未能及时提醒,导致游客在游玩过程中受伤;景区内的在建工程由于管理不善给游客带来伤害;温泉池发生的游客溺水事件等。此类事件直接关系到游客的生命安全,对景区的声誉影响非常大,因此要交由景区主管部门与游客协商处理,并最终确定解决方法。

2. 隐性投诉

隐性投诉一般不被划进投诉范围,但它对景区的经营影响很大。隐性投诉是指游客对景区提供的服务感到不满意,但他们不选择向相关部门提出投诉,而是在游玩结束之后不再重回景区进行消费,这意味着景区将永远失去这些游客。由于隐性投诉的游客数量远比显性投诉的游客多,其对景区服务质量的评价和意见更为宝贵。因此,景区管理者更应重视这部分游客的反馈。为了解决游客的隐性投诉问题,景区可以通过拓宽与游客的沟通渠道、与之建立良好的互动关系,来促进游客隐性投诉的显性化。

(二) 游客投诉处理的原则

1. 游客至上

对于游客的投诉,首先,员工应该予以高度重视,承认游客投诉的事实,设身处地为游客着想;其次,同情和理解游客的处境,尽力找出游客投诉的动机,真诚地为游客解决问题;最后,对那些对景区服务水平提出批评指导意见的游客表示感谢。

2. 及时高效

及时且高效地处理投诉问题是对游客的最大尊重,也是游客的最大需求,否则就是对客人的漠视。当景区通过与游客的协商,游客同意景区所采取的改进措施时,景区要即刻行动,补偿游客的投诉损失。

3. 景区利益为重

景区相关人员在处理游客投诉时,应该在保护游客利益的基础上,使景区的利益不受到损害。景区利益为重的原则要求员工在处理投诉时,要实事求是地找出问题的根源,具体部门应勇于承担责任,而不是轻易地将责任推卸给其他部门,以致影响景区的整体形象。同时,由于投诉的特殊价值,景区应建立游客投诉处理档案,并对以往的投诉记录进行总结分析,为提高景区的管理水平做好准备。

(三) 投诉处理的管理机制

景区需先通过制定管理制度来明确各部门的工作任务,落实各岗位的职责安排,才能使投诉处理系统切实可行地运作起来。根据投诉处理管理系统的有关规定,以及景区管理业务的需要,景区授权值班经理在值班时间内负责处理当日投诉,直接向景区值班总经理和总经理负责。此外,游客服务中心要设专职人员负责日常投诉跟踪、服务事宜。具体安排如下:

1. 游客服务中心职责

①负责投诉记录、核实及日常处理工作;②协调沟通、处理一般投诉;③负责投诉档案管理与服务跟踪。

2. 值班经理工作职责

①对外代表景区整体形象;②接受当日游客投诉;③调查核实投诉;④弄清投诉的责任归属,提交投诉处理意见;⑤合理、妥善处理投诉和赔付;⑥将投诉处理过程记入《当日经理值班记录本》,并提出改进意见;⑦备案管理,以备考查。

3. 财务部保险理赔工作职责

①代表公司向保险公司申请赔偿;②解决游客索偿保险理赔问题,超出保险理赔限度的问题须报相关领导批示。

4. 值班总经理工作职责

①确定投诉责任归属及处理原则;②确定投诉处理案件的意见;③确定工作改进意见。

三、游客咨询管理

游客在需要咨询时,最容易遇到的问题就是游客与景区管理者之间的沟通不畅。所以加强管理者与游客之间的相互理解,可以获得来自旅游者的更多支持和帮助,克服对立、抵触情绪,减少误会和冲突,也容易将管理者的主张和规定落实到实处。

(一)有效沟通:对于游客咨询的基本要求

有效沟通,是指能有效地向他人表达自己的思想、看法和情感,并能够得到积极响应的交流。有效沟通可以达到减少误解、促进相互合作、交流融洽、尽快解决问题的目的。

1. 有效沟通对管理者的要求

(1)目光接触。可达到相互交流的愉悦感。

(2)微笑服务。尽管工作很累,但也要保持发自真心的微笑。

(3)含蓄表达。游客是"上帝",上帝是不愿意自己的意见不被看重和被否定的。当游客的要求不能被满足时,管理人员的回答一定要含蓄,既要投其所好,又要适度表现真实。

(4)表示兴趣。利用你身体的轻微前倾并注视谈话对象眼睛,表示你对他的讲话感兴趣。

(5)积极回应。

(6)着装整齐。但不可表现得过于威严。

(7)语调柔和。创造良好的谈话氛围,消除谈话的拘谨。

(8)有效倾听。

(9)建立友好关系,相互理解。

2. 沟通失败是目前出现在很多景区管理人员身上的事情,很容易造成误解、恼怒和抵触。下面提供的十种致使沟通失败的行为,这些都是景区管理人员在与游客沟通中应当竭力避免的

(1) 对游客的意见进行简单评价。

(2) 空洞的安慰。

(3) 自我感觉是心理学家。

(4) 讽刺挖苦。

(5) 过分和不恰当的询问。

(6) 命令游客。

(7) 威胁游客。

(8) 多余而无用的劝告。

(9) 模棱两可、不着边际。

(10) 保留真实信息。

(二) 面对难"对付"的游客咨询

所谓难"对付",一方面可能游客确实有理,他要你解决问题;另一方面可能这类游客脾气大、易气愤,还有就是游客故意"找茬"。由于在冲突的过程中游客是"弱者",尽管管理者处于不利地位——"客人总是对的",两者不是平等地位,但是,受同情的总是游客(这也是旅游景区管理的基本准则)。因此,提高与这类游客的沟通技巧,保护景区荣誉和管理者自身的名誉就显得十分重要。

这类游客主要分为三种类型,如表 8-3 所示。

表 8-3 游客分类特征及对策

类 型	特 征	对 策
利己型	①认为"我第一""我最先""只有我"; ②认为自己的事总是急事; ③利用各种机会威胁一线工作人员	①不要将他的过激言辞看作是对你个人的冒犯,而应当看作是针对你单位的不满; ②不要急于忙你手头的工作而让他感觉不受重视; ③记住并运用他的名字和职务并适当"恭维"; ④不要向他宣讲制度规定,因为他自认为比规定高明,因而不会接受;可以向他说明制度允许干的事情
主宰型	①指挥你该如何干你的工作; ②向他人发出警告、威胁,设定期限; ③如果你解决问题的方案不成功,就会指责你不称职	①友善、礼貌,并尽量满足他们的要求; ②如果确实不能按他提的要求办,必须解释清楚; ③保持规定上的一致性,不能因为要求就破坏制度规定而做出让步

续表

类 型	特 征	对 策
歇斯底里型	①大喊大叫； ②只要他们的要求或计划有任何偏移就会大发雷霆	①尽量让他们发泄情绪； ②要让他感觉到你理解并认可他的心情，不要有抵触情绪，否则会将事情弄僵； ③把他带离人多的现场，请他冷静下来

本章小结

景区标识系统由景区交通导引标识系统、景区解说系统、游客中心的服务三部分构成，在设计标识系统时，应遵循位置适当原则、连续性与一致性原则、安全性原则、规范性和准确性原则。

景区安全管理是现代景区对旅游者的基本承诺，也是景区正常运作的根本保障和形象建设的基础内容。其主要任务包括对人身安全、消防安全、设施安全、治安、节假日安全和停车场安全的管理。

景区安全管理操作规程即通过景区安全保卫组织和制度建设来实现安全管理规范化的一系列规则和章程，主要包括保安队伍建设、组织体系构架和安全管理制度三个方面的内容。

景区游客投诉分成隐性投诉与显性投诉两种。处理游客投诉必须遵循游客至上、及时高效、景区利益为重的原则。此外，景区需通过制定管理制度来明确各部门的工作任务，落实各岗位的职责安排，才能使投诉处理系统切实可行地运作起来。

核心关键词

标识系统　　identification system
旅游体验　　tourist experience
安全管理　　safety management
游客行为　　tourist behavior
咨询管理　　consultative management

 思考与练习

1. 景区环境解说系统应该采取怎样的展示途径？
2. 假如你是景区安全保卫部经理，你如何保障假日旅游的平稳和谐运行？
3. 选取你身边的一个景区作为样本。结合本章所学知识及所了解的法律、法规，考察该景区在安全管理操作规程、安全设施管理制度、应急救援预案管理等方面的状况。可否为该景区的安全管理提供一些建议。
4. 分析平遥古城、九寨沟、深圳欢乐谷在安全保卫管理上可能存在的不同。
5. 遇到始料未及的旅游高峰期，为了保证游客安全和控制景区环境容量，而耽误了游客行程，游客投诉、谩骂，甚至与景区工作人员争执，作为旅游管理人员，应如何处理？

 案例分析

游客不文明行为记录了　游客的文明行为呢？[①]

2015年4月，国家旅游局公布《游客不文明行为记录管理暂行办法》，被旅游业内称为"游客黑名单"。游客不良信息将被保存一至两年，会影响到游客再次旅游，严重的甚至会影响到出境、银行信贷等。被列入"游客不文明行为记录"的有以下六种：

扰乱公共汽车、电车、火车、船舶、航空器或者其他公共交通工具秩序；破坏公共环境卫生、公共设施；违反旅游目的地社会风俗、民族生活习惯；损毁、破坏旅游目的地文物古迹；参与赌博、色情活动等以及严重扰乱旅游秩序的其他情形。

游客不文明行为记录了，那么游客的文明行为呢？

近日，国家旅游局印发《游客不文明行为记录管理暂行办法》（以下简称《办法》），引起了社会各界的热烈讨论，获得广泛称誉。笔者先在此用力点个赞！顺便提出一个问题：游客的不文明行为记录了，那游客的文明行为呢？

游客的文明行为也应该记录。

一、记录游客文明行为关系到文明旅游工作的政府导向

记录游客不文明行为不是最终目的，只是手段之一。倡导文明旅游，才是努力的方向。

文明旅游工作要"两手抓"：一手抓宣传教育，一手抓行为记录。这两手又分别有两个方面，宣传教育有正面的，也有反面的；行为记录有"黑名单"，也应该有"红名单"。

---

① 温星君.游客不文明行为记录了　游客的文明行为呢？[EB/OL]. http://www.dotour.cn/article/12751.html.

游客从政府得到的信号应该是：政府倡导文明旅游，对文明旅游者给予方便和激励，对不文明旅游者给予限制和惩戒。

手段与目标要相互对应，权利和义务理应统一，在文明旅游这件事情上也一样，两者不可偏废。

二、记录游客文明行为有利于调动游客参与文明旅游工作的积极性

游客的支持和参与对文明旅游工作至关重要。游客的行为是被记录的对象，游客对自己行为被记录的态度直接影响到游客参与的积极性，以及这些信息的采集难度和准确度。

如果只惩戒、不激励，可能让游客留下一个印象：政府这也规范、那也规范，这也不准、那也不准，只给大棒不给萝卜是不公平的。好不容易旅个游，还增加不多不少的一点心理记挂，这样的话反而不利于大家共同推动文明旅游。

应该是我做好了，我文明了，你就激励我，可以走绿色通道，可以享受一定优惠，同时不文明旅游者也受到惩戒，这样才能经过若干年以后，大家自然形成文明旅游的自觉。

三、游客文明行为的记录可以成为惩戒游客不文明行为的参考标准

《办法》规定，"游客不文明行为记录"形成后，旅游主管部门应将"游客不文明行为记录"信息通报游客本人，提示其采取补救措施，挽回不良影响。必要时向公安、海关、边检、交通、人民银行征信机构等部门通报"游客不文明行为记录"。

这说明了对游客不文明行为的惩戒也是分层次的，视情节严重程度来处理。

判断何种程度到了"必要时"，就要区分：初犯和惯犯；无心之失和有意为之；多次犯错多次改正，与一次犯错坚决不改（好比有人10次交通违章，10次都及时交罚款，有人1次交通违章，一直都不交罚款）。

同样道理，出游100次有1次不文明行为，与出游10次有1次不文明行为，也要区别对待。

旅游主管部门对一名游客的自由行次数或许比较难掌握，但对其跟团游次数应该是可以统计出来的。每一次跟团旅游，没有发生不文明行为即记录为1次文明旅游经历，像攒积分一样记录起来。

不文明行为记录次数除以文明行为记录次数得出的数值，即可成为惩戒游客不文明行为的参考标准。

思考题：
1. 游客不文明习惯产生的原因及其危害是什么？
2. 假如你是立法者，是否支持记录游客文明记录；假如你是景区管理者，如何让游客在景区表现文明？

第九章

景区质量管理

学习引导

景区旅游产品质量的好坏,直接影响到旅游景区的吸引力和景区的经济效益,如何加强景区旅游质量管理,维护正常的旅游环境,是当前旅游业发展日益激烈的竞争过程中旅游景区共同面临的问题,通过本章的学习让我们共同去了解在景区质量管理中的管理者需要做什么?如何做?

学习重点

通过本章学习,重点掌握以下知识要点:
1. 景区产品质量管理的标准和方法;
2. 熟悉景区服务的标准和流程管理;
3. 景区综合质量管理的内容;
4. 景区承载力的衡量与测算。

第一节 景区产品质量管理

一、景区产品质量管理内容

景区旅游产品质量问题涉及景区的各个方面,它包括:

1. 景观质量

景观质量体现在景区旅游资源综合规划方面,是以旅游功能为主的地理综合体和人文环境。

2. 物质产品质量

物质产品质量主要是指旅游住宿、旅游餐饮和旅游商品的实物质量。

3. 环境质量

环境质量是能够给旅游者提供舒适、方便的食宿、娱乐、游览、购物条件,创造一个能满足游客精神享受要求的旅游景观环境。

景观质量和环境质量主要在旅游景区规划中进行考虑和管理,它们是旅游景区赖以存在和发展的客观条件。

旅游产品质量管理主要包括以下四个方面:①实物商品质量;②服务环境质量;③设施设备质量;④劳务质量。

二、景区产品质量衡量标准

我国旅游产品质量衡量标准按适用领域和有效范围可以分为国家标准、行业标准、地方标准和旅游景区标准四个级别:

(1) 国家标准是对需要在全国范围内统一的技术要求,由国务院标准化行政管理部门制定的如通用术语、代号、文件格式、制图方法等通用要求;保障人体健康和人身安全的技术要求;通过试验、检验方法和通用管理技术要求等。

(2) 行业标准是对没有国家标准而又需要在全国某个行业范围内统一的技术要求,由国务院有关行政管理部门制定,并报国家标准化主管部门备案。

(3) 地方标准是对没有国家标准和行业标准而又需要在省、自治区、直辖市范围内统一的工业产品的安全、生产要求,由省、市、自治区、直辖市标准化行政主管部门制定,并报国务院标准化行政主管部门和国务院有关行政部门备案。

(4) 旅游景区标准是指当没有国家标准和行业保准时,在旅游景区内使用的标准。国家鼓励景区制定自己的标准,景区产品标准需报当地现有的标准化主管部门和有关行政主管部门备案。

三、景区产品质量管理方法

1. 景区全面质量管理

全面质量管理(Total Quality Management,TQM)自 20 世纪 50 年代美国人戴明(W.

Edwards. Deming)开始总结和探索以来,如今已经发展成为一套相当完整的质量管理体系。据最通行的表述方式,它的含义应该有以下五个要点:①强烈地关注顾客;②坚持不懈地改进;③改进组织中每项工作的质量;④精确的度量;⑤向雇员授权。也就是说,质量的外部制约性首先来自顾客,只有强烈地关注顾客,关注顾客对产品和服务的需求,同时用一种永不满足的态度,不断地改进质量,提升质量标准,并且把质量贯彻到生产和供应的每一环节、对质量的每一关键变量进行追踪,为了质量的保证和提高而向雇员充分授权等,才能将产品和服务的质量全面地向前推进。针对旅游景区而言,全面质量管理要把握以下几个方面:

1) 质量控制

"质量"一词并不具有绝对意义上的"最好"的一般含义。"质量"是指"最适合于一定顾客的要求","控制"一词表示一种管理手段,指监督和检查计划的执行情况和目标的实现程度。质量控制包括四个步骤:①制定质量标准;②评价标准的执行情况;③偏离标准时采取纠正措施;④安排改善标准的计划。

2) 影响质量的因素

(1) 技术因素,包括设备、管理手段和服务标准等。

(2) 人的因素,即所有参与其中的员工及在旅游景区内从事经营和服务的人员。

在这两类因素中,人的因素重要得多,尤其是那些同旅游景区内从事经营和服务的人员,他们在旅游景区内的经营活动将影响企业质量水平,他们同企业的特殊关系决定了企业处理问题存在一定的难度。

3) 建立质量体系

质量体系是为满足顾客需要而建立的,顾客是这个体系的焦点,整个运作要以顾客为中心,这是开展质量管理工作的一种最有效的方法和手段,也是国际标准为旅游业确定的一个不可动摇、不容辩驳的主题——保证顾客满意。只有建立了完整有效的质量体系,才能够实现全面质量管理的目标。

4) 领导作用

领导是指管理者为促进和指挥属下履行岗位职责,对于员工给予指导和监督,以确保得到最高和最佳的工作效率,在这里是动词的含义。在旅游景区管理中,总经理要成为公司质量管理的"总设计师",应当使下级明白自己的意图,把他们的积极性、创造性充分调动和发挥出来,更好地实现管理目标。

5) 全员参加

服务质量是员工素质、服务技术素质、管理素质和领导素质的综合反映。服务质量涉及各个部门和广泛的旅游产品,更要向他们提供周到细致的服务。游客的消费活动完成,服务即告结束。服务是旅游产品不可分割的部分,这些服务包括提供有效的信息、必要的设施设备和场所,以及给游客安全感和愉悦感。

综合看来,景区全面质量管理是以全面提高旅游景区服务质量为目的,以全体人员为主体,综合运用现代管理手段和方法,通过建立完整的管理体系,不断提高旅游景区服务质量的管理活动。

它可以概括成"三全一多样":

（1）全面质量管理。以调动旅游景区全体员工的积极性为基本出发点,动员旅游景区全体部门、员工都来参与质量管理,把领导者的积极性与全体员工的积极性紧密结合起来,体现民主管理的原则。

（2）全过程质量管理。对旅游景区经营服务全过程各环节,自始至终都坚持做好质量管理。服务全过程不仅包括面对游客的现场服务,还包括服务前的一切准备工作、后勤工作和服务后的一切善后工作。

（3）全面质量管理的对象。包括产品或服务质量,还包括景区各个方面的工作质量。服务质量由有形的商品质量、设施设备质量、环境质量和无形的劳务质量构成。景区的全面质量管理是对构成服务质量的各个方面的全面管理。

（4）多种多样的管理方法。影响服务质量的因素是多方面的,有人的因素,也有物的因素。为有效控制影响因素,必须采用多种多样的管理方法。此外,还必须把心理学、行为科学、社会学、美学等相关学科应用于全面质量管理中,广泛研究各种社会现象,研究服务者与服务对象的心理行为特点,从而提高管理的有效性。

2. PDCA 循环管理方法

PDCA 是由 plan（计划）、do（执行、实施、做）、check（检查）、action（处理）四个单词的第一个字母组成。所谓 PDCA 循环,就是指全面质量管理的各项工作必须按照计划、实施、检查和处理四个阶段的顺序进行工作,如此循环而已。

PDCA 循环管理方法有四个特点:

（1）PDCA 四个阶段必须首尾相接,缺一不可,前后次序不能颠倒。

（2）PDCA 循环是螺旋式上升的运动过程,四个阶段周而复始地运转,每完成一个循环便应根据面临的新问题和原有的遗留问题,选择新目标进行下一次循环,使质量稳步上升到新的水平。

（3）大环套小环,环环相扣,以小环的运转推动大环的运转。就一个景区而言,从整个景区到每个部门、班组和员工,都有自己的 PDCA 循环,这样就形成大循环套若干个中循环,中循环又包含若干个小循环。尽管不同层次的循环内容有所不同,但都围绕着景区质量的共同目标,存在着密切的联系。大环是小环的运转依据,小环是大环运转的保证。全面质量管理的真正效果,要在大环运转之后才能取得。

（4）关键在于 A 阶段的工作。对于成功的经验,要认真加以总结并纳入景区的标准化管理;对于失败的教训要认真吸取,避免再发生;对于尚未解决的问题,要列入新的循环内容。只有这样,服务质量和管理水平才能不断提高。

3. 标准化管理方法

因为景区的服务是低劳动力密集度、低客户定制程序的服务,所以景区服务质量的管理控制应该着重于服务标准化的管理。在国际和国内市场,标准化管理的发展都日趋成熟。

1）ISO 9000 系列简介

ISO 9000 是由国际标准化组织（ISO）所确定的一系列质量标准。ISO 9000 是全世界工业化国家的国际性协议。最难达到的是 ISO 9001,它是为设计、生产、服务和安装产品的组织设置的质量标准。ISO 9002 与 ISO 9001 类似,但仅适用于不从事设计和服务活动的组织。服务企业使用 ISO 9003 标准。ISO 9004 包含了关于质量标准计划系列的信息。

ISO 9000 要求企业通过一个由三个要素组成的循环来达到这点：

（1）计划。所有会影响质量的活动都必须事先计划，确保目标、责任、权利被准确定义和理解。

（2）控制。所有会影响质量的活动必须受到控制，确保所有规范得到满足。预测并防止问题的发生，计划纠偏行动并确保其被执行。

（3）文件。所有会影响质量的活动必须记录下来，确保理解质量目标和方法、协调组织内部的相互作用，为计划循环提供反馈，同时作为质量体系性能的客观证据。

2）我国的标准化管理

在我国，《旅游景区规划与管理》中认为标准化管理的内容主要包含在旅游服务质量标准化管理中，包括：

（1）设施设备质量标准。

设施设备质量标准是按照旅游景区的登记规格和不同接待对象，对设施设备的选择购置、使用保养、更新改造和经济技术分析的质量要求和规定。它是进行设施设备标准化管理的基本依据，包括设施设备的选购质量标准、设施设备使用操作质量标准、设施设备的维修保养质量标准、设施设备技术经济指标。

（2）产品质量标准。

主要是规定以食品为主的生产操作规程、烹饪技术要求的产品质量规格，目的是保证色、香、味、形、器俱佳，满足游客需要，通常包括标准菜肴价格、标准烹饪方法、标准出料量、标准进货规定等。

（3）商品质量标准。

商品虽然不是景区制造的，但在旅游景区转移给用户使用时，商品质量优劣是游客和社会衡量景区质量的重要组成部分。商品的质量标准一般按经营的优质品率、合格品率等进行规定，保证商品的实用性、安全性、经济性、耐用性，提供售后保证。

（4）环境质量标准。

环境质量不同于服务设施设备质量，主要指服务场所的美化，商品陈列的艺术性，环境卫生状况，设施设备摆放布局，灯光音响，色彩调节，温度、湿度与空气的清新程度，以及噪音的控制等。

（5）劳务质量标准。

劳务质量一般是指顾客享用服务时获得的感受和满意程度，它是以设施、产品、环境质量为依托提供服务，达到适合并满足顾客的最终表现。主要包括服务态度、服务的技术技巧、服务效率、礼节礼貌等。

（6）安全卫生标准。

安全保卫标准是景区服务质量关键性问题，也是景区运营问题。它包括设施设备的安全运行、环境的安全感、防火防盗事故、疾病防治及侵扰事件的防止等。

清洁卫生工作也是景区工作的重点之一。卫生状况不仅影响景区的形象，而且直接影响游客的健康，为旅游景区和游客所重视。它包括环境、食品饮料、设施设备和个人卫生等四个方面。

(7) 服务提供和质量控制程序。

服务提供过程的程序一般划分为三个阶段,即准备阶段、接待结算和告别阶段程序。各景区必须根据各项具体服务工作内容来确定其先后顺序和规范,并做好检查和督导。

质量控制程序是以服务质量标准为依据,采用各种方式对景区服务"关键工序"和岗位的服务质量情况进行测定,使服务的全过程都处于受控状态,并判断实际质量与质量标准之间的准确性、激励措施的有效性等,从而找出差距和薄弱环节,以利于质量的改进和提高。

尽管国内、国际的角度不同,但是都将服务质量作为标准化管理中的重中之重,可见服务标准化在景区标准化管理中的地位和作用。因此,在低定制化的景区服务中,服务标准化是质量管理的重点,同时兼顾其他各方面的标准化管理,才能提高游客对景区服务质量的感知度和认同度,从而将游客行为向有利于景区经济发展的方向引导,保证旅游产品优质化程度的整体提高。

第二节 景区服务质量管理

一、景区服务的标准管理

（一）景区服务质量管理内涵

景区经营的成功与否,除受旅游资源的特色优势、旅游环境状况、设施设备情况、市场营销能力等因素的影响外,服务质量起着非常关键的作用。服务质量是景区的生命线,服务质量的提高是景区管理各项职能充分发挥作用并相互协调的结果。服务质量也是景区综合管理水平的反映,从服务质量的好坏就可以判断出景区经营管理水平的高低。

1. 景区服务质量的概念

景区服务质量是指景区的服务所能满足旅游者显性或隐性需求、满足旅游者物质或精神需求的特性的总和,包括服务质量、环境质量、景观质量及旅游者意见评价。

景区服务质量带有明显的主观性与不确定性,可由游客满意度来衡量。游客对景区满意与否,很大程度上取决于景区与游客之间在服务质量问题上的互动程度。这种互动关系可以表述为

$$游客满意度 = \frac{景区实际提供的服务质量 - 景区承诺的服务质量}{游客实际感受的服务质量 - 游客期望的服务质量} \times 100\%$$

这种互动关系反映出游客的满意度不仅受实际感知的服务质量影响,而且还受到其自身所期望的服务质量的影响。通常情况下,游客希望所选择的景区是"物超所值"。这样,景区就有一个如何将"物有所值"的产品转化成游客"物超所值"的感知的问题。

景区是以设施设备和景观环境为凭借,为旅游者提供多样化休闲娱乐服务的旅游形态,所以,景区产品是由硬件、软件、流程性材料和服务等四种类别构成的组合性产品。另外,由于旅游业是服务业的重要组成部分,而景区是旅游业的产业支柱之一,所以景区尤为重视服务质量。从这个角度讲,服务质量是实现"物有所值"转化成"物超所值"的重要因素。

2. 景区服务质量的内容

1) 实物产品质量

实物产品质量主要是指饮食产品质量和满足游客购物需求的旅游商品质量,是景区服务质量形成的基本条件。

2) 设施设备质量

设施设备是景区提供优质旅游服务的基础。设施设备的完好程度、舒适程度及美观程度都直接或间接地影响服务质量。游客到来之前,设施设备反映了景区的服务能力,游客到来之后,设施设备是景区服务的表现形式。

3) 服务环境质量

良好的服务环境能够给游客提供舒适、便利的食宿与购物条件。服务环境质量主要包括景区绿化环境、环境卫生及美化、色调情趣、场所装饰、灯光音响、室内温度的适宜程度等方面的质量。

4) 劳务活动质量

劳务活动质量是指以劳动的直接形式创造的使用价值的质量。其主要内容包括景区服务人员的服务态度、仪容仪表、服务纪律、服务技能、服务方式、言行举止、礼貌修养、职业道德等方面。

(二) 景区服务质量管理概述

服务质量管理是景区经营管理的重要组成部分,是指围绕景区服务质量所进行的一系列管理工作,包括景区交通、接待、游览、餐饮、住宿、购物、娱乐、游客投诉、综合管理等方面的内容。

1. 景区服务质量管理的特征

1) 全员性

服务质量管理的基本原理是对服务全过程的控制,而全过程的服务活动是通过不同岗位的责任者实施和完成的。因此,景区任何一个岗位的责任者对服务质量都有直接或间接的影响,质量管理人人有责,全员参与服务质量管理,这是景区服务质量管理的首要要求和特点。为了保证服务质量管理的有效性,还必须做到:将教育贯穿始终,明确职责和职权,开展多种形式的质量管理活动,奖惩分明。

2) 全过程

景区满足旅游者多样化休闲娱乐需求的活动是一个过程,为了保证旅游者满意,必须把接待服务质量形成的全过程、各个环节及相关因素都有效地控制起来,形成一个综合的质量体系。为了保证全过程的有效性控制,必须做到:编制科学、有效的程序文件,有效地执行程序文件,整体的质量策划,注意过程接口控制。

3) 全范围

景区的接待服务是为了满足旅游者的休闲娱乐需要,员工与旅游者之间接触的活动以及景区内部活动所产生的结果,服务的提供是实现服务规范的过程。这个过程需要景区的决策层、管理层、指挥层和操作层的共同参与,形成全景区的质量管理组织体系,才能发挥全面质量管理的作用。为此,应做到:确立管理职责,明确职责和权限,建立有效的质量体系,

配置必要的资源,领导重视并积极参与。

4) 多方法

服务质量管理是一种涉及不同现代管理科学和工程技术的先进管理体系。因此,在应用和发展服务质量管理科学时,应注意:尊重客观事实和数据,广泛、灵活地运用科学技术新成果、新方法,注重实效。

2. 景区服务质量管理的原则

1) 以游客满意为导向

能否让游客满意是景区保持长久竞争力的关键所在。在服务感知的基础上,游客会用自己所享受到的服务对景区进行评价,并加以宣传,服务质量口碑不好的景区接待的游客数量必然会减少。因此,从发展战略的角度而言,景区应该将追求游客满意放在管理决策的首要位置,理解游客当前和未来的需求,并把它转化为具体的景区服务质量要求。

2) 构建良好的互动关系

游客与景区之间的沟通和互动对于提高游客的满意度具有重要的作用。若景区与游客之间构建了良好的互动关系,即使在游玩过程中出现了小的服务质量问题,游客对景区质量的感知评价也不会因此而显著下降。所以,处理好景区与游客之间的互动关系,有助于塑造景区产品与服务在游客心目中的优质形象。

3) 系统化管理

系统化控制与管理是指景区在实施服务质量管理的过程中要将所有相关因素考虑进去,将其作为一个系统性的整体进行分析。此外,在制定服务质量管理方案时,要利用要素间的相互关联性,构筑高效的质量管理体系。

4) 过程化管理

景区在进行服务质量管理时,应将游客需求作为景区运作的输入过程,将为游客提供服务作为产品的输出过程,将信息反馈作为测量游客满意度的一种方式,来评价景区服务质量管理的效果。因此,景区管理人员应注重对上述过程进行督导和监控,如针对重要服务过程可设置若干督导员,对运行过程中的服务质量进行监督,从而保证整个服务过程的优质性。

5) 全员参与

景区服务是由人来提供的,人是服务中的能动性主体。所以,每个工作人员都是景区服务质量管理的参与者,只有全体员工充分参与,才能发挥他们的创造才干为景区带来最大的收益。因此,景区应对全体员工进行质量意识、游客满意意识及爱岗敬业的教育,激发他们的积极性与责任感。

6) 持续改进

持续改进是景区服务质量管理的重要原则。在服务质量管理系统中,改进是指景区产品质量、服务过程及服务系统的有效性与效率的提高。景区服务质量管理应深刻分析服务质量现状及存在的问题,并根据游客需求建立持续改进的目标,通过实施质量提升方案来推动景区服务质量的不断进步。

3. 景区服务质量管理的定位

1) 服务质量管理定位的目的

景区服务质量管理定位的主要目的:一是确定为旅游者提供服务的质量要求;二是将质

量要求文件化,作为实现服务的依据;三是针对质量要求,确定相应的验收标准,用于考核或评价服务;四是作为向旅游者承诺的依据;五是全体员工将实现服务的质量要求作为自己的职责和目标。

2) 服务质量管理定位的过程

景区质量定位的一般过程为:①进行市场调查;②选择目标市场;③分析旅游者的休闲娱乐需求;④将旅游者的休闲娱乐需求转化为服务质量要求;⑤评价满足旅游者休闲娱乐需求的可行性、资源和景区的适应性,进行整体服务的策划;⑥在充分考虑旅游者的需求和景区能力的基础上,确定服务的质量内容和要求。

3) 服务质量管理定位的模式

景区服务质量是客观评价因素和情感评价因素的总和,与质量因子、经济性因子和时间因子等具有一种函数关系。这种函数关系可以表述为

$$Q = O(q,e,t) + E(q,e,t)$$

式中,Q——景区服务质量;

O——旅游者对有形休闲娱乐形态的需要;

E——旅游者对无形休闲娱乐形式的需要;

q——与质量因素有关的需要;

e——与经济因素有关的需要;

t——与时间因素有关的需要。

此服务质量管理定位的模式只是给出了一个粗略的思考方向,各因素对于不同景区具有不同的理解和表述方式。

(三) 景区服务质量标准

一般地,质量的评价总是以标准来衡量,但景区服务由于其特殊性,使标准本身的确受到许多因素的影响,具有明显的可变性与复杂性。高质量的服务不仅要符合服务工作本身的客观规律,还要使游客得到最大程度的满意。景区完成其服务工作所必需的要求与规范构成衡量景区服务质量的内部标准,而游客通过亲身体验做出的对服务质量的感知评价则构成衡量景区服务质量的外部标准。

1. 内部标准

景区服务质量内部标准是指符合服务工作规律,适合游客需求特点的服务规范与质量标准,是景区提供优质服务的基本保证。我国于1999年颁布的《旅游区(点)质量等级的划分与评定》对旅游景区制定服务规范起了引导和推动作用。但是,国家标准主要是涉及一些共性因素的评价,而每个景区都有区别于其他景区的不同特点。因此,景区内部质量标准的制定还应考虑到景区的实际情况和景区本身的一些特点,如资源特色、资源等级及保护的要求、当地风俗文化等的不同,目标客源市场需求的不同,景区性质、功能、服务规模的不同等,这样才能制定出具体、全面、具有可操作性的、重点突出的、满足旅游者需求的内部参考标准。

一个好的服务质量内部标准应该满足以下四个方面的要求:①满足旅游者的需求;②符合景区自身状况,能为员工所接受;③重点突出,具有挑战性;④能及时修改,以使与内外部

条件变化相适应。具体标准如表9-1所示。

表9-1 景区服务质量内部标准的内容要点

		内 容 要 点
设施设备	旅游交通	可进入性，与景观环境相协调的停车场、码头、游览线路、航道、交通工具
	游览	各种引导标识，游览介绍资料，咨询中心，服务中心，投诉中心，游览辅助设施
	旅游安全	消防、防盗、救护设备
	环境卫生	环境整洁，植被覆盖率，公共厕所，垃圾箱
	通信	通信设施布局，畅通
	购物	购物点布局，特色商品
	休闲	游客休憩设施
	娱乐	项目的娱乐性、多样性、安全性
	特定设施	残疾人员特定使用设施
	资源与环境的保护	环境监测设备，环境与资源的保护设施
管理服务	综合服务	管理机构、管理制度、总体规划、管理人员素质、服务人员素质、培训、导游讲解
	服务态度	职业道德、真诚可信、文明礼貌
	服务技巧	不同岗位的技巧、服务的艺术性
	服务仪态	行为规范、仪表整洁、精神饱满
	服务时效	服务时间、等候时间、服务准确率

资料来源：王莹.旅游区服务质量管理[M].北京：中国旅游出版社，2003：115.

2．外部标准

旅游服务具有无形性和非常规性等特点，使景区服务产品质量的衡量无法采用其他物质产品的统计检验技术。此外，景区产品及服务即使符合内部质量标准，也并不一定被认为是优质产品和服务，必须同时得到游客的认可，即景区服务质量还需通过游客满意度这一外部标准来进行衡量。游客满意程度一般存在以下三种情况（见图9-1）。

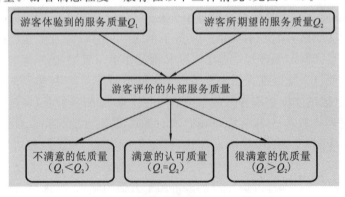

图9-1 游客满意程度的三种情况

外部质量标准仅以游客满意度来区分显得过于笼统,而且满意度中隐含有很大的可变性与主观性,不同的游客、不同的时间都可能导致服务质量感知的差异性。因此,为了使外部评价方法更具有鉴别力和针对性,需对游客满意度做进一步的定量分析,这里我们引入旅游者满意度的综合模糊评价方法,具体步骤如下:

1)列出因素,确定因素层次

例如 $U=(U_1,U_2,U_3,U_4,U_5)$ 为第一层次的因素集,第一层次的各因素又有影响变量组成第二层次的因素集 $U_{ij}=(i=5,j=1,2,\cdots,m)$。

2)建立权重集

根据每一层中各因素的重要性和影响程度不同,分别赋予相应的权数。第一层次权数集 $A=(A_1,A_2,A_3,A_4,A_5)$,各权重值加总和为 1;同理建立第二层次的权数集,如 $A_1=(A_{11},A_{12},A_{13},A_{14},A_{15},\cdots,A_{1m})$,各权重值加总和为 1。

3)建立旅游者满意度的评价集

$V=(5\ \text{很满意},4\ \text{较满意},3\ \text{一般满意},2\ \text{较不满意},1\ \text{很不满意})$

4)一级模糊综合评价

一级模糊综合评价应按第二层次诸因素进行。设评价对象是第二层次中的因素 A_{ij},对该因素的评价值隶属度为 R_{ijk}(例如,在抽样调查 50 人中,评价值为 5 分的有 10 人,则很满意的隶属度为 0.2);以第一层次的某一因子的第二层次因素为例,构建第二层次因素评价矩阵。

$$R_1=\begin{pmatrix} R_{111} & R_{112} & R_{113} & R_{114} & R_{115} \\ R_{121} & R_{122} & R_{123} & R_{124} \\ R_{125} \\ R_{131} & R_{132} & R_{133} & R_{134} \\ R_{135} \end{pmatrix}$$

如该矩阵中第二行表示第一层次因子的某一因子的评价结果,于是因子 U_1 的一级模糊综合评价矩阵为 $B_1=A_1\cdot R_1$,则一级模糊综合评价集为 $B_i=A_i\cdot R_i$。

5)二级综合评价

将每一个因素 U_1 作为一个元素,用 B_i 作为它的单因素评判,再构成评价矩阵 R,$R=(B_1,B_2,B_3,B_4,B_5)T$,R 就是 U_1,U_2,U_3,U_4,U_5 的单因素评判矩阵,每个 U_i 作为构成 U 的指标,其权重集为 $A=(A_1,A_2,A_3,A_4,A_5)$。于是第二级综合评判 $Y=A\cdot R$,其中 $Y=(Y_1,Y_2,Y_3,Y_4,Y_5)$,Y_i 表示旅游者满意度为 V_i 的隶属度。则 $S=V\cdot Y$,即可算出旅游者满意度的综合得分,V 为旅游者满意度的评价集 $(5,4,3,2,1)$。

在这一模糊综合评价体系中,游客满意程度被量化,最后得出游客满意度的综合得分,又能从因素评价矩阵中总结出各因子的游客满意程度,找出影响满意度的环节,从而得以及时改进质量。

二、景区服务的流程管理

(一)景区服务管理流程

流程就是组织为完成某一目标或任务而进行的一系列逻辑相关活动的有序集合,这些活动以确定的方式发生或执行,导致特定结果的实现。就景区而言,其服务流程是指为旅游者提供特定旅游产品和服务而实施的一系列精心设计的活动,强调的是游客接待任务如何在景区组织中得以完成。总体而言,景区服务流程有两个重要特征:一是面向游客;二是跨越职能部门、业务部门或子单位的既有边界。

图 9-2 是旅游者游览景区的流程简图,该图表示了从旅游者选择景区到最后离开景区的全过程,具体包括交通、排队购票、就餐、娱乐、购物、住宿等环节。在实际流程管理中,这些过程会进一步分解,详细表明旅游者在各个旅游环节中的行为阶段,以帮助景区管理人员对景区服务过程与质量进行设计与控制。

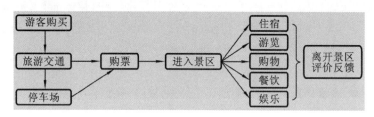

图 9-2　景区服务流程图

(二)景区服务管理内容

景区服务的流程管理是指对景区服务活动的全过程进行计划、组织、协调及控制,使之经常处于应有的状态,并对变化了的客观环境有良好的适应性,达到最佳服务效率和服务效果。

1. 流程管理的事前准备

当前,很多人认为流程管理、再造是裁减部门、遣散员工,因而一听说"流程管理"就唯恐避之不及,产生强烈的抗拒心理。事实上,景区服务的流程管理的意义是重新思考服务质量管理的策略与方法,完善或改变现有的构架和服务流程,以便更好地为游客提供高质量的旅游服务。

因此,景区在实施流程管理之前,要成立专门的负责小组,首先以汇报、展示、橱窗等多种形式在景区上下进行宣传,重点阐述服务流程管理在景区发展过程中的重要性,让全体员工都清楚地了解流程管理不仅是"以游客为中心"的直接体现,同时也是通过对服务流程的合理设计与控制,减轻服务人员和管理人员不必要的负担,提高他们的工作效率。

2. 流程管理的具体实施

服务流程管理的特点在于对游客需求响应过程的整体构思,分析现行服务流程中的"关节"与"瓶颈"所在,通过对流程的再设计剔除这些"瓶颈"或全面改善,提高这些"瓶颈"的负荷能力。具体而言,景区服务的流程管理的实施可参照如下步骤,如图 9-3 所示。

1)业务结构分析与确定

根据景区实际的经营运作情况,结合流程管理的实施框架和步骤,对流程管理涉及的主要业务范围进行筛选、分析,确定景区服务流程优化的整体方案和目标,如服务满意度目标值、平均游客接待日目标值等。从纵向看,景区的主要业务流程包括游客预订、排队购票、出入景区等;从横向看,主要包括交通服务、住宿接待、餐饮、购物、娱乐等。上述业务还可以具

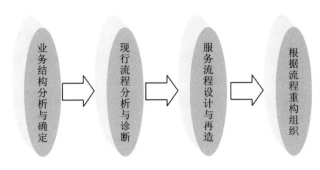

图 9-3 景区服务流程管理的实施步骤

体再细分。

2)现行流程分析与诊断

对景区目前主要的服务流程进行全面审视,并做出诊断性的分析,尤其是找出流程的"关节"与"瓶颈"所在,它们是景区服务流程中的主要资源消耗点、服务能力和质量的关键制约所在。譬如,购票服务的优劣不仅直接关系到游客能否顺利进入景区游玩,而且影响游客进入景区后的游览心情,因此,景区应注重提高售票设备效率、检票设备效率、员工工作技能、员工工作态度等。

3)服务流程设计与再造

在找出服务流程中的不合理环节后,通过流程设计,剔除"瓶颈"中的制约项或多余环节,全面优化服务流程。在该步骤的实施过程中,应充分考虑:①有关参与方(管理人员、一线员工等)的岗位协调问题,以尽可能减少人员波动为佳;②相关信息流程的处理、整合与优化,如通过网络化的信息传递,减少人工环节,提高信息交流和共享的速度。

4)根据流程重构组织

根据新的服务流程,景区应重构组织,重新进行业务分工、人员调配、制定岗位责任制。同时,按照服务流程中岗位设置以及技能要求,合理安排能够胜任工作的人员,发挥好整体服务流程中每个岗位上人员的积极性与创造性,使整个服务流程协调运转。在此过程中,需要景区高层领导积极主动地化解因工作调整带来的各种矛盾,为景区服务流程管理的成功实施奠定坚实的基础。

(三)景区服务的过程控制

景区服务的过程控制对于提高景区的整体服务质量至关重要,它由预先控制、现场控制与反馈控制三个部分组成。

1. 预先控制

预先控制即准备阶段的服务质量控制,是指景区各部门在实际接待游客前的准备工作的质量控制。景区各部门的服务性质不同,准备工作的内容、形式、时间也不同,因此,要根据各部门的不同情况来控制景区各部门的准备阶段的质量。

准备阶段的质量控制重在检查,目的是为了预防服务过程中可能会造成的偏差。准备工作的检查首先由各岗位人员自查,再由主管进行逐个检查,部门经理进行抽查,形成一个自上而下严密的质量控制网。对于检查不合格的环节,绝不能投入景区的运行。

2. 现场控制

现场控制即服务过程中的质量控制,就是要把服务过程中的服务质量控制在景区质量计划与服务规程的范围内。景区服务过程内容不一,随机性大,质量控制也就有一定的难度。现场质量控制,主要由服务人员的个人素质、业务技能和责任心来实施,同时要求管理人员必须在现场实施指挥、调节与监督。

现场控制可从两方面入手:一是建立现场控制的管理体系,设置总服务台,建立投诉部门,制定各部门工作标准、服务规范、员工行为准则,及时发现和制止景区服务中有损服务质量和景区声誉形象的行为和做法;二是加强领导者的现场巡视,景区领导者定期或不定期地对所属工作现场进行巡视,了解各部门的工作情况,及时发现并处理工作中存在的问题,为提高景区服务质量扫清障碍。

3. 反馈控制

反馈控制即景区接待服务后的检查考核。反馈控制就是通过服务质量信息的反馈,找出服务工作中存在的问题,进行原因分析,并采取相应措施,消除景区服务质量的隐患。

景区管理者要深入实际,经常性地听取游客、社区居民、合作单位等的意见,及时掌握各种反馈信息,并对其进行归类分析、备案,从而不断地提高景区服务质量。

三、景区服务的督导管理

(一)景区督导管理的目标

景区的督导管理是指管理人员在工作现场对下属的工作进行督查和指导管理。景区管理人员的大部分工作是在服务现场进行督导管理。管理者运用职权,借助指示、命令等手段对下属员工进行检查、指挥和指导,具有高度的权威性和强制性,目的是为了纠正工作偏差,保证景区服务目标的顺利实现。

景区服务的督导管理一般涉及对客服务的规范、标准、质量、环境、设备、成本控制、人际关系等各方面的管理与协调,其目的主要是领导员工把接待服务工作做好,从而实现景区的经营管理目标。督导管理的目标集中反映在督导管理人员对政府、景区上级管理部门、景区职能部门、游客、员工、社区等相关主体的义务上。图9-4反映了督导管理的各相关主体对管理人员的基本要求。

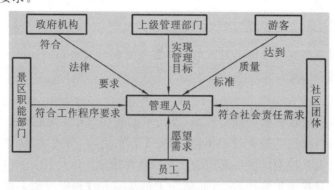

图 9-4 景区相关主体对督导管理人员的要求

资料来源:董观志.景区经营管理[M].广州:中山大学出版社,2007:199.

1. 政府机构

政府部门如公安、消防、工商、税务、交通、电信、卫生、环保、文化、建设、文物、旅游等单位,都对景区的经营管理颁布了相应的法令和规定。景区督导管理者必须严格遵守和认真执行这些法令和规定,不能马虎,否则,景区就会受到指责与处罚。

2. 景区上级管理部门

景区上级管理部门下达的经营管理目标、利润指标、服务质量要求、娱乐及表演活动的开展计划等,都是景区督导管理人员必须时刻牢记,并要认真努力完成的任务。

3. 游客

游客需求与期望是景区督导管理工作的焦点。督导管理者要考虑游客的特点和要求,督导员工提供让其满意的产品与服务。同时,游客提出的特别需求以及对景区服务的意见和抱怨,都需要督导管理人员反映和解决。

4. 员工

景区督导管理者不仅要对员工的工作进行控制,而且需要对其履行一定的义务。譬如:为员工提供一个能有效提高他们的工作效率的良好工作环境;实施奖励措施,激励他们参与管理;了解他们的愿望和需求,并及时帮助解决等。

5. 景区职能部门

景区职能部门对景区各项工作都有具体的规定和要求,同时颁布了一系列的规章制度、部门规定、标准指标等,要求景区全体人员遵守、贯彻执行,这些都对景区的督导管理工作产生约束作用。

6. 社区

景区总是处于一定的社区环境当中,其经营管理行为必须符合当地社区的整体利益和发展。因此,景区督导管理者必须时刻惦记社会责任要求,在管理过程中考虑社区公众提出的意见,体现社区公众的利益,为景区创造一个良好的社区发展环境。

(二)景区督导管理的内容

1. 游客入园接待的督导管理

游客入园接待工作是景区满足游客需求的第一步工作,在整个景区的服务工作中占有非常重要的地位,游客接待工作的基本内容包括:

(1)对散客入园的售票和闸口入园服务;

(2)对旅行社团队订单的确认;

(3)对其他团队订单的确认;

(4)对贵宾接待的保障方案和接待要求。

督导管理人员的工作应围绕上述工作展开,具体包括:

(1)督导员工按照景区服务的标准化和规范化要求开展服务;

(2)督导员工按照景区要求修饰打扮,言谈举止要文雅大方;

(3)闸口服务要为游客提供人性化和细节化服务;

(4)督导员工根据贵宾、团队游客和散客的不同要求,提供不同的服务;

(5)督查景区自身对服务的承诺和实际接待能力是否相符,及时向上级领导汇报;

(6) 当不同的接待服务工作发生矛盾冲突时,要有变通方法。

2. 景区内主要服务项目的督导管理

1) 景点的服务和管理

景点服务作为景区的主要服务部分,服务过程和结果的质量均不易受控制,决定景点服务质量好坏的因素是多方面的,如景点服务设施的状况、服务人员的态度和能力、游客对服务的配合以及服务过程的设计与协调等。由于景点服务是景区服务水平的基本体现,因此,景点服务的督导管理成为景区日常管理最主要的方面。景点服务督导管理具体内容包括:

(1) 督导员工服务要体现景区的服务理念;

(2) 督导员工服务操作规程要符合景区服务的标准化和规范化要求;

(3) 督导员工的穿着服饰、仪容仪表、言谈举止要符合景区要求;

(4) 督导员工服务要体现个性化和多样化特色;

(5) 对于突发事件和应急事件,要有应对措施。

2) 演艺服务和管理

景区的娱乐表演是景区为游客提供的具有观赏价值和艺术价值的服务项目,是景区企业文化的展示,成为景区的主要景观。现场娱乐表演往往像一块巨大的磁石吸引着游客,是景区最具吸引力的项目之一。演艺服务督导管理内容包括:

(1) 督导各景点表演节目的编排及演出;

(2) 督促演员做好演出前的各项准备;

(3) 检查演员化妆、着装是否符合演出要求;

(4) 演出过程中,督导演员要精神饱满地投入角色;

(5) 演出出现失误,要有补救措施,保障演出的正常进行;

(6) 对演出过程进行监督,并做好演出记录,演出后进行讲评,并提出修改意见。

3) 展示服务和管理

具有动物展示功能的景区,包括陆地(动物园)和水下(海洋馆)两种展示形式,其管理难度较大,展示服务督导管理包括:

(1) 督查动物展示是否符合动物保护法规要求;

(2) 督查所展示的动物生存环境是否符合评估要求;

(3) 督查游客与动物接触是否安全;

(4) 督查动物管理人员的资格是否达到要求。

4) 景区园艺展示服务和绿化管理

对以自然风光为主的景区,应以注重保护森林、植被和自然景观为主,尽量避免人为破坏和增加过多的人工设施,督导管理工作包括:

(1) 督导员工和游客注意保护原有生态环境;

(2) 督导员工和游客避免污染环境;

(3) 督导园艺工人优化和培植植被品种;

(4) 督导员工和游客加强森林防火和植被保护。

对以人文景观为主的景区,督导管理工作包括:

(1) 督导园艺工人植物园艺的培植要与气候、土壤相适宜;

（2）督导园艺工人植物品种与绿化造型要对游客具有吸引力。

5）景区环境卫生管理

保持和谐的游览环境和干净整洁的卫生面貌，不但能给游客带来美的享受，同时也为游客提供了健康的保障，影响景区游览环境的因素很多，景区应致力于景区内外环境和整体设施的改进。环境卫生督导管理包括：

（1）督导员工要在做好个人卫生后才能上岗作业，必须穿着整洁，精神面貌要热情饱满；

（2）督导环卫人员全天候跟踪清扫，确保景区的公共区域干净整洁，无"四害"，无卫生死角，无乱堆垃圾、杂物；

（3）督导环卫人员对洗手间做定期清洁，洗手间内要做到无臭味，墙面、天花板、隔板及其他设施无灰尘、污迹、涂画痕迹；洗手间外墙干净整洁，地上无果皮、纸屑、烟蒂、痰迹或其他垃圾；

（4）督导环卫人员对景区内的人工水系按照要求进行水位补充和水质更换；

（5）督促环卫人员及时打捞和清理水面污物，确保景区水体的清澈、洁净；

（6）巡查景区排水沟井，督促清洁卫生人员及时清理排水沟井的杂物，保障正常排水，并检查井沟盖是否掀开，防止游客及员工掉落；

（7）督导环卫人员按要求将垃圾安放在指定地点，由景区统一清运，垃圾车用完后，应及时用水冲洗干净。

3. 景区内辅助服务的督导管理

1）导游服务管理

对规模较大的人文和自然景区，应设立景区内部导游服务。因为导游服务方便游客，增加游兴，同时有助于游客加深对景区的了解，特别是人文旅游资源非常丰富的景区，导游的讲解实际上起到了传播知识和宣传景区形象的功能。景区导游应通晓景区知识并符合国家有关导游的资格要求，其服务包括团队导游服务散客导游服务、贵宾导游服务。督导管理应围绕导游服务开展工作：

（1）督导导游人员熟悉和掌握景区景点的有关知识，了解景区的最新发展动态，为导游工作的开展奠定基础；

（2）督导导游人员要耐心、细心地解答游客的问询，给游客留下良好的印象；

（3）督导导游人员进行导游活动时，应遵守相关规定，礼貌待人，尊重游客的宗教信仰、民俗习惯和生活习惯，为不同的游客提供个性化的导游服务；

（4）督促导游人员要勤奋学习，不断提高自己的业务素质和职业技能，形成具有思想性、艺术性、趣味性的导游风格，让游客能从中获得享受和启发；

（5）督导导游人员爱岗敬业，为游客提供优质服务，并能与游客建立良好的人际关系；

（6）督查导游人员在导游活动中，不得欺骗、威胁游客或与经营者串通欺骗、威胁游客，更不能坑害游客。

2）购物、餐饮服务和管理

购物和餐饮是景区的辅助服务，但对以购物和餐饮为特色和知名度的景区，购物和餐饮便成为景区吸引游客前来游览的重要项目。购物、餐饮服务的督导管理工作具体包括：

(1) 督导员工提供多样化的旅游工艺品和特色菜式;
(2) 督查游客就餐环境是否舒适、整洁;
(3) 督查员工保证餐厅和厨房卫生,确保游客用餐安全;
(4) 督查餐厅是否满足特殊人士的餐饮要求;
(5) 督查服务人员和厨房人员的卫生保健情况,定期对他们进行防疫检查。

3) 景区安全保卫管理

景区安全保卫管理是景区为保障旅游设施、游客人身财产安全、保证旅游正常秩序的一项重要工作,景区安全督导管理包括:

(1) 督导员工要按照景区安全操作规程作业,确保服务操作安全;
(2) 搞好设备设施的安全检查工作,督导员工做好设备设施的日常检查和维修,定期维护保养以及设施的更新添置工作,发现问题及时解决;
(3) 督促安全员搞好景区消防安全监督和检查工作,确保24小时有人值班,分片包干,责任到人,把火灾隐患消灭在萌芽之中;
(4) 景区营业期间停水停电,应向游客做出合理解释,稳定游客情绪,指导员工维持好现场秩序,并组织游客有序地离场;
(5) 积极做好员工消防知识、技能的培训和消防演习工作;
(6) 出现火灾时,督导员工按照《景区突发事故应急控制程序》进行;
(7) 督导安保人员搞好景区保卫工作,防止偷盗、抢劫事件的发生,确保游客的人身财产安全,为游客提供安全、祥和的游览环境。

4) 特殊服务和管理

特殊服务是景区为满足有特殊要求的游客而提供的服务项目,景区应尽可能满足这类游客的要求。特殊服务项目包括:残障人士的特殊照顾;高龄老人的特殊照顾;提供婴幼儿轮椅服务;部分商务代邮、寻人服务;预约、送票送餐服务。特殊服务督导管理应围绕下述活动开展工作:

(1) 检查景区的特殊通道是否畅通,便于残障人士自由出入和游览;
(2) 检查景区特殊服务的标志是否明晰,不当之处及时更改;
(3) 景区是否为特殊人士提供相应的设施设备,并明确其使用方法;
(4) 检查寻人、商务代邮、预约、送票、送餐服务是否及时,是否令客人满意。

5) 车船游览服务和管理

交通不便或规模较大的景区,应建立自有的游客运输系统,以提高景区内游览的机动性,而特殊的运输设施本身也为游客增加了游兴。车船游览服务督导管理包括:

(1) 车船游览线路是否方便游客的游览;
(2) 督导员工随时注意车船设备的安全,包括设备标准、安检要求、限载要求、限速要求、气候要求等,避免安全事故的发生;
(3) 检查车船使用是否对景区环境造成影响;
(4) 车船出现故障时,有紧急处理的措施和能力;
(5) 要求操作人员必须具有车船驾驶的技术和资格;
(6) 督导员工做好车船内的环境卫生,确保车船内干净整洁。

6）游客投诉的管理

游客投诉是景区不可避免的一种现象,它是游客对景区信任的表现,正确处理游客投诉是服务质量补救的重要措施,是景区服务质量管理的重要内容。游客投诉的督导管理包括：

（1）督导员工在处理游客投诉时,要遵循"以客为尊,游客至上、景区利益第一"的原则；

（2）督导员工要细心、耐心地倾听游客的投诉,并做好书面记录；

（3）要求员工对待投诉的游客要言辞诚恳、态度和蔼,设法消除游客的怨气和敌意；

（4）与游客一同商量解决办法,并给予游客一定物质或精神补偿；

（5）事后明确责任归属,投诉一经核实,按景区有关奖惩制度追究有关部门及个人责任。

四、景区服务的改进管理

（一）景区服务质量问题分析

从质量管理的角度讲,影响景区服务质量的因素主要有人（Man）、设施（Machine）、材料（Material）、方法（Method）和环境（Environment）,亦称为4M1E因素。这些因素中又包含下一层次的各因子,依次递推到更细一层的因子,结合游客满意度的模糊综合评价模型,构建景区服务质量分析图。图9-5所示是景区服务质量问题的层递因子分析的主要框架。景区可根据景区服务质量的具体情况,选择权重较大的因子,进行比较分析。

（二）景区服务质量改进内容

ISO9000:2000标准将质量改进定义为"质量管理的一部分,致力于增强满足质量要求的能力"。由此,景区的质量改进是为了增强满足旅游者多种休闲娱乐需求的能力。

1. 质量改进程序

1）质量改进的基本途径

（1）渐进性改进:发挥全体员工的积极性,结合职位说明书,采取一系列小步骤的改进活动,提高有效性和效率。

（2）突破性改进:指重大项目的改进或对现有过程进行修改或改进。

2）质量改进项目的识别和确定

（1）数据收集和分析。

数据的收集可从以下几个方面获得:①旅游者对旅游产品及服务的投诉;②与景区设备设施、环境、资源等有关的记录;③旅游服务提供过程中的事件记录;④竞争对手、政府部门、投资方等处获得的有关数据。

（2）改进项目的确定。

从上述的数据分析中,识别项目改进的机会,依据体现旅游者需求和期望、优化服务质量、控制成本、提高服务有效性等原则来筛选确定需要改进的项目。

2. 质量改进的工具和技术

在服务质量改进项目和活动中,以实际行动和数据的分析为基础进行决策是很重要的,正确地运用有关工具和技术有利于质量改进项目和活动的成功。表9-2列举了11种质量

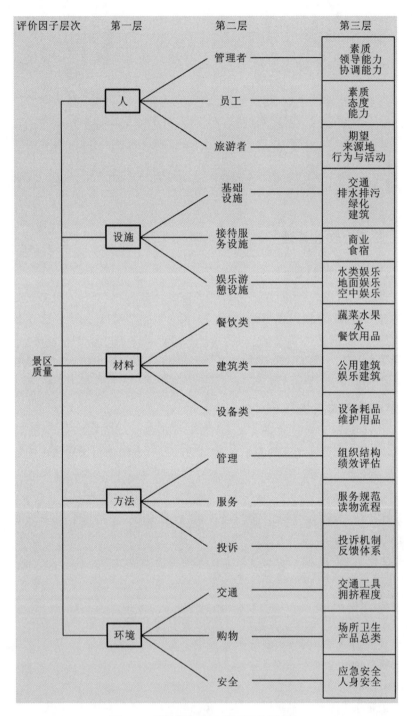

图 9-5 质量问题的层递因子分析框架

资料来源：董观志.景区经营管理[M].广州：中山大学出版社，2007：157.

改进工具和技术，此外，在特定场合还可以使用其他工具和技术。实际上这 11 种质量改进工具和技术都有具体的定义、应用范围、应用程序，限于篇幅，在此就不做详细介绍了。

表 9-2　质量改进的工具和技术

序号	工具和技术	应　　用
A_1	调查法	系统地收集数据,以获取对事实的明确认识
适用于非数据的工具和技术		
A_2	分层图	将大量有关某一特定主题的观点、意见或想法按组归类
A_3	水平对比法	把一个过程与那些公认的、占领先地位的过程进行对比,以识别质量改进的机会
A_4	头脑风暴法	识别可能的解决问题的办法和潜在的质量改进机会
A_5	因果图	①分析和表达因果关系; ②通过识别症状、分析原因、寻找措施,促进问题的解决
A_6	流程图	①描述现有的过程; ②设计新过程
A_7	树图	表示某一主题与其组成要素之间的关系
适用于数字数据的工具与技术		
A_8	控制图	①诊断:评估过程的稳定; ②控制:决定某一过程何时需要调整及何时需要保持原有状态; ③确认:确认某一过程的改进
A_9	直方图	①显示数据波动的形态; ②直观表达有关过程情况的信息; ③决定在何处集中力量进行改进
A_{10}	排列图	①按重要性顺序显示每一项目对总体效果的作用; ②排列改进的机会
A_{11}	散布图	①发现和确认两组相关数据之间的关系; ②确认两组相关数据之间预期的关系

资料来源:董观志.景区经营管理[M].广州:中山大学出版社,2007:159.

第三节　旅游景区综合质量管理

一、旅游景区卫生质量管理

(一)旅游景区卫生质量管理内容

景区环境卫生管理主要包括以下几个内容:

1. 自然环境卫生

自然环境卫生包括大气卫生、水体卫生、土壤卫生、噪声、动植物的卫生状况等。主要的

管理方法有:进行环境卫生知识的传播,加强旅游者环境保护意识,正确引导旅游者的行为;控制景区内交通工具的尾气排放量;减少使用煤等易造成空气污染的燃料;加强景区的绿化;采取高效的垃圾处理措施,如加强跟踪式清扫力度、设置生态型垃圾箱、加强垃圾清运等。

2. 游览环境卫生

游览环境卫生包括游览场所卫生、设备设施卫生、公共卫生、卫生设施布置等。主要的管理方法有:参照国家卫生部颁发的相应的公共场所的卫生标准执行具体的卫生工作;安排专门的管理人员,对游览环境的卫生进行实时保持;设置标识明显、数量合适的垃圾桶,方便游客使用;注意公厕卫生的保持。

3. 服务人员卫生及餐饮卫生

景区向旅游者提供的是以旅游资源、环境、设备设施等为依托的服务产品。景区除了要为旅游者提供清洁的环境外,服务人员也应参照卫生标准提供规范化的服务,此外,服务人员还应保持个人卫生,达到从业的卫生保健标准。景区的全体服务人员还应有较强的环境保护意识、卫生意识、服务意识,要以身作则,为旅游者塑造良好的示范效应。

大部分景区将饮食卫生的管理列为景区卫生管理的重点之一。饮食业不仅要保证食品的质量,还应将食品对景区环境的影响降到最低限度。餐饮本身的卫生管理主要包括对厨房的装饰材料、设备设施的配备、食品原材料的采购、食品的运输、食品的储存、食品加工过程、服务流程的卫生、服务人员个人素质及卫生要求、周边的环境等的管理。随着饮食业的发展,油烟、生活污水、食品残渣等的排放量的增加在一定程度上影响着景区的环境质量。

4. 旅游者行为卫生

拥有清洁卫生、舒适安静的景区环境不只是景区经营者的责任,旅游者在景区的活动也会给景区的环境质量带来影响。旅游者的不良卫生习惯、环境意识薄弱、不遵守景区的环境规范等都将破坏景区的环境。相反,若旅游者能自觉地共同维护景区的卫生环境,则会保证景区的环境质量。可以说,旅游者的行为与景区的环境质量的维护是互动的过程。

(二) 旅游景区卫生质量管理任务

旅游景区高质量的卫生管理工作是良好游览环境的基础,它的主要任务包括:

1. 制定旅游景区卫生管理制度

旅游景区有各种不同的类别,其卫生管理制度也是依照景区的性质和任务分别制定的,具体包括:①公共卫生管理制度;②旅游设施卫生管理制度;③旅游文化娱乐场所卫生管理制度;④旅游交通卫生管理制度;⑤食品卫生消毒、化验制度;⑥客房卫生管理制度;⑦餐厅卫生管理制度;⑧旅游医务卫生制度;⑨外国人入境卫生管理制度等。

2. 制定卫生管理操作程序

旅游景区卫生管理操作的主要程序有:①公共卫生及环境卫生操作程序;②旅游文化娱乐场所卫生操作程序;③旅游接待服务设施设备卫生操作程序;④客房卫生操作程序;⑤餐厅卫生操作程序等。

3. 加强卫生检查,保证卫生质量

旅游景区卫生管理涉及面广、时间性强、质量要求高,必须切实加强卫生检查,才能保证卫生质量。其办法是服务人员自检、班组长全面检查、管理员每天检查、部门经理重点抽查、卫生评比等。在检查的过程中，要严格掌握要求，做好检查记录，如有发现不符合要求的应要求返工重做。

（三）旅游景区卫生质量管理要求

旅游景区卫生管理的好坏，将直接反映旅游景区的管理水平和服务质量。因此，其卫生管理有以下基本要求：

1. 领导重视，网络管理

旅游景区的卫生管理，由景区的总经理总体负责。日常具体的卫生管理工作由景区副总经理督导。各部门副经理负责本部门的卫生管理工作，并直接对景区副总经理负责。

2. 分级归口，负责到人

旅游景区卫生管理负责范围大、内容多，要分工细致、责任到人。分级归口，即将卫生管理内部及范围按照部门、类别位置进行划分；责任到人，即将卫生管理工作的责任落实到具体工作人员，同时授予相应的管理权限，实行专人负责、定期检查，从而保证卫生质量。

3. 分门别类，制定标准

管理卫生的关键是要有一套完整的卫生检查标准。旅游景区在指定卫生检查标准时，既要有统一的标准，又要有分项标准，以便实行工作标准化管理。

4. 严格制度，奖勤罚懒

为了确保旅游景区各个环节的卫生质量，景区的管理者必须严格执行规章制度，特别是各级管理人员要随时检查制度的执行情况，以便问题及时纠正。卫生检查的结果要与相关负责人的奖金挂钩，坚持奖勤罚懒的原则，从而不断提高旅游景区的卫生管理质量。

5. 游客监督，加强管理

旅游景区卫生管理的好坏，质量的高低，其最终的评判者是游客。因此，作为景区的管理者应充分地认识、发挥游客的监督作用。在游客中心、游客场所、客房、餐厅、景区交通工具上设立意见卡、意见箱等设备，并同接待服务结合起来。收集游客反映，正确地处理投诉，及时地发现管理中存在的问题，有针对性地采取改进措施，满足游客需求，提高景区声誉。

6. 加强培训，提高素质

为了保证卫生管理工作的科学性，旅游景区应充分利用旅游淡季、平季等时候举办各种类型、各种形式的中短期卫生管理培训班，对参加人员进行较为系统的景区卫生专业知识培训，并进行考核，合格者给予证书，从而不断地提高员工的卫生业务素质。

二、旅游景区园林绿化管理

（一）旅游景区绿化基本原则

旅游景区的绿化不同于市园林的绿化，更不同于林业造林，它是以多种类型的风景林为旅游景区绿化的基本形式，使其生物性特性、艺术性和功能性相结合。

旅游景区绿化的基本原则为：

（1）遵循"因地制宜，适地适树"地科学原则，以恢复地带性植被类型为目的，采用多树种、多林种、乔灌草木相结合地方法；

(2) 旅游景区绿化要与景点绿化相结合，各景点绿化要力争有不同的植物景观特色，使植物景观与人文、大自然景观相协调；

(3) 在确保环境效益、不影响景观效果的前提下，应考虑结合生产，大力营造经济与观赏相结合的经济风景林，为经济发展旅游服务。

旅游景区的绿化主要是美化环境，另外还有调节气候、涵养水源等功能。旅游景区的观览区、交通道路、目光所及的山坡是绿化的重点区域。

（二）旅游景区绿化管理方法

植物配置是景区绿化体系的一部分，也是景区建设中的重要内容。它是景区绿化的精品，起着生态平衡和改善环境质量的作用。

1. 观赏植物在景区绿化中的作用

观赏植物配置不仅扩大了景区的绿化面积，而且在景区景点建设中起着重要作用：

(1) 观赏植物是风景素材，也是风景的主题之一；

(2) 观赏植物丰富了景点的构图，打破景区生硬的轮廓，柔化了游览环境，丰富了色调；

(3) 观赏赋予了景点时空变化和生气，形成了春夏秋冬不同的景象；

(4) 观赏有分隔空间和隐蔽建筑物的功能，美化了游览环境。

2. 观赏植物的分类

根据观赏植物的习性通常观赏植物分为观赏树木、草木花卉、草坪与地被植物三类：

1) 观赏树木类

(1) 观赏乔木类。通常为6米至数十米高，有明显的主干。根据在一年中落叶与否可分为常绿乔木和落叶乔木两类。根据大小又可分为三类：大乔木类，树高20米以上；中乔木类，11～20米；小乔木类，6～10米。

(2) 观赏灌木类。树体矮小，主干6米以下。干茎多从地面而发，无明显的主干。

(3) 观赏藤木类。能缠绕或攀附他物向上生长的木本植物。

(4) 铺地类。干支等均铺地生长，与地面接触部分生长出不定根而扩大占地范围，如铺地柏等。

2) 草本花卉类

(1) 露地花卉。在自然条件下，完成全部生长过程，不需保护地如温床、温室栽培。露地植物花卉根据生活史可分为三大类：

① 一年生花卉。在一个生长周期内完成其生活时的全过程，从播种到开花、结实和枯死均在一个生长季节内完成，故一年生花卉又称为春播花卉，如波斯菊、万寿菊、百日草等。

② 两年生花卉。在两份生长季节内完成生活史的花卉，当年只生长营养器官，越年后开花、结果、死亡。一般在秋天播种，次年春夏开花，故为秋播花卉，如须苞石竹、紫罗兰、桂竹香、羽衣甘蓝等。

③ 多年生花卉。个体寿命超过两年，能多次开花结实，又因其地下部分的形态有变化而分为四类：

a) 宿根花卉。地下部分的形态正常，不发生变态，如芍药、萱草、玉簪等。

b) 球根花卉。地下部分变态肥大者，如水仙、唐菖蒲、美人蕉、大丽花等。

c) 水生花卉。在水中生长或沼泽地生长的花卉,如荷花、睡莲等。

d) 岩生花卉。岩生花卉指耐旱性强,适合在岩石园中栽培的花卉。

(2) 温室花卉。原产热带、亚热带及南方温暖地区的花卉,在北方寒冷地区栽培必须在温室内栽培或冬季需要在温室内保护过冬。通常可以分为以下几个方面:

a) 二年生花卉。二年生花卉如瓜叶菊、蒲包花等。

b) 宿根花卉。宿根花卉如万年青、非洲菊、君子兰等。

c) 球根花卉。球根花卉如仙客来、朱顶红、马蹄莲等。

(3) 兰科植物。依其生态习性不同,又可分为地生兰类,如春兰、剑兰、蕙兰、墨兰等;附生兰类,如石斛、万带兰、兜兰等。

(4) 多浆植物。多浆植物指茎叶具有发达的贮水组织,呈现肥厚的多汁变态的植物,包括景天科植物、大戟科植物、凤梨科植物、龙蛇兰科植物等。

(5) 蕨类植物。蕨类植物如波士顿蕨、铁线蕨等。

(6) 食虫植物。食虫植物如猪笼草、瓶子草等。

(7) 凤梨科植物。凤梨科植物如水塔花、筒凤梨等。

(8) 棕榈科植物。棕榈科植物如蒲葵、棕叶、椰子等。

(9) 花木类。花木类如一品红、变叶木等。

(10) 水生花卉类。水生花卉类如王莲、荷花、热带睡莲等。

3) 草坪与地被植物

(1) 草坪植物。草坪植物如狗牙根、结缕草等。

(2) 地被植物。地被植物如三叶草、车轴草等。

3. 观赏植物的配置方式

观赏植物所引起的感官效应,不仅由植物本身的特性所支配,而且很大程度上由植物的配置方式所决定。自然界的山岭岗皋上和河湖溪涧旁的植物群落,具有天然的植物组成和自然景观,是自然式植物配置的艺术创作源泉。中国古代园林和较大的公园、风景区中,植物配置通常采用自然式,但在局部地区,特别是主体建筑物附近和主干道路旁侧也采用规则式。园林植物的布置方式主要有孤植、对植、列植、丛植和群植等几种。

1) 孤植

孤植主要显示树木的个体美,常作为园林空间的主景。

对孤植树木的要求:姿态优美,色彩鲜明,体型略大,寿命长而有特色。周围配置其他树木,应保持合适的观赏距离。在珍贵的古树名木周围,不可栽植其他乔木和灌木,以保持它独特风姿。用于庇荫的孤植树木,要求树冠宽大,枝叶浓密,叶片大,病虫害少,以圆球形、伞形树冠为好。

2) 对植

对植即对称地种植大致相等数量的树木,多应用于园门、建筑物入口、广场或桥头的两旁。在自然是种植中,则不要求绝对对称,对植时也应保持形态的均衡。

3) 列植

列植也称带植,是成行成带栽植树木,多应用与街道、公路的两旁,或规则式广场的周围。如用作园林景观的背景或隔离措施,一般宜密植,形成树屏。

4）丛植

丛植是指三株以上不同树种的组合，是园林中普遍应用的方式。可用作主景或配景，也可用作背景或隔离措施。配景宜自然，符合艺术构图规律，力求既能表现植物的群体美，也能看出树种的个体美。

5）群植

群植是相同树种的群体组合，树木的数量较多，以表现群体美为主，具有"成林"之趣。观赏植物的选择应注意地方特色和四时的变化，旅游景点在配置花木时，应多选择当地的乡土树种，因为土生土长的植物存活率高，成长快，而且能突显当地的特色。

在栽培观赏植物时，要考虑时令的变化，使景区的园林景色风花雪月、四季常新，力求做到细竹迎春、柳嫩桃红、榆烟杏雨、玉兰飘香、丁香开花、梨树添白、牡丹阶前、芍药怒放、荷莲一片、芙蓉满地、榴开碎锦、菊花烂漫、芦白江湖、枫红山林、蜡梅迎雪、松柏常青。

4. 常见观赏植物

1）观花植物

花为最重要的观赏特性。暖温带及亚热带的树种，多集中于春季开花，因此，夏、秋、冬季及四季开花的树中极为珍贵，如合欢、栾树、木槿、紫薇、凌霄、美国凌霄、夹竹桃、石榴、栀子、广玉兰、酸鱼草、木本香薷、糯米条、海州常山、红花羊蹄甲、扶桑、蜡梅、梅花、金缕梅、云南山茶、冬樱花、月季等。一些花型奇特的种类很吸引人，如鹤望兰、兜兰、飘带兰、旅人蕉等。赏花时更喜闻花香，所以如木香、月季、菊花、桂花、梅花、白兰花、含笑、夜合、米兰、九里香、木本夜来香、暴马丁香、茉莉、鹰爪花、柑橘类备受欢迎。不同花色组成的绚丽色块、色斑、色带及图案在配置中极为重要，有香有色则更是佳品。根据上述特点，在景观设计时，可配置成色彩园、芳香园、季节园等。

2）观叶植物

很多植物的叶片富于特色。巨大的叶片如桄榔，可长达6米，宽4米，直上云霄，非常壮观，其他如董棕、鱼尾葵、巴西棕、高山蒲葵、油棕等都具巨叶；浮在水面巨大的王莲叶犹如一个大圆盘，可承载幼童，吸引众多游客；奇特的叶片犹如轴搁，如山杨、马蹄甲、马褂木、蜂腰洒金榕、旅人蕉、含羞草等；彩叶树种更是不计其数，如紫叶李、红叶桃、紫叶小檗、变叶榕、红桑、红背桂、金叶桧、红枫、新疆杨、银白杨等。此外，还有众多的彩叶园艺栽培变种。

3）观果植物

园林植物的果实也极富观赏价值，奇特的如象耳豆、眼睛豆、秤锤树、腊肠树、神秘果等。巨大的果实，如木菠萝、柚、番木瓜等。很多果实色彩鲜艳：紫色的紫珠、葡萄；红色的天目琼花、平枝荀子、小果冬青、南天竹等；蓝色的白檀、十大功劳等；白色的珠兰、红瑞木、毛核木等。

三、旅游景区环境质量管理

（一）水体环境质量管理

旅游景区应该贯彻可持续发展战略，使生态系统实现良性循环，必须有一个阳光明媚、空气清新、环境幽寂的旅游环境，满足游客观赏和行为心理的需求。水体质量对当地居民和旅游的可持续发展具有重要的意义，应特别注意旅游活动对水体环境的影响，必须对水体环境实施综合治理，有效管理。

滨海度假项目、水上游乐活动的开展、旅游船舶以及渔船的油污、垃圾会不同程度地造成水体污染；景区内休闲中心、滨海浴场、餐厅、宾馆等排放的污水和垃圾也是一个污染源；餐厅排放的污水含有相当的油质和清洁剂，饭店使用的含有化学物品的去污剂等。这些含有化学有毒物质的废水、废物直接排入水体，会危及水生生物的生存，危害生态环境。

一些开展水上游乐项目，或开展与水有关的旅游项目的景区，由于人类活动的影响，未经处理的污染物直接排放进入河道，使水与水底泥沙地物理、化学性质和生物群落的组成发生变化，从而降低了水体质量和使用价值，河床淤塞，不利于通航。港口码头区域容易受船舶的油污污染。因此，对于拥有港区、河流的旅游景区，应注意疏浚驳岸，水污染可采用人工处理和自然净化相结合、无害处理与综合利用相结合的办法治理。在环境整治的方面，要完善景区排水处理场和氧化塘，集景区生活污水、废水集中处理；对港头码头的油污水，可先采用隔油池或过滤池处理，然后排入城镇污水管道，汇入污水处理厂（氧化塘），集中处理。

（二）大气环境质量管理

伴随着旅游景区的开展、知名度的提升，游客数量不断增加，其乘坐的交通工具排放的大量有毒尾气、扬起的尘埃、宾馆饭店排放的尾气、旅游景区内的单位和农民燃烧秸秆产生的烟尘等等，都会对旅游景区的空气产生影响。

旅游景区空气环境质量直接关系到游客旅游的满意程度，因此，景区大气环境的保护在景区管理中越来越受到重视。如 2000 年，联合国遗产中心的专家在考察了江苏的周庄、同里、角直和浙江的乌镇、南浔、西塘之后，建议把江浙六古镇进入世界文化遗产预备清单（虽然由于各种原因没能最终一同加入世界文化遗产名录）。古镇同里为了有效地改善景区的空气环境，在古镇内的各景区对游客的内部交通全部采用电瓶车，并统一管理、统一营运、统一服务，全面梳理古镇旅游服务新形象。

如何最大限度地减少外界活动对景区空气的影响，是景区管理者应该予以重视的一个方面。在我国的一些旅游景区已经采取措施，比如我国著名的生态旅游景区四川九寨沟风景区、湖南张家界武陵源风景区、杭州西湖等景区，在进入景区的入口处，所有游客换成电瓶车进入，燃油车一律禁止进入景区。这种措施能最大限度地减少外来燃油汽车对景区空气的污染。此外，积极向当地居民推广使用清洁能源，优化燃料结构，改变当地农民燃烧秸秆作能源的习惯，将秸秆还田等措施，也起到了很大的作用。

（三）声环境质量管理

不同类型的景区以及同一景区的不同区域，由于其各自营造的意境与氛围的差异，对景区噪音的管理要求是不一样的。旅游景区的噪声管理主要加强对交通噪声、生活噪声和娱乐噪声的管理。旅游景区的交通噪声主要来源于摩托车、拖拉机和行驶在景区公路上的汽车等交通工具，而交通噪音又是一种不稳定的噪声，噪声级随时间而变化。

旅游景区的噪声会对旅游者的心理产生极大的影响，直接关系到旅游者旅游的满意程度。因此，对噪声的控制是必要的，已采取以下措施：

（1）所有机动车禁止在旅游景区鸣喇叭、鸣笛。在旅游景区的道路两旁设立明显的标志，对进入景区的司机及司乘人员在进入景区入口处予以提示。对违反者采取严厉的处罚措施。

（2）在景区游览区域内使用电瓶车等环保运输工具，禁止拖拉机等污染大的设备在景区内主要游览区行驶。对于一些规模较大的旅游景区，尤其是景区内保持原生状态、景区内部有居民居住的，在旅游景区规划中，要充分考虑旅游交通与居民内部交通的协调。

（3）人为地设置隔音设施设备，在景区外围建立 30～50 米宽度的防护林带，以减少外界噪声对景区环境的影响。

（四）固体废弃物管理

目前，旅游景区固体废弃物多为居民生活燃料的残渣、建筑垃圾等，为此要进一步完善和改进垃圾的收集、运输和处理体系。建筑垃圾可填埋建筑基地深层。尽最大可能实现固体废弃物资源化。在景区内施工的单位和个人，应当采取必要的保障措施保护环境和资源，维护景容完好。施工场地应文明整齐，不得乱堆乱放。竣工后，由施工单位清理施工场地，恢复植被。

固体废弃物能分类收集和无害化处理，建立完善的垃圾收集及处理管理办法，完善旅游景区垃圾处理的方案设计和论证。各景点内的固体废弃物应建立完善的垃圾分类收集系统，加强对危险废物的收集和管理，各类固体废弃物应定期集中运到专业垃圾处理场所加以处理或委托环卫部门、有资质的固废处理中心处理，杜绝就地堆放和深埋。景区内多设置垃圾箱，收集游人丢弃的垃圾。对游人进去景区游览，每人可发一只垃圾袋，供其使用。

（五）景区承载力管理

承载力分析是任何层面的旅游规划制定和管理都要遵循的一个基本准则，但做出一个完全准确的承载力分析是十分困难的，且涉及众多变量，同时需要指出的是，承载力的衡量目前尚无统一的标准。

目前，许多学者对我国旅游环境承载力的测算方法进行了研究。崔凤军将旅游环境承载力（Tourism Environment Bearing Capacity，TEBC）分为以下几个分量：与旅游区自然环境相对应的环境生态承纳量和旅游者感知承纳量，与工程物质环境相对应的经济承载量，与社会文化及精神环境相对应的当地居民的心理承载量。并设计了静态设计模型，分为经济承载量（DEBC）、当地居民心理承载量（PEBC）、旅游环境容量及资源空间承载量（REBC），最后得出的是旅游环境承载力是 $TEBC = \min(REBC、DEBC、PEBC)$，如图 9-6 所示。王叶蜂认为，旅游环境承载力的研究内容由生态环境、资源空间、居民心理和经济承载力四个方面共同构成。于德珍认为，一般将旅游环境容量分为五种：旅游心理容量、旅游资源容量、生态旅游容量、旅游经济的经济发展容量和旅游地的社会地域容量。

1）景区承载力衡量标准

景区承载力综合性考察景区对当地发展旅游带来的自然、社会、经济、文化等各种形式的冲击的承载能力。因此，对景区承载力的衡量不能仅仅停留在数据上，而应该从发展旅游会对景区当地带来的各种变化的角度出发，将各个层面纳入衡量标准之内，具体如表 9-3 所示。

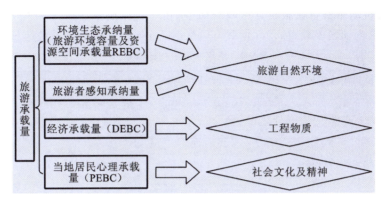

图 9-6 旅游环境承载力测算方法示意图

表 9-3 景区承载力衡量标准

本土自然和社会环境——在不对自然环境（自然的和人工的）造成破坏、不会对当地社会带来社会文化和经济问题的情况下可接纳的承载量，同时要保持发展和保护之间的平衡	自然	视觉影响和拥挤程度的可接受水平
		生态系统可以维持在未被破坏的水平的平衡点
		保护陆地和水域环境中的野生动物和自然植被
		空气、水和噪声污染的可接受水平
	经济	能带来最大总体经济利益的旅游发展程度
		适于当地社区的旅游就业水平
	社会文化	不破坏当地社会文化生活方式和社区活动的、可被当地社会接纳的旅游发展程度
		有助于维护当地文化遗址、艺术、手工艺、信仰系统、习俗和传统而不会造成破坏的旅游发展水平
	基础设施	拥有适宜的交通服务设施
		拥有适宜的供水、电力、排污、垃圾处理和通信等公共服务
		其他社会服务设施，如与卫生和公共安全有关的社会服务
旅游形象和旅游产品——能与旅游产品形象相符，符合旅游者期待的环境和文化体验类型的旅游接待量	自然	目的地环境整体清洁，没有污染
		目的地环境及旅游景点不过分拥挤
		景观和城镇风光的吸引力，包括建筑设计质量和特色
		生态系统及动植物等自然吸引物的保护情况
	经济	度假成本及"体验的价值"
	社会文化	对当地社会和文化的潜在兴趣
		当地艺术、手工艺、菜肴和文化表演的质量水平
		当地居民的友善程度
	基础设施	交通设施服务的可接受标准
		功用设施服务的可接受标准
		其他设施服务的可接受标准

2）承载力指标体系构建

为进一步量化景区承载力，景区承载力可根据表9-4建立指标体系进行量测。

表 9-4　景区承载力指标体系

资源空间承载力	旅游用地承载力	游憩用地面积、旅游接待服务设施用地面积、旅游管理用地面积
	游览空间承载力	旅游景区、景点的空间面积，人均占路长度，人均占地面积，游客密度
环境生态承载力	环境纳污承载量	大气环境承载力、水环境承载力、固体废弃物承载力、噪声环境承载力
	生态环境承载力	土壤环境承载力、水土流失率、植被覆盖率、动植物种数、物种多样性指数
	旅游地景观	景观多样性、景观差异性、景观稳定性、景观美学价值、景观视觉环境阈值
社会环境承载力	心理环境	旅游人口比重、旅游者平均受教育程度、当地居民平均受教育程度、旅游从业人员平均受教育程度、当地居民心理开放度
	人文环境	地方文化习俗、民族文化多样性、历史人文景观、文物保护、宗教文化
	环境管理	对旅游活动的组织协调能力、景区自然环境的管理能力
经济环境承载力	基础设施	投资规模和强度、交通运载能力和便捷度、供水能力、电力供给、住宿接待能力、安全卫生设施、生活娱乐污水处理率、固体废弃物处理率
	效益水平	旅游经济受益、旅游各行业产值比率、人均利税率、研究与开发经费比率

3）景区承载力测算方法

承载力也可以用旅游容量或旅游环境容量来体现，两者之间目前尚没有明显的界定。

（1）旅游资源容量的测算

旅游资源容量是人均占地面积或者人均占有旅游路线长度。比较而言，线路资源容量比面积资源容量更准确。旅游资源容量值的测算公式为

$$C = T/T_0 \times A/A_0$$

式中，C——日极限容量；

　　　T——景区每日开放时间；

　　　T_0——景区内完成一次旅游活动所利用的时间；

　　　A——旅游景区的空间规模，可以是景区面积，也可以是旅游路线长；

　　　A_0——基本空间标准；

　　　A/A_0——瞬时容量。

以南岳衡山绝顶的祝融峰景点为例，祝融峰每天开放12小时，每批游客在此停留15分

钟,绝顶面积为477平方米,采用每人5平方米的基本空间容量标准,其瞬时旅游容量为95人,极限日容量为4560人次。但事实上,在7—10月旅游高峰期,这里最高纪录每天竟高达3.1万人次,游览时游客所占用的空间只有0.73平方米,景点严重超载,造成严重的环境破坏。

(2) 游客心理容量的测算

一般来讲,旅游心理容量比旅游资源容量低。根据环境心理学原理,个人在从事活动时,对环绕在身体周围的空间有一定的要求。任何外人的进入,都会使个人感受到侵犯、压抑、拥挤,导致心情不快、情绪不稳,这种空间称为个人空间。个人空间是旅游容量的基本空间标准。个人空间的大小受三个方面因素的影响:一是旅游活动性质和旅游地特性;二是年龄、性别、种族、社会经济地位与文化教育程度等个人因素;三是人与人之间的喜欢和熟悉程度等交际因素。其中,旅游活动性质和旅游者个人因素对个人空间大小的影响最直接、最显著。由于影响旅游者个人空间的因素复杂多样,在多数情况下,难以有一个使所有旅游者都满意的基本空间标准。因此,把旅游者平均满足程度达到最大时的个人空间值,作为游客心理容量计算时的基本空间标准。其测算公式为

$$CT = T/T_0 \times A/K$$

式中,CT——日容量;

T——景区每天开放时间;

T_0——人均每次利用时间;

A——景区空间规模;

K——心理容量基本空间标准。

还以南岳衡山绝顶的祝融峰景点为例。祝融峰封顶纵面积为447平方米,一天开放12小时,每个游人游览时间为15分钟。一般山岳型景区的心理容量基本空间标准为8平方米/人,那么祝融峰每天最多可接纳的游客水量计算如下:

$$CT = T/T_0 \times A/K = 12 \times 60/15 \times 447/8 = 2682(人次)$$

因此,祝融峰的旅游心理容量的日容量为2682人次。

(3) 旅游生态容量的测算

并非所有类型的旅游地都存在生态容量,人造的规模吸引物或者文物古迹本身就没有自然生态的组分,也就没有生态容量问题。只有那些以自然为基础的旅游地才存在旅游生态容量,其测算公式为

$$F_0 = \sum_{i=1}^{n} S_i T_i / \sum_{i=1}^{n} P_i$$

式中,F_0——旅游生态日容量;

P_i——每位旅游者一天内产生的第i种污染物的量;

T_i——第i种污染物的自然净化时间;

S_i——自然生态环境净化吸收第i种污染物的数量;

n——旅游如万物种类。

(4) 旅游经济发展容量的测算

影响经济发展容量的因素很多,如旅游设施、基础设施、相关产业等,归结起来有两类,即旅游内部因素和旅游外部经济因素。一般来讲,只要旅游资源丰富、吸引力强,旅游外部的基础设施和相关产业等因素能够很快地满足旅游发展的需求。关键是对旅游产业内部的食宿需求要有科学合理的量测,才能真正把握旅游的经济发展容量。有饮食决定的旅游经

济发展容量的计算公式为

$$Ce = \sum_{i=1}^{n} D_i / \sum_{i=1}^{n} E_i$$

式中,Ce——主副供应能力所决定的旅游日容量;

D_i——第 i 种食物的日供应能力;

E_i——每人每日对第 i 种食物的需要;

n——旅游者所消耗的食物的种类数。

由住宿决定的旅游经济发展容量测算公式为

$$Cb = \sum_{i=1}^{n} B_j / \sum_{i=1}^{n} E_i$$

式中,Cb——住宿床位所决定的日容量;

B_j——第 j 类住宿设施的床位数;

n——旅游者所使用住宿设施的类型数量。

(5) 旅游地容量的测算

一个旅游地的接待能力有多大,取决于旅游资源、生态环境、旅游设施和基础设施,以及旅游地居民心理承受能力等多种因素。旅游地在某一时期的容量,是旅游地的资源容量、生态容量、设施容量中的某两个或者一个决定的。经验性的旅游地容量是由资源容量和设施容量决定的。其测算公式为

$$T = \sum_{i=1}^{n} D_i + \sum_{i=1}^{m} R_i + C$$

式中,T——旅游地容量;

D_i——第 i 个景区的容量;

R_i——第 i 个景区的道路容量;

C——非旅游游览活动区接待的旅游者的数量。

其中,D_i 等于标示第 i 个景区中第 j 个景点的容量。旅游景点、旅游景区和道路容量的测量方法,运用前述旅游资源容量和旅游设施容量的测算公式测算,容量值取资源容量和设施容量中的最低值。

知识活页 《景区最大承载量核定导则 LBT 034-2014》中的景区最大承载量核定方法景区最大承载量核定

(1) 核定原则

A.景区应结合国家、地方和行业已颁布的相关法规、政策、标准,采用定量与定性、理论与经验相结合的方法核定最大承载量。

B.景区应测算出空间承载量和设施承载量,并根据实际情况确定景区最大承载量的基本值;在此基础上,以生态承载量、心理承载量、社会承载量等方面的指标或经验值作为参考。

(2) 核定方法

A.瞬时承载量

a)景区瞬时承载量一般是指瞬时空间承载量,瞬时空间承载量 C_1 由以下公式

确定：
$$C_1 = \sum X_i/X_i$$

式中，X_i——第 i 景点的有效可游览面积；

Y_i——第 i 景点的旅游者单位游览面积，即基本空间承载标准。

b) 当景区设施承载量是景区承载量瓶颈时，或景区以设施服务为主要功能时，其瞬时承载量取决于瞬时设施承载量，瞬时设施承载量 D_1 由以下公式确定：
$$D_1 = \sum D_j$$

式中，D_j——第 j 个设施单次运行最大载客量，可以用座位数来衡量。

B. 日承载量

a) 景区日承载量一般是指日空间承载量，日空间承载量 C_2 由以下公式确定：
$$C_2 = \sum X_i/Y_i \times \text{Int}(T/t) = C_1 \times Z$$

式中，T——景区每天的有效开放时间；

t——每位旅游者在景区的平均游览时间；

Z——整个景区的日平均周转率，即 $\text{Int}(T/t)$ 为 T/t 的整数部分值。

b) 当景区设施承载量是景区承载量瓶颈时，或景区以设施服务为主要功能时，其日承载量取决于日设施承载量，日设施承载量 D_2 由以下公式确定：
$$D_2 = \frac{1}{a}\sum D_j/M_j$$

式中，D_j——第 j 个设施单次运行最大载客量；

M_j——第 j 个设施日最大运行次数；

a——根据景区调研和实际运营情况得出的人均使用设施的个数；

通过系数 a 去掉单一旅游者使用多个设施而被重复计算的次数。

c) 当旅游者在景区有效开放时间内相对匀速进出，且旅游者平均游览时间是一个相对稳定的值时，日最大承载量由以下公式确定：
$$C = \frac{r}{t} \times (t_2 - t_0) = \frac{r}{t_1 - t_0} \times (t_2 - t_0)$$

式中，r——景区高峰时刻旅游者人数；

t——每位旅游者在景区的平均游览时间；

t_0——景区开门时刻（即景区开始售票时刻）；

t_1——景区高峰时刻；

t_2——景区停止售票时刻。

(3) 核定步骤

A. 资料采集

应收集整理景区空间承载量、设施承载量、生态承载量、心理承载量、社会承载量等方面的相关资料，包括但不限于：

a) 景区面积；

b) 有效游览面积；

c) 年均客流量；

d) 停车场停车位数；
e) 景区周围缓冲区承载量；
f) 绿化面积标准；
g) 噪声管理标准；
h) 垃圾最大处理量。

B. 指标选取

应根据景区所属类型与特殊性，结合景区敏感目标，按照空间、设施、生态、心理、社会五方面指标将数据进行归类，得出景区的基本空间承载标准。不同类型景区的基本空间承载标准参见附录A。

C. 测算核定

应将空间承载指标和设施承载指标代入适合的公式进行测算，确定基本值；再根据生态承载、心理承载、社会承载指标进行校核。

本章小结

景观质量和环境质量主要在旅游景区规划中进行考虑和管理，它们是旅游景区赖以存在和发展的客观条件。

景区经营的成功与否，除受旅游资源的特色优势、旅游环境状况、设施设备情况、市场营销能力等因素的影响外，服务质量起着非常关键的作用。服务质量的提高是景区管理各项职能充分发挥作用并相互协调的结果。从服务质量的好坏就可以判断出景区经营管理水平的高低，包括实物产品、设施设备、服务环境和劳务活动四个方面。

景区综合质量管理主要包括景区卫生质量、景区绿化园林管理、景区环境质量管理等方面，只有维护好景区综合环境质量，不断调整措施改进管理方法，才能在激烈的市场竞争中立于不败之地。

核心关键词

全面质量管理	total quality management
质量控制	quality control
标准化管理	standardization management
服务质量管理	service quality management
旅游环境承载力	tourism environment bearing capacity

思考与练习

1. 试述景区产品质量管理的构成要素。
2. 试述我国景区产品质量的衡量标准。
3. 试述景区绿化园林管理的原则和方法。
4. 结合实例,试述当前景区卫生质量存在的问题,如何做好景区卫生质量管理。
5. 查阅资料,试以旅游景区为例,分析景区承载力的测量和核定方法。

案例分析

一嘴吃究竟能怎样——马嵬驿观察①

"四无"景区马嵬驿竟然火了:集邮式旅游的没落与周边休闲游兴起。

马嵬驿,全名"马嵬驿民俗文化体验园",位于陕西省咸阳市兴平市以西12千米的小乡镇,距离西安市约50千米,1小时车程。景区于2014年5月1日建成开放。作为一个先天条件并不优越的新型景区,马嵬驿只是中国无数个已经和正在兴建的"人造"景区之一,但与其他景区不同的是,这个景区一开业就火得一塌糊涂。

上网一查,马嵬驿的游客量多得简直让人吃惊。据陕西省咸阳市文物旅游局发布的网络数据,2014年国庆,马嵬驿接待游客110万人次;2015年元旦,接待游客30万人次;2015年春节,接待游客140万人次,仅大年初一,单日游客量就达到了23万人次,而北京故宫历史单日最高纪录为18.2万人次,兵马俑景区单日最高纪录也只有12万人次……要知道,马嵬驿可是在建成的当年就获得了这样的人气。

就资源条件而言,马嵬驿可以说是一个"四无"景区:一无可感知、可体验的文化象征物,二无雄厚的经济基础,三无完善的交通基础设施,四无良好的区域环境。就是因为这"四无",使兴平虽身处陕西这个旅游大省,旅游业绩却一片苍白。然而,就是在这样的条件下,马嵬驿景区快速地、真真实实地火爆了。

马嵬驿的"火"令我惊讶,令我费解。我只能先从一个消费者的角度,结合我自身的体验,跟大家分享一下我的感受:

我愿意频频造访马嵬驿的主要原因,是因为它的产品——那些民间小吃特别的好吃。我觉得马嵬驿的小吃品质是高于西安周边地区社会平均水平的。第一个感觉就是原料地道,在马嵬驿,所有原料都是统一采购的,投资人对原材料品质的管理比较严。辣子是真的又香又辣,丸子吃起来感觉真的使用刚刚宰杀的新鲜猪肉做的,面

---

① 锁言涛.一嘴吃究竟能怎样——马嵬驿观察[EB/OL]. http://www.dotour.cn/article/14366.html.

粉高筋是高筋、低筋是低筋。制作工艺绝不含糊，家家户户都摆出一副非物质文化遗产传承人的做派，非常投入地做出每一碗羊血、每一碗烙面、每一块锅盔……从种类上看，这里汇聚了礼泉烙面、乾县锅盔、关中搅团、贵妃糕、蓼花糖、卤水豆腐、德鑫麻花等陕西各县的名小吃，甚至还有云南、山西的经典小吃。总之，这里的小吃给人的感觉就是满满的诚意。

在马嵬驿消费时，我发现每一家商户的服务都是超出预期的好，无论从商户经营者流露出的精神面貌，还是服务质量，抑或是整体的服务氛围都非常的好，感觉每一位商家都由内而外的散发出一种热情。

值得一提的是，马嵬驿的商户是我见过最热情、相处最融洽的商户，这种感觉表现出来的外在行为，就是对消费者的更加热情与周到的服务，让消费者能够享受到更加舒适的消费体验。

作为消费者研究领域的从业人员，我感觉马嵬驿景区还有一个成功因素，就是它具备极强"销售力"的空间和建筑设计。马嵬驿的投资者充分考虑到景区体验的丰富性，其他商业主体为了扩大营业面积，全在平地起高楼，尽可能多地利用投入巨大成本的土地。而马嵬驿却没有刻意地大规模改造，而是依托本身地形的复杂性，因势利导地来构建景区，利用这个深沟地形，进行简单的修整，该挖空的挖空，该填实的填实，该垫高的垫高，该挖低的挖低，一切都从游客的体验的角度出发来进行设计。

建在山沟里的马嵬驿景区，有一种空间错落感，让深入其中的游客一眼看不到头。同时，在动线设计上，一方面避免了枯燥，游客不会走回头路，而且"一步一景"的设计，有很多细节可以玩味；另一方面就是景区的丰富性暗示，带给游客更多的空间想象和互动体验，让游客在潜移默化中感觉到这个空间很大，陈列的东西琳琅满目，而且让游客花一个小时逛完之后对整个景区还保留一定的猎奇心。就像宜家的商场布局，它故意设很多隔板，设计一个让人们消费的动线，厨房、客厅、卧室、办公室……总之，让人们在不停穿越过程中，增加接触商品的时间，不知不觉你就把所有东西都看了。

谁能想到呢，对于经商来说极其不利的沟壑纵横的黄土高原上地貌，竟然成了一种有价值的体验资源，这是马嵬驿投资人最具创新性的一笔。这种对"沟"的利用在全国是一个创新，做小吃街、仿古建筑这些都没有特别之处，都是在学别人，但是因地制宜地使用黄土高原沟壑纵横的地貌特征，在它之前是从来没有过的。

马嵬驿的投资者设计景区时，还特别注重空间、建筑在商业应用上的有效性，比如街道的宽度、店铺的进深、灶台的高度、就餐的位置等等，看起来似乎都是经过合理规划和设计的。同时，还充分考虑不同小吃所用到的消费空间和时间，如必须坐下来吃的面和可以带走的小吃进行合理分布。后来我才了解到，整个景区的设计者就是投资者本人，他曾经有过做装修公司、餐厅等的经历，景区的一砖一瓦他都亲力亲为，这就使得整个空间和建筑形态极具"销售力"。

马嵬驿做得好的方面，主要体现在它在看、触摸、品尝等诸多体验层面，都体现出了高于西安周边地区社会平均水平。游客来到马嵬驿，不会有人因为原材料用得差而反感,不会有人因为手艺不地道而反感,不会有人因为乱收费而反感,不会有人因为被服务员恶意相向而反感,也不会有人因为卫生差而反感……相反,有很多朋友都在朋友圈里推荐这个景区。

马嵬驿在陕西省已经成为一种现象,它跳出了乡村游、农家乐、旅游业等单纯某个领域,反映出来的是一种社会发展的总体趋势。为我们揭示了一个"大势"的到来,旅游产业的主要形态正在从传统的"集邮式"旅游发展成为周边休闲游。

近几年,随着人们的生活水平和可支配性收入普遍提高,人们开始真正把旅游当作一种精神享受,而不是一个物化消费,越来越多的人把精神价值寄托于旅游中,并愿意为此消费。此外,如今即使在偏远的农村,也有很多人买得起几万元的车,消费得起200元一次的服务产品,因此越来越多的人参与到了休闲旅游的队伍当中。这类休闲旅游方式往往具有一些特点:一是以家庭为单位的消费主体;二是以城市周边景区为主旅游目的;三是消费的时间成本和经济成本并不是很高。这样的旅游方式具有很强烈的生活化色彩。而马嵬驿项目,天生就具备这样一些特点,可以说就是城市周边休闲游的标准案例。

马嵬驿还有一个特点,不再强烈地依赖具有较高消费能力和意愿的省城(大城市)消费者,这在以前的景区定位中是不可想象的。据我们初步调研分析,在马嵬驿的消费者80%以上都是附近四邻八乡的老乡,都是本土附近的乡亲,这从现场听到左邻右舍的讲话都是韵味十足的老乡话中也可以验证。

马嵬驿的投资人,在马嵬驿这个"穷乡僻壤",以农民为目标消费品,在很短的时间内,在农民心甘情愿的情况下,挣到了农民的钱——请注意,这是西北较落后地区农民的钱。在农村乡间,农民可以挣农民的钱,这很了不起,可以说是很重大的社会变革。农民有消费意愿、消费能力,撬动农村市场,正在成为扩大内需的重要方向。这就像马云一样,在他的商业模式中,挣的全都是不起眼的人、小业主、草根的钱,其本质就是发现了社会运行的一种规律。

思考题:
1. 从景区产品质量角度分析马嵬驿为什么能火。
2. 马嵬驿景区的服务流程和综合质量如何改进?

第十章

景区游乐设备管理

学习引导

游乐设备是景区制造欢乐的载体,游乐设备的好坏直接关系到顾客满意度。游乐设备是景区运营的动力,也是提高服务质量、工作效率、增加利润和保证安全的保障。本章将具体介绍景区游乐设备管理的内容。

学习重点

通过本章学习,重点掌握以下知识要点:
1. 景区游乐设备的概念和特征;
2. 景区游乐设备的类别;
3. 景区游乐设备的运营流程;
4. 景区设施设备的维护保养与更新改造的主要内容。

第一节 景区游乐设备的分类与特征

一、景区游乐设备的含义

游乐设备是景区制造欢乐的载体,游乐设备的好坏直接关系到顾客满意度。游乐设备是景区运营的动力,也是提高服务质量、工作效率、增加利润和保证安全的保障。

《游乐园管理规定》所称的游艺机和游乐设施是指采用沿轨道运动、回转运动、吊挂回转、场地上(水上)运动、室内定置式运动等方式,承载游人游乐的机械设施组合。

《游乐设施安全技术监察规程(试行)》所涉及的"游乐设施"是指用于经营目的,在封闭的区域内运行,承载游客游乐的设施。

《游艺机和游乐设施安全监督管理规定》从安全使用和安全管理的角度考虑,凡是以运动、娱乐为目的,产生高空、高速以及可能危及人身安全的游艺装置和设备,称为游艺机和游乐设备。

《特种设备安全监察条例》将"大型游乐设施"归为特种设备之一。大型游乐设施,是指用于经营目的,承载乘客游乐的设施,其范围规定为设计最大运行线速度大于或者等于2米/秒,或者运行高度距地面高于或者等于2米的载人大型游乐设施。

综上所述,景区游乐设备是用于经营目的,承载乘客游乐的各种设施。此外,广义的景区游乐设施还包括游艺机、电子游戏机以及为游乐而设置的构筑物等用于游乐的设备和设施。

二、景区游乐设备的分类

现代游乐设施种类繁多,结构及运动形式各种各样,规格大小相差悬殊,外观造型各有千秋。

按运动特点和结构特点进行综合分类,游乐设施主要有转马类、滑行类、陀螺类、飞行塔类、赛车类、自控飞机类、观览车类、小火车类、架空游览车类、水上游乐设施、碰碰车类、电池车类、其他无动力类共13大类。

游乐设备还可以有各种分类法:按运动功能可分为电子、机械两大类;按装设场所可分为室内、露天;按地理条件可分为陆地、水上游乐设施;按采用能源可分为电动、液压、气动、水力;按乘坐对象可分为儿童、青年、成人、家庭;按是否构筑主题环境,可分为各种形式的主题游乐设施。

游乐设备的科学分类,应以最能确切代表其本质和技术特征的,即其在三维空间中的运动方式或状态进行分类,美国、日本亦按运动方式或状态分类。如果按此分类法,游乐设施主要有如下类别:

1. 沿轨道运动的游艺机

(1) 沿架空轨道,主要有:

①单轨,如单轨空中列车。

②双轨,如滑行车。

(2) 沿垂直于地面的轨道,如太空梭、观光塔。

(3) 沿地面轨道,如小火车。

(4) 沿水面轨道,如游龙戏水(欢乐水世界的"海盗船")。

2. 回转运动的游艺机

(1) 沿垂直轴回转,如自控飞机。

(2) 沿水平轴回转,如完美风暴。

(3) 回转盘,主要有以下几种:

①水平回转,如旋转木马。

②倾斜回转,如登月火箭。

③升降回转,如双人飞天。

④沿可变化倾角轴回转,如欢乐风火轮。

3. 吊挂回转的游艺机

(1) 绕性件吊挂,如空中转椅。

(2) 刚性件吊挂,如太空梭。

4. 场地上运动的游艺机

(1) 金属场地,如碰碰车。

(2) 地面场地,如电瓶车、小塞车。

5. 室内定置式游艺机

(1) 电子类,如各种电子游戏机。

(2) 机械电子类,如光电打靶、守门将。

(3) 其他,如摇摆汽车、升降小动物。

6. 水上游艺机及游乐设施

(1) 碰碰船、水上自行车、游船。

(2) 水滑梯。

大型游乐设施设备的相关参数,如表10-1所示。

表10-1 大型游乐设施设备的相关参数一览表

旋转运动的游艺机						
序号	类别	运动特点	额定圆周速度 m/min	倾角或夹角	举例	
					基本型	类似型
1	转马类	乘人部分绕垂直轴或倾斜轴转动	≤270	≤15°	转马	小飞机 良卷珍珠
2	观览车类	乘人部分绕水平轴转动或摆动	≤18		观览车	
			≤800		太空船	大风车

续表

旋转运动的游艺机						
序号	类别	运动特点	额定圆周速度 m/min	倾角或夹角	举例	
					基本型	类似型
3	自控飞机类	乘人部分绕中心轴做转动和升降运动	≤420	≤16°	自控飞机	金鱼戏水
4	陀螺类	乘人部分用在变倾角的轴上旋转	≤550	≤70°	陀螺	双人飞天飞身靠臂
			≤700	<90°	风火轮	
5	飞行塔类	乘人部分用绕性件吊挂,绕垂直轴转动	≤390		飞行塔	空中转椅

沿轨道和地面运行的游艺机						
序号	类别	运动特点	运行速度 km/h		举例	
					基本型	类似型
1	滑行车类	提升到一定高度靠惯性滑行	≤95		大型滑行车	疯狂老鼠滑行龙
2	架空游览车类	沿架空轨道运行	≤40		空中列车	架空脚踏车
3	小火车类	沿地面轨道运行	≤10		儿童小火车	龙车
4	碰碰车类	在固定场地内运行碰撞	≤10		碰碰车	
5	赛车类	沿地面固定线路运行	≤20 室内≤35 室外≤60		赛车 卡丁车	高卡车
6	电池车类	在固定的场地内运行	≤5		电池车	马拉车

三、景区游乐设备的特征

现代游乐设备集知识性、趣味性、惊险性、享受性为一体,给人以刺激,留下美好的回忆。景区游乐设备主要具有文化性、刺激性、环境依托性、高科技性、高投入性、安全性等特征。

（一）文化性

旅游本质上是旅游者寻找与感悟文化差异的行为和过程，文化包装将为冷冰冰的游乐设备注入鲜活的生命力。主题文化包装将增强游乐设备的亲和力，增进设备与游客之间的互动。例如，建于1843年的丹麦蒂沃利公园拥有世界第一台木质过山车，它巧妙地将风靡世界的丹麦童话与游乐设备相结合，给人们充分的娱乐和思维空间。又如，深圳欢乐谷将悬挂式过山车"雪山飞龙"、巷道式"矿山车"、仿古典式环园小火车、"惊险之塔"——太空梭等游乐设备附以逼真完美的主题文化包装，创造出一个个扑朔迷离的故事，一次次惊心动魄的历程，让游客仿佛进入一个亦真亦幻的神秘世界。

南昌万达城主题乐园木制过山车：轨道高度、跌落高度、轨道长度均为中国第一。

（二）刺激性

年龄是影响游客对机械设备类游乐项目喜好程度的首要因素，14~25岁的青少年群体是机械设备类游乐项目的忠实支持者，尤其是对具有惊险刺激性的游乐项目更为热衷。年轻人渴望体验一种"酷"的感觉，"玩酷""炫酷"成为一种时尚。游乐设备只有提供"酷"的感觉，对年轻人产生了震撼力和感召力，才具有旺盛的生命力。根据冯锦凯对北京石景山游乐园的市场调查，学生占56.99%，在众多游乐项目中，最受欢迎的依次为：激流勇进、原子滑车、峡谷漂流、意大利飞毯、碰碰船、勇敢者转盘、弹射塔、拉力赛车、观览车、空中飞人。从以上10项设备中可以看出，惊险刺激和有水的项目是首选。

（三）环境依托性

景观环境是旅游者的游乐空间和情感体验对象，游乐设备往往要依托景观环境，创造出梦境般的体验效果，从而使游人流连忘返。根据李舟对深圳游乐业客源市场的调查，在问卷中，请被访游客填写最感兴趣、印象最深刻的自然景观类型，51.4%的游客选择了丛林，20.8%的游客选择了荒漠，18.2%的游客选择极地，另有较少数游客选择了草原牧场、田园、海滩等自然景观。这反映出在游乐活动中游客求新、求异、求奇的典型心理，90%以上的游客选择了丛林、荒漠、极地这些在日常生活环境中难以亲近的、迥异于惯常自然景观的类型。因此，游乐设备在设计建设中，一方面可以依托有形环境，直接设计和建设具有艺术气息与文化氛围的景观环境；另一方面则可以充分应用虚拟现实技术，创造出具有想象力的人格化景观环境。

（四）高科技性

随着科学技术的加速度发展，景区游乐设备与高科技的结合是发展的方向。对游乐设备可能产生重大影响的高新技术主要有五个方面：虚拟技术（VR技术）、多媒体技术、网络技术、激光技术、立体影像技术。笔者认为，一是在手工产品形态、机器产品形态和信息产品形态的体系中将更加具有互动性、相互渗透、相互作用、促进产品形态的多样化；二是在高科技的支持下，新动力、新材料、新性能的机器产品形态将不断涌现，高度更高、坡度更大、速度更快、安全更有保障的乘骑产品将更加丰富，甚至在一定时间尺度内将成为主流；三是随着信息时代的到来和虚拟技术的成熟，产品形态的智能化和虚拟化将不断加快发展进程。

景区游乐设备形态的演进方向,如表 10-2 所示。

表 10-2 景区游乐设备形态的演进方向

形态分类	产品范例	支持技术	演进方向
滑道索道	激流勇进	机械技术、虚拟技术	高度更高、坡度更大、弯道更多、场景更真实、刺激性更强
摇摆翻转	天旋地转	机电技术	转速更快、幅度更大
垂直升降	太空梭	电气化技术	多组合、速度更快、刺激性更强
快速固定轨道	过山车	机电技术	悬挂式、高度更高、俯冲感更强、可逆向运行、速度挑战生命极限
暗室乘骑	老金矿	机械技术、虚拟技术	虚拟现实更真实、惊险感更强
表演	剧场	声光电技术、虚拟技术	场景化、互动性更大、梦幻感更强
影视	四维电影		错觉感更突出、互动性更强
智能	智能游戏	智能技术、虚拟技术	知识性、趣味性、挑战性更鲜明

(五)高投入性

随着游乐设备中高科技含量的不断增大,游乐设备也向着大型化、超大型化发展,所需资金也相当巨大。例如,被称为"游艺机之王"的过山车——原子滑车,国产的几百万元,进口的几千万元。又如,北京欢乐谷拥有的亚洲唯一一台飞行式过山车"水晶神翼",是目前中国投资最多的一项游乐设备,投资达 1 亿元,相当于两个环球嘉年华。由于游乐设备投资巨大,因此,在投入前应反复论证和长远规划,一般小型设备 1.5 年收回成本,中型设备 1.5~3 年收回成本,大型设备 3~5 年收回成本。

(六)安全性

安全是游乐设备的生命,游乐设备的运营管理要始终把安全放在第一位。游艺机和游乐设施属于国家监管的特种设备,我国统一归口于质量技术监督部门监管。为确保游乐设施的安全运行,国家颁布了一系列法规和标准对游乐设施的设计、制造、安装、运行、检验和修理等各环节进行了严格规定。游乐设备因其具有较强的游客参与性和人机互动性,一旦发生事故会造成人员伤亡和重大经济损失,严重影响景区的声誉。因此在项目建设过程中,设备的安全性显得尤为重要,对于游乐设备应定期检查和维护,重视游乐设备的资料、档案管理工作,建立人员培训、定期维护、检验记录等档案材料。

四、景区设施设备管理的内容

景区设施设备管理是指景区以最佳服务质量和经济效益为最终目标,以最经济的设施设备寿命周期费用和最高设施设备综合效能为直接目标,动员景区全体工作人员参加,应用现代科技和管理方法,通过计划、组织、指挥、协调、控制等环节,对设施设备系统进行综合管理的行为。① 景区设施设备管理包括以下几个方面内容:

---

① 本书编委会.旅游开发规划及景点景区管理实务全书(3)[M].北京:北京燕山出版社,2000:2131.

（一）安全管理

景区设备设施的安全管理是保证景区正常运营的基本要求,景区设备设施的安全不仅影响游客在景区的旅游活动,而且也影响景区的形象和品牌建设与推广。景区设备设施安全管理要求做到：

（1）对各种不同的设施设备制定相应的操作规程,并要求相关操作人员认真学习、熟练操作。

（2）制定景区设施设备的维护、保养、检测制度。制度中包括每天的日常检查内容以及检测参数,还有每月检查和年度检查等内容。有些设备设施的检查,如锅炉、电梯、大型游乐设施等,每年都需要经过专门的技术监督部门检测,得到合格证后方可运行。

（3）设施设备的作业人员需要持证上岗。特种设备如客运索道、大型游乐设施的作业人员,应当按照国家规定,经地级市以上特种设备安全监督管理部门考核合格,取得相应的特种设备作业人员证书后,方可上岗作业或者从事管理工作。

（4）建立健全设备安全管理体系。景区的基础设施和景观设备等都是不直接产生效益的设施设备,而且运行成本大,维护费用高,安全问题很容易被忽视。景区必须设立自上而下的设备安全管理体系,明确分工,责任到人,并直接与员工的绩效考核挂钩,做到"安全无盲区,责任有人担",确保景区设施设备的安全运行。

（二）人员管理

1. 人员的角色管理

在基础设施、景观设施、表演设备上的人员设置要求定岗配备,操作人员与维修人员均为专职。而服务类设施以及娱乐设施中的操作人员是双重岗位,既是设施设备的操作人员,也是景区的服务人员。

2. 人员的技能培训

虽然景区设施设备的工作人员在上岗前需要具备相应的工作等级证,但是针对具体不同的设施设备,需要对操作人员进行技能培训,让操作人员熟悉设备的性能、运行规程和操作规程,确保设施设备的正常运行。

3. 人员的人性化管理

由于长年累月的操作工作枯燥乏味,操作人员的麻痹大意容易成为安全隐患的源头,因此,景区要时刻注重培养员工的敬业精神和安全责任意识,并且充分利用各种激励机制,有针对性地开展人性化管理,激发员工的工作积极性,使之以饱满的精神状态投入工作之中。

（三）档案管理

景区内的各种设施设备需要进行详尽的档案管理。在设备安装调试后正常投入使用,需要建立规范的设备档案,对设施设备的各种技术资料,包括设备的说明书、图纸,设备维护、检修的周期、内容和要求等都要存档保管,以备日后维修时查阅。对于设备运行中的维护、检修、技改内容等也要详细记录,作为设备管理的基础性技术资料。

（四）应急管理

景区的设备设施需要进行应急管理,这是在设施设备运行正常的情况下就要考虑的问题,不要等紧急情况出现以后才亡羊补牢,这是非常被动的做法。由于景区服务的特殊性,为了不影响正常运营,许多设备要求故障停机时间尽量缩短,这样就需要准备充足的备件,以备维修时更换,确保设施设备及时、有效地抢修。同时,景区要制定完善的应急预案,在突发事件发生时能第一时间启动应急方案,应对突发事件所带来的影响。

第二节　景区游乐设备的操作与运营

一、游乐设备运营管理的目的

对生产系统进行管理的全过程可以称为运营管理,也是我们所说的生产和运作管理。生产系统实际是将投入的资源经过一系列的变换或各种形式的变换,转化成有形和无形的产品和服务的过程。运营管理就是控制着整个过程中如何有效地利用各种资源,通过计划、组织、实施、控制等手段,最大化的使其增值,向消费者提供有用的产品和服务的过程。

景区游乐设备操作与运营管理的目的包括两个方面:一是安全运营;二是优质服务。

（一）安全

随着科技发展和人们寻求刺激的需求日益增长,游乐机不断推陈出新。危险性也随之提高。安全是游乐业的根本所在,合理严密的运营管理体制,是保障顾客生命安全和保证景区正常运营的重要因素。安全包括:一是游客安全;二是工作人员安全;三是设备安全。

游乐设施为人们提供欢乐,人们在游玩欢乐中对事故的承受力是很弱的,新闻媒体对此也非常敏感。虽然国内外游乐业的实绩都表明,游乐设施的伤亡事故率很低,一旦出事,其社会影响很大,所以游乐业的安全至关重要。国家对此方面的安全要求也极为严格,专门把游乐设施列入特种设备范围进行安全监察。

（二）服务

服务包括:一是游客游玩过程得到优质的服务;二是工作人员开心、真诚的提供给游客好的服务。

游乐设备的服务质量大体分为有形产品质量和无形产品质量两个方面,前者主要表现为设备设施、装饰风格、环境特色和实物产品的质量,后者主要表现为服务态度、礼貌礼节、仪容仪表、语言动作、清洁卫生、服务操作所反映出来的价值高低,两者相互依存,缺一不可。

二、游乐设备运营管理的创新理念与原则

（一）培养以人为本的设备管理理念

人是企业管理的主体,也是设备管理的主体,是搞好设备管理最关键的要素,因此首先要求设备管理者持证上岗,持证分为两种:设备操作人员持特种设备上岗操作证;维修人员持特种设备上岗维修证。让设备操作的人懂得怎样逻辑思维操作,让维护人懂得怎样逻辑维护,并建立员工日常技术培训制度,让员工熟练掌握设备的结构原理、技术标准、安全标准、运行规程和操作规程等。另外,要培养员工的敬业精神和创新意识,利用精神鼓励和物

质奖励的办法,不断地培养和激励员工的责任心和积极性,造就出一支高素质的员工队伍。

(二)树立设备人格化的管理思想

设备管理不能笼统、粗放来抓,必须分工具体、职责明确,从客观来讲,不能出现时间上和空间上的管理空缺;从主观来讲,不能出现思想上和态度上的管理松懈,须将每台设备管理任务分包到人,将责任人的名字印在设备管理标志牌上,对设备实行挂牌承包,每台设备都有人巡视、维护和检修,出了问题都有人承担责任,把设备与承包人看成统一整体,"荣辱共享,利害相连",设备考评的好坏直接决定责任人的工作业绩和工资收入,且应该将这一指导思想始终贯穿企业设备管理的方方面面。

(三)坚持设备无自然损坏原则

在组织人员对设备出现的故障和损坏进行分析定性时,如果没有坚定的指导思想,常常会将原因归于不可抗拒因素、自然老化因素、非人为因素或不明因素,最终事故责任无法得到追究,员工和责任人没有受到教育,久而久之使设备管理制度流于形式,导致设备管理的失败。因此,一定要坚持设备无自然损坏原则,多从管理上找漏洞,多从技术上找差距,多从工作上找失误,总之,多从人的因素上找原因,只有这样设备管理水平才会不断提高。

(四)创新设备维修观念

那种认为计划修理就是根据计划确定的修理周期结构:检查—小修—中修—大修进行强制性的修理观点,是一种偏颇的误解。正确观念是:设备的计划修理是从力求设备一生的综合率最高和投入最少的总目标出发,依据设备在生产运营中的地位和设备磨损程度,分别采用事后修理制度和(预防)计划修理制度。计划修理的内容不是检查—小修—中修—大修,而是保养—检查—小修—大修。这种修理制度的特点强调了对设备状态的监测,并根据设备的实际情况采取相应的修理类别。同按固定的修理周期结构强制进行修理相比,这提高了修理的针对性,有利于缩短设备停机修理时间,降低设备管理费用。

(五)积极采用新技术、新工艺、新设备,提高设备完好率

搞好设备管理不仅要从设备外部因素来抓,还要从设备的内在因素来抓,要不断地利用新技术、采用新工艺进行技术改造,改善设备的运行方式、工作状况和环境条件,减轻或避免对设备的损坏和不利影响,从而减少维护维修次数和工作量,延长设备的检修周期和使用寿命,同时,也要重视对落后设备的淘汰,及时更换新设备,改善设备运行性能,提高运行可靠性。因此,要加大对设备的投入,注重技术改造,为设备具有良好运行状态提供扎实的硬件基础。

三、游乐设备运营管理的制约因素

景区设备事故和故障的出现存在必然性和偶然性。设备的自然磨损、老化以及设备的使用周期,都会导致设备出现故障,从这个角度讲,设备出现故障是必然的。然而,如果我们充分了解了设备的性能和特点,并且按要求对设备进行维护保养,就能减少设备出现故障的概率,从这个角度讲,设备出现故障又是偶然的。

(一)设备因素

随着人们娱乐需求由静态观赏性向动态参与性的转变,许多景区为满足游客的要求,增

添了许多游乐设备。由于这些游乐设备生产获利丰厚,使生产厂家的数量在短时间内迅速膨胀,受经济利益的驱动,加之地方保护主义的存在,给劣质游乐设备流入市场打开了通道,致使安全事故接连发生。据报道,国家质量技术监督局曾对全国 200 家游乐设备生产厂家进行了检查,结果只有 60 家取得了许可证。设计、制造时不执行游艺机安全标准,结构设计不合理;缺少必要的安全防护装置,或安全防护装置达不到安全要求等,都会造成安全隐患。表 10-3 是近几年来我国游艺机、游乐设施因设备因素造成的事故情况。

表 10-3 近几年来我国游艺机、游乐设施的部分事故情况

时间	事故原因及事故后果
2010 年	深圳东部华侨城大峡谷景区"太空迷航"游乐设施在运行中发生塌落事故,48 名游客被困,其中 3 人当场死亡、3 人送医院抢救无效死亡,10 人受伤(其中 5 人重伤)
2011 年	上海松江区欢乐谷"绝顶雄风"过山车运行至 60 米最高点时,由于低温天气导致传感器失灵,造成系统报警、保护性停机,25 名游客被困在空中达半个多小时
2012 年	南京江北弘阳广场摩天轮在运转时 14 号轿厢内突发火灾,6 名游客在封闭的轿厢内被困 25 分钟,火灾引起的浓烟致使游客险些窒息
2013 年	西安秦岭欢乐世界极速风车由于工作人员没有为游客系好安全带,3 名乘客先后被甩下来受伤,1 人被砸轻伤
2015 年	浙江温州市平阳县龙山游乐园里发生一起意外事故,有游客从名为"狂呼"的游乐设施上坠落,造成 2 死 3 伤
	台湾新北市八里八仙水上乐园举办彩虹派对,粉尘爆炸伤患累计达 498 人,其中 8 人病危,190 人重伤
	遵义县一游乐场的金龙滑车在运行过程中,一节车厢与车身分离,接着侧翻后掉到地上,4 名乘客被送医

资料来源:根据网易、新浪、搜狐等新闻整理。

(二)操作者因素

游乐设施设备复杂而且繁多,作为特种设备,其操作的安全性与操作者的熟练程度及操作技巧有很大关系。同时,由于操作非常频繁,操作人员容易疲劳,也很容易出现操作失误导致安全事故。如 2000 年 4 月 16 日,天津市水上公园的蹦极发生事故,2 名中学生摔成重伤,其中 1 名女孩末颈椎横断,胸椎压缩骨折,脊髓折断。据调查,事故的原因是操作失误,是放绳速度过早、过快所致。

(三)设备维护因素

游乐设施设备出现故障,维修人员未及时维修,很容易导致安全事故。如 1995 年,某公园观缆车吊箱的玻璃损坏,未及时维修,一名 4 岁女孩从破损的玻璃窗中爬出坠地死亡。1998 年,某公园因通风原因将观缆车吊箱门对面的玻璃拆掉,一名大学二年级学生将头从卸掉玻璃的窗中伸出,由于吊箱与转盘的距离只有 160 毫米,且相对运动,当吊箱转到一定角度时,学生的头夹在转盘和窗框之间,使颈椎折断造成重伤,送医院后死亡。

（四）游客因素

游客大多是没有经过任何安全培训的，对于刺激与惊险的游乐项目，他们可能会出现各种各样的行为，有的因兴奋忘乎所以而做出某种不安全的举动；有的因恐惧或受到惊吓而下意识地产生不正当的行为；也有个别乘客逞强好胜，不遵守纪律，不听管理人员劝阻，与其他游客争抢等，都会造成安全事故。例如，1997年，某游乐园的大观缆车，乘坐了2个4岁半的女孩，吊箱升高后，其中一个女孩因害怕，从吊箱侧面开启的窗户中爬出坠地死亡。又如，1999年，一游客在某公园蹦极时脱离拉绳，导致头部触地重伤。事故原因是游客没有按照操作人员的要求，将腰间"保命"的锁扣扣好，在身体下落途中"飞"了出来。另外，该游客还为了追求刺激，在蹦极塔平台助跑一段后跳下，以至于其身体落点超过了地面安全气垫的范围。

另外，有的游客的无意识行为也会引发伤害事故。如衣服、围巾、领带、腰带、背包带、长头发、其他装饰品等被设备转动部分挂住，而导致人员伤亡。

（五）环境因素

1. 天气因素

很多大型游乐设备放置在室外，自然因素，如雨水雷电因素会造成设备的损坏，加速老化。

2. 季节因素

某些游乐设备，由于季节变化，其实用和养护的方法也有区别。比如，北方冬季的霜冻有可能使机油凝固。

综上所述，导致景区设施设备安全事故的原因可归纳为三类，即设备因素、人为因素和环境因素。设备本身的设计和制造工艺决定了设备的固有性能，是操作者无法控制的，设备的使用环境也是无法改变的，只有人的因素是可以控制的，人为因素是设施设备出现事故和故障的关键因素。如果操作人员严格按照设备的使用规程进行操作，维修人员能够尽职尽责地维修保养，不但可以延长设备的使用寿命，更重要的是可以减少出现事故和故障的概率。因此，景区要十分注重培养员工的责任心，首先在购入设备时，就要严把质量关；另外，操作人员要科学规范地操作，维修人员要细致耐心地维护，时刻把游客的安全放在第一位，防范事故于未然，确保景区的设施设备始终处于良好的运行状态。

四、游乐设备运营管理系统设计

（一）游乐设备管理系统功能要素

游乐设备运营管理系统设计主要功能三要素为：人、设备和环境，如图10-1所示。

（二）以导向流程设计

游乐设备运营管理的主要内容包括：设备的操作、游玩过程提供服务工作、设施设备的维护保养作业。三个过程需要连接紧密，这样才能提高转换过程的效率，提高顾客对产品的满意度。

以信息导向流程进行设计内容，如表10-4所示。

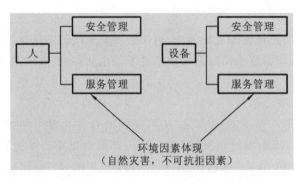

图 10-1　人、设备、环境三者关系

表 10-4　信息导向流程设计

游客导向	对应因素	管理要素	后台支持
设备内容与特性	适宜人群	标识内容 工作人员引导	按国家标准设计安装
游玩的注意事项	充分沟通、掌握信息	过程讲解、引导、控制	标识系统、讲解系统配置

以运营导向流程进行设计内容,如表 10-5 所示。

表 10-5　运营导向流程设计

开放前因素	运营中因素	关机后因素
设备维修保养工作准备完成	设备巡查控制	关键技术部位的维护保养
操作、服务人员工作准备完成	运营操作、服务人员引导控制	设备设施配套、周边环境控制

1. 运营前

一是每天运营前须做好安全检查。

二是营业前试机运行不少于两次,确认一切正常后,才能开机营业。

2. 运营中

(1) 向游客详细介绍游乐规则、游艺机操纵方法及有关注意事项。谢绝不符合游艺机乘坐条件的游客参与游艺活动。

(2) 引导游客正确入座高空旋转游艺机,严禁超员,不偏载,系好安全带。

(3) 维持游乐、游艺秩序,劝阻游客远离安全栅栏,上下游艺机时秩序井然。

(4) 开机前先鸣铃提示,确认无任何险情后方可再开机。

(5) 游艺机在运行中,操作人员严禁擅自离岗。

(6) 密切注意游客动态,及时制止个别游客的不安全行为。

3. 运营后

(1) 整理、清扫、检查各承载物、附属设施及游乐场地,确保其整齐有序、清洁干净,无安全隐患。

(2) 做好当天游乐设备运转情况记录。

(3) 游艺机和游乐设施要定期维修、保养,做好安全检查。定期检查分为周、月、半年和一年以上检查。

（三）以游客游玩流程设计

1. 游玩流程

游客经历游戏圈：开始→进入排队区→储物→系好安全装置→游戏结束→取物→离开。

2. 安全因素

设备设施安全无隐患→物品存放安全→安全装置得到检查并确认安全→游玩过程安全无事故。

3. 服务因素

设备项目游玩须知告示标识完备→排队区有遮阳伞、散风扇等配套设置→游玩过程前得到工作人员的注意事项介绍、指引→物品安全存放有位置→游玩过程得到鼓励、互动→游玩过程得到工作人员的贴心服务、尊重、引导。

游客游玩流程设计，如表 10-6 所示。

表 10-6 游客游玩流程设计

安 全	设施设备配套齐全	设备设施得到安全检查	安全保证离开
服 务	遮阳篷、电风扇……	过程得到提示、引导、体贴跟踪服务	满意、开心离开

（四）以项目工作流程设计

1. 早检工作

到岗检查昨天运行记录→检查设备设施周围环境状态→按日检内容分工进行检查、维护保养→卫生整理、工具物品收集整理→设备试运行过程与状态记录→工作手续移交。

2. 设备操作服务

昨天运行状态记录检查→周围环境的状态检查→卫生清洁→与维护人员进行手续交接→试运行→记录填写并确认安全→对外准备开放。

3. 关机

设备安全装置关闭检查确认→关闭配套设施并确认→卫生整理、物品整理→关闭总电源→填写运营表格→离岗。

项目工作流程设计，如表 10-7 所示。

表 10-7 项目工作流程设计

早检工作	设备操作	关 机
到岗检查昨天运行记录；检查设备设施周围环境状态	昨天运行状态记录检查；周围环境的状态检查	设备安全装置关闭检查确认；关闭配套设施并确认
按日检内容分工进行检查、维护保养；卫生整理、工具物品收集整理	卫生清洁；与维护人员进行交接手续	卫生整理、物品整理；关闭总电源
设备试运行；过程与状态记录；工作手续移交	试运行；记录填写；对外准备开放	填写关机运营表格；离岗

五、游乐设备运营管理综合设计过程

(一) 根据设备特征和游客需求状况设计

1. 设备特征

国家一类设备：惊险、刺激、技术含量高，参与性强。岗位编制较充裕。

国家二、三类设备：参与性强，技术含量一般。岗位编制合理。

2. 游客需求

国家一类设备：适应年龄段为 16～35 岁；身高为 1.4～1.9 米，身体健康者。

国家二、三类设备：适应大多数人群，身体健康者。

(二) 岗位分析、职责设置

1. 职责设置分类

职责设置分类包括：

(1) 设备定期维护保养技术人员职责。

(2) 设备维修技术人员职责。

(3) 设备维修人员职责。

(4) 操作运行岗位人员职责。

(5) 服务岗位人员职责。

2. 岗位配置分析因素

岗位配置分析因素包括：

(1) 设备项目特征，包括国家一类设备与国家二、三类设备的区分。

(2) 维修岗位、操作岗位、服务岗位职责区分，包括技术与服务工作量、项目游玩流程所需岗位设置进行规划。

(3) 岗位职能使用说明，包括岗位说明书制定。

(4) 岗位工作时间分析，包括理论工作时间与实际工作时间的结合。

(5) 设备项目检查维修、操作、服务人员的条件要求。

(6) 设备项目检查维修、操作和服务人员的技能保障举措，包括招聘前的知识基础、后续的培训指导、考核及经验成果的转化评估。

(7) 设备项目开放拟运营时间表与设备部管辖设备项目开放时间的相应调整计划，运营时间设置说明与运营开放时间设置说明；新投入的设备项目按使用规定必须执行备件磨合期，3～6 个月之内不能超负载运转；设备项目开放时面临客流量问题；设备维护保养有足够时间。

(三) 工作流程和标准设置

工作流程和标准设置包括：

(1) 设备早检流程与标准；

(2) 设备维护保养流程与标准；

(3) 设备维护维修检查计划表；

(4) 设备备件更换维护保养作业流程与标准；
(5) 设备年、月检流程与标准；
(6) 设备特殊故障抢修流程与标准；
(7) 设备开机流程与标准；
(8) 设备操作流程与标准；
(9) 设备关机流程与标准；
(10) 操作、服务应急流程与标准。

(四) 后备支持模块设置

1. 培训

根据岗位的特点，进行针对性的培训知识，考核评估。主要有职业道德、岗位技能、应变能力、精神面貌、学习精神、创新能力等。

2. 设备保养制度

①定时、定部位、定人员、定指标进行设备保养；②设备的完好率、运转率结合保养制度指标；③技术人员的技能与工作方法的培训等。

(五) 设备应急处理

1. 基本要求

设备应急处理有两项基本要求：①设备管理突发事故发生得到有效控制；②设备管理突发事故得到迅速、有序地处理。

2. 处理程序

设备应急处理程序为：建立组织架构、相关人员职责、报告程序、现场控制流程、应急补偿方案。

第三节 景区设施设备的维护与保养

景区的设施设备自投入使用以后，就进入了服务管理期。服务管理期的主要工作就是对设施设备进行维护与保养，目的是以最经济的费用投入，发挥最高综合效益。景区设施设备的维护与保养无论从经济上还是技术上都是提高景区经济效益和社会效益的重要环节，对景区的发展具有十分重要的意义。

景区设施设备的维护与保养，既包括对某一设施设备零件的维护保养，也包括对整个设施设备系统进行维护保养。

一、景区设施设备的保证系统

(一) 人员系统

设施设备管理人员系统主要包括以下五个方面：

1. 管理层人员

他们的职责是承担景区设施设备管理的规划决策，建立制度规程，制定和组织实施相关

计划。管理层人员是人员系统的核心,其素质的高低决定着景区设施设备管理的水平。

2. 运行操作人员

他们根据相关操作规程和管理制度负责设施设备的管理和操作。

3. 维护检修人员

他们对景区的设施设备进行维护检修,检查设施设备是否运作正常,并对出现的故障进行维修。

4. 日常操作监督人员

他们主要是服务工作人员,负责设施设备的日常清洁维护和出现故障时的及时报修。

5. 服务对象

设施设备的服务对象主要是景区游客。他们在消费过程中直接或间接使用景区的设施设备,服务人员在为游客提供优质服务的同时,又必须防止游客由于使用不当而造成设施设备的损坏。

(二)技术系统

设施设备服务期管理技术系统包括管理技术子系统、决策技术子系统和维修技术子系统。前两个属于软技术范畴,决定设施设备管理的发展方向和整体效益。维修技术子系统属于硬技术范畴,包括设备安装、操作、维修、检查、监测、试验等技术体系。

(三)信息系统

设施设备服务期管理信息系统包括经济信息、技术信息和服务信息三个子系统。经济信息系统是设施设备经济管理的资料和数据;技术信息系统是设施设备技术档案统计资料;服务信息系统是服务过程中的信息反馈记录。

(四)物流系统

物流系统由三个子系统组成,分别为能源子系统、物流子系统和资金子系统。能源子系统要科学制定各种耗能与节能计划和指标,制定奖惩制度和措施。物流子系统要对各种物耗定额和库存制定详细准确的供应计划。资金子系统要对各种景区设施设备支出费用制定资金使用计划,以及进行详尽的预算和审核工作。

二、景区设施设备的维护制度

景区设施设备的维护工作需要贯彻专业管理与游客管理相结合的原则,在取得游客的合作和支持的基础上,依靠操作人员、检查维修人员和服务人员共同对设施设备进行维护和保养。设施设备的维护制度可以分为四种,即日常维护、定期维护、区域维护和指令维护。

(一)日常维护

日常维护特点是经常化、制度化,它是全部维护工作的基础。对于景区内的一些大型设施和服务设施应该做到:班前检查设施设备是否安全可靠、正常良好,安全保护装置是否齐全有效;设施运行中检查是否具有异常情况;班后对设施设备进行清洁保养,如发现损坏和故障,应及时维修。

（二）定期维护

定期维护是在日常维护的基础上，在一定的时间周期内对设施设备进行更深层次的维护与保养，力求消除事故隐患，减少设备磨损，保证设备的正常运行。

（三）区域维护

景区的小型设施设备和基础设施分布在景区各处，需要对其进行区域维护。区域维护工作人员遵照区域巡回检查制度，科学安排巡检路线，对分布在景区各处的设施设备进行巡回检查，发现故障和损坏要及时处理或报修。

（四）指令维护

指令维护又称计划维护，它以全部设施设备的维护任务为基础，向维护人员发出指令，使维护人员完成指定维护任务的一种管理方法。

三、景区设施设备的维护管理

（一）设施设备使用维护规范管理

1. 操作人员的规范化管理

必须强化操作人员的责任心和敬业精神，让操作人员学习和掌握设施设备的原理、性能、结构、使用、维护及技术等方面的知识。

2. 服务人员的规范化要求

服务人员必须参加景区设施设备的使用操作学习和培训，向游客介绍设备的使用方法和注意事项。服务人员在游客使用过后要经常对设施设备进行清洁和维护。

（二）设施设备使用管理规章制度

景区设施设备使用管理的规章制度包括运行操作规程、设备维护规程、设施设备操作人员岗位责任制、交接班制度和运行巡检制度等。

四、景区设施设备的点检制度[①]

设施设备点检是应用全面质量管理理论中的质量管理点的思想，对影响设备正常运行的关键部位进行经常性检查和重点控制。设施设备点检的目的是为了及时掌握并消除故障隐患，提高设施设备的完好率和利用率，节省各种设施设备费用，提高总体效益。

（一）设施设备点检的分类

根据设施类型不同可将设备点检划分为三类："A类点检"为服务接待设施的点检；"B类点检"为商业服务设施的点检；"C类点检"为娱乐游憩设施的点检。

根据设施的服务时间及规律可将设备点检划分为日常点检、定期点检和专项点检三类。

1. 日常点检

日常点检即每日进行的点检，通过检查设施设备运行中的关键部位的声响、振动、温度、

---

① 本书编委会.旅游开发规划及景点景区管理实务全书(3)[M].北京:北京燕山出版社,2000:2141.

油压等,将检查结果记录在案。

2. 定期点检

定期点检的时间周期有数月、一个月、半个月、一周不等。其主要目的是检查设施设备的劣化程度和性能状况,为中、大修方案提供依据。其对象是重点设备,内容比较复杂,检查时凭直觉感官,同时使用专用检测仪表工具。

3. 专项点检

使用仪器工具有针对性地对设备某特定项目在运行中进行检查。

(二)设施设备点检的优越性

(1)提高维修保养的针对性和主动性,减少盲目性和被动性。

(2)各个项目明确且量化,保证维修工作质量,培养维修技术人员的分析能力和判断能力,提高其专业技术水平。

(3)制定严格的点检线路,使用规范化点检表,便于实行点检考核,增强工作人员的责任感,提高工作效率。

(4)采用点检记录卡,积累设备的原始资料,有利于充实和完备设备技术档案,为设施设备信息化管理奠定基础。

(三)设施设备点检的方法和步骤

(1)确定设施设备检查点和点检路线,检查点应确定在设施内一些重点设备的关键部位和薄弱环节上。

(2)确定点检项目和标准。

(3)确定点检的方法。

(4)确定点检周期。

(5)制定点检卡。

(6)落实点检责任人员。

(7)点检培训。

(8)建立和利用点检资料档案。

(9)点检工作的检查。

第四节 景区设施设备的维修与更新

景区设施设备维修与更新的目的是为了将各种设施设备的综合效能发挥到最大化,以获得其寿命周期里最大的经济效益。

一、景区设施设备维修

(一)设施设备维修方式

1. 定期维修

定期维修是指以时间周期为基础的预防性维修方式。时间周期可以是1年、1个月或一周等。定期维修的对象一般是使用时间季节性明显的设施设备,例如,滑雪、滑冰、水上娱乐设施等。

2. 监测维修

监测维修是以设施设备的技术状况诊断和检测为基础的预防性维修方式,其特点是及时掌握时机,在设备设施发生状况之前发现危机。监测维修适用于使用率高的设施设备上,例如,空调、电梯、缆车、电脑等。

3. 更换维修

更换维修是指在掌握设备故障发生周期的情况下,使用具有相同功能的部件更换旧部件的维修方式。其特点是现场操作时间短,避免设备故障在运行时发生。更换维修适用于向旅游者提供服务的设施以及设施中的各种电气设备。

4. 故障维修

故障维修也称事后维修,是指在设施设备发生故障时的非计划性维修。故障维修与更换维修可以结合使用。故障维修适用于利用率低和简单低值的设施设备。

(二)设施设备维修策略

景区可以根据自身实际情况,采用正确的设施设备维修策略。具体的选择路径是:维护保养—检查监测—日常小修或项目维修—技术改造。小设备可以视情况放弃项目维修或改修。大型设施设备的大修项目应由专业维修公司或者设备厂家承担。景区应培养全能的维修队伍,根据季节特点安排定期维修,创造条件进行状态监测维修,实行多种维修方式并存。

(三)设施设备维修计划编制

编制景区的设施设备维修计划的目的是以正确的方法、在预定的时间内安排必要的维修资源进行预定的维修工作。维修计划可分为修理任务计划和作业进度计划两种。从时间角度考虑可分为年度计划、季度计划和月度计划三种。

1. 年度维修计划

年度维修计划指导景区全年设施设备维修工作。在年度计划中应详细地列明设施设备管理部门每个季度、每个月份的维修任务。

2. 季度维修计划

季度维修计划是根据年度维修计划而制定,在编制时需要结合设施设备的使用情况和维护保养状况进行制定。季度维修计划是对年度维修计划的细分和补充,同时也对年度计划进行适当的调整。

3. 月度维修计划

月度维修计划体现季度维修计划的执行进度与执行作业情况,应制定具体的维修工作日程进度。

二、景区设施设备更新与改造

(一)设施设备更新改造的规模分类

1. 全面更新改造

在使用一定年限后,有些设施设备已经达到使用极限,不能再承担正常运营工作。有些设备技术已经落后,不能满足旅游者日新月异的需求,此时,需要对设施设备进行全面更新改造。在基本保留原有项目的基础上,对主要的大型设施设备或系统设施设备进行更新改造。

2. 系统更新改造

针对景区内某一具有特定功能的系统设施设备如景区的空调系统、发电系统、供水系统等,出现性能下降、效率低下和耗能严重、环保性差的问题,采取技术措施的更新改造。

3. 单机更新改造

针对某一单机设施设备所采取的更新改造。

(二)设施设备更新改造的程序

1. 申请

对景区的设施设备进行更新改造应该首先由设备管理部门或设备使用部门提出项目更新改造理由和申请。

2. 调研审查

景区针对所提出的设施设备更新改造申请,成立由工程师、技师、主管人员参加的更新改造项目小组进行调查研究,充分讨论,提出审查意见。

3. 计划筹备

项目改造的负责人组织制定项目改造的实施进度计划,详细安排项目在准备、开工、施工、竣工、投产各个阶段的进度计划,特别要注意各阶段之间的工作衔接、资金和物资供应、设计和施工的协调配合等问题。

4. 现场管理

更新改造工程需要专业机构或人员进行日常管理,管理人员的主要工作职能是落实改造计划、处理现场问题、调度工程进度、保证进度顺利、监督工程质量、协调施工关系、及时反应并解决情况等。

5. 竣工验收

在竣工验收阶段,有关使用部门要对设施设备进行各种指标的测试和检验工作,将验收情况详细记录在案,进一步提出改造意见,在各方验收合格以后方可投入使用。

6. 总结

在更新改造工程验收工作结束以后,需要从技术上以及管理上做好总结工作,为设施设备管理提供重要的资源积累。

(三)设施设备的寿命

设施设备的寿命有四种类型:物质寿命、折旧寿命、技术寿命和经济寿命。

(1)物质寿命是指景区的设施设备从投入使用到报废所经历的时间。

(2)折旧寿命也叫折旧期限,是指把设施设备的价值余额折旧到接近于零时所经历的时间。

(3)技术寿命是指设施设备从投入使用到因技术落后而被淘汰所经历的时间。

(4)经济寿命是指设施设备从投入使用到出现使用经济效益下降所经历的时间。

景区设施设备的使用期限,如表10-8所示。

表 10-8　景区常用设施设备的使用期限

种　类	名　称	年限/年
房屋、建筑类	营业用房	20～40
房屋、建筑类	非营业用房	35～45
房屋、建筑类	简易房	5～10
房屋、建筑类	建筑物	10～25
机器设备类	供电系统	15～20
机器设备类	供热系统	11～18
机器设备类	中央空调	10～20
机器设备类	通信设备	8～10
机器设备类	洗涤设备	5～10
机器设备类	维修设备	10
机器设备类	厨房用具设备	5～10
机器设备类	电子计算机系统	6～10
机器设备类	电梯	10
机器设备类	相片冲印设备	8～10
机器设备类	复印、打印设备	3～8
机器设备类	其他机器设备	10
交通运输工具类	大型客车(33座以上)	8～10
交通运输工具类	中型客车	8～10
交通运输工具类	小轿车	5～7
交通运输工具类	货车	12
交通运输工具类	摩托车	5
家具设备类	营业用家具设备	5～8
家具设备类	办公用设备	10～20
家具设备类	地毯	3～10
电器及电影设备类	闭路电视播放设备	10
电器及电影设备类	音响设备	5
电器及电影设备类	电冰箱等其他电器设备	5
文体娱乐设备类	高级乐器	10
文体娱乐设备类	游乐场设备	5～10
文体娱乐设备类	健身房设备	5～10

续表

种　类	名　称	年限/年
其他设备类别	工艺摆设	10
	消防设备	6

资料来源:本书编委会.旅游开发规划及景点景区管理实务全书(3)[M].北京:北京燕山出版社,2000:2144.

(四) 设施设备的折旧

景区的设施设备在生产过程中会产生损耗运动和补偿运动两种互补性运动。损耗运动包括有形损耗和无形损耗。补偿运动包括物质补偿和价值补偿。有形损耗也叫物质损耗,是指景区的设备设施在使用过程和自然力的影响下所发生的损耗。无形损耗也叫精神损耗,是指景区设施设备由于社会生产和技术进步的原因使原有价值降低。物质补偿是指对景区设施设备进行改造和更新,以价值补偿为基础。价值补偿是指从经济方面对设备价值损耗的补偿,通过折旧方式体现。折旧是指随着景区产品和服务的销售,提取和积累并建成专用货币基金的过程。这笔专用货币基金就是折旧基金。折旧基金是设备更新改造的资金保障。在讨论景区设备的折旧问题时,需要分析三个方面的内容:计划折旧回收总额、折旧期限、折旧方法。

(1) 计划折旧回收总额。折旧回收总额是指在景区设施设备使用过程中,通过折旧的提取所得到的回收设备价值。计算公式为

$$折旧回收总额 = 设备原值 - (残值 - 清理费)$$

这里的设备原值是指设备投产时的造价,包括设备原价和设备的运输安装费用等。设备残值是指设备在被报废、转让、销售时所具有的价值。设备清理费是指设备在拆除清理过程中所要支付的费用。

(2) 折旧期限。景区设施设备的折旧期限与设备投资回收期长短和回收期内的销售成本高低有关。从设施设备管理上看,折旧期限应该考虑设备的最佳使用期限。

(3) 折旧方法。折旧方法的分类,如表10-9所示。

表10-9 折旧方法分类

与资金时值有关的折旧		与资金时值无关的折旧
直线折旧法	快速折旧法	复利折旧法
平均年限法; 工作时间折旧法; 行驶里程折旧法	年限总额法; 余额递减法; 双倍余额递减法	偿债基金法; 年金法

下面介绍一些常用的折旧方法:

1. 平均年限法

按照折旧期限把设备的折旧回收总额平均地分摊。

$$年基本折旧额 = \frac{基本折旧回收总额}{折旧年限} = \frac{原值 - (残值 - 清理费用)}{折旧年限}$$

$$年基本折旧率 = \frac{年基本折旧额}{设备的原值} \times 100\%$$

$$年大修理基金提存率 = \frac{年大修理基金提存额}{设备的原值} \times 100\%$$

2. 工作时间折旧法

在特定情况下才使用的大型设备,按其工作时间平均分摊计算折旧。

$$本斯折旧额 = \frac{原值 - (残值 - 清理费用)}{折旧年限内工作台时} \times (本期实际工作台时)$$

3. 年限总额法

把折旧回收总额乘以年限递减系数,使折旧额先高后低。

$$A_i = \frac{(T - t_i + 1) \cdot K}{\sum_{i=1}^{T} t_i}$$

其中:A_i——设备某年 $i(i \leqslant T)$ 的折旧额;

T——设备使用年限(最佳使用年限);

t_i——设备使用年限中的第 i 年;

K——设备折旧回收总额。

$$\sum_{i=1}^{T} = 1 + 2 + 3 + \cdots + T = \frac{T(1+T)}{2}$$

4. 余额递减法

以固定的折旧率乘以净值得到折旧额,每年的折旧额随着净值逐年递减而递减。

$$年折旧额 = \alpha \cdot K_t$$

其中:α——固定的折旧率;

K_t——各年净值。

第 T 年折旧后的净值为残值 K_s:

$$K_s = K_0(1-\alpha)^T$$

计算得出折旧率的计算公式:

$$\alpha = 1 - \sqrt[T]{\frac{K_s}{K_0}}$$

其中:α——折旧率;

K_s——残值(不能为零);

K_0——原值;

T——折旧年限。

5. 双倍余额递减法

将折旧期分成两个阶段,在第 N 年之前,以直线折旧法取残值为零所计算得到的折旧率的两倍作为前期折旧率。折旧基础是逐年设备的净值,从第 N 年起,采用直线折旧法计算。N 的计算方法为

$$N = \begin{cases} \dfrac{T}{2} + 1\dfrac{1}{2} & (当\ T\ 为奇数时) \\ \dfrac{T}{2} + 2 & (当\ T\ 为偶数时) \end{cases}$$

（五）设施设备更新改造方案比较

1. 景区设施设备的更新改造方案主要集中在以下三个方面

（1）关于适应性问题的更新。

（2）关于维修问题的更新。

（3）关于效益问题的更新。

2. 在对设施设备的更新改造方案进行比较时，需要遵循以下四个方面的原则

（1）在假定设施设备的收益或效率相同后对它们的费用进行比较。

（2）对两种使用寿命不同的设备，比较它们的年度费用。

（3）原设备的价值必须按照目前实际值进行计算，不能以原值进行计算。

（4）必须采用同一个时间参照点，不同时间参照点的比较会产生错误。

本章小结

景区的游乐设备是景区开展经营活动的物质载体，游乐设备质量的高低、运行的好坏直接关系到游客的游兴和满意度，体现了景区产品质量和服务水平的优劣。如何管理好景区游乐设备，如何充分发挥景区游乐设备的娱乐功能，如何确保景区设施设备始终处于良好的运行状态，是景区经营管理者需要不断总结经验、不断学习探索的重要课题。

核心关键词

游乐设备	amusement equipment
设备管理	equipment management
应急管理	emergency management
保养制度	maintenance system
定期维修	periodic maintenance

思考与练习

1. 景区游乐设备的特征主要是什么？
2. 景区游乐设备的运营流程主要有哪些关键环节？
3. 景区设施设备管理在维护保养和更新改造阶段的重点分别是什么？
4. 如何衡量设施设备的折旧？如何评价景区设备设施更新方案的优劣？

案例分析

香港迪士尼又出故障　36名游客被吊空中达8分钟①

据香港《星岛日报》报道,故障频生的香港迪士尼乐园"玩具兵团跳降伞"机动游戏又生事故,2014年7月16日升空途中因信号故障暂停,令36名游客半空吊达8分钟,尚幸最终安全返回地面,有惊无险,没人受伤。事后该机动游戏须关闭,经一个半小时抢修重开。

香港警方消息称,16日下午2时,该"玩具兵团跳降伞"游戏发生故障暂停,36名游客被困半空达8分钟,经抢修后该机动游戏重开,他们终安全返回地面。据目击者称,游客获派毛巾和清水,事件中无人受伤,有惊无险。

迪士尼发言人称,该机动游戏发生信号问题须暂停设施,但不涉及安全问题,经一个半小时修理重开。事故中36名游客俱安全返回地面,没有人要求协助。

数据显示,反斗奇兵大本营的机动游戏"玩具兵团跳降伞",前年11月开幕后仅4天,就发生了游客被困半空事故,之后亦屡次出现信号系统及安全保障系统故障问题。

"玩具兵团跳降伞"有25米高,游客所坐的降伞,在高空来回升降,可以欣赏新园区的全貌。

思考题:
1. 这起安全事故反映了迪士尼在管理上的哪些漏洞?
2. 根据案例,分析景区设施设备管理与安全管理的关系是什么?

---

① 香港迪士尼又出故障　36名游客被吊空中达8分钟[EB/OL]. http://go. huanqiu. com/news/2013-07/4140359. html.

第十一章

景区资本运作管理

学习引导

资本运作又称资本经营、消费投资、连锁销售、离岸经济等,是中国大陆企业界创造的概念。它是指利用市场法则,通过资本本身的技巧性运作或资本的科学运动,实现价值增值、效益增长的一种经营方式。简言之就是利用资本市场,以小变大、以无生有的诀窍和手段,通过买卖企业和资产而赚钱的经营活动。

学习重点

通过本章学习,重点掌握以下知识要点:
1. 景区资本管理的内容和任务;
2. 景区成本控制的要点和方法;
3. 景区利润分配的机构和制度;
4. 景区上市管理的要求和方法。

第一节　景区资本管理任务

景区资本管理是景区经营活动的重要组成部分。景区资本管理，是指依据国家的政策、法规，根据资金运动的特点和规律，科学地组织景区资金运动，正确地处理景区财务关系，以提高资金使用效率与景区经济效益的管理活动。

一、景区资本管理的基本内容

景区资本管理的对象就是景区的资金运动及其所反映的财务关系。资本管理的对象决定着资本管理的内容。资本管理的内容主要包括资金的筹集、资金的运用和利润的分配等几个方面。

（一）资金的筹集

资金的筹集，是指景区为保证生产经营活动的正常进行，对多种渠道筹措与集中资金所进行的管理活动，包括筹资量的确定、筹资渠道与方式的选择、资金的实际取得等决策与管理行为。景区筹集资金的量和时间取决于对资金使用的需要，但资金的筹集结果又影响和制约着资金的使用。筹资决策的关键在于确定合理平衡财务杠杆的正面效应（提高盈利）和负面效应（增加风险）的最优资本结构。

（二）资金的运用

资金的运用，是指为保证经营目标的实现，对经营中及时而有效地运用景区资金所进行的管理活动。

资金运用管理包括两个方面：

1. 对资金占用和耗费进行管理

现金、有价证券、应收账款、存货等流动资产和以固定资产为主的非流动资产的金额占用等会引起各项资金的使用效益和景区的整体影响问题。

2. 对外投资的管理

景区外部的资金投放即对外投资，是指以收回现金并取得收益为目的而发生的现金流出。对外投资一方面会带来收益，另一方面也会带来风险。

投资决策包括三个方面，一是流动资金的投放与管理，主要解决合理配置各项流动资金，协调保持良好偿债能力和提高盈利能力两方面的矛盾；二是固定资产投资决策，以确定建立在现金流量比较之上的固定资产投资方案；三是对外投资决策，以确定在投资报酬与风险程度合理平衡前提之下的对外投资方案。

（三）利润的分配

利润分配是指将景区实现利润向有关方面和投资人的发放，确定景区利润的多大比例发放于投资人，多大比例留存景区用于投资。

二、景区资本管理的目标任务

景区资本管理目标是指在国家法规政策的指导下，通过科学地组织财务活动，正确地处理财务关系,以尽可能少的资金运用与耗费,努力追求利润最大化和所有者权益的扩大化。

不同的景区,由于所有权不同,其资本管理的目标也存在着一定的差异,如表11-1所示。

表11-1 各类型景区具体资本目标

具体目标＼景区类型	国有景区	私营景区	民办景区
总体目标	取得足够的收入,以支付成本并有盈余对景区进行再投入,同时给利益相关者以回报	取得足够的收入来支付支出,但如果景区有补贴,财务目标则可能是尽量高比例地以收入支付成本	资金流畅与争取盈余,以便能够对景区的主要工作,自然保护和教育,进行再投入
价格管理目标	使产品取得尽可能高价格,让收入最大化	价格要具有社会和政治上的可接受性,即使低于市场可接受价格	确定的价格要能够使景区产生必要的盈余
成本管理目标	尽量降低成本	通过有效的运营降低成本	尽量降低成本
资源管理目标	最大限度地利用景区的资源,只要使用是有益的	在资源限制内最大限度地使用资源。如果需要额外的资源,如需要额外的员工,即使是有利润的计划也不得不取消	只要不妨碍景区的主要工作,最大限度地利用资源
财务预算目标	实现财务指标	不超出预算范围	不超出预算范围

资料来源:约翰·斯沃布鲁克.景点开发与管理[M].张文,译.北京:中国旅游出版社,2001:257.

资本管理的目标决定着资本管理的方向,影响着资本管理方法的运用,是开展资本管理必须明确的问题。围绕景区资本管理的目标,景区资本管理需重点完成以下资本管理的六大任务:

(1)在对景区生产经营所需资金进行预测的基础上,科学地制定财务规划与资金计划。

(2)正确地进行筹资决策,选择适宜的筹资渠道,建立合理的资金结构,以较低资金成本筹措景区生产经营所需资金。

财务部门应围绕景区经营目标,根据景区的投资决策、经营规模及其他有关因素,确定经营活动所需的资金数量,并按照资金供应的渠道去筹集资金,保证景区经营活动所需资金的正常供应。为了提高资金使用的效益,必须根据不同的经营情况,做好财务预算和财务收支计划,以满足经营活动的需要。

(3)加强资金运用的管理和控制,促使生产要素优化配置和对外投资组合结构的优化,努力降低成本费用。

把筹集到的资金合理地分配到景区各个部门，节约使用资金，加速资金周转，提高资金的利用效果。要有效地调度资金，组织资金收支平衡，保证资金正常运转。同时，还要管好各类物资，因为一定数量的物资也代表一定的资金。

（4）抓好对资金回收的管理，采取得力措施，尽快实现营业收入，广泛拓展创收渠道，努力增加景区收入。

首先，要建立景区内部的核算制度。各经营部门要对财务活动进行记录、计算与控制，考核经营效果，还要根据经营任务等条件，确定经营成本和费用标准，合理控制各种消耗。其次，财务管理要抓好增收节支工作，扩大经营服务项目，提高营业收入。最后，要节约各种消耗，将更多的资金用于增设新的经营项目，获得更高的利润。

（5）做好利润分配，正确处理财务关系，在兼顾各方利益的前提下，努力实现所有者权益最大化。

在利润分配中，要正确处理好国家、景区和职工个人三者的关系。要严格按照国家有关制度的规定，正确地核算成本开支范围，及时足额地上缴各项税金，不得偷税、漏税和抗税。在税后留利的分配中，要处理好发展经营与适当提高员工生活福利的关系，做到既保证财政上缴任务的完成，又有利于调动景区员工的工作积极性。

（6）加强财务监督，确保景区的生产经营活动和财务活动符合国家财经制度和景区管理制度的要求，保证资金运用的安全与合理使用。

财务监督主要是通过资金收支活动和用货币表示的各种综合性指标来对景区的经营活动进行积极的控制，制止违反财经记录和财务制度的行为，并坚决同浪费、贪污、盗窃等违法乱纪行为做斗争。

三、景区资本管理的基本职能

景区资本管理的基本职能有资本预测与决策、资本计划（预算）、资本控制和资本分析等几个方面。

（1）资本预测与决策，是指根据生产经营需要，对景区未来资本活动和成果做出的科学预见和测算，从提高经济效益、获取最大利润和扩大资本金的总目标出发，确定资本目标，并选择最佳资本方案的管理行为。

（2）资本预算，是指在科学的资本预测的基础上，将资本决策所确定的最佳资本目标和方案全面系统地规划出来的管理系统。

（3）资本控制，根据景区财务计划目标、资本制度和国家的财经法规，对实际（或预计）的资本活动开展情况进行对比、检查，发现偏差并及时加以纠正，使之符合资本目标与制度要求的管理行为。

（4）资本分析，是指以景区实际资料为依据，通过对景区的资本活动过程和结果进行系统的分析与评价，肯定成绩，查明问题，提出改进措施，挖掘资本活动的潜力等管理行为。

景区资本分析指标体系作为企业信息分析的重要资源，为景区决策者提供财务分析数据资料，做出科学的决策，把握正确的发展方向，实现经济效益最大化的目标，发挥了支撑和保障作用。景区资本分析指标体系主要包括四个方面的内容：偿债能力分析指标、营运能力分析指标、盈利能力分析指标和发展能力分析指标，如表11-2所示。

表 11-2　景区资本分析指标体系

偿债能力 分析指标	流动比率 速动比率 现金流动负债比率 资产负债率 产权比率
营运能力 分析指标	应收账款 存货 流动资产 固定资产和总资产周转指标
盈利能力 分析指标	主营业务利润率 成本费用利润率 总资产报酬率
发展能力 分析指标	销售增长率 资本积累率 总资产增长率 固定资产成新率

四、景区资本管理机构与制度

(一)组织构建的基本原则

根据目前景区经营的特点,在构建体系中,应充分考虑财务与会计的异同以及组织管理的要求,实现精简高效。

1. 独立性原则

独立性原则,财务和会计要分开设置,财务和会计两者的独立性和差异性要求两者必须分开设置,各自明确职责范围,而不顾此失彼,削弱任何一方。

2. 共享性原则

共享性原则,指管理要做到信心共享,作为价值管理的主要形式,会计管理是财务管理的基础,而这必须相互配合,最大限度地利用共有资源形成信息共享。

3. 适用性原则

景区财务组织体系的设置,必须适应现实的宏观和微观环境,符合景区的需要。每个景区都有其自身特点,其管理思想、发展战略的差异也会导致财务体系提出不同的要求。

4. 自主性原则

景区应当从自身的性质、规模和特点出发,自主设计符合本景区需要的财会组织结构。

(二)资本组织结构的构建

1. 财务与会计

财务管理是对资金运动的直接管理,而会计工作属于信息管理行为。任何有效的管理都离不开直接管理行为和信息管理行为的相互配合。财务管理只有在大量采集会计信息的基础上,才能对资金活动进行有效的预测、分析决策、控制、监督以及考评。会计作为信息系统本身必须为一定的财务管理目标和管理层服务。因此在设置财务组织体系时,应将财务管理部门置于会计部门之上,以保证两者相互配合与牵制。景区财务管理组织结构,如图11-1所示。

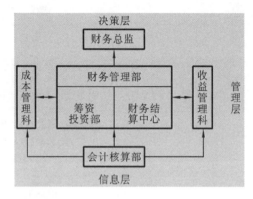

图 11-1　景区财务管理组织结构图

广义的财务管理,除了履行资金的筹集、投放、使用分配等职能外,还延伸到会计分析、财务报表分析、管理会计、成本控制和收益管理。在这种情况下,财务管理不只是一种具体的业务管理。

2. 财务组织结构的设置

1) 会计核算部

行使会计职能,其下根据分工还可设置相应科室。负责景区会计核算政策的制定、会计核算、税务、资产管理、信息处理及编制会计报表等。

2) 财务管理部

行使财务分析、预算等管理职能。其下还可根据分工及子公司规模再设置相应科室,负责制定财务战略及财务管理制度,编制、控制与分析财务预算,子公司财务负责人的任免、调配、考核管理,进行财务分析、信用及价格管理等。

3) 财务结算中心

行使资金管理职能。作为景区管理、资金运作的职能机构,负责景区资金管理、资金融通、资金结算、风险防范、资金运作、资金计划。通过财务结算中心的运作,景区可以凭借其整体资产和信誉优势,从资本市场上融通到较低成本的资金,并能有效调节资金流向,合理控制景区资金的使用,协调景区内各成员单位的资金分配,盘活景区资金,减少资金闲置和银行贷款利息支出,防止资金流失和体外循环。具体工作主要有统一管理银行账户、调剂景区内的资金余缺、核定对外付款的定额、审核预算外付款申请,审核内部贷款申请、主持景区内部往来结算管理,组织景区流动资金管理、控制景区流动资金存量和应收账款总量。

4) 投资部

行使对下属单位及关联企业的权益管理等职能,其下还可根据分工再设置相应的科室,负责制定投资管理制度,研究和跟进所处行业的发展,拟订投资计划,投资项目的立项,可行性研究、评价及实施跟踪,对所管理的资产进行有效的资本运作以求景区投资回报的最大化。

(三)资本管理发展新趋势

1. 资本信息处理的自动化

资本信息处理的自动化主要指资本管理的网络程序化、实时动态化。网络经济时代,电子商务高度发达,业务数据通过网络程序自动实现会计核算,产生各种支持决策信息并反馈到相关决策者。决策者通过网络向相关业节点发布决策信息,网络程序根据决策信息自动修订业务规则,业务人员只能按照规则在网络中完成新的业务。

ERP(企业资源计划)是资本管理信息化的一个重要内容。ERP 系统中的资本管理模块吸收并内嵌了先进企业的财务管理实践,并改善了企业会计核算和资本管理的业务流程。它在支持企业的一体化经营上,为分布在各地的分支机构提供一个统一的会计核算和资本管理平台。资本信息还可以通过 Web 方式收集和发布,使企业实现实时的、跨地区的财务管理成为可能。

2. 资本管理职能向决策层和业务层分解

多边联系减少了传统资本管理中的许多中间环节,高层决策者能直接对底层员工进行管理,资本信息的采集完全由业务节点完成,资本信息的加工由网络程序完成,资本监控由决策者通过网络程序实施。

3. 资本管理与业务、决策一体化

传统的资本管理反映的是决策者、财务机构、业务部门三者之间的关系,决策信息通过财务部门实施对业务的监控,业务部门的信息主要通过财务部门加工提供给决策者。在新型资本管理模式下,资本管理职能向决策层和业务层分解,资本管理通过网络软件与决策和业务融为一体。

4. 资本管理组织结构虚拟化

资本管理组织结构从人员集中实体部门机构向人员分散的虚拟部门机构转变。一方面,实体企业中财务人员工作职能将分散到业务层和决策层,资本信息的处理由程序完成;另一方面,传统财务部门萎缩,职能分解。最终,包括决策和业务在内的网络虚拟的资本机构将代替传统的财务管理机构。

5. 从部门管理变为节点管理

资本管理的实施者由传统的财务部门变为网络节点,资本监控的对象由传统的业务部门变为网络节点。

(四)资本管理制度

景区资本管理制度是组织财务活动、处理财务关系的规范是资本管理的政策界限。资本制度是根据"统一领导,分级管理"的原则制定的。景区除了要遵守国家和当地主管机关制定的统一资本制度外,还要根据国家和上级的要求,结合本单位的实际情况,制定出景区的资本管理制度。

景区制定资本管理制度可参照下面标准:

1. 总则

(1) 为了保障国有资产的安全、增值,保护投资者的合法权益,规范景区财务行为,促进景区的发展,加强财务管理,根据《中华人民共和国会计法》、《企业财务通则》,结合本景区的实际情况,制定本制度。

(2) 本景区财务管理的基本任务和方法是,做好各项财务收支的计划、控制、监督、分析和考核工作,依法合理筹集资金,有效利用景区各项资产,努力提高经济效益。

(3) 景区应当认真执行国家各项法律、法规,建立健全内部财务管理制度,加强财产物资的管理和资金运用全过程的监控,严格执行内部牵制制度,减少弊端。

(4) 景区应当加强财务管理基础工作。在生产经营活动中的产量、质量、工时、设备利用,存货的消耗、收发、领退、转移以及各项财产物资的毁损等,都应当及时做好完整的原始记录。景区各项财产物资的进出消耗,都应当做到手续齐全,计量准确并制定和修订原材料、能源等物资消耗定额和工时定额,定期或者不定期地进行资产清查。

2. 资本管理的结构体系和职责权限

(1) 本景区财会人员必须持证上岗,遵守国家有关法规、景区内部各项规章制度,认真履行职责,如实反映和严格监督各项经济业务。出纳等重要岗位必须由具有本地常住户口的人员担任。景区财务人员有权拒绝承办不合法、不真实和损害投资者利益的经济业务,必需时可直接向上级财务主管部门反映。

(2) 景区财务应接受财政、税务、审计机关的监督;定期、及时、准确地上报会计报表和财务分析资料。

3. 资金管理

1) 本制度所称资金管理

资金筹措管理:资本金筹集、劳动资金筹集;现金及现金等价物管理;结算资金(应收款项)管理。

2) 资金、管理应遵循的原则

(1) 取之合法,使用合规;

(2) 开源节流,讲求效益;

(3) 内部牵制,防范风险;

(4) 管理有序,责任到人。

3) 资金筹集

(1) 景区倡导多种方式、多渠道筹集资金,包括吸收现金、非现金投资,长期、短期借款,发行股票、债券等。

(2) 资本金的增加、变动,应按法律程序经批准和会计师事务所验资确认,不得弄虚作假。

(3) 借款应根据经可行性论证的项目和生产经营需要,有可靠的投资回报和还款来源并讲求资金成本。

4) 现金及现金等价物管理

(1) 内部牵制。

①货币资金实行账款分管,印鉴分管。

②出纳不得兼任采购、销售、实物收发、保管业务,不填制票及兼管理往来账,不核对银行对账单和银行日记账;出纳与本景区主要领导人或财务负责人有亲属关系的应实行回避原则。

(2)财经纪律。

①现金的提取、保管、使用应遵守国家的《现金管理条例》,不得坐支现金;

②银行账号的设立、使用应遵守国家的《银行结算办法》《银行账户管理办法》,严禁设立账外账或公款私存,一经发现,严肃追查并追究责任;

③出纳必须凭经审核、编号、手续齐全的记账凭证办理收付款业务,不得先斩后奏或以借条、白条等原始凭证充抵库存;

④外汇的收入、使用,应符合国家外汇管理的各项法规、政策。

(3)现金等价物。

短期投资的购入或证券账号的开设必须遵守证券管理有关法律、法规,并按景区内部职责、权限、程序批准后办理,严禁私自炒作。

5)结算资金管理

(1)应收款项管理应遵循以下原则:

①入账有据,处理合规;

②跟踪管理,掌握动态;

③清理及时,回款迅速;

④节约资金,力戒损失;

⑤职责明确,失误必究。

(2)债权的成立应符合以下条件:

①各类业务发生应收账款应确认符合销售成立的有关条款;

②应收股利、应收利息应符合有关投资项目的规定和文件;

③暂借和垫付款项应按内部规定获得批准,附件和手续齐全。

(3)跟踪管理和清理回款。

实行"源头负责制",明确记录业务经办者、负责者、发生的款项,并纳入业绩考核。

(4)债务重组事项应按程序,经批准,并预测分析有可能发生的重组损益。

4.投资管理

(1)本景区对全资、控股、联营企业以现金、实物和无形资产进行投资;兼并、收购、租赁其他企业的股权;购入一年内不予出售的股票以及其他有价证券(包括公债、国库券、企业债券等)均构成景区的长期投资。

(2)对外投资的计价方法,应以投资时支付的价款或者评估确定的金额计价,即按成本法计价。景区对外投资应取得中国注册会计师出具的验资报告,分清占股比例、投资总额等并妥善保管。对企业溢价或折价购入的长期债券,其溢价或折价差额,应采用直线法在债券存续期内分期摊销。对短期投资或者说长期债券的转让,应严格审批手续,正确计算损益。中期或年度终了,应对长期投资逐项检查,如果由于市价持续下跌,或被投资单位经营状况恶化等原因,导致其可收回金额低于账面价值,并且此项降低的差额在可预计的未来期间内不可能恢复,应按此差额计提长期投资跌价准备。

(3)景区根据拥有被投资单位股权比例分别采用成本法权益法进行核算,景区对外投资股权在20%以下(不含20%)的采用成本法,股权在20%～50%的采用权益法,股权在50%以上(不含50%)的,应编制合并会计报表。

(4)本景区对外投资实行风险抵押制。项目负责人应按照投资额或承包方式,依一定比例向本公司交纳风险抵押金。项目投资按期收回或完成利润上缴计划的,逐步退还企业交纳的风险抵押金并按同期银行存款利率支付利息,到期未收回投资或未完成利润上缴计划的,由景区财务部按比例扣减风险抵押金。

(5)本景区对投资项目实行专人跟踪管理,财务部门应做好项目投资成本与收益的核算。凡是景区投资的项目,都要建立项目投资档案,按照投资对象、反映和记录自该项目资金投入之日起的投资成本(包括应计利息和有关费用)和投资回报(实现上缴利润)对每个项目的投资回报率进行定期与不定期考核。

5. 财产物资管理

(1)景区应建立、健全财产物资管理制度,对非货币性资产的购置、建造、增加、出售、耗用、减少、盘存、计价、管理做出规定,规范操作。

(2)财产物资管理应遵循的原则:

①全员管理、物资管理是景区各部门、有关人员共同的任务。

②全过程监控,从采购、生产耗用、出售到保管、收、发、存动态监控。

③综合管理与分级归口管理相结合。

④遵守内部牵制制度,涉及采购、验收、保管、使用等环节的业务,实行物、款、账三分管原则,不得同一人单独完成。

⑤实行资金管理、物资管理,业务工作相结合,管物的部门和人员,必须对相应的采购成本、资金占用等负责。

(3)物资增加。

①景区应建立物资询价制度,掌握市场价格信息,货比三家,主要生产物资应有定点供应单位。

②采购、生产、加工、盘盈及接受投资、捐赠或债务重组的物资应按规定计价。

③物资应按归口管理坚持质量检验、核实数量、凭证验收。

④固定资产的购置,应符合景区投资业务管理的要求。

⑤禁止部门自行采购物资,必要时先经批准并办理入库手续。

(4)物资减少。

①不论什么原因发出和减少物资必须按规定办理手续,严禁以购代耗或以便条、借条来发货和充抵库存。

②存货减少应按景区会计政策进行计价。

③处置、转让固定资产应按内部管理权限经批准办理。

④盘亏、报损物资应按规定权限经批准,并分别按情况由保险公司责任人赔偿后按净损处理。

⑤生产耗用物资应按企业计划生产管理、费用指标管理规定处理,使用凭证、办理手续,产品报废补料应有质检部门确认。

⑥贵重物资出库应按规定的权限实行双签。

(5) 物资保管和盘存。

①仓库存保管人员对库房实物数量完整、质量完好、账务记录正确、手续完备、库房整洁安全及资金定额负责。

②有关业务人员对经营的分销网点、代销点、展品、陈列品安全完好负责。

③各类存货根据不同情况分别采用永续盘制或实地盘存制,每月自行盘点,年度中期组织抽查,年末全面清查,并在部门自查的基础上进行复查,符合率低于规定指标的应扩大抽查面。

④各部门涉及物资保管、使用和业务的人员离岗时,应先办妥交接手续,按规定退还使用或借用的物资。

(6) 其他事项。

①年度中期和年末存货对符合规定条件的物资应计提存货跌价损失。

②按企业确定的会计政策正确计提固定资产折旧。

6. 成本管理

(1) 景区加强成本管理应遵循以下原则:

①经济效益原则:这是企业经营管理的核心,也是成本管理的目标。

②全面管理原则:广义概念上的成本管理,强调全面性即全过程管理、全方位管理、全员管理。一是从投资成立、产品的选取开发到产品投产,进入市场以及资金筹集、使用,应考虑成本,包括投资成本、融资成本、工程成本、产品成本、科研成本;二是从大项目的事前预测、决策,实施中的监控到事后的分析考核,环环紧扣;三是景区从领导到全体员工、各部门的工作,均应纳入成本管理链。

③责任制原则:责、权、利相结合以责为中心,赋以相应的权限,完善内部授权制度,责任明确、奖罚分明。

④科学管理原则:科学的分析、预测,有效的防护性控制和过程控制,避免盲目性的单纯事后算账。

⑤归口管理与分级管理相结合,财务部门是归口总管单位,各项指标应按业务性质、逐级下达落实到各部门、班组直至个人。

(2) 景区应建立、健全成本管理保障体系及规章制度;合规、切实、可行的《成本计算规程》;原材料、物资供应的质量与价格保障;工程质量监理、产品质量管理保障;筹资融资成本预测与监控体系;投资成本及效益预测、决策与监控体系;销售网络管理制度;新产品研制、开发管理与成本控制;各项消耗指标及行政费用管理制度;分析考核奖惩制度。

(3) 建立定期、不定期的多种形式的定性、定量分析、"会诊"制度,及时发现问题,迅速予以纠正。

(4) 以部门、个人为单位对所分管的指标、业务纳入考核、奖惩范围。

7. 计划和预算

(1) 为确保景区年度经营发展目标的实现,做到心中有数,应编制年度分季财务计划,通过组织实施、过程控制、分析、考核,确保预定经济效益目标利润实现。

(2) 编制的依据。

①根据本景区年度"战略决策指导委员会"的专家决策会议制定的发展方向、投资规划、经营目标、效益指标,在财务计划中体同和落实。

②根据市场调查、反馈信息,对计划及时进行检查修订、调整。

③根据上一年度计划执行情况的分析判断,发现管理中存在的问题,在本年计划中防止和纠正。

(3) 编制的原则。

①真实、积极、可靠、适当留有余地,保障国有资产及资本增值。

②计划的严肃性与灵活性相结合,在保障年度总目标实现的前提下,在进度安排、项目构成等方面允许有变动、调整。

③强调计划的科学性,计划数据应建立在充分的、可靠的市场信息,运用适当的数学模型、科学预测、判断的基础上。

④经过反复平衡才落实,即下达目标→上报计划→综合平衡→下达指标→分解落实到各部门分管的指标。

⑤资金调配的顺序:在首先保证正常生产经营的前提下,寻求投资与发展,兼顾职工集体福利。

(4) 计划的主要内容。

①销售收入、利润计划。

②物资供应保障计划。

③资金筹集方式、规模及投资收益计划。

④产品、工程、资金成本计划及费用预算。

⑤投资方式及支出计划。

⑥现金流量计划。

⑦利润分配及税收缴纳计划。

⑧其他收入、支出计划。

(5) 综合平衡的主要指标。

①利润总额、净利润及上缴利润。

②净资产增长率。

③资产负债率。

④速动比率。

⑤净资产利润率。

(6) 分析、考核是企业经营管理过程中事前、事中、事后三个环节的最后一环,也是检查、评估景区、领导、部门、职工业绩的依据。

(7) 景区应建立、健全分析考核制度、分析考核标准,业绩与工资福利挂钩的奖惩条例。

(8) 分析的内容、形式和方法:

①全面分析和专题分析结合。

年度、季度进行全面检查分析,及时纠正问题和调整计划,不定期地按需要进行专题分析,如利润指标、费用完成情况、产品质量、投资报酬、现金流量等。

②定性分析和定量分析相结合。

对难以量化的工作侧重于定性分析,例如,景区兼并收购情况总结,应收款面清理回收情况;定量分析可按需要选取差异分析、对比分析,与计划对比,与历年实际数对比。

③书面分析和会议分析相结合。

定期或不定期召开全面或专题的分析会,如经营活动分析会、各种专题分析会,向领导递交书面分析报告,提出问题、建议和措施。

④有条件的应建立分析数据库,储存各类数据,提高分析的科学性和工作效率。

(9) 考核的原则和要求。

①逐级考核,层层考核。景区考核二级企业及其经营班子和景区各部门领导,二级企业考核三级企业及其经营班子,部门负责人考核所属员工。

②科学、合理、有根有据。根据不同部门和业务特点,采用不同的考核标准和方法,例如,新产品开发业绩应以最终形成商品化进入市场为标志,不能单纯以技术衡量;销售业绩应以货款到账为依据;指标完成情况以计划、指标、会计记录为依据。

③考核和奖惩相结合。根据考核结果应有相应的奖惩兑现。

(10) 考核的主要内容和指标。

①对企业景区和负责人主要考核净利润、上缴利润、现金流量净增加额、速动比率和净资产利润率、净资产增长率。

②对部门考核其所分管的指标,如资金定额、存货周转率、费用计划、采购成本、产品质量、货款回收(应收账款周转率)、筹资成本、投资报酬率等。

③对个人考核其所分管的业务工作质量和指标完成情况。

④对于难以量化的工作,应建立总结、汇报、讲评制度。

8. 内部稽核

(1) 为加强财务管理,确保财产安全、增值和经营业绩真实,信息数据正确,根据有关法规拟订本制度。

(2) 景区应建立内部稽核制度,设置稽核部门、人员或岗位,明确职责、权限、业务范围、职业纪律、工作程序和对相关部门的要求,确保顺利地开展工作。

(3) 内部稽核的职责。

①以各项财经法律、法规为准绳,对企业筹资、投资,经营活动中的经济事项进行经常性核查。

②企业的各项制度、内部政策、办法的合规性核查。

③企业计划、预算、会计记录、会计住处的真实性核查。

④企业财产物资的采购、管理、使用、安全、效益核查。

⑤对企业内部牵制制度的完善性和执行情况核查。

⑥对分析、考核、业绩评价的公正性核查。

⑦对外勤单位业务人员的督导、抽查、考核。

⑧对特殊案件的调查、审议、核实。

(4) 内部稽核的职业纪律。

客观、公正、保密地核查事实,提出建议。

(5)财务部应相应设置财务稽核人员或岗位,按《内部稽核制度》和《会计基础工程规范》要求进行财务稽核。

①对会计各岗位处理的原始凭证、记账凭证账簿的启用、结转、会计报告的核查。

②对计划、预算及执行情况进行核查。

③对银行及证券保证金账号开设的管理,账款清理、税收缴纳核查。

④财产物资出入库凭证及账实相符等情况稽核。

⑤重要票证管理情况核查。

⑥其他必要的内容。

9. 内部管理基础工作

(1)景区应建立、健全内部管理基础工作,保障管理工作科学、有序、高效地进行。

(2)建立内部牵制制度,确保有利管理,防止弊端。

①明确牵制制度的原则、组织、分工。

②对有关人员和岗位的牵制规定。

③出纳岗位的限制条件。

④保障牵制制度实施的规定。

(3)建立原始记录管理制度,确保各项数据完整、准确、真实、及时。

①统一内部原始记录的格式、用途、联数。

②明确内部原始记录的填制、传递流程。

③规定原始记录的审核、签署、批准权限。

④规范原始记录在生产管理、质量管理、会计核算、成本计算、经济活动分析中的作用和关系。

(4)编制内部价格,满足会计核算,内部经济核算和经济责任划分的需要。

①制定与景区内部管理经济责任的划分、考核相配套的内部价,如材料、产品、工具、内部劳务的计划价格、调拨价格、内部结算价格等。

②明确价格制定、修改的权限和实施的部门。

(5)制定各种消耗定额、开支标准:按节约、合理的原则制定和修改,包括材料定额、工时定额、流动资金定额、劳动保护用品配置标准、各项费用开支标准等。

(6)完善计量、检测、仪器和手段,保障各项消耗质量的数据准确可靠,能分清经济责任和费用归属,包括质量检测、财产计量验收和内部劳务计量的仪器仪表。

10. 附则

(1)景区应根据本制度规定,结合具体情况拟订具体的实施细则,以报备案。

(2)本制度由景区财务部负责解释和修订。

第二节 景区成本管理

彼得·德鲁克说过"企业家就是做两件事,一是营销,二是削减成本,其他都可以不做"。成本是企业生存和发展不可不谈的话题,成本的高低往往直接决定了企业的生存与发展,成本控制对每个企业来说都是管理的重点。

一、成本预测

(一) 成本构成要素

营业成本，是指景区在经营过程中发生的各项支出，包括直接材料支出、代收代付费用、商品进价成本和其他成本。

(1) 直接材料支出，是指为制造一定产品而支出的材料费。不同类型、不同性质的景区有不同内容的直接材料支出，如在景区园艺方面，有苗木、盆景、景观架等直接材料支出；在景区餐厅，有米、面、油、菜、肉等直接材料支出。

(2) 代收代付费用，如借调、聘用导游和翻译人员的劳务报酬，为旅游者支付的人身保险费用，按规定上交旅游主管部门的宣传费，旅游者观看文艺节目、参加娱乐活动而支付给文化或其他部门的费用等。

(3) 商品进价成本，即旅游商品进货的进价成本。

(4) 其他成本。

(二) 成本影响因素

1. 景区规模效应

规模的扩张导致了专业化协作、技术管理水平等诸生产要素达到一种新的配置比例平衡，激发出新的生产力，显著降低了成本。但是，当规模超过一定程度，会导致协调的复杂性和管理效率的降低，生产的自然条件趋于恶化，即规模经济超出临界点，转化为规模不经济。景区要把规模调整到恰当的程度，以取得尽可能低的成本。

2. 级差地租效应

地理位置显然是影响景区成本的一个独立性因素，地理位置导致了景区在劳动力、管理、能源、基础设施、原材料、产品消费需求、运输模式、通信、工资水平、税收负担等方面的差异。景区的地理位置有其历史、产业规模、国家政策等的外部原因，但这不等于说景区在这方面无所作为。景区可以通过重新设计其开展价值活动的地点，甚至可以搬迁基础设施，盘活、置换地产等方法来降低成本。

3. 学习知识效应

随着时间的推移，景区会在生产的决策计划、组织调度、提高劳动效率、改进运作流程、资产利用效率等方面，发现和学习到众多降低成本的机理和经验，这种学习活动所带来的直接结果是景区旅游产品的单位成本下降。这就是学习知识效应，或称知识溢出效应。这种效应对景区有利有弊：一方面，可以使景区通过学习获得降低成本的经验；另一方面，也因景区自身知识在整个产业内的溢出，又使景区丧失成本优势的持久性。所以景区应该加强学习，扬长避短。

4. 能力利用程度

景区生产能力的利用程度不仅取决于环境条件和竞争对手的投资行为，也可以通过景区生产和营销策略的选择而置于景区自身控制之下。景区在每一生产周期的不同阶段，其生产能力利用率更多地受到季节性、周期性和其他导致需求波动因素的影响，对这种利用率的变化的调控水平,决定了景区成本削减或增加的合理程度。

5. 整合联系问题

整合问题涉及景区对外协作的态度,也即自制还是外购的战略。过多的自制,会使景区经营方向纵深化发展,但会造成景区资源分散,经营日趋凝重,对市场反应迟钝;而过多的外购,会使景区过分依赖外界,自身发展专业化。这两种情况都不利于景区降低成本。适当地利用整合,可以避免利用高于自制成本的市场成本,使景区回避议价能力较强的供应商,并带来联合作业的经济性。景区有时要解除整合,此时除了应考虑此举是否有利于降低成本,还应考虑是否有损于景区战略。

联系问题包括景区价值链的内部联系和营销渠道内的纵向联系。价值链中活动是相互联系的,改变其中一项活动的实施方式,有时会产生意想不到的降低成本的效果。

(三)获取成本优势

景区获得成本优势的途径有两条:一是针对以上提出的影响成本的结构性诸因素,根据重要性原则,选择占总成本比重大的价值活动,通过控制或改变影响它们的结构性因素,来获得成本优势;二是再造原有的价值链,采用效率更高的方式来设计、生产和销售产品。

二、成本控制

(一)成本控制的目标

在景区发展战略中,由于决定产品价格高低的主要因素是成本,所以成本控制处于极其重要的地位。

成本管理控制目标必须首先是全过程的控制,不应仅仅是控制产品的生产成本,而应控制产品寿命周期成本的全部内容。实践证明,只有当产品的寿命周期成本得到有效控制,成本才会显著降低;而从全社会角度来看,只有如此才能真正达到节约社会资源的目的。

此外,景区在进行成本控制的同时还必须要兼顾产品的不断创新,特别是要保证和提高产品的质量,绝不能片面地为了降低成本而忽视产品的品种和质量,更不能为了片面追求眼前利益,采取偷工减料、冒牌顶替或粗制滥造等不正当手段来降低成本;否则,其结果不但坑害了消费者,最终也会使景区丧失信誉,甚至破产倒闭。

(二)成本控制着手点

1. 重大费用

控制成本自然是要控制产品的全部成本,包括设计、采购、制造、营销与管理各个环节都要置于景区成本控制范围之内。但如果景区控制成本不分轻重,不加区分地都花大力气进行成本控制,往往达不到好的效果。

景区成本控制首要的是控制成本的主要方面,从占成本比例高的材料、人工等方面入手,只要牢牢地控制住成本占有比例较高的几个部分,景区的成本计划一般就不会被突破,成本控制的目标就也比较容易达到。

2. 创新点

景区成本控制,除保持成本不上升外,还要求成本每年都有一定幅度的降低,但成本降低总有一个限度,到了某一个限度后,如果不是创新技术、工艺、增加或改进设备等,成本很难再降低,管理上稍一松懈还有可能反弹。

景区只有通过创新来降低成本,从技术创新上来降低原料用量或寻找新的、价格便宜的材料替代原有老的、价格较高的材料;从工艺创新上来提高材料利用率、降低材料的损耗量;从工作流程和管理方式创新上来提高劳动生产率、设备利用率以降低单位产品的人工成本与固定成本含量;从营销方式创新上来增加游客量、降低单位产品营销成本。景区只有通过不断创新,用有效的激励方式来激励创新,从创新方面入手,才是景区不断降低成本的根本出路。

3. 关键点

形成产品成本的各个环节、各个点在成本中的作用可能不同,有些环节点对成本的形成起关键作用,有些环节点对成本的形成起作用较小,景区成本控制应从关键点着手,抓住成本关键点,往往能起到事半功倍的效果。

4. 可控费用

产品成本分为可控成本和不可控成本,这里所谓的不可控成本是相对的,没有绝对的不可控成本。不可控制成本一般是指因景区的决策而形成的成本,包括管理人员工资、折旧费和部分景区管理费用,因为这些费用在景区建立或决策实施后已形成,在一般条件下,它较少发生变化,花大力气去控制这些较固定的成本没有多大意义。只有那些在生产经营过程中可以人为进行调控的如材料用量、机物料消耗量、材料进价、办公费、差旅费、运输费、资金占用费等可控费用,我们花力气去控制才有意义。从可控制费用着手进行成本控制,才是景区的成本控制之道。

5. 激励约束

成本控制不是靠景区几个领导、几个重点人物就能做好的,需要所有与成本相关人员的参与。如何发挥每个成本相关者在成本控制中的作用是景区成本控制必须解决的问题之一。景区成本控制不能建立在人人自觉的美好愿望之上,应当建立成本控制制度,建立与之相关的激励与约束机制。靠制度、用激励与约束的方式来调动员工控制成本的主观能动性,将节约成本与控制者的切身利益联系起来,利用奖惩的办法将景区被动成本控制转换为全员的主动成本控制。

三、成本管理问题

当前,财务管理在景区管理中的核心作用并没有得到充分发挥,成本控制没有落到实处,成本管理的思想没有得到创新。

(一)存在的主要问题

1. 高素质财务管理人员缺少

高素质财务管理人员缺少是影响财务核心作用难以很好发挥的主要问题。景区普遍注重对业务人员的培养,而对管理人员的素质提高重视不够,对会计人员重使用轻培养,会计人员满负荷地工作只能使其被动地处理日常事务,却很难有时间和精力主动钻研深层次的管理问题,对介入财务管理心有余而力不足。

2. 财务管理与会计核算关系处理不当

由于认识原因,在核算事务中,导致出现重核算轻管理,重视资金运作和会计结构,轻视会计资料的加工处理和经济活动分析,淡化了财务管理自身在景区管理的核心地位和参谋决策作用。

3. 景区改革不到位

大多数景区书记、经理既是景区资产的代表者,又是景区经营的负责者,也是职工和自我利益的代表者,在这样三职集于一身的情况下,书记、经理任命的财务部门负责人必然要对这位经营者"负责",迫使会计人员做假账、报虚数,造成会计信息失真,更甭谈财务管理作用的发挥。

(二)采取的必要措施

据有关方面对我国2000家亏损国有景区的调查表明,政策性亏损占整个亏损景区的9.9%,客观原因亏损占9.2%,因经营管理不善造成的亏损占80.9%。在景区管理中充分发挥财务管理的核心地位,当务之急要解决的问题有:

(1)在认识上要确立财务管理在景区管理中的核心地位,以抓财务管理为主,带动整个景区管理水平的提高,促进景区发展。

(2)在组织上,财务部门负责人应由国有景区上级主管部门考核任免,在景区经营者的领导下工作。一方面,有利于财务部门按照财会法规独立处理业务,保证会计信息的客观公正性;另一方面,也有利于财会人员在景区管理中大胆提出不同的见解,发挥其管理参谋作用。

(3)在财会工作上,要正确处理财务管理与会计核算的关系,以会计核算为基本,以财务管理为重点,在抓好会计核算工作的同时,加大财务管理力度,充分发挥财务管理的职能和作用。

(4)在措施上,有组织、有计划地为财务人员创造学习条件,促使其知识水平和业务能力的提高,建立财务人员工作业绩考评和奖励制度,充分调动财会人员的积极性,为加强财务管理献计献策。

四、成本创新管理

(一)从成本节省到成本避免

传统的成本降低基本是通过成本的节省来实现的,即力求在工作现场不浪费资源和改进工作方式以节约成本,主要方法有节约能耗、防止事故、以招标方式采购原材料或设备,是景区的一种战术的改进,属于降低成本的一种初级形态。但是,这种成本降低是治标不治本的,只是成本管理的一种改良形式。

现代景区需要寻求新的降低成本的方法,力图从根本上避免成本的发生。成本避免的思想根本在于从管理的角度去探索成本降低的潜力,认为事前预防重于事后调整,避免不必要的成本发生。这种高级形态的成本降低需要景区在产品的开发、设计阶段,通过重组生产流程,来避免不必要的生产环节,达到成本控制的目的,是一种高级战略上的变革。

(二)扩展范围

一说起成本,似乎这只是会计部门和生产部门的事情,这种认识极为有害。现代的成本,不仅包括生产过程中的各种有形的物料及人力的消耗,而且应包括景区的规模、市场开拓、景区内部结构调整等无形的成本动因。要对成本进行有效的控制,要求景区各个部门的协调和共同的努力。

在市场经济的今天,经济环境发生了剧变,信息技术的发展,一方面给景区提供了更好的成本控制的手段;另一方面,使得全球经济一体化的同时,市场需求瞬息万变,竞争变得异常激烈,成本优势的取得对于一个景区的生存是至关重要的。而成本优势的取得绝对不限于成本本身,应从管理的高度去挖掘成本降低和获取效益的潜力。在我国,对成本控制的研究和应用更是迫在眉睫的任务,景区管理者要及时转变传统狭隘的成本观念,结合景区的实际情况,充分运用现代的先进成本控制方法以加强景区的竞争力。

（三）思想创新

成本管理的思想要创新,以尽可能少的成本支出来获得更大的产品价值。随着买方市场的形成,消费者对产品的关心已从数量上转向更加关注质量、外观、花色、功能、品牌、售后服务等方面,相应地景区产品的生产也要从数量增加向产品功能、花色、外观、质量等方面转变。成本效能理论给人们一种创新思路:从单纯地降低成本向以尽可能少的成本支出来获得更大的产品价值转变,以成本支出的使用效果来指导决策,这是成本管理的高级形态。

（四）导向创新

成本管理的导向要创新,将成本管理的重点放在市场的设计和售后服务阶段。景区要在市场竞争中获胜,必须坚持以市场为导向,将成本管理的重点放在面向市场的设计阶段和售后服务阶段。成本效能理论要求景区在市场调查的基础上,针对市场需求和本景区的资源状况,对产品和服务的质量、功能、品种及新产品、新项目开发等提出要求,并对销量、价格、收入等进行预测,对成本进行估算,研究成本增减与收益增减的关系,确定有利于提高成本效果的最佳方案。

第三节　景区利润分配

一、景区利润管理的基本概念[①]

利润管理,亦称"收益管理"或"实时定价",它主要通过建立实时预测模型和对以市场细分为基础的需求行为分析,确定最佳的销售或服务价格。其核心是价格细分亦称价格歧视（price discrimination）,就是根据客户不同的需求特征和价格弹性向客户执行不同的价格标准。这种价格细分采用了一种客户划分标准,这些标准是一些合理的原则和限制性条件。这种划分标准的重要作用在于:通过价格藩篱将那些愿意并且能够消费得起的客户和为了使价格低一点而愿意改变自己消费方式的客户区分开,最大限度地开发市场潜在需求,提高效益。

---

① 张成杰,傅云新.旅游景区收益管理框架分析与策略初探[J].商业现代,2007(1):98-99.

价格和利润管理将是 21 世纪最重要并且回报率最高的边缘产业之一。在酒店业,由于利润管理系统对公司决策和创利的巨大影响,世界许多著名酒店集团,特别是欧美的主要酒店集团管理层都对利润管理高度重视,先后建立了专门的利润管理部门,并配置了能进行大量数据分析和实时优化处理的计算机系统。

旅游景区的利润管理应是指旅游景区在某一时期内如何吸引最大容量的游客,并从每一位游客身上获取最大化收益而进行的管理行为与过程;其本质是在对景区游客流系统进行科学分析与准确预测的基础上合理地细分市场,以动态调整的价格、产品或服务等工具及工具组合,使旅游景区充分利用有限的要素与资源产生出最大化的收益。

(一)旅游景区利润分析

旅游景区所拥有的可供旅游者体验的项目量在短期内是固定的,故其供给能力相对稳定;其新产品的开发不仅投资巨大、成本高昂,而且通常需经过一个较为规范的可行性分析、策划与建设的时序周期,所以有着很高边际能力改变成本。而与此相对的是其额外销售单位产品或服务的成本却很低。

旅游景区产品的本质是提供一种体验,或者说是向旅游者提供的一次服务,类似酒店业中的客房,如果本次服务在某一天没有被销售出去,那么它在这一天被使用和为景区创造收益的机会就永远地消失了,所以其产品无法储存。由于旅游产品有着较高的需求弹性,游客对景区产品的需求随时间变化有着较大波动。

旅游景区的旅游者可以依不同的标准被细分为不同的细分市场,对于不同的景区,应选择对本景区价值最大化的市场细分策略。

(二)旅游景区收益分析

在投入要素和资源后,旅游景区获取收益的途径是多样的。以追求现金流入和盈利效率的经济收益为核心,旅游景区在通常状态下的收入项目主要有:门票、景区导游、景区交通、旅游商品、娱乐服务(景区内部分景点和游乐设施的收入)、食宿服务、体育及休闲服务(如旅游度假区)、事件活动、场地及会议室出租、景区管理商业咨询、特许经营权和租地经营权等。从收益管理的角度分析,以上收入项目具有收益链关系(见图 11-2),主要包括以下几个方面:

1. 基础性收益节点

基础性收益节点包括售卖门票、景区交通和食宿服务。旅游景区通过基础性收益节点向游客提供初级的景区体验产品与服务。当前我国旅游景区(主要指主题公园)门票收入占总收入 80%~90%,这种单一型的盈利模式造成了旅游景区门票价格居高不下,并且也在很大程度上影响了旅游景区的入园率和重游率,同时也意味着基础性收益节点具有较大的需求价格弹性。

2. 支持性收益节点

支持性收益节点包括景区导游、旅游商品、娱乐服务、体育及休闲服务和事件活动,是旅游景区借以丰富游客体验的主要途径,也是针对游客的可能消费能力而设计的收益机会。由于该层次的产品与服务组合是我国目前旅游景区经营和竞争的焦点,所以支持性收益节点是现阶段我国旅游景区进行收益管理的重心。

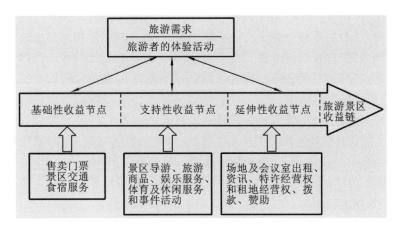

图 11-2　旅游景区的收益链系统

3. 延伸性收益节点

延伸性收益节点包括场地及会议室出租、景区管理商业咨询、特许经营权和租地经营权、拨款、赞助。旅游景区在成熟的品牌运作和管理实践的基础上，通过延伸性收益节点获得溢价收益的比重将会不断扩大。这一方面也是我国旅游景区收益管理的潜力与方向所在。

二、景区利润管理的基本方法

（一）建立科学的价格体系

我国国内一些旅游景区如主题公园在经营上基本延续了传统的主题公园的模式，门票价格定得较高，如杭州的宋城，开业时门票价格几乎相当于杭州所有景区门票价格之和。阻止了一部分游客，而且园内商品、餐饮价格也比园外的价格高几倍，游客很少在园内消费。因此，我国许多主题公园开业一段时间后就会因经营不善而出现危机。相反，国外旅游发达地区的景区门票价格表现形式灵活多样，如英国伦敦动物园门票成人 10 英镑、学生 8.5 英镑、儿童 7 英镑，另有一种适合家庭的节俭票，30 英镑一张，可含 2 个成人和 2 个儿童，或 1 个成人和 3 个儿童。这样的定价策略可以吸引不同层次的游客，增加景区的收入。

我国旅游景区应该借鉴国外景区的门票价格制定经验，灵活制定价格体系，吸引不同层次的游客，拓展景区客源市场。例如，景区可以采用分等级价格：每一等级的价格对应相应的游览项目，等级越高，游览的项目越多越精彩，游客可根据自己的爱好选择自己喜欢的游览项目，也可根据自己的经济条件选择不同等级的价格门票。同时，协调门票价格与景区内商店、餐厅价格的关系，适当降低门票价格，逐渐把景区收入重点转移到景区内餐饮、购物纪念品等服务收入上来。

（二）加强游客的行为管理

游客管理是针对旅游景区所建立的一种管理方法。它不是消极地禁止游客进入景区和限制游客在景区的活动，而是突出有利于景区的规划和产品的提供，从而使景区获得更好的收益。通过游客管理，一方面，可以使景区容纳更多的游客，提升游客的游览体验，提高他们

对景区的满意度,从而提高他们的重游率;另一方面,鼓励他们延长在景区内的逗留时间和更多的消费。再者,游客管理更加注重对环境的保护,从而减轻旅游对环境的影响。

以主题公园为例,游客管理方法就是要吸引尽可能多的高端游客——高消费、高需求、高素质的游客进入景区,且保证游客能在主题区域不同娱乐项目之间以及主题区域之间自如的流动,取得最佳的游玩效果。

景区实施游客管理,可以采取如下策略:

(1) 通过电脑信息管理系统,实施预订服务,尽量出售给高端游客,景区可以在同等成本消耗的条件下获得更多的收入,还有利于整个景区的环境保护,降低环保成本。

(2) 出售电子门票,景区管理人员通过电脑信息系统,可以迅速获得走出公园的游客数量,售票口可以现场继续售票,保证景区固定成本得到充分利用。

(3) 园内游客管理,通过景区内的不同亮点即吸引游客的表演、游乐项目等在景区内位置上的布设和时间上的安排控制游客的游览节奏、游览路线、消费和逗留时间。如一个区域的容量超载,而另一区域领域的容量不足,工作人员可以在容量不足的区域即兴组织一些有趣的活动,以吸引容量超载区域的游客到容量不足的区域,降低游客因拥挤产生抱怨,提高游客的满意度。

(4) 加强监督。景区员工要定期汇报园内的情况,如餐饮和商店的营业收入、游客的消费偏好、游客在景区内的流动、游客游览项目的等候时间是否过长、景区的环境卫生是否干净等,找出影响收益管理绩效的种种因素,便于管理人员制定相应的策略。

(三) 加强管理重点性收益

从国际情况看,大多数成功的事例是每天的收入有 1/3 是游客购物和额外收费项目得来的,如英国主题公园收入 40% 以上来自餐饮、纪念品销售和其他服务。而我国的旅游景区收入主要来源于门票,而其他方面的收入非常少,由此看出景区的餐饮和纪念品有着极大的潜力。

我国的旅游景区如大型的主题公园、游乐园等可以通过特许经营等方式扩大商店、餐厅、酒店经营规模,提供高质量的旅游纪念品、菜品、游览项目、服务项目。把景区收入重点转移到景区内的项目收益上来。

(四) 注重开源和节流

创造景区的利润,一方面在于增加收入,通过增加促销活动、改进促销手段、合理安排销售,吸引更多的游客消费,特别是在淡季时吸引游客消费,从而增加收益;另一方面在于控制成本与降低成本,通过合理的劳动力成本控制、物资采购和日常费用的控制,降低运营成本。

三、景区利润管理的影响因素[①]

(一) 可变性

同样的产品,在不同的需求情况下出售不同的价格,在不同的参观人数下出售不同的价格,这是景区推行的收益最大化的战略。景区采用不同的价格防护栏,目的是保证收益的最

---

① 袁学娅. 收益管理在实践中的巧妙运用[J]. 饭店现代化,2006(2):42-43.

大化。从顾客的角度来看,无论景区采用何种价格防护,顾客期望购买的产品都应该物有所值。一般顾客都比较熟悉类似航空公司的变动价格制度,并且接受这样的变动价格,利用同样原理,将变动价格原理推行到景区行业,顾客应该是接受的。

(二)公正性

顾客接受可变的价格,必须是公正的价格。就景区来说,公正的价格政策是社会诚信度和顾客诚信度的一种表现。做到了这种根据供求变化时,景区同时可以得到顾客满意指数和收益最大化的双赢。

对于服务行业来说,由于在享用服务前很难估计采购价格的合理性,公正就显得更为重要。顾客对于价格的合理性,只能根据对价格和服务的期望来参考判断。如果景区的利润增加导致顾客满意指数的下降,说明景区的价格并非公正。不公正的价格一定是顾客不接受的价格。如果顾客被伤害,就会放弃对该景区的选择,景区将无利可谈。

(三)合理性

顾客对于价格是否合理的判断,还依赖于对于景区名誉的认识。景区名誉度高,价格的合理性接受程度高,景区的名誉度低,价格的合理性接受程度低。反之,合理性的价格能够提高景区的名誉度。

(四)折扣性

顾客对于价格的认识,主要是基于参考价格和期望价格,景区的参考价格一般就是门市价,顾客在预订时得到的报价,总希望得到折扣而不是溢价。在顾客的心理上,想得到的价格是比期望的低。但现在大多数景区制定的门市价和实际出售的平均房价,相距太远,这样的门市价,变得不可参考,同时也失去了原有的意义。

实行收益管理的景区,只有通过最合适的可售价格,才可以实现既得到景区收益的最大化,又赢得顾客满意指数的最大化。这种价格理论和方法的运用,前提是景区需要建立合理的价格体系,在整个景区管理系统中,这是一个十分重要的子系统。

第四节 景区融资管理

因不同类型景点的经营目的不同,景点项目经营者应根据不同类型的景点,选择不同的融资方式与渠道,从而有效解决上述存在的问题。

一、文化景点融资方式

以人类活动为基础的文化景点,如各种历史文物、古建筑等。这类景点大都为国家或政府所拥有,通常由国家发挥主导作用,较少利用私有资源。

(一)依靠政府直接投资

借鉴国外经验,不少国家的旅游基础设施、城市改造、景区开发等投资大、周期长、收益少的一些公共工程,其资金大多来源于政府或国际金融组织,目的在于为旅游产业的发展提供良好的基础条件。国家应在公路、铁路、民航等交通基础设施以及通信、能源、大景区建设

和人文旅游资源的保护性开发筹集方面加大投资力度。

（二）利用税收广辟资金

为了保证稳定的资金来源渠道，可争取开征旅游资源税或旅游税，这也是地方政府投资旅游业的一项资金来源。开征旅游税在国外早就有先例，如新加坡、泰国、菲律宾等国早已开征了旅游税，由旅游企业，主要是饭店和餐馆代向旅游消费者征收称之为"政府税"的旅游税，税率通常为营业收入额的10%。在美国洛杉矶，市政府规定游客住饭店需交房价的11%作为旅游税，这笔税收收入的91%上缴市财政，作为政府投资业的资金来源；9%返还旅游局，作为旅游局经费。而香港政府则征收房价的3%作为酒店税，主要用于旅游业的发展。靠专项税收来筹集旅游开发资金，可以说是许多国家政府筹集旅游开发的重要方式。当然对贫困地区的旅游企业可免征旅游资源税，或征收之后再按一定比例向企业退税。以旅游资源税而获得的政府收入可用于旅游开发和宣传促销，这样可为政府投资旅游业提供稳定的资金渠道。

（三）利用"旅游养旅游"

旅游管理部门掌握部分旅游企业的股权（或所有权），以"旅游养旅游"，为旅游开发筹集资金。新加坡、泰国、菲律宾等目的旅游局都有一些拥有所有权的企业，如新加坡旅游局对圣淘沙岛拥有一定的股权，菲律宾旅游局有直属的马尼拉公园和高尔夫球场等，而泰国旅游局则管理着城市免税店。旅游管理部门从这些企业获得的收入全部用于旅游开发。我们可以借鉴新、泰、菲等国的经验，由各地方政府的旅游局投资创办了一部分旅游企业，或是掌握一些旅游企业的股份，通过这种方式把股权收入集中用于政府的旅游开发，做到用旅游养旅游。当然采取这种形式筹集开发资金一定要慎重，要充分利用我国目前国有企业股份制改造的有利时机，使政府旅游管理部门适当掌握一部分企业股权，同时又要避免管理部门对企业插手过多，造成新的政企不分，影响企业活力。

（四）共享共建PPP模式

我国政府对于社会资本投资旅游业一直持鼓励的态度。2009年发布的《国务院关于加快发展旅游业的意见》提出：鼓励社会资本公平参与旅游业发展，鼓励各种所有制企业依法投资旅游产业。2012年6月，国家旅游局发布《关于鼓励和引导民间资本投资旅游业的实施意见》，明确鼓励民间资本经营和管理旅游景区、投资旅游基础设施。2014年，国务院发布的《关于促进旅游业改革发展的若干意见》再次提出"推动旅游市场向社会资本全面开放"。我国对国有旅游资源的开发一直采取以财政投入为主的模式，一方面是因为政府不愿意将能够带来稳定财政收入的优质旅游景区资产与企业分享，同时也因为缺少一个良好的商业模式促进政府与企业就景区开发项目进行合作。在政府职能转变及政府投资体制改革的大背景下，PPP（公私合作）模式也许能够为企业投资旅游景区开发项目提供新的契机。

二、人造景点融资方式

人造景点是专门为吸引旅游者而建造的景点，如主题公园等。其融资目的与前两类景点大为不同，它更注重投资带来的效益，以营利为首要目的。

（一）利用资本市场直接融资

1. 发行股票

这是一种效率高、额度大、稳定性强的融资途径，可使旅游开发企业在短期内筹集到大量资金，股票筹资没有固定的利息负担和固定的到期日，股本是企业的永久性资本，利用股票筹资财务风险相对较小（不存在还本付息的风险），而且利用股票筹资，可以改变西部旅游企业缺乏规模效益、经营过于分散、狭小的弱点。一方面国家应看到旅游开发的经济增长点和社会消费的拉动作用，优先鼓励有条件的旅游企业上市发行股票，在核定股票发行计划中，优先考虑旅游业的发展，尤其是中西部旅游业开发的需要；另一方面从旅游企业的角度，应把旅游企业改制上市同旅游业集团化、网络化、集约化发展结合起来，依托旅游业自身的经营优势和不可替代的资源优势，在旅游开发中，有效发挥上市公司的作用。

知识活页 宋城演艺：线上线下融合，打造 O2O 演艺帝国

人文型景区宋城演艺于2010年11月在深交所创业板上市，募集资金22.26亿元。随后募投动漫乐园、三亚千古情、丽江千古情、九寨千古情等多台主题演艺，在夯实主业的基础上，进军电影与娱乐、广告媒体，并与北京歌舞剧院、中国杂技团进行战略合作，同时收购在线演艺平台六间房100%股权，进军互联网演艺行业，截至2014年年底公司市值401.54亿元，相比上市之初实现4倍增长。

资料来源：申万宏源：2014年中国旅游上市公司发展报告[EB/OL]. http://www.199it.com/archives/348124.html.

2. 发行债券

目前，在发行旅游企业债券方面，国家已做出尝试，1999年国家已确立发行5亿元人民币的旅游企业债券额度，但主要集中于国家级旅游度假区，随着旅游业对国民经济增长的贡献增加以及西部旅游开发力度加大，国家将会增加旅游企业债券额度。

3. 股权置换

这主要在上市公司和非上市公司之间进行，由于旅游业具有良好发展前景，一些传统产业上市公司有可能调整经营方向和投资方向，寻找在旅游业发展的机会，而拥有优质旅游项目的旅游公司可能又不具有上市权，这时可与上市公司进行股权或资产置换。这方面国内已有成功案例，如沈阳银基集团以优质旅游资产同ST辽物资进行了成功的资产置换。

（二）采用BOT运营模式融资

BOT(Build Operate Transfer,BOT)模式作为公共基础设施建设与私人资本的特殊结合方式，是近几年来在项目融资过程中悄然兴起的一种模式，也是政府职能与私人机构功能互补的历史产物，已适应了现代社会工业化的城市化进程中对基础设施规模化、系统化发展的需要并引起世界各国的广泛关注。BOT模式是对一个项目投融资建设、经营汇报、无偿转让的经济活动全过程典型特性的简要概括。具体而言，即建设—运营—转让，是指基础设

施建设融资的一类方式,通常是指承建者或发起人(非国有部门,可以是本国的、外国的或者联合的企业财团),通过契约从委托人(通常是政府)手中获得某些基础设施的建设特许权,成为项目特许专营者,由私人专营者或某国际财团自己融资、建设某项基础设施,并在一段时期内经营该设施,在特许期满时,将该设施无偿转让给政府部门或其他公共机构。

在 BOT 投融资模式的实际运用中,由于基础设施种类、投融资回报方式、项目财产权利形态的不同等因素,已经出现了以下三大变异模式。

(1) BOOT(Build Own Operate Transfer,BOOT)形式:这一模式在内容和形式上与 BOT 没有不同,仅在项目财产权属关系上强调项目设施建成后归项目公司所有。

(2) BTO(Build Transfer Own,BTO)形式:这一模式与一般 BOT 模式的不同在于"经营(operate)"和"转让(transfer)"发生了次序上的变化,即在项目设施建成后由政府先行偿还所投入的全部建设费用、取得项目设施所有权,然后按照事先约定由项目公司租赁经营一定年限。

(3) BOO(Build Own Operate,BOO)形式:其意思为某一基础设施项目的建设、拥有(所有)、经营。在这一模式中项目公司实际上成为建设、经营某个特定基础设施而不转让项目设施财产权的纯粹的私人公司。其在项目财产所有权上与一般私人公司相同,但在经营权取得、经营方式上与 BOT 模式有相似之处,即项目主办人是在获得政府特许授权、在事先约定经营方式的基础上,从事基础设施项目投资建设和经营的。我国在景区开发实施项目融资过程中可有效利用此几种模式,既能调动各方的积极性,又能有效实现优势互补。

(三) 利用众筹模式创新融资

(1) 传统众筹方式。通过股份合作制形式筹资,实际上是把资本联合与劳动联合结合起来。如城乡股份合作制的形式,把旅游资源丰富的地区和国内大中城市、大中型国有企业以及其他有实力的企业或个人挂钩,在这种形式中,贫困农民可以用劳动入股代替资本入股,通过劳动积累转化为资本积累,收益后按股分红,既调动了农民的积极性,又减缓了资金短缺压力。

(2) 创新众筹方式。众筹,英文为 crowdfunding,即大众筹资或群众筹资,香港译作"群众集资",台湾译作"群众募资"。由发起人、跟投人、平台构成,是指一种向群众募资,以支持发起的个人或组织的行为。众筹的形式最初是源于 facebook 网站的"许愿"版块,陌生人合力捐资帮助许愿者完成心愿梦想。而众筹进入中国大陆后则被"本土化"演绎,成了"立项—集资—获利"的新商业模式。实际上,旅游众筹,一些个人及旅游公司已经开始了尝试探索。青岛旅游集团"海钓达人"众筹项目,宝中旅游众筹 60 万资金,携程的"讨盘缠"等都是旅游众筹的尝试。2013 年 4 月,青岛旅游集团就在众筹网发起"海钓达人"众筹项目,投资人支持 100~2400 元不等,就可获得海钓船的使用权、免费使用海钓工具等,这是众筹网在全国推出的首个旅游项目。项目上线不到 24 小时即突破 117%。由淘宝、三亚玫瑰谷、周大生共同发起的爱情地标项目,于 2014 年 3 月 14 日在三亚玫瑰谷景区举办奠基仪式,这是国内首个由 27 万人参与的旅游众筹项目,众筹金额高达 350 万。

三、自然景点融资方式

对于以自然环境特色为基础的自然景点,如森林、海滨等,其筹资主要用于对环境方面的改善,并使游客对景点产生的负面影响最小化。由于这类景点具有不可再生性的特点,一且遭到破坏,就无法复原,从而造成旅游资源的损毁。对于此类景点的融资,可融合上述两种景点的融资方式:一方面依赖国家、政府直接拨款或银行贷款,政府管理机构对这类景点可以采取以环境保护措施为主、兼顾投资经营效益目标的管理政策;另一方面,在环保的前提下,应充分利用资本市场进行直接融资,如通过上市公司发行股票。此外,还可吸引外商来投资。

本章小结

景区资本运作管理是现代景区经营管理的一个重要组成部分。按照资本运作管理的理论,分析了景区资本运作管理的组织结构、主要内容、基本原则等。同时,对比了不同性质的景区的资本运作管理的目标,探讨了景区资本运作管理的新趋势。

通过分析景区财务成本控制的内容和构成,明确了景区资本运作管理的着手点,探讨了目前景区资本运作管理存在的问题,并提出了景区资本运作创新的一些方法和理念。

通过明晰景区资本运作管理的概念,探讨了景区资本运作管理的适应性,提出了景区资本运作管理的体系,明确了景区资本运作管理的方法,分析了景区资本运作管理的关键因素,从而更好地指导景区做好资本运作管理。

核心关键词

资本运作	capital operation
成本管理	cost management
价格歧视	price discrimination
融资管理	financing management
利润分配	profit distribution

思考与练习

1. 如何拓宽景区的营利渠道?如何降低景区运营成本?
2. 如何优化景区的资本运作管理?
3. 如何降低景区的筹资成本?
4. 如何提高景区的投资效益?
5. 如何看待景区企业的融资问题?

案例分析

600054:黄山旅游 2014 年年报节选[①]

黄山旅游发展股份有限公司
    A 股股票代码:600054
    B 股股票代码:900942
公司代码和简称:600054:黄山旅游
    900942:黄山 B 股
黄山旅游发展股份有限公司 2014 年年度报告
重要提示

一、本公司董事会、监事会及董事、监事、高级管理人员保证年度报告内容的真实、准确、完整,不存在虚假记载、误导性陈述或重大遗漏,并承担个别和连带的法律责任。

二、公司全体董事出席董事会会议。

三、华普天健会计师事务所(特殊普通合伙)为本公司出具了标准无保留意见的审计报告。

四、公司负责人黄林沐、主管会计工作负责人何益飞及会计机构负责人(会计主管人员)何益飞声明:保证年度报告中财务报告的真实、准确、完整。

五、经董事会审议的报告期利润分配预案或公积金转增股本预案。

经华普天健会计师事务所(特殊普通合伙)审计,2014 年归属于母公司股东的净利润为 209,242,056.27 元,提取盈余公积 24,104,260.14 元,当年实现未分配利润为 185,137,796.13 元人民币,加上以前年度结转的未分配利润 1,178,150,880.85 元人民币,扣除本期支付普通股股利 18,854,000.00 元人民币,年末未分配利润 1,344,434,676.98 元人民币。

公司董事会拟定本次股利分配方案如下:

1. 以 2014 年年末总股本 471,350,000 股为基数,向全体股东按每 10 股分配现金红利 0.60 元,共派发现金红利 28,281,000 元,剩余未分配利润 1,316,153,676.98 元,结转下一年度分配。

2. 上述 B 股股利以美元派发,美元与人民币汇率按 2014 年度股东大会批准后的第一个工作日中国人民银行公布的美元兑人民币的中间价计算。

3. 以上现金股利均含税。2014 年度不进行资本公积金转增股本。

[①] 600054:黄山旅游 2014 年年报[EB/OL]. http://data.eastmoney.com/notice/20150416/2Wvl2WCm5fcUAY.html.

六、前瞻性陈述的风险声明。

年度报告中所涉及的未来计划、发展战略等前瞻性描述不构成公司对投资者的实质承诺,敬请投资者注意投资风险。

七、是否存在被控股股东及其关联方非经营性占用资金情况。

否。

八、是否存在违反规定决策程序对外提供担保的情况。

否。

九、本报告分别以中、英文印制,在对中英文本的理解上发生歧义时,以中文文本为准。

黄山旅游主要财务指标见表11-3至表11-7。旅游相关的业务利润越来越大,黄山旅游的业务分为五种,即酒店业务、索道业务、园林业务、旅游服务业务和其他业务。公司的主要利润来源于前四个业务。

表11-3　黄山旅游主要会计数据　　　　单位:万元　币种:人民币

主要会计数据	2014年	2013年	本期比上年同期增减/(%)	2012年 调整后	2012年 调整前
营业收入	148 991	129 409	15.13	147 652	184 141
归属于上市公司股东的净利润	20 924	14 381	45.50	24 001	24 001
归属于上市公司股东的扣除非经常性损益的净利润	21 925	14 242	53.94	23 395	23 395
经营活动产生的现金流量净收益	40 908	24 072	69.94	36 133	36 133
归属于上市公司股东的净资产	222 110	203 072	9.38	190 105	190 105
总资产	343 170	335 507	2.28	337 968	337 968

表 11-4 黄山旅游主要财务指标

主要财务指标	2014 年	2013 年	本期比上年同期增减/(%)	2012 年 调整后	2012 年 调整前
基本每股收益(元/股)	0.44	0.31	41.94	0.51	0.51
稀释每股收益(元/股)	0.44	0.31	41.94	0.51	0.51
扣除非经常性损益后的基本每股收益(元/股)	0.47	0.30	56.67	0.55	0.55
加权平均净资产收益率/(%)	9.86%	7.32%	增加2.54个百分点	13.23	13.23
扣除非经常性损益后的加权平均净资产收益率/(%)	10.33%	7.25%	增加3.08个百分点	12.90	12.90

表 11-5 黄山旅游费用表　　　　　　单位:元　币种:人民币

项 目	本 期 数	上年同期数	变动比例/(%)
销保费用	17 170 000.27	19 511 218.36	-12.00
管理费用	262 738 973.48	247 296 501.26	6.24
财务费用	39 085 243.22	43 802 319.56	-10.77
所得税费用	85 260 636.41	70 573 471.79	20.81

表 11-6 黄山旅游成本表　　　　　　单位:万元　币种:人民币

分行业情况						
分行业	成本构成项目	本期金额	本期占总成本比例/(%)	上年同期金额	上年同期占总成本比例/(%)	本期金额较上年同期变动比例/(%)	情况说明
酒店业务	住宿、餐饮等	33 046	43.35	32 079	47.04	3.02	
索道业务	索道运输等	5 504	7.22	4 886	7.16	12.66	
园林开发业务	景点开发、维护等	4 184	5.49	4 302	6.31	-2.75	
旅行社业务	人员、场地、交通等	31 713	41.60	20 544	30.12	54.36	系收入的增加引起成本的相应增加

续表

分行业	成本构成项目	本期金额	本期占总成本比例/(%)	上年同期金额	上年同期占总成本比例/(%)	本期金额较上年同期变动比例/(%)	情况说明
分行业情况							
商品房销售业务	开发成本	8 635	11.33	11 648	17.08	－25.86	系收入的减少引起成本的相应减少
其他	广告设计、制作、策划成本	2 947	3.87	1 995	2.93	47.73	系收入的增加引起成本的相应增加

表 11-7 黄山旅游主营业务分产品、分行业情况　单位：元　币种：人民币

分行业	营业收入	营业成本	毛利率/(%)	营业收入比上年增减/(%)	营业成本比上年增减/(%)	毛利率比上年增减/(%)
主营业务分行业情况						
酒店业务	473 176 179.53	330 460 142.61	30.16	23.61	3.02	增加 13.96 个百分点
索道业务	365 931 920.00	55 041 942.92	84.96	13.39	12.66	增加 0.1 个百分点
园林开发业务	262 424 904.03	41 838 504.63	84.06	9.64	－2.75	增加 2.03 个百分点
旅游服务业务	348 766 387.76	317 133 233.12	9.07	52.12	54.36	减少 1.32 个百分点
商品房销售	97 944 918.00	86 353 928.48	11.83	－40.12	－25.86	减少 16.96 个百分点

思考题：

1. 景区财务管理的特点有哪些？
2. 景区投融资管理包括哪些方面？
3. 财务管理和会计有着怎样的关系？
4. ERP 与财务管理信息化的关系如何？
5. 成本控制要从哪些方面入手？
6. 景区收益管理的核心含义是什么？

第十二章

景区经营战略管理

学习引导

景区经营战略管理是景区经营管理的重要组成部分,决定景区的发展方向与发展模式。与经营管理所关注的日常管理工作不同,景区经营战略管理的着眼点是站在宏观的发展角度,以长远的和发展的视角去决定景区未来的走向。

学习重点

通过本章学习,重点掌握以下知识要点:
1. 景区经营战略管理的过程;
2. 景区专业化管理的类型;
3. 景区集团化经营模式;
4. 景区品牌化战略流程;
5. 景区国际化战略选择。

第一节 景区经营战略管理过程

景区经营战略管理是一个过程,景区经营战略并非是一次性的,而是持续的。由于环境的不断变化,景区有必要不断地对战略目标进行监测,战略的目的就是使景区能够更好地适应其环境。

只有如此,企业才能得以生存和发展。景区经营战略过程包含三个不同阶段,如图 12-1 所示。

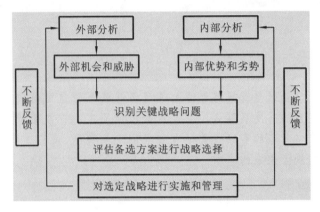

图 12-1 景区经营战略管理过程

资料来源:耐杰尔·埃文斯,大卫·坎贝尔,乔治·斯通休萨.旅游战略管理[M].马桂顺,译.沈阳:辽宁科学技术出版社,2005:3.

一、景区经营战略分析

景区经营战略分析包括外部环境分析和内部环境分析两方面。外部环境分析目的在于发现使景区获益的机会和景区在经营中应该规避的风险与威胁。内部环境分析目的在于发现景区在各项职能领域方面的优势和劣势,为景区建立目标和战略奠定基础。

(一)景区外部环境分析

外部环境分析因素主要包括经济因素、人口因素、政治法律因素、社会文化因素、技术因素和市场竞争因素。其中前五种因素属于景区的一般环境,而市场竞争因素则属于景区的具体环境。各种因素的一些重要变量如表 12-1 所示。

表 12-1 景区环境因素的重要变量

经济因素	经济增长率	通货膨胀/紧缩	能源成本
	可支配收入	贸易盈余/赤字	购买力
	银行利率	国内生产总值	价格水平
	产业结构	货币供应量	失业率
人口因素	人口总量	人口增长率	人口结构	年龄结构
	地理分布	收入分配	文化结构	文化观念

续表

政治法律因素	法律法规　税收政策　政府稳定性　地方保护主义
社会文化因素	文化观念　风俗习惯　道德标准　价值观念 生活方式　宗教信仰　产品服务偏好
技术因素	新产品开发创新　技术研发　生产力提升　知识应用 产品生命周期　科学发明　专利技术
市场竞争因素	新进入者　供应商　替代品　购买者　竞争激烈程度

1. 经济因素

经济因素是指一个国家和地区的经济总体状况。旅游活动是一种经济活动,外部经济状况会直接影响景区的经营活动。景区在研究外部经济环境时,需要考虑的关键因素有:

1)国民经济发展状况

最常用的经济指标是国民生产总值(GNP)、国内生产总值(GDP)和经济增长率。若GNP或GDP处于高增长状态,表明经济的发展形势良好,有利于景区开拓市场空间和旅游者需求,增加景区的产品和服务项目,扩大自身发展规模。

2)居民可支配收入和购买力状况

景区客源地居民的收入状况和购买力状况,很大程度上影响景区的发展空间。

3)产业结构变化状况

作为旅游业支柱行业的景区业,是旅游业的重要创收渠道。随着旅游业在国民经济中产业地位的日渐提升,景区有着强大的产业发展空间和产业基础支持。

4)通货膨胀/紧缩和价格水平

通货膨胀或通货紧缩直接决定货币的升值或贬值,决定价格的升降,通胀和通缩都会影响旅游者的出游能力和旅游消费能力,间接影响景区经营。

2. 人口因素

人口要素大多数在景区的市场营销过程中发挥重要作用。人口因素中的人口数量、年龄结构、教育程度、文化背景、地理分布、收入状况、民族宗教等都会对景区的市场细分工作提供信息依据,为景区的目标市场确定和产品开发提供人口信息数据。

3. 政治法律因素

政治法律因素是指一个国家或地区的政治制度、法律法规、方针政策、政治形势等因素的总和。景区必须充分分析政治法律因素的影响及变动情况,确定政治法律因素对景区的战略限制条件,捕捉景区发展的有利时机。

4. 社会文化因素

社会文化因素是指一个国家或地区文化观念、风俗习惯、道德标准、价值观念、宗教信仰、生活方式等情况的总和。景区的客源来自全国乃至世界各地,不同国家或地区的旅游者都拥有不同的社会文化特性,这在一定程度上影响着景区的战略决策。

5. 技术因素

技术因素包括一个国家和地区的知识和技术的创新能力、新产品开发能力、技术政策以及技术发展的动向等总和。计算机技术、卫星导航技术、电子技术、生物技术、无线通信技术等高科技产品的开发和使用，都会使景区的产品服务创新不断面临新的挑战。景区的技术创新以及应用已经成为景区经营管理最重要的职能之一。

6. 市场竞争因素

市场竞争因素是景区面临的具体行业环境，是与实现景区组织目标直接相关的环境因素。在市场竞争环境中，景区需要注意许多复杂的竞争情况，包括行业竞争、新进入者、景区供应商和经销商、景区的替代产品和服务等。

（二）内部环境分析

景区内部环境分析的内容包括景区资源、景区能力、景区核心竞争力、景区价值链、景区组织结构、景区管理、景区创新能力与学习能力、景区组织文化等八个方面。这里主要介绍景区资源、景区组织能力、景区核心竞争力和景区价值链。

1. 景区资源

景区资源是指景区内人、财、物资产的总和，以及这些资产的组合结构和作用方式，可分为有形资源和无形资源两类。景区有形资源是指景区内可见的、可量化的资产，如景区内的自然资源、人文资源、景区建筑、土地、设备等。景区无形资源是指植根于景区的历史、伴随景区成长而积累下来的资产，如景区的经营管理模式、管理制度、组织文化、创新学习能力等。无形资源一般以独特的形式存在，不易被竞争对手了解和模仿，其价值具有不可转移性。

2. 景区组织能力

景区组织能力是指景区有目的地分配资源和整合资源的效率，以达到预想的最终状态。在景区提高组织能力，构建自身核心竞争力的过程中，景区人力资源的价值与景区创造或引进的科技知识和员工的学习能力，发挥着非常重要作用。

3. 景区核心竞争力[①]

景区核心竞争力是指能为景区带来相对于竞争对手的竞争优势的资源与能力。核心竞争力是景区的战略资源，反映景区的特性，使景区在竞争中脱颖而出。判断核心竞争力的标准有四个方面：有价值的能力、稀有能力、难以模仿的能力和不可替代的能力，如表12-2所示。

表12-2 决定核心竞争力的四个标准

有价值的能力	帮助景区减少威胁及利用机会
稀有能力	不被他人拥有

---

① 迈克尔·A.希特，R.杜安·爱尔兰，罗伯特·E.霍斯基森，等.战略管理：竞争与全球化（概念）[M].吕巍，等，译.北京：机械工业出版社，2005：60-62.

续表

难以模仿的能力	历史的:独特而有价值的景区文化和品牌
	模糊性因素:竞争能力的原因和应用不清楚
	社会复杂性:经理之间、供应商及客户间的人际关系、信任和友谊
不可替代的能力	布局有战略对等的资源

资料来源:迈克尔·A.希特,R.杜安·爱尔兰,罗伯特·E.霍斯基森,等.战略管理:竞争与全球化(概念)[M].吕巍,等,译.北京:机械工业出版社,2005:61.

4. 景区价值链

景区价值链是一个模块,可以被分解为主要业务和辅助业务两大部分。主要业务是指景区的物流输入、生产作业、物流输出、市场营销和售后服务等五个部分。辅助业务是对主要业务发挥辅助功能的业务或活动,包括资源采购、人力资源管理、技术开发以及景区的基础设施。景区价值链分析能够使景区了解在所有的运营环节中哪些环节可以创造价值,哪些不能创造价值。景区基本价值链的内涵,如图 12-2 所示。

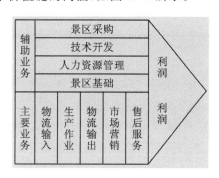

图 12-2 景区基本价值链

要对景区的价值链进行分析,就要对景区的主要业务和辅助业务的价值创造能力进行分析。

1) 景区主要业务的价值创造能力

物流输入:景区产品或服务的原材料接受、处理、控制、分配等行为。

生产作业:把景区输入的物资转换成最终产品或服务所必需的行为,包括加工、装配、重新包装、设备维护等运营行为。

物流输出:把最终产品或服务发送给旅游者的行为,例如游客预订处理、原材料的处理、景区车辆调度管理等。

市场营销:诱导旅游者的采购行为、提供景区产品服务的采购手段、有效推广和销售景区产品或服务、景区的促销及广告行为,景区品牌形象的树立等。

售后服务:在旅游者接受景区的产品或服务后,进一步维持和扩大景区产品或服务的行为,如游客满意度调查、游客资料库的建立、向旅游者派发的纪念品等。

2) 景区辅助业务的价值创造能力

采购:购买景区生产作业所需原材料,所采购的物资包括设施设备、办公用品、生产和服务器械等。

技术开发：用于改进景区产品或服务生产过程的行为，例如设备改良、产品或服务的开发创新等。

人力资源管理：包括对景区内所有员工的招聘、管理、培训、绩效评价、薪酬设计、职业发展等。

景区基础：包括景区的总体管理、计划控制、财务会计、法律支持、政府关系等支持作用的行为，通过景区基础，景区能不断地识别外部机会和威胁，识别资源和能力从而支持核心竞争力。

二、景区经营战略选择

（一）景区经营战略的类型

当景区在审视了外部环境变化状况和内部资源能力条件后，景区就能运用科学的技术与方法对今后较长时期的经营战略做出科学的规划与设计。一般而言，景区经营战略类型有：波特的基本战略、扩张型战略、维持型战略、紧缩型战略、混合型战略。

1. 波特的基本战略

迈克尔·波特提出的基本战略包括三种战略模式：成本领先战略、差异化战略和集中战略。[①]

成本领先战略是指通过发现和挖掘组织的资源优势，最大限度地降低成本，使企业取得行业内最大的成本比较优势，成为行业成本领先者的战略。差异化战略是指提供独一无二、与众不同的产品满足消费者需求，在竞争中获得比较优势，赢得额外收益。集中战略是指针对行业中的某一特定细分市场，通过战略实施赢得目标市场的竞争优势，挤走其他的竞争者。

波特的三种基本战略之间既有联系，也有区别。图 12-3 表示了三种基本战略之间的关系。

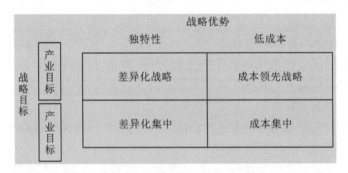

图 12-3　波特的三种基本战略

资料来源：王建民.战略管理学[M].北京：经济科学出版社，2003：260.

---

① 本小节同时参考：迈克尔·波特.竞争战略[M].陈小悦，译.北京：华夏出版社，1997；
王建民.战略管理学[M].北京：经济科学出版社，2003：253-262.

2. 扩张型战略

扩张型战略是景区从一种战略起点向更大规模、更高水平发动进攻的战略态势。景区扩张战略的基本类型，如表12-3所示。

表12-3 景区扩张战略的基本类型

密集型发展战略	一体化发展战略	多角化发展战略
市场渗透	后向一体化	同心多角化
产品发展	前向一体化	水平多角化
市场发展	水平一体化	混合多角化

资料来源：董观志，白晓亮.旅游管理原理与方法[M].北京：中国旅游出版社，2005：230.

密集型发展战略是指景区现有的产品或服务在市场上尚有发展潜力，可以充分挖掘自身潜力实现自我发展。一体化发展战略是指景区利用自身在产品、服务、技术、市场上的优势，根据物资流动的方向使景区不断地向广度和深度发展。多角化发展战略是指景区增加不同的产品或服务的事业部门的战略。

景区在实施扩张战略时，可以通过内部扩展或外部并购的方式在短时间内实现扩张战略目标。内部发展是指景区内部发展新业务，进入新行业，从而实现景区发展。外部并购是指景区参与扩大规模与产品服务销售，增加规模经济，分散景区风险的途径。扩张型战略的扩张途径如图12-4所示。

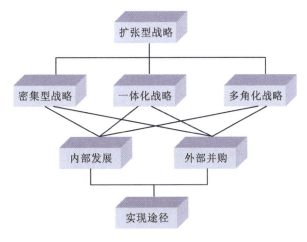

图12-4 景区扩张战略与实现途径

3. 维持型战略

维持型战略是指景区在一定时期内对其产品服务、技术、市场等方面采取维持现状的战略。在维持战略中，景区既不进入新的领域，扩大经营规模，也不退出既有领域。其核心是在维持现状的基础上提升景区整体效益。

4. 紧缩型战略

紧缩型战略是指景区在经营状况不佳的情况下，选择在当前时期缩小经营规模，压缩经营事业,取消某些产品和服务的战略。紧缩型战略有三种类型:一是转变战略,其实施对象是虽陷入困境但值得挽救的事业;二是撤退战略,在景区的现金流量出现危机时为了顾全大局而实施;三是清理战略,是指景区由于无力偿还债务,出手或转让景区的全部财产,甚至结束景区的经营。

5. 混合型战略

混合型战略是指景区针对不同的环境和不同的时期混合使用扩张型、维持型和紧缩型三种战略。混合战略分为两种:一是各种战略同时进行,另一种是将战略的实施按顺序先后进行。当景区的环境要素变化速度不同,或者景区内各部门业绩发展不平衡时,采用混合型战略最合适。

(二)景区战略选择技术[①]

1. SWOT模型分析

SWOT模型分析是一种常用的战略选择方法。SWOT是四个英文单词的缩写,分别是:SW表示企业内部的优势和劣势(Strengths and Weaknesses),OT表示企业外部的机会与威胁(Opportunities and Threats)。SWOT分析的理论基础是:最佳的战略应该能最大限度地利用企业的内部优势和外部环境机会,将企业内部劣势与外部威胁降到最低程度。SWOT的分析流程如图12-5所示。

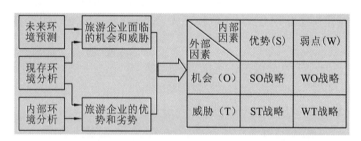

图12-5 SWOT的分析流程

资料来源:董观志,白晓亮.旅游管理原理与方法[M].北京:中国旅游出版社,2005:225.

SWOT分析模式中,环境-组织分析是战略选择的关键,它是战略选择的起点,环境-组织分析的综合分阶段逻辑框架如图12-6所示。它通过对景区组织内部、产业概貌、现存环境、预测未来环境力量等四个步骤进行分析,从而使管理者判别景区的优势和劣势、面临的机会和威胁、未来的发展潜力和机遇。

在上述分析的基础上,对选定因素进行评价打分并加权,确定景区处于优势或劣势属于何种类型,如图12-7所示。

2. 战略选择矩阵

战略选择矩阵是一种指导战略选择的模型,它结合景区自身优劣势和内部资源应用两方面的情况,指导景区适用何种战略,如图12-8所示。

---

① 董观志,白晓亮.旅游管理原理与方法[M].北京:中国旅游出版社,2005:225-229.

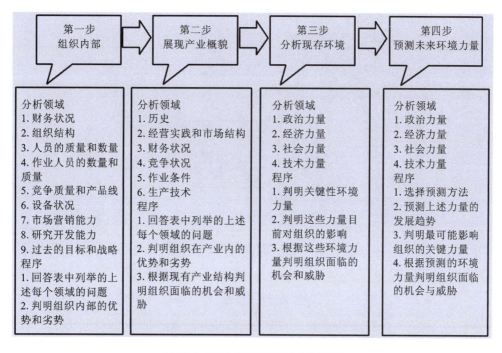

图 12-6　环境-组织分析的分步程序

资料来源：董观志，白晓亮.旅游管理原理与方法[M].北京：中国旅游出版社，2005：226.

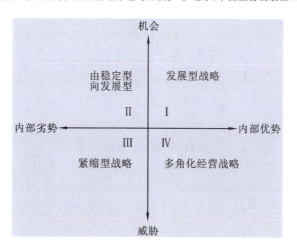

图 12-7　SWOT 战略选择图

资料来源：黎洁，赵文红.旅游企业经营战略管理[M].北京：中国旅游出版社，2000：63.

3. 战略聚类模型

战略聚类模型是根据波士顿矩阵修改而成的战略分析工具，两根直角坐标分别是"市场增长状况"和"企业竞争地位强弱"，以此来描述景区的市场位置，如图 12-9 所示。

以上三种方案均为概念性模型，通过对景区内外部条件分析来确定景区战略。它给决策者提供的是一种思路，战略选择是确定景区未来的战略，是非程序决策，除了上述分析外，还取决于许多非理性因素，如决策者的价值观和风险意识等。

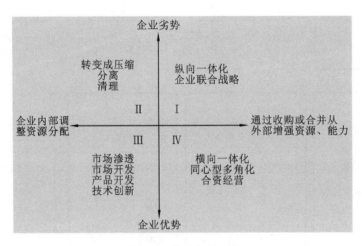

图 12-8　战略选择矩阵

资料来源：黎洁，赵文红.旅游企业经营战略管理[M].北京：中国旅游出版社，2000：63.

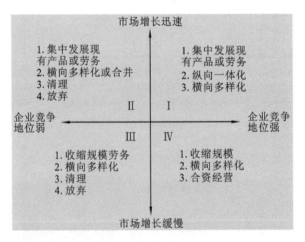

图 12-9　战略聚类模型

资料来源：童臻衡.企业战略管理[M].广州：中山大学出版社，1996：129.

三、景区经营战略实施

景区经营战略实施是指景区管理者按照既定的战略方案采取战略措施，实现最终战略目标的过程。战略实施具有五种不同的模式[①]：

1. 指挥型

指挥型模式具有集中指导的倾向，战略实施依靠的是权威和最佳的日常指导。此模式使用具有以下约束条件：一是总经理拥有较高权威，倚靠权威发布指令推动战略实施；二是战略的实施条件比较简易；三是信息收集准确而高效；四是具有高素质、客观性的规划人员协调事业部之间的计划。

---

① 黎洁，赵文红.旅游企业经营战略管理[M].北京：中国旅游出版社，2000：201-203.

2. 变革型

变革型模式十分重视运用组织结构、激励手段和控制系统促进战略实施。变革型模式的领导者常使用三种方法：一是充分调动全体员工的积极性促使战略实施的完成；二是建立企业的战略规划系统、效益评价系统和控制系统，利用激励措施支持战略实施；三是利用新的组织机构和策划人员向全体员工宣传战略实施的重点，将组织的注意力集中于战略重点的领域。

3. 合作型

合作型模式通过调动高层管理者的积极性和创造性，把战略决策的范围扩大到景区高层管理集体当中。此模式克服了指挥型模式与变革型模式的局限性，使总经理通过与一线管理人员的接触获得更为准确的信息，从而提高战略实施的成功的可能性。但是此模式也存在缺陷，由于战略是不同观点与目的参与者的理解协调的产物，因此战略的经济合理性会降低，同时全体员工的积极性与智慧由于制定者与执行者的角色区别而未能充分调动。

4. 文化型

文化型模式把合作型模式的参与成分扩大到景区的较低层次，使所有成员都在共同的文化基础上参与战略实施过程。这种模式的优点是战略实施速度快、风险小、景区发展迅速。缺点是：战略制定所需员工素质要求较高；组织文化可能会掩盖景区中存在的问题；耗费人力和时间较多；员工参与战略实施可能由于高层管理者不愿放弃控制权而流于形式。

5. 增长型

增长型模式的战略是由基层自下而上地产生，关键是激励管理人员的创造性，完善地制定和实施战略。这种模式对总经理提出很高的要求，能提出正确评判的建议以及淘汰不合适的方案。总经理应该认识到：总经理控制力有限，应该给下属管理人员一定的宽松环境；总经理不能在任何方面都把自己的意愿强加给员工；充分调动和发挥下层管理者的积极性；应该坚持发挥集体智慧的作用，减少集体决策的不利因素。

第二节 景区专业化战略的管理

一、事业化和企业化战略管理

管理的优劣，直接影响到景区持续、健康的发展。而景区的所有权性质直接影响到景区的管理体制。我国景区当前的所有权结构是国家所有、集体所有和私人所有三种所有制形式并存，其中占主导地位的是以中央政府和各级人民政府所有的国有形式。从景区管理模式的角度，这些景区主要可以分为事业化管理和企业化管理两大类。

（一）事业化管理模式

1. 优势

自然保护区、风景名胜区、文物保护单位、历史文化名城、森林公园等景区往往采用事业化经营管理。景区以公共资源为依托,目标具有多重性,景区资源的社会文化与环境价值往往超过经济价值,景区资源具有不可再生性。由于这类景区资源的公共性,因此在经营上具有明显的排他性和垄断性,政府对这类景区的干预程度较高。

景区的事业化管理模式,是政府集景区的所有者与经营者于一身,政府通过景区管委会行使所有权和经营权,景区的管理、保护和开发费用全部由国家财政承担,景区的门票及其他旅游项目由国家定价(一般定价很低),收入上缴国家。这种模式有利的是政府可以全面协调各职能部门,全面整合社会资源,政府可以运用行政手段、法律手段及其他社会手段,去引导、督导景区健康正常地经营,实现景区的全面快速持续发展。

2. 弊端

景区事业化管理的弊端表现在:一方面景区经营面临着严格的财政约束;另一方面经营单位缺乏提高经营效率的激励。行政事业性管理的结果是:在经营上,基本上是等客上门,很少主动宣传促销;在劳动人事上,机构臃肿、冗员众多,"铁饭碗""铁交椅"雷打不动;在分配制度上,死工资、"大锅饭",平均主义盛行。既是运动员又是裁判员的双重身份使得景区事业管理难以实现自我约束。事业化管理体制容易造成旅游主管部门行业管理的缺位,使我国景区业目前在发展速度和供给规模方面都明显落后于饭店业和旅行社业。此外,事业化管理体制容易造成景区的分而治之,同一景区可能分属不同管理部门。

(二)企业化管理模式

1. 优势

企业化管理是指景区采用现代企业管理模式,依据"产权清晰、责权明确、政企分开、管理科学"的现代企业制度进行管理。将景区的职能管理部门与经营者分开,避免了景区职能管理部门既当裁判又当教练,同时还是运动员的局面。作为政府派出部门的景区管理委员会或管理局等职能管理部门只负责景区的发展规划、建设方案审批和资源保护监管。景区经营者(组建的适合现代企业制度管理的股份公司)则主要以效益最大化为目的开展景区经营活动,包括游客服务、景点维护和市场营销等。管理者职责清楚,执行有效,经营者以市场为导,效益为先,为景区的开发和景区保护提供了一个切实有效的制度保证。

转让景区经营权,从长远来看,有利于旅游资源的优化配置和旅游业的发展。景区经营权转让有利于盘活旅游资源,吸收内、外资以及各种民间资本进入旅游业;有利于旅游资源的保护与开发,实现更多资金投入旅游资源开发与环境保护;有利于旧管理体制的突破,促使政府相关部门进一步转变职能;有利于更新管理方式和经营理念,促进旅游产品档次的提升。

2. 弊端

企业资本进入景区开发旅游资源还存在着理论上的"误区"和相关法律依据上的不足,没有完整的法律体系和管理机制来制约各方面权益。景区经营权转让可能使国有资产流失,改变了景区的公益性,同时景区公司经营能否很好地使景区得到到位的保护也存在很大的不确定性。企业拥有主导经营权虽然增加了经济实力,但这并不意味着增加了保护资源的投入,而且资源保护的标准"降格"了,带来"以企代政"的危险。企业为了追求更多的利润,忽视保护,从而给生态环境造成破坏。

二、遗产型和玩偶型战略管理[①]

(一)遗产型管理模式

1. 管理目标

Garrod 与 Fyall 列出了遗产景区管理的八大宗旨(见表 12-4)。经过调研得出的结论是:保护最为重要,可进入性第二重要,教育与财务并列第三重要,地方社区的发展重要性排在最后。这说明在国外,景区居民的扶贫问题不是遗产景区管理的核心使命。

表 12-4 遗产型景区管理的八大宗旨

功 能	说 明	重要性
保护	为了下一代保护遗产,确保当代的使用不会影响下一代的利用与受益	1
可进入性	要让人们有机会享受遗产的利益,但要防止因为过度使用带来的破坏	2
教育	为了欣赏遗产资源,必须让游客了解它的本质与重要性,解说系统非常重要,寓教于乐的活动最有效率	3
关联	遗产景区必须有广泛的利益相关者,不是少数人的私产。它与游客、社区乃至全国有关。遗产景区必须彰显社区居民,并能够产生地方感与自豪感	6
娱乐	为游客提供娱乐机会,保护可能降低娱乐的潜力	7
财务	财政上处于良好的运转状况,收入不必完全来自门票,尤其是那些重大的保护活动的经费,可以来自外部资金	3
地方社区	遗产经营应该与社区发展相协调,促进地方社区的发展	8
质量	遗产景区应该提供高质量的服务给游客	5

2. 管理核心

遗产型景区管理的核心是地格的维系、展示与发展。邹统钎认为,地格是地脉与文脉的有机合成,地脉代表自然精神,文脉代表人文精神。旅游景区的地格就是旅游景区的自然与人文本质特征。地格具有累积性、综合性与差异性特征。遗产型景区管理理念强调保护,最本质的就是保护地格。

地格维系的三个最重要原则就是多样性、完整性与真实性,这是衡量遗产价值的标尺,也是保护遗产的关键依据。

多样性包括生物多样性与文化多样性,反对单一主义,倡导多元化。自然资源与文化资源的多样性是旅游景区开发利用的基础。生物多样性保护包括两大基本途径:就地保护和迁地保护。就地保护是指在野生动植物的原产地对物种实施有效保护,如建立自然保护区实行就地保护。迁地保护是指通过将野生动植物从原产地迁移到条件良好的其他环境中进行有效保护,如建立动物园、植物园水族馆、海洋馆对珍贵的物种实施人工保护。

[①] 邹统钎.中国旅游景区管理模式研究[M].天津:南开大学出版社,2006.

完整性强调尽可能保持景区自身要素、面积、生态系统、生境条件、物种、保护制度的完整以及文化遗产与其所在环境的完整一体。完整性包括自然完整、文化完整、体验完整。自然完整包括生态系统的完整以及生态过程的完整。文化完整是指有形的文化遗址应当尽可能保持自身组成和结构的完整，及其与所在环境的和谐、完整；无形的文化概念也应具有完整性，并相应地体现在地理位置上的相互关联性。体验完整是指景区旅游体验是一个完整的图画，要素之间是无缝隙连接，一个完整的体验有酝酿、发展、高潮与回味的过程。

真实性要求对景区任何构成物做改造都要在改造前后分别详细记录，任何改造都要与现有的保护政策相一致。对景区的自然环境要进行持续的监控并定期采取保护措施。

（二）玩偶型管理模式

1. 管理目标

玩偶的"偶"字，在字典中的解释，原意是指木偶，后来也可以做同伴。玩偶区别于玩具的特点就和字面的意思一样，它不单单是一个玩具，它更多的是一个玩伴，一个可以与之心灵沟通的朋友。在体验旅游时代，游客的旅行模式发生的变化是，以感受和经历为目的的旅游的兴起，表明更多的旅游者更注重旅游过程中的个人感受。

旅游景区的目标是以服务为舞台，以商品为道具，以消费者为中心，创造能够使消费者参与、值得消费者回忆的活动。例如，迪士尼乐园成立之时便明确了它的目标：它的产品不是米老鼠、唐老鸭，而是快乐，人们到这里来是享受欢乐、收获知识的。沃尔特·迪士尼再三强调"一切以游客为主"，迪士尼乐园成了一个充满人性温情的娱乐休闲场所，从而赋予乐园一张"人性"的脸。为了使游客在迪士尼乐园有快乐体验，乐园在产品创新上做足了文章，为世人创造了一个童话般的世界，让人们体验惊险与快乐。

2. 管理核心

玩偶型景区的使命是创造欢乐，一切设施与活动，从生态环境、地方文化、居民态度、娱乐项目、旅游纪念品与服务都要围绕为游客创造舒畅的旅游体验这一核心。玩偶型景区的使命是满足游客的"两求"与培养游客的"三感"。独特、参与、交往、知识与新奇是这类景区产品的主要特点。

当日常生活不能够完全满足人们对快乐的需求时，人们希望通过休闲旅游的方式来实现，通过旅游休闲来达到"两求"：求补偿与求解脱。求补偿是指寻求与自己的快乐标准相比所缺乏的东西。求解脱是指摆脱与自己的快乐标准相比在日常生活中多余或令人不快的东西。

不管旅游心理如何变化，旅游都是人类追求快乐的重要途径之一。从游客的旅游终极目标来说是为了追求快乐。快乐的三要素是"三感"：新鲜感、亲切感和自豪感。新鲜感来自于差异，亲切感来自于交流，自豪感来自于赞美。新鲜感即新奇与鲜活。亲切感是从接触中特别是人与人接触中得到的一种满足感，它的主要功能是消除孤独，只有那些欢迎、关心与理解的接触才能够产生亲切感。自豪感是对自己价值的肯定，是一种对自己满足的感觉；觉得自己是个有价值的人、值得尊重的人、值得自己也值得别人爱的人。由于现代社会物质的极大丰富，从需求上看，游客更多地关注心理满足而非生理满足，这也要求在服务中更多地提供心理服务，而非功能服务。

三、社区性和生态性战略管理

（一）社区性管理模式

1. 景区建设社区化

景区管理涉及面广，单独依靠旅游管理和经营部门很难保证旅游的顺畅、高效进行。景区良好形象，不仅依赖于其迷人的景观，还依赖于良好的社区环境、热情友善的民众、方便快捷的交通通信、良好的社会治安、高效的管理运作等，这些都是保证旅游顺利进行的重要条件。因此，景区开发应非常重视景区所在地社区功能的完善。从社区的角度考虑景区建设，可将景区开发与社区建设结合起来，使旅游开发更能为当地居民接受。景区建设的社区化已成为当前旅游开发的趋势之一。

2. 社区参与旅游活动

社区是塑造游客体验的重要道具，社区参与的原因主要有两个：一是社区居民对景区开发的影响感受最深；二是社区居民本身是构成游客体验中友好气氛的必要载体。社区为游客的新鲜感以及亲切感提供必要的基础。景区开发要带动社区发展，增加地方就业、社会收入与提高人民生活水平。景区加强社区参与旅游事业力度，可以大大促进社区经济和社会文化事业的综合发展。

3. 地方政府规范管理

地方政府应积极介入，制定政策法规、搭建平台、进行行政管理、协调干预，对社区参与旅游活动起到良好的促进和保护作用。地方政府在社区参与中的角色定位应该是：当好社区参与规范制定者的角色，摆脱经营者的角色，充当旅游业利益相关者关系的协调者。

（二）生态性管理模式

1. 景区建设绿色化

景区开发建设的生态化能在长期内有效保护景区资源，为景区的长远发展奠定基础。现代景区在开发建设全过程中都体现出绿色化的特点，主要表现为绿色规划、绿色建材以及绿色项目。

绿色规划是指景区编制开发规划时，严格遵照生态环保的理念，以景区生态环境为中心，在功能分区、产品设计、路线设计、基础设施、保障体系等方面强调对景区资源的保护性开发。如核心区—外围区—服务区的三圈层分区模式、双核式等功能分区模式都是景区规划生态化的典型代表。

在景区建筑材料选择方面，现代景区也注重采用本地素材作为建材，以保证建筑景观与景区整体风格相协调，同时尽量减少因获取建筑材料而对环境造成的负面影响。建筑材料的本地化能有效避免景区环境受到外来物质，尤其是水泥、混凝土等人工不可降解物质的破坏。

在景区项目设计上，绿色化的特征同样明显，如以环保为主题的展示、以农家乐为形式的游客参与农作等。

2. 景区运营生态化

景区运营生态化是指在景区日常经营管理过程中，大量采用生态环保型的设施和能源，并在游客管理上注重环保教育与宣传。

为保护景区内生态环境,不少景区都采用了低污染或者无污染的绿色设施,如电瓶车、燃气车。在能源的供应上则大量采用电力、天然气、太阳能、沼气等天然绿色能源。同时,景区还对旅游者生活、景区生产过程中产生的污染物实行科学有效处理,如利用现代生物技术对生活垃圾和污物进行降解等。

此外,景区还日益注重对旅游者的环保教育。如美国著名的黄石公园就对旅游者进行全程环保教育,在旅游者到达景区前为其提供景区环保信息,在公园门口工作人员为旅游者分发公园行为手册及环保注意事项,在景区内主要景点还设立专门的工作人员负责对旅游者的行为进行教育。

第三节 景区集团化战略的管理

一、景区集团化概述

景区间的联合能够在短期内迅速增强景区的实力,有助于景区应对竞争对手的挑战。面对国内旅游市场竞争的不断升温以及国外旅游投资开发公司的大举进入,通过强强联手组建大型旅游集团可以将外部成本内部化,同时获得规模经济效应。

景区集团,往往以一个控股企业为核心,通过建立资产关系,控制下属子公司和分公司。控股公司通常是集团企业的核心,其资产优良、规模庞大,具有资本经营的能力。控股公司通常用控股、兼并、收购、联合的形式建立起一个规模庞大、形式多样的企业群体。这样的公司具有规模特征、品牌特征、跨国经营特征及以主业为核心的上下游产品连锁经营的特征。

从景区集团化的对象来看,主要可以分为横向联合和纵向联合两类。横向联合是指景区与其他景区或非旅游企业在组织或资本上进行重组。纵向联合是指景区与其他旅游相关企业如旅游饭店、旅游交通等进行联合重组构建大旅游集团。

按景区集团化方式,可以将其分为资产纽带型和品牌核心型。资产纽带型景区集团化主要表现为通过资产重组的方式对存量资产进行剥离与优化,以及通过并购、参股、上市经营等手段进行资本输出,实现景区资本规模的扩张。品牌核心型景区集团化模式使景区集团化的重点由"投资"发展成为"投资+管理输出"的综合模式,通过一系列合同经营、租赁经营、委托经营等输出管理的方式来实现景区的扩张。同时,该方式还可以有效地降低景区规模经营的风险。

二、景区集团化成长的动因[①]

(一)获得规模经济

获得规模经济效益是景区集团形成的主要动因。景区是一个高度分散的产业,在通过

---

① 秦宇.旅游企业集团化成长[M].北京:旅游教育出版社,2007:18-24.

规模经济降低成本、提高效率的强烈动机的推动下,为了克服产业零散给实现规模经济带来的不利影响,景区可采用集团化经营,将位于不同地点的经营单位进行不同形式的整合,提高在非生产领域的规模经济水平。旅游业中规模经济效益主要来自成本的节约、专属资产(信息、技术、品牌、管理)的转移、研发工作和人力资源的贡献。研究表明,在旅游业中,规模越大的企业利润率越高。原因在于,一方面可以发挥市场优势(例如可以在与供应商的谈判中获得更大的折扣),另一方面可以通过规模经济提高效率。

（二）降低交易成本

交易成本过高是景区集团形成的原因之一。美国经济学家科斯(R. H. Coase)指出,如果市场活动交易成本过高或存在失效,企业会考虑实施内部交易取代市场交易,企业集团即是这种交易固定化的组织模式。理论上说,通过"联合"和"一体化"的方法,将原来的市场交易转化为企业集团之间的内部交易,可以大大降低各个成员单位之间存在的交易成本。由于旅游产品的无形性、不可转移性和不可储存性,旅游活动涉及的环节复杂,地域较多,交易成本过高和市场失灵是经常的,因而更适合采取集团化的形式使交易固定下来。

科斯定理：只要财产权是明确的,并且交易成本为零或者很小,那么,无论在开始时将财产权赋予谁,市场均衡的最终结果都是有效率的,实现资源配置的帕雷托最优。

（三）企业发展的内在需要

在激烈的市场竞争中,企业面临着极大的生存和发展的压力。在景区的成长过程中,随着经营规模的扩大和竞争能力的提高,景区在正常的经营或扩张活动中常常会产生新的资源(包括资金、技术和人力资源)。由于景区的资源具有异质性及不可转移性,使得景区很难将多余的资源出售或出租,而有效地积累并配置资源又是企业在成长过程中必须要解决的问题。因此,集团化称为一种必然的选择。另外,景区经营者强烈的创业精神,也在很大程度上推动着景区向集团化经营的方向发展。

（四）规避经营风险

景区集团化经营既有专业化也有多元化。为规避风险,许多集团采用多元化的经营方式。集团化经营可以有充足的资金拓展经营边界,或者只需凭借专属资产的输出来扩张集团势力。这种拓展与扩张可能在相关行业进行,这样许多景区集团就可以提供"吃、住、行、游、购、娱"的多项服务,还有的涉足运输业、房地产业。由于旅游业的脆弱以及利益驱动,经营旅游业的集团也可能经营和旅游业无关的行业,这种经营方式可能为整个集团带来高额利润,更重要的是分散了一部分经营风险。集团化经营的主要优势在于借助实力和品牌,采用多种资产运作方式拓展经营边界,整合资产,调整产品结构,从而有利于集团的发展。

（五）形成垄断优势

景区及其服务设施基本上处于绝对垄断地位或寡头垄断地位,集团化经营可以获得更多的垄断利润。在同一旅游区域,景区集团可以借规模优势控制本区域内的大部分旅游资源,或者提供具有垄断性的旅游产品,从而部分控制产品价格和原材料价格,获得垄断利润。在不同的区域中,集团可以借助品牌区分竞争者,提供不同于竞争者的产品,以获取高额利润。

三、景区集团化面临的障碍[①]

目前,我国景区企业集团化的规模扩张带有明显的行政数量导向特征,绝大多数都是行政命令行为的结果。资产无偿划拨,产权无法卖出和转让,不能统一产品质量规范体系,从而造成集团的整体经营效益低下,无疑对景区企业集团化发展形成了障碍。

(一)多元的行政隶属关系

旅游产业是由饭店、餐饮、娱乐、旅游、交通等国有投资主体结合的综合性产业。这些投资主体虽然同属于国有资产体系,但又有多元的行政隶属关系。在这种情况下,资本扩张与合并、企业兼并与联合必然是困难重重,无疑增加了景区企业集团化的成本和区域壁垒的障碍。

(二)产权关系不清晰

不少景区集团虽然注册为有限责任公司或股份有限公司,但其实际并没有股份化,或仅形式上的股份化。集团公司及其上级主管单位长期习惯于行政方式管理和经营,所有者与经营者未进行产权的分割和产权界定,存在着产权关系不清晰的问题。同时在实现集团化过程中,将一些没有产权关系的企业"收编"或"挂靠"在集团名下,造成了集团与下属企业产权关系模糊的情况,权职不清,管理不善,效益低下,给景区集团化发展带来障碍。

(三)治理结构不完善

20世纪80年代中期以后,国内各大旅游企业纷纷实行集团化,但大部分企业仅出于扩大企业规模、壮大企业实力的动机,至于如何改革传统的行政管理方式,按照现代企业集团运作方式进行生产经营和战略管理,如何提高企业在国际市场竞争力和实现跨国经营目标等,则考虑甚少,仍沿用单一企业的经营管理方式和治理结构,董事会形同虚设。其结果是产权不清,权责不明,政企不分,管理不科学。

四、景区集团化经营的模式[②]

(一)特许经营模式

特许经营是国外旅游集团的主要经营模式。特许经营权转让,要求转让者具有强大的实力和良好的知名度,经转让方允许后,受让方可以使用集团名称、标识、经营程序、操作规则、服务标准,并加入集团的电脑销售预订系统和市场营销系统,成为旅游集团中的成员。一是可以采取参股和联合投资的方式,形成共同的所有权;二是可以采取输出管理和品牌扩张的方式,将管理要素和品牌折合成一定股份,形成共同的所有权;三是以上两种方式兼用,实现所有权共有。这三种方式可以使单体企业初步建立以资产为纽带的集团,之后逐步提高资金实力,培育品牌建立网络,再逐步采用控股、兼并等手段壮大集团。

[①] 孙睦优.我国旅游企业集团化发展战略选择[J].旅游学刊,2002(6):23-25.
[②] 申思.旅游企业集团化经营的可实现模式初探[J].河南大学学报(社会科学版),2004(4):49-52.

（二）资本经营模式

资本经营是企业集团的现代经营理念。景区集团通过股票上市、发行债券、融资、合资等形式迅速进入资本市场，以资本经营的方式，实现迅速的扩张，形成具有国际品牌特征的大型企业集团。景区集团在经营中往往被资金不足所困扰，难于在短期内参与兼并收购、控股、参股等的直接投资，因而规模不大，经营范围受区域局限，竞争力不强，市场占有率不高。在当前景区经营中，靠企业内部积累的经营方式仍占主导地位，存量资产和外部增量资产缺少合理流动，盘活资产的意识不强，造成资源浪费。主要原因是景区集团没有把资本经营作为主要的经营方式，相当一部分集团还没有资本经营的意识。没有规模，就不可能产生企业的竞争力，不可能获取高市场占有率和高额回报，更谈不上跨区域、跨国界的经营，因此，资本经营是集团化集约式发展的必经之路。

（三）多元化经营模式

多元化经营，在市场中具体表现为景区集团与其他集团通过资产融合法人持股、人员派遣、市场契约等方式构成集团有机体。其中各集团之间不存在支配与被支配关系，而是相互配合、相互支援的关系。对于景区集团来说，在新的世纪里，要设法通过证券、基金、金融等市场平台，寻求与民用航空业、交通运输业、房地产业之间的产业互动，或者相互持股，或者结成战略联盟或者共用网络，以及形成产业集群，从而在产业互动过程中加速旅游集团的生长与发育。当前，不少景区介入旅游房地产开发，就是为了获得房地产投资中的高额回报。

第四节　景区品牌化战略的管理

一、景区品牌化战略的意义

景区品牌是用来识别某个特定景区的旅游产品和服务，并使之与其他景区的旅游产品和服务相区别的名称及其标志，反映了本景区区别于其他景区的差异性。景区品牌化是指形成独一无二的品牌识别和品牌特色，以便与其他竞争性景区品牌区别开来的过程。

景区作为旅游服务业的重要组成部分，必须树立自己的品牌，才能适应"知名度经济"和"注意力经济"的发展趋势。很多景区在经营过程中得出的经验是：景区效益＝品牌＋制度＋理财。品牌列首位。

品牌代表着旅游产品的品位、实力和服务质量，建立品牌有助于景区宣传自己的产品与服务，树立市场形象；品牌作为强化旅游产品差异化功能的有力手段，是景区赢得竞争优势的关键环节；品牌的建立还有利于降低旅游者购买旅游产品的风险，引导消费导向，巩固发展景区与顾客之间的关系。同时，品牌也是提高旅游产品附加价值的利器，能给景区带来可观的经济利益。因此，建立自己独特的品牌对景区而言是提高市场竞争力、保持良好旅游吸引力和生命力的重要法宝。

二、景区品牌化战略的过程[①]

景区品牌化管理是建立、维护、巩固品牌的一个全过程,一个有效监督控制与旅游者之间关系的全方位的管理过程。它以增强景区竞争力为目的,以旅游景区品牌资产为核心,通过品牌定位、品牌设计、品牌传播、品牌保护、品牌延伸和品牌创新这六位一体的管理体系(见图12-10),提高景区在旅游者心目中的知名度和美誉度,扩大品牌的号召力和影响力,巩固和提升景区在旅游市场中的形象和地位,建立起相对于其他景区的竞争优势。

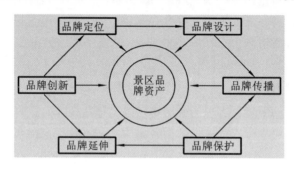

图 12-10　景区品牌管理过程

(一)品牌定位

品牌定位是确立一个景区在旅游者心目中的形象和地位的过程,是旅游者需求特征和景区特色的结合。崔凤军指出,定位必须符合景区文脉和社会时尚,并在此基础上不断创新;Nigel Morgan 认为建立旅游品牌首先应确立持久的、恰当的、易于表达的和能够吸引潜在旅游者的品牌核心价值。景区的核心价值是影响旅游者决策的决定性因素,既要考虑旅游产品有形的价值,也要在旅游者心中树立品牌形象的无形价值,使旅游者自身的内在需求和景区的特色紧密结合,这直接关系到旅游者体验的质量和满意度的高低。

定位的关键是差异化,旅游者往往追求有特色的、具有知名度和吸引力的景区,因此差异化对于景区的开发尤其重要。在产品和项目设置越来越同质化的情况下,景区的差异性更多地体现在文化内涵上。差异化定位通过提炼本景区的核心价值,明确特定的细分市场,展开品牌营销。

(二)品牌设计

景区的品牌设计是品牌形象的塑造,它将品牌的核心价值通过多种形式展现在旅游者的面前,形成对品牌所包含的文化和理念的认知。这种认知包括两个方面:景区经营企业对自身品牌形象的认知和旅游者的认知,只有当二者相统一时才能取得良好的效果,这也体现了资源——市场两极的统一。

品牌设计由 MI(理念识别)、VI(视觉识别)和 BI(行为识别)三部分构成。一个完整的景区品牌形象系统,其中 MI 即品牌定位中的核心价值分析,是品牌识别的基础,表明了景区的差异性;VI 和 BI 是 MI 的载体和具体表现形式,决定了景区品牌的核心价值能否被旅

---

① 朱强华,张振超.旅游景区品牌管理模型研究[J].桂林旅游高等专科学校学报,2004(6):27-31.

游者识别、认知以及认知的程度。

（三）品牌传播

品牌传播是将旅游景区的品牌形象推广到旅游销售渠道和旅游者中，使旅游者接触、感知、认同景区品牌价值并最终激发旅游行为的过程，直接关系到本景区的品牌理念能否被旅游者识别和接受。通用的品牌传播方式有广告、公共关系、促销、直销、互联网等。

旅游景区的品牌往往与目的地相联系，目的地的地理名称不仅仅表明了景区的空间位置，其知名度也会对景区的品牌传播产生影响。作为一种公共品牌，旅游目的地的品牌对于区域内的旅游企业和景区都可以采用，而对区域外的企业则具有排他性。因此，景区品牌的传播要考虑大区域的旅游品牌，争取政府部门的支持，有时还应联合区域内其他景区共同举办推广活动，新开发景区品牌传播的目标在于提高市场知名度，更需要与其他景区联合。

（四）品牌保护

随着旅游企业知识产权意识的加强和品牌资产运营的需要，品牌保护越来越为众多的景区和旅游企业所关注。品牌保护主要是从知识产权的角度，以注册商标、注册联合商标和注册防御商标为补充，保护旅游景区的品牌资产，对侵犯品牌知识产权的行为要追究其法律责任。

我国《商标法》明确规定：县以上的行政区划地名不得作为商标，因此旅游景区、旅游企业和旅游线路品牌化十分困难，学者们的争论也比较多。要作为提出可以参考国际羊毛局"纯羊毛标志"的方法，将旅游资源和地域名称形象化，由当地旅游协会注册成形象品牌标志与证明品牌标志，由它们具体负责有关旅游资源品牌（旅游地品牌）的经营。这可以保证区域内的景区共同使用公共品牌，又可以加强知识产权的保护，提高旅游开发和线路设计的积极性。

（五）品牌延伸

品牌延伸指的是旅游景区在市场知名度比较高，具备一定实力以后，围绕旅游六要素，利用品牌号召力加快发展。适当的品牌延伸可以盘活无形资产，提升品牌内涵，加快景区的发展。品牌延伸可以是餐饮、住宿、交通、文化、纪念品等企业借助著名景区品牌发展，也可以延伸进入相关的非旅游行业，将品牌核心理念融入整个景区的其他产品和服务行业，以及那些希望加入景区品牌的各个行业的生产制造者。

杭州宋城集团在宋城景区开发成功之后，相继推出了杭州乐园、山里人家等主题公园，利用宋城的品牌知名度和市场号召力，迅速打开了市场，在宋城品牌的支撑下，这些景区的发展都比较快，成为国内品牌延伸战略成功的典范。旅游景区的品牌延伸是建立在原有的品牌得到了旅游者的充分认可和支持的基础上，要考虑核心品牌和延伸品牌之间的关系，其品牌价值不能相互冲突，也不能引发旅游者不好的联想。

（六）品牌创新

品牌创新是对景区品牌在实际操作中出现的问题进行调整，对品牌内涵的二次挖掘，主要通过品牌预警和品牌资产运营两个方面来提升品牌竞争力。

景区在品牌传播之后，不能忽视对品牌的监控，要建立品牌预警机制，注意收集发展过程中积极的和消极的信息，及时发现有损品牌形象、严重威胁品牌发展的苗头，及早处理，化不利为有利;当品牌核心价值发生改变时,需要重新对资源品质和客源市场需求特征进行再分析,必要时调整原来的定位,对品牌的内涵进行再挖掘,以适应新的形势,保持品牌的生命力。

对于旅游景区来说,品牌资产的价值通常是景区固定资产价值的数倍,对品牌价值的认知和接受程度直接决定了旅游者是否会来本景区旅游,四川九寨沟和云南丽江古城的成功已经充分说明了这一点。当一个景区的品牌在旅游者心目中建立起不可替代的地位时,品牌资产就具有很大的无形价值,品牌资产运营就是要把这种无形价值转化为有形价值,使景区获得更多的附加价值和利润,促进景区的进一步发展。

第五节 景区国际化战略的管理

一、景区国际化的动因分析

(一)旅游者的跨国流动是内在动因

旅游者在空间上的流动是旅游业的本质特征。为了进一步扩大知名度和克服成本上的劣势,一些有实力的景区将眼光投向数目庞大的国际旅游市场,通过实行国际化战略尽可能地获取更多的利润。

此外,客源国和目的地之间的文化差异在造就旅游吸引力的同时,也会对旅游者产生心理上的紧张与不安感,这就使景区设法缩短空间距离、增加旅游者跨国旅游的安全预期而实行国际化战略。

(二)景区产品特性提供市场条件

景区产品具有无形性、服务性、生产消费同时性、空间性等特点,景区产品的空间流通特点要求旅游者必须到达景区才能对景区产品进行消费,景区收益需要在景区当地实现。因此,景区要占领更多的国际市场份额,就必须实行国际化战略。

(三)国际投资自由化提供资本条件

全球经济一体化使得世界各国的经济发展模式更趋于开放型和外向型。各国之间贸易与投资政策的日益自由化对国际投资具有更大的刺激作用。一些有实力的景区纷纷通过国际化战略来把握这种难得的市场获利机会。

(四)国际旅游持续发展提供外部环境

最近十年来,国际旅游在人数上和收入上都达到空前的规模,我国作为最近几年颇受欢迎的旅游目的地国,国际旅游收入一直呈现出良好的发展态势。根据国家统计局数据表明,2014年我国国际入境(过夜)旅游人数达到5562万人次,国际旅游收入达到569.13亿美元。

(五)国际共建"一带一路"提供宏观经济条件

由于国家之间在经济、政治、文化、社会等方面的差异,非关税壁垒一直都是制约旅游企业国际化发展的最主要障碍。但是从20世纪80年代以后,国际服务贸易自由化的不断推进给包括景区在内的所有旅游企业提供了国际化经营的宏观经济条件。从1986年10月27日开始谈判,在历时20年后于1994年4月15日签订的"服务贸易总协定(GATS)"就是国际服务贸易自由化的不断推进的成果。

2013年9月和10月,习近平在出访中亚和东南亚国家期间,先后提出共建"丝绸之路经济带"和"21世纪海上丝绸之路"(简称"一带一路")的重大倡议,得到国际社会高度关注。李克强参加2013年中国—东盟博览会时强调,铺就面向东盟的海上丝绸之路,打造带动腹地发展的战略支点。

"一带一路"战略将是上海合作组织、欧亚经济联盟、中国-东盟(10+1)、中日韩自贸区等国际合作的整合升级,也是我国发挥地缘政治优势,推进多边跨境贸易、交流合作的重要平台。构想提出丝绸之路沿线国家合力打造平等互利、合作共赢的"利益共同体"和"命运共同体"的新理念;描绘出一幅从波罗的海到太平洋、从中亚到印度洋和波斯湾的交通运输经济大走廊,其东西贯穿欧亚大陆,南北与中巴经济走廊、中印孟缅经济走廊相连接的新蓝图。

二、景区国际化面临的机遇和挑战

(一)机遇

景区国际化所面临的机遇主要体现在以下几个方面:

1. 中国国际地位的不断提高使世界的目光都聚焦中国

随着我国改革开放的不断深入和发展,我国在最近几十年间所取得的成就令世界瞩目。特别是环太平洋经济圈的崛起,中国与全球的经济联系不断增强,给我国旅游业的国际化发展提供重要的平台。随着中国加入世界贸易组织和积极参与区域合作的发展态势,加上中国作为理想旅游目的地的环境氛围不断得到改善,我国将吸引更多的国际游客前来中国进行旅游活动。

2. 中华文化在世界范围内的复兴与发展

随着我国经济实力和综合国力的不断增强,我国的国际地位不断提高,中华文化也逐渐在世界范围内复兴并发展。中华文化以其深厚的底蕴和强大的魅力对各国的旅游者都产生巨大的吸引力,体验中华文化将成为日后国际旅游的潮流。

3. 我国一批景区已经具备国际化发展的能力

我国景区在经过20年的发展历程后,一批景区早已具备实行国际化战略的能力,并且有一部分景区已经在进行国际化经营。例如,华侨城集团就已经率先在美国建立主题公园,成为我国景区跨国经营的先头部队。

(二)挑战

景区国际化所面临的挑战主要体现在以下几个方面:

1. 景区实力不足

虽然我国一部分景区已经具备"走出国门"的能力,但是在进入世界范围的竞争以后,我国景区的总体实力与国外的景区企业相比还是存在一定的差距。无论在景区布局规划、经营管理水平、产品开发创新、人力资源管理等多个方面都显出有点"底气不足"。我国景区的国际竞争力还有待进一步提高。

2. 经营体制干扰

由于我国在体制上和机制上尚存在缺陷与不足,因此在我国景区国际化经营与世界市场经济体制对接的过程中,不可避免地会出现在体制和机制上的干扰。例如,我国的旅游跨国企业投资主体单一,大部分以国有投资和集团投资为主,导致体制和机制不适应国际市场发展的需要。

3. 科技水平落后

我国景区科技水平的落后反映在产品技术含量、经营管理方式、突发事件处理各个方面。与西方发达国家的计算机技术、激光技术等高新技术普及的状况相比,我国景区的科技水平处于相对落后的状态。

4. 相关人才短缺

人力资源是景区进行市场竞争的重要资源之一。21世纪的竞争实质上是人才的竞争。由于过去景区的发展都有内向型的特征,因此缺少能进行国际经营的储备人才。我国景区实施国际化战略的人才相当短缺,体现在语言、业务、法律、文化等复合型人才少之又少。

5. 政府政策滞后

由于我国现今的旅游法律法规还处于调整和完善的过程中,因此我国景区在实行国际化战略时很多政策法规滞后于现实需要,阻碍了景区的国际化经营进程。例如,审批过程烦琐、外汇管制过严、旅游市场开放不对等这一系列的表现。

6. 异地文化冲突

国际化经营都会面临着异地文化冲突的问题。如何解决景区在国际化过程中的跨文化经营是景区需要面临的重要问题。过去曾经出现不少景区国际化经营由于文化冲突而失败的例子。例如,世界主题公园的"巨头"迪士尼的欧洲园区和香港园区都曾经因为文化冲突而在经营管理方面出现一系列问题。

三、景区国际化经营的战略模式

景区国际化经营的战略模式主要有资本输出、制度输出和技术输出三种。

(一)资本输出[①]

景区的资本输出主要有独资经营、合资经营和收购兼并三种形式。

独资经营具有管理灵活、效率高、优势明显的特点,但同时也对资本要求较高,经营风险较大。我国景区现在采取这种形式的国际化经营还不算普遍。

合资经营具有多种优点:可以获得当地资本和当地管理者的经验;获得合资方的市场销售渠道;获得东道国银行贷款和当地税收优惠;与合资方分担收益和风险;减少文化差异带来的不确定性因素;消除对东道国市场的不了解而造成的进入障碍等。由于我国的景区在自身资金力量、管理水平、销售渠道等方面都存在局限,所以合资经营是我国景区实行国际化经营的最主要方式。

兼并或收购模式目的在于扩大经营规模,实现国际化经营。兼并或收购可以获得被收

---

① 张建波,戴国庆.上海旅游企业跨国经营研究[J].上海大学学报(社会科学版),2003(6):106-109.

购企业的市场份额,减少竞争;提高景区在国际市场上的知名度和信誉;减少因对东道国情况了解不足而导致的麻烦,迅速进入市场。兼并收购的缺点是由于要背负被并购企业的包袱导致成本和风险增高。

(二)制度输出

景区的制度输出主要有特许经营、管理合同和战略联盟三种形式。

特许经营是指一个商标、品牌、标准产品、操作系统或管理服务的所有者与希望在经营中使用这些要素的个人或团体之间的一种法律和商业关系。特许经营者需要向特许权拥有者支付特许费和其他费用。特许经营是国际化经营中使用最广泛的战略。在特许经营的过程中,特许权拥有者和特许经营者双方都会在合同文本里对相关条款做出详细严格的规定,或与其他输出方式相结合,防止产品或服务的质量失去控制。

管理合同是指景区在所有权和经营权分离的背景下,所有者与某个经营者之间签订书面合同。所有者提供景区的资产并承担全部法律与财务责任。经营者则作为业主代表来经营景区业务并承担全部管理责任,凭借服务业绩收取管理费用,并将剩余利润上交所有者。管理合同在酒店业的应用已经非常成熟,但是在我国的景区却面临着激烈的争论。一直以来,无论在业界还是在学术界,景区所有权和经营权的分离一直都是重点争论的对象。由于景区包含了一大部分的自然和人文景观,景区内的核心旅游资源大部分都是不可再生资源,所有权和经营权的分离给景区的发展带来了一系列的问题,使"两权是否应该分离"在我国还没有一个确切的认定。因此,景区管理合同的发展还有着一个较大的发展空间。

战略联盟作为现今一种较新型的国际旅游竞争形式,是指在相互之间不进入对方边界的前提下,基于一系列可操作的制度与方案,在可控性的组织平台上,两个以上的景区出于对特定市场的预期目标和景区自身的总体经营目标的需要,采取一种长期联合与合作的经营方式。战略联盟的主要特征是:客源和基础技术共享,信息关系牢固,涉及产品创新、项目策划、营销组合、战略发展、信息平台、联合进入等各个方面。战略联盟的原则是平等互惠、利益共享、风险共担。景区的战略联盟对象一般为旅行社、饭店、旅游交通企业等。

旅游企业之间的战略联盟动因总体有四种:一是联盟成员之间的技术与经营优势互补。优势之间的相互补充加快了产品创新与营销运作的时间,降低了成本,分散了风险。二是通过计算机预订联网体系达到进入市场的目的。三是贸易保护主义和国家干预使得部分国家和地区,特别是发展中国家和地区的旅游市场变得难以进入,这也推动着战略联盟旅游企业在跨国经营和国际旅游市场竞争中扮演着越来越重要的角色。四是发达国家体系内部为争取在冷战结束后竞争更为激烈的国际旅游市场上寻求更强大的竞争优势,这些国家和地区的跨国旅游企业也在想方设法结成战略联盟或进行战略合作。

(三)技术输出

技术输出是指景区以市场为导向,以技术为纽带,不涉及资产关系的国际化经营形式。技术输出是一种比较高级的国际化经营模式,需要经过长时间的学习与经营和商誉的积累过程。若没有经历上述的过程就不可能进入国际旅游市场形成有效供给。一般来说,只有发达国家的大型旅游企业才能具备相当实力进行技术输出的国际化经营战略。

景区技术输出的主要手段包括景区开发规划技术、景区盈利技术、经营管理技术、营销网络技术、人力资源技术、品牌技术、产品创新技术、游客管理技术、环境保护技术、电子商务技术、设施设备应用维护技术等。

本章小结

本章首先分析了景区经营战略管理的过程，包括景区经营战略分析、景区经营战略选择、景区经营战略实施和景区经营战略评价；然后讲述了专业化战略管理，包含事业化和企业化战略管理、遗产型和玩偶型战略管理、社区性和生态性战略管理；最后对集团化战略管理、品牌化战略管理和国际化战略管理进行了详细的介绍。

核心关键词

战略管理	strategic management
价值链	value chain
差异化战略	discrepancy strategy
优势和劣势	strengths and weaknesses
机会与威胁	opportunities and threats

思考与练习

1. 景区在进行战略选择环境分析时需要注意哪些因素？
2. 景区战略评价与战略控制的区别与联系是什么？
3. 景区可否不采取战略变革管理，为什么？
4. 景区国际化经营的战略模式有哪些？
5. 请简述景区经营战略评价准则和框架。

案例分析

重庆市旅游局局长刘旗专访：战略就是实现干部的梦想和群众的希望[①]

资料显示，2006年11月至2010年4月，刘旗担任武隆县委书记的三年半期间，武隆县旅游收入连续3年实现比上一年翻番增长，2010年达到50亿元。旅游人数

---

① 董观志,傅轶.武隆大格局——中国旅游的领先之道[M].武汉:华中科技大学出版社,2015:33-36.

2009年又翻了一番至469万人次，2014年达到1908万人次，实现了发展经济学意义上的武隆旅游业超常增长和地区经济起飞。

董观志：2014年4月，武隆县委刘新宇书记让我对本地的旅游发展问题进行交流。武隆的旅游有今天的成就不是偶然，而是有其必然性。武隆的旅游跟国内其他区域的旅游的过人之处需要系统的总结。我见证了武隆旅游的艰难起步，与众不同的独特之处。刘书记告诉我们去年接待的代表团中县以上的有200个以上。我们在发展过程中的做法经验相当于品牌推广。武隆还要进一步发展，成为旅游发展的发动机。而未来的品牌宣传，像《变形金刚4》、《爸爸去哪儿》是未来20年的继承，继承创新时品牌价值要得到提升，不仅是新闻媒体的报道，也不仅是一些零碎的文字，武隆需要理论上的解答，让品牌得到价值提升。

杨明：在武隆出现了一个奇迹——旅游工作成为一级党委政府带领大家脱贫致富的中心工作。我想请局长介绍一下，当初县委是如何做这个决策？现下以旅游业为主的第三产业占了武隆地区生产总值一半以上。这是包括广东一些旅游资源丰富的县市都做不到的事情。可武隆在您先后任分管旅游的副书记、县长、县委书记期间，实现了旅游业的突飞猛进。

刘旗：武隆能有今天的成绩，我认为原因在于很多地市州县没做到事情的武隆做到了，这就是每一届县委县政府、每一个县委书记都抓旅游。1994年刚发现芙蓉洞时，发展旅游就开始引起县委重视，书记直接抓旅游。1997年重庆成为直辖市，群众认为重庆旅游仅仅是长江三峡。那时因为修建三峡大坝，告别三峡游火热，游客络绎不绝，重庆旅游借此契机发展起来。游客到重庆来就是游三峡、大足石刻、渣滓洞这"老三篇"。那时的武隆在重庆的知名度很低。1998年我从市属国企调任武隆县委副书记。武隆没有现代化的工厂，只有煤矿、水泥厂。发展工业陷入僵局。武隆全是山地，没有适宜建设工厂的平地，并且高污染企业效益低后患大。当时的武隆工业无前途，无原材料，无产业工人，无高速公路。后来的一个契机，邵建华（时任芙蓉洞旅游公司总经理，现任重庆市旅游局办公室主任）带我参观大山风景，我顿时被绮丽的风光吸引了。武隆的自然禀赋极其罕见，当地百姓却还不知道其价值。我找到分管旅游的县委书记希望他把旅游给我管理。在我2006年接任书记前，调来的两任书记全都把旅游当成头等大事，由我分管旅游。我的任期力度更大，超过了前三任。但这也是一个接力赛。接力棒传到我这里来给了我一个大机会。

武隆能够走出来的原因在于每一届县委县政府不折腾，坚持搞旅游。若是方针不定，每换一任官员都要换一个品牌，那么最后下来后什么品牌都没有。我们每一届都坚持不懈做旅游，已经有20年。现在的第五任县委书记刘新宇还在接着做旅游。

杨明：我刚看过刘新宇书记2013年12月的讲话，90%的内容都讲旅游，包括以前的讲话，都说这是核心。

刘旗：不只是刘新宇书记，前任们都是如此，我们别无选择。当时武隆还有个优势：历届的市委书记都联系武隆，包括张德邻、贺国强、黄镇东、汪洋。市委书记认为武隆要脱贫就要拿产业，若想不靠输血要造血就要有自己的产业。农业与工业均发

展困难的情况下只能重点发展服务业。汪洋书记离开重庆时专门到武隆,我向他汇报了自己的理论:按照经济学发展的规律(我博士读的专业是计量经济学),对一个地区或全国来说要实现现代化离不开工业化,工业化城镇化直至现代化。这个理论只针对大区域,但是在局部的地方,我觉得不一定要按这个路径走。比如武隆就可以依托它的自然资源和区位优势,背靠一个1000多万人的大城市做它的卫星城,直接做服务业为这个大城市配套。我们可以越过工业化阶段,通过发展现代服务业发展旅游业直接过渡到现代化,越过"先污染后治理"这条路。武隆对重庆来说只是一个点,8.2万平方千米中只有2900多平方千米,这地方我说我不发展工业或是少发展一些,利用清洁能源发展无污染的工业,通过大力发展服务业直接进入现代化,越过工业化这个阶段,直接进入城镇化现代化。我请教他这个理论正不正确。汪洋副总理当时已被中央任命为广东省委书记,正准备上任。他回答道理论上是正确的,现在看实践上也是正确的。

如果专家学者要客观写武隆,一定要写这个过程。政府中间只要有一届不重视,武隆就没有今天。如果学者来搞研究也要客观地反映现实状况,我在当县委书记期间,主要把武隆喀斯特世界自然遗产申报下来了,是里程碑的意义。这个是武隆的一个走向国际的平台。但总体来说武隆的经验就是,一届接着一届干,一届比一届力度大。

杨明:我们来谈谈喀斯特世界自然遗产申报究竟对武隆经济社会发展有多大意义?

刘旗:意义说多大都不为过。2007年上半年我只做了这一件事,我和市外办分管副主任2人去新西兰基督城世界遗产大会去申请武隆喀斯特列入世界自然遗产目录。武隆申遗第一轮审查被专家组否定。我若暗自写好辞职书,申遗失败就引咎辞职,那就没有今天的武隆。经过多方努力,2007年6月27日在新西兰召开的第31届世界遗产大会上,武隆喀斯特世界自然遗产申报获全体通过,开始列入《世界遗产名录》。申遗成功后为加快发展,我们将所有景点从民间投资中回购。我下任务下指标,主要旅游指标2008年翻一番,2009年翻一番。2010年初县委召开旅游发展宣誓大会,立军令状。宣誓完我便调任了现职。

事实上,武隆申报世界遗产名录一共被否决过三次。国内两次,第一次建设部要求重庆仅可以报南川和奉节,后来国家又否决,第三次是IUCN专家组。武隆历尽艰辛才走过三关。

申遗回来后,我们提出了第二次创业。第一次创业是从芙蓉洞开业到申遗成功,主要是靠招商引资,引进民营企业进行旅游资源开发。第二次创业是申遗成功后,政府将景区按市场规则回购,大力实施跨越式发展。刘新宇书记现在提出中国武隆公园概念,实际上是第三次创业。

杨明:刘局长,今早我们谈到一个地区的党委政府一般都不会把旅游作为核心工作。我想请教您在重庆市旅游局局长的岗位上,怎样继续沿用您在武隆时的经验做法,通过发展旅游推动全市经济社会发展?

刘旗：只有一把手重视了，旅游才抓得起来。武隆换了这么多的领导都抓旅游。武隆经验的接力棒，指的是就是一把手的接力棒，不是旅游局的接力棒。现在旅游界认为广西抓旅游的力度是最大的，但我认为重庆力度最大。因为广西力度指的是财政拨款，北京10亿元，广西也是10亿元，开展的旅游发展大会上所有的省级领导全部参加，会议结束后每个省领导联系一个项目，每个省领导抓一个项目。而我们的手段是考核。重庆按五大功能区制定考核党政一把手的100分指标。渝东南地区旅游和文化在100分里占7分，其中旅游占60%。全国拿旅游考核一把手的目前还没有，这比给钱更有效。再加上包括这次重庆市设立六大基金，给旅游一个基金，每年财政拿1个亿，连续5年，用来吸引社会资本。社会资本3个亿，财政拿出1个亿，共4个亿，每年4个亿，在全国我们也名列前茅。

问题：

1. 武隆县旅游发展的核心战略是什么？
2. 如何打造景区的品牌化战略？

本课程阅读推荐

Reading Recommendation

1.《旅游主题公园管理原理与实务》

推荐理由：

本书是我国旅游主题公园管理方面的第一部学术著作。它总结了旅游主题公园的演变规律，提出了较为完整的概念体系和理论框架，比较系统地总结了操作实务。阅读本书可以使读者追本溯源，对主题公园管理理论有更加清晰的脉络。

2.《主题公园营运力管理——"六员一体"解决方案》

推荐理由：

本书紧紧围绕提升主题公园"营运力"这个关键问题，展开了系统论述，探讨了体验经济时代的服务质量，构建了主题公园服务圈的运行框架，从而为主题公园的理性化经营、协同化管理和规模化发展提出了"六员一体"的解决方案。

3.《主题公园营销模式与技术》

推荐理由:

市场营销是主题公园创造价值的根本所在,以及所有经营活动的核心轴线,是主题公园持续生存与发展壮大的根本保障。本书从营销理念、营销模式、营销管理和营销技术四大维度探究了主题公园市场营销的操作技术。

4.《"旅游+地产":华侨城的商业模式》

推荐理由:

本书紧紧抓住改革开放30年的历史线索,在企业战略管理的宏观视野下解构了华侨城集团"旅游+地产"模式的经典商业运作方案,多视角地系统地解释了中国著名领袖型企业的成功之道。阅读本书,可以全方位地完善读者对景区管理的认识结构。

5.《品牌优势+产业集群:华侨城的战略轨道》

推荐理由:

本书全景式地揭示了华侨城集团从深圳湾畔艰难崛起到布局全国强势发展的核心秘诀与关键策略。本书系统性与权威性并重、思想性与创新性兼顾、可读性与操作性相融,是现代景区经营管理的学习者难得的拓展性读物。

6.《中国的欢乐谷》

推荐理由：

本书以欢乐谷的成长作为研究案例,通过对欢乐谷发展过程进行经验提炼和理论升华,分析和探讨了主题公园的经营管理模式和创新发展。更为独特的是本书由欢乐谷公司官方编著,为读者提供了丰富而又系统的研究资料。

7.《盈利与成长——迪斯尼的关键策略》

推荐理由：

本书深度剖析了迪士尼公司把快乐做成产业的关键性策略,描绘了其长久保持世界娱乐业领导权的决定性流程,阐述了其创造盈利成长神话的根本规律。因此,这本书可作为高校旅游管理专业不可多得的世界最著名旅游企业的实战案例。

8.《旅游管理原理与方法》

推荐理由：

本书分为三个模块,分别阐述了旅游管理的基本理论、实现技术和实现途径。本书既注重展示学术研究的最新成果,又着力体现旅游管理专业课程教学的特色,突出了旅游管理的专业性、基础性、综合性和应用性特征。

9.《武隆大格局:中国旅游的领先之道》

推荐理由:

本书介绍了武隆发展县域旅游的战略思维、国际视野和顶层设计,深度分析了武隆县域旅游的要素经济、载体经济、内容经济、融合经济的梯度发展规律,加之现实历程之中的真知灼见,对景区管理者具有启发性和实操性。

References | 参考文献

[1] 保继刚.中国主题公园的发展反思及国际主题公园进入中国的透视[J].风景园林,2005(2):26-30.

[2] 600054:黄山旅游2014年年报[EB/OL].http://data.eastmoney.com/notice/20150416/2Wvl2WCm5fcUAY.html.

[3] 北京智慧景区建设规范(试行)[EB/OL].http://www.bjta.gov.cn/xxgk/zcwj/xybz/350718.htm.

[4] 党安荣,杨锐,刘晓冬.数字风景名胜区总体框架研究[J].中国园林,2005(05):31-34.

[5] 党安荣,张丹明,陈杨.智慧景区的内涵与总体框架研究[J].中国园林,2011(09):15-21.

[6] 邓贤峰,李霞."智慧景区"评价标准体系研究[J].电子政务,2012(09):100-106.

[7] 丁文蕾.香港迪士尼又出故障36游客被吊空中达8分钟[EB/OL].http://www.chinanews.com/ga/2013/07-17/5050999.shtml.

[8] 董观志,白晓亮.旅游管理原理与方法[M].北京:中国旅游出版社,2005.

[9] 董观志,傅轶.武隆大格局——中国旅游的领先之道[M].武汉:华中科技大学出版社,2015.

[10] 董观志.景区经营管理[M].广州:中山大学出版社,2007.

[11] 董观志.旅游主题公园管理原理与实务[M].广州:广东旅游出版社,2000.

[12] 杜江.论旅游企业跨国经营的形式与特征[J].旅游学刊,2001(05):16 22.

[13] 葛军莲,顾小钧,龙毅.基于利益相关者理论的智慧景区建设探析[J].生产力研究,2012(05):183-184,225.

[14] 巩传荣.智慧景区系列之一概念及意义[EB/OL].http://www.oziuo.com/news/bencandy.php?fid=103&id=1336.

[15] 谷玥,王翠莲.中国的风景名胜区[EB/OL].http://news.xinhuanet.com/ziliao/2004-02/13/content_1313462.htm.

[16] 暨南大学旅游规划设计研究院.乌鲁木齐市南山旅游产业基地总规(2015—2030)[R].乌鲁木齐市:乌鲁木齐市旅游局,2015.

[17] 黎洁,赵文红.旅游企业经营战略管理[M].北京:中国旅游出版社,2000.

[18] 李洪鹏,高蕴华,赵旭伟.数字景区转型智慧景区的探索[J].智能建筑与城市信息,2011(07):112-113.

[19] 李天顺,张红.旅游业管理[M].西安:陕西师范大学出版社,1998.

[20] 李阳.旅游演艺:运营压力下蹒跚前行[N].中国文化报,2014-11-29.

[21] 李养田.世界各国民宿经营模式面面观[EB/OL].http://travel.ifeng.com/news/detail_2015_02/04/40438431_0.shtml.

[22] 李正欢,郑向敏.国外旅游研究领域利益相关者的研究综述[J].旅游学刊,2006(10):85-91.

[23] 旅游景区做微博营销——口碑制胜[EB/OL]http://www.traveldaily.cn/article/64293.

[24] 马永立,谭俊忠.风景名胜区管理学[M].北京:中国旅游出版社,2003.

[25] 马勇,李玺.旅游规划与开发[M].北京:高等教育出版社,2002.

[26] 迈克尔 A.希特,R.杜安·爱尔兰,罗伯特 E.霍斯基森.战略管理:竞争与全球化(概念)[M].吕巍,等,译.北京:机械工业出版社,2005.

[27] 耐杰尔·埃文斯,大卫·坎贝尔,乔治·斯通休萨.旅游战略管理[M].马桂顺,译.沈阳:辽宁科学技术出版社,2005.

[28] 城市"大旅游"格局下旅发委的前世今生[EB/OL].http://www.haokoo.com/outbound/9303838.html.

[29] 秦宇.旅游企业集团化成长[M].北京:旅游教育出版社,2007.

[30] 申思.旅游企业集团化经营的可实现模式初探[J].河南大学学报,2004,44(4):49-52.

[31] 申万宏源:2014年中国旅游上市公司发展报[EB/OL]http://www.199it.com/archives/348124.html.

[32] 深圳市力扬美景策划有限公司.重庆武隆白马山旅游发展总体规划(2014—2025)[R].武隆:武隆县人民政府,2014.

[33] 施华堂,黄元,王可.工程投资控制的方法与实施[J].人民长江,2004(08):56-59.

[34] 孙睦优.我国旅游企业集团化发展战略选择[J].旅游学刊,2002,17(6):23-25.

[35] 锁言涛.一嘴吃究竟能怎样——马嵬驿观察[EB/OL].http://www.dotour.cn/article/14366.html.

[36] 唐双雪,赵飞.可行性研究报告的编写要领[J].黑龙江水利科技,2006(3):4.

[37] 田世宇.工程建设合同管理[M].北京:知识产权出版社,2001.

[38] 童臻衡.企业战略管理[M].广州:中山大学出版社,1997.

[39] 王建民.战略管理学[M].北京:经济科学出版社,2003.

[40] 王莹.旅游区服务质量管理[M].北京:中国旅游出版社,2003.

[41] 吴必虎.区域旅游规划原理[M].北京:中国旅游出版社,2001.

[42] 肖阳.千年瑶寨苏其远:旅游景区营销到底该如何运作[N].南方都市报,2014-06-12.

[43] 水陆空三维"汉秀"年底揭幕[EB/OL].http://epaper.bjnews.com.cn/html/2014-11/05/node_193.htm.

[44] 徐进.旅游开发规划及景点景区管理实务全书(第三卷).[M].北京:北京燕山出版社,2000.
[45] 徐青松.浅谈建设工程质量控制[J].科教文汇,2007(1):180.
[46] 袁学娅.收益管理在实践中的巧妙运用[J].饭店现代化,2006(2):42-43.
[47] 约翰.斯沃布鲁克.景点开发与管理[M].张文,译.北京:中国旅游出版社,2001.
[48] 张成杰,傅云新.旅游景区收益管理框架分析与策略初探[J].商业现代,2007(1):98-103.
[49] 张建波,戴国庆.上海旅游企业跨国经营研究[J].上海大学学报,2003(11):106-109.
[50] 章小平,邓贵平."智慧景区"建设浅探(上)[N].中国旅游报,2010-01-18.
[51] 郑维,董观志.主题公园营销模式与技术[M].北京:中国旅游出版社,2004.
[52] 郑向敏.旅游安全学[M].北京:中国旅游出版社,2003.
[53] 中国首家迪士尼商店在上海开门迎客　成为全球最大迪士尼商店[EB/OL]. http://www.dotour.cn/article/13648.html.
[54] 周玲.旅游规划与管理中利益相关者研究进展[J].旅游学刊,2004(06):53.
[55] 朱强华,张振超.旅游景区品牌管理模型研究[J].桂林旅游高等专科学校学报,2004,15(6):27-31.
[56] 邹统钎.中国旅游景区管理模式研究[M].天津:南开大学出版社,2006.

教学支持说明

全国高等院校旅游管理专业类"十三五"规划教材系华中科技大学出版社"十三五"规划重点教材。

为了改善教学效果,提高教材的使用效率,满足高校授课教师的教学需求,本套教材备有与纸质教材配套的教学课件(PPT电子教案)和拓展资源(案例库、习题库视频等)。

为保证本教学课件及相关教学资料仅为教材使用者所得,我们将向使用本套教材的高校授课教师和学生免费赠送教学课件或者相关教学资料,烦请授课教师和学生通过电话、邮件或加入旅游专家俱乐部QQ群等方式与我们联系,获取"教学课件资源申请表"文档并认真准确填写后发给我们,我们的联系方式如下:

地址:湖北省武汉市珞喻路1037号华中科技大学出版社有限责任公司营销中心

邮编:430074

电话:027-81321902

传真:027-81321917

E-mail:yingxiaoke2007@163.com

旅游专家俱乐部QQ群号:306110199

旅游专家俱乐部QQ群二维码:

群名称:旅游专家俱乐部
群　号:306110199

旅游生态经济学公众号二维码

教学课件资源申请表

填表时间：_____年___月___日

1. 以下内容请教师按实际情况写，★为必填项。
2. 学生根据个人情况如实填写，相关内容可以酌情调整提交。

★姓名		★性别	□男 □女	出生年月		★职务	
						★职称	□教授 □副教授 □讲师 □助教

★学校		★院/系	
★教研室		★专业	
★办公电话		家庭电话		★移动电话	
★E-mail（请填写清晰）		★QQ号/微信号	
★联系地址		★邮编	

★现在主授课程情况	学生人数	教材所属出版社	教材满意度
课程一			□满意 □一般 □不满意
课程二			□满意 □一般 □不满意
课程三			□满意 □一般 □不满意
其 他			□满意 □一般 □不满意

教 材 出 版 信 息					
方向一	□准备写	□写作中	□已成稿	□已出版待修订	□有讲义
方向二	□准备写	□写作中	□已成稿	□已出版待修订	□有讲义
方向三	□准备写	□写作中	□已成稿	□已出版待修订	□有讲义

请教师认真填写表格下列内容，提供索取课件配套教材的相关信息，我社根据每位教师/学生填表信息的完整性、授课情况与索取课件的相关性，以及教材使用的情况赠送教材的配套课件及相关教学资源。

ISBN(书号)	书名	作者	索取课件简要说明	学生人数（如选作教材）
			□教学 □参考	
			□教学 □参考	

★您对与课件配套的纸质教材的意见和建议，希望提供哪些配套教学资源：